Economica

A cura dell'Istituto ligure per la storia della Resistenza e dell'età contemporanea

Mommsen, Benz, Friedländer, Natoli, Collotti,
Picciotto, Mantelli, Schreiber, Tibaldi, Traverso, Gozzini,
Capogreco, Maiello, De Bernardi, Battifora, Viganò,
Distel, Mortara Ottolenghi, Pavia, Caccialupi, Lajolo

Lager, totalitarismo, modernità

Identità e storia dell'universo concentrazionario

Bruno Mondadori

Realizzazione: Lo Studio Editoriale s.r.l. - Francesca Romei, Barbara Pierro

La scheda catalografica è riportata nell'ultima pagina del libro.

www.brunomondadori.com

Indice

Lager, totalitarismi, modernità

La trasmissione della memoria

Presentazione

Questo volume è costituito dalla rielaborazione delle relazioni e delle comunicazioni presentate da vari autori italiani e stranieri nel convegno dal titolo *Totalitarismo, lager e modernità* tenutosi a Genova dal 29 novembre al 1° dicembre 2001.

L'idea del convegno è nata da una duplice intenzione. La prima è stata quella di fornire, a oltre mezzo secolo dai fatti, una rappresentazione il più esaustiva possibile, anche se sintetica, del sistema concentrazionario concepito e posto in essere dal nazionalsocialismo, dalla sua ascesa al potere nel 1933 alla definitiva sconfitta. La seconda, quella di documentare lo stretto e organico collegamento fra l'intrinseca natura del totalitarismo nazista e un sistema concentrazionario rapidamente attuato e in breve tempo portato a enormi dimensioni, fenomeni storici da cui emerge inequivocabilmente come quel sistema non abbia costituito una realtà transitoria legata alla guerra, avendo invece assunto i caratteri di una specifica modalità di esercizio del potere.

Realizzato il consenso degli enti promotori (l'Associazione nazionale ex deportati, l'Associazione nazionale ex internati militari, l'Unione delle comunità ebraiche italiane, a livello nazionale, il Centro culturale Primo Levi, il Goethe Institut di Genova e l'Istituto ligure per la storia della Resistenza e dell'età contemporanea, a livello locale) intorno a queste intenzioni, il coordinamento scientifico dell'iniziativa, attuata in collaborazione con il Comune e la Provincia di Genova e la Regione Liguria, veniva affidato al professor Enzo Collotti, la cui opera è stata essenziale al fine di garantire organicità e coerenza al convegno e di favorirvi la partecipazione dei maggiori storici e studiosi a livello internazionale.

Le quattro parti in cui è suddiviso il libro corrispondono ad altrettante sezioni attraverso cui si è dipanato il corso del convegno stesso. La prima di esse è dedicata alla storia e ai caratteri del sistema nazionalsocialista, al suo progetto di dominio e ai mezzi adottati per la sua attuazione. La seconda è incentrata sulla fenomenologia del lager, lo sviluppo del sistema concentrazionario, le terribili modalità del lavoro coatto nei campi, gli specifici centri di sterminio e una complessiva rappresentazione della deportazione italiana nei campi KZ, ricerca quest'ultima, frutto di un lungo e paziente lavoro, presentata qui per la prima volta. La terza parte muove dal moderno concetto di totalitarismo, al quale deve essere collegato il sistema concentrazionario creato non solo dal nazismo ma anche, fatte le debite distinzioni, dallo stalinismo e dal fascismo mussoliniano. La quarta parte, intitolata "La trasmissione della memoria", trova la sua ragion d'essere nell'esigenza di trasferire da una generazione all'altra la comprensione e la memoria di un'esperienza sotto molti aspetti unica nella storia dell'uomo. Vengono così esaminati i mezzi e gli strumenti attraverso cui quella perpetuazione della memoria, dalla memorialistica alla cinematografia, dalla didattica al ruolo degli Istituti storici della Resistenza, ha avuto e ancora può aver luogo, affinché non si affievolisca o cada in un progressivo oblio questo imprescindibile monito per il presente e il futuro dell'umanità.

Raimondo Ricci
presidente dell'Istituto ligure per la storia
della Resistenza e dell'età contemporanea

Genesi del lager nell'esperienza nazista

1. Dalla Repubblica di Weimar allo Stato nazionalsocialista

*di Hans Mommsen**

Il 30 gennaio 1933 si costituì il cosiddetto "gabinetto di coalizione nazionale" a capo del quale fu nominato cancelliere Adolf Hitler. La maggior parte dei contemporanei considerava tale coalizione uno dei tanti governi presidenziali temporanei, e gli pronosticava una durata di pochi mesi. Solo pochissimi osservatori politici seppero prevedere che tale gabinetto presidenziale, suggellato da Paul von Hindenburg, avrebbe portato a uno stato totalitario. I seguaci di Hitler di stampo più conservatore pensavano semplicemente che, una volta eliminati i cosiddetti partiti marxisti e i liberi sindacati, la linea politica del gabinetto presidenziale si sarebbe orientata in senso più autoritario. Alcune personalità nazionalsocialiste di rilievo, viceversa, lavoravano per trasformare il movimento nazionalsocialista di massa, ai loro occhi ormai inutile dopo l'eliminazione dei partiti di sinistra, in una piccola élite che avrebbe poi scelto il suo Führer.

In realtà, quando Hitler venne nominato cancelliere del Reich, il ritorno al sistema parlamentare fu definitivamente impedito. I partner del Partito popolare tedesco-nazionale (DNVP) e l'entourage del presidente temevano una frammentazione dei partiti politici in correnti diverse e una ricaduta nel parlamentarismo che avrebbe avuto come conseguenza la fine del sistema presidenziale. Per evitare questo pericolo, erano state fatte numerose concessioni a Hitler. Era stato accettato lo scioglimento del parlamento ed erano state indette le elezioni, fino a quel momento sospese. Si paventava infatti che, in seguito a libere consultazioni, si potesse costituire una maggioranza di partiti di sinistra che avrebbe potuto osteggiare l'ascesa dell'autoritarismo e della tanto auspicata riforma costituzionale.

I successi elettorali del Partito nazionalsocialista dei lavoratori tedeschi (NSDAP), iniziati nel settembre 1930, avevano avuto il loro punto culminante nelle elezioni del luglio 1932, con la conquista del 37,3% dei voti.

---

* Hans Mommsen, professore presso la Ruhr-Universität di Bochum, è un esponente della cosiddetta "scuola funzionalista", in linea con l'impostazione storiografica di Martin Broszat. Alcuni dei suoi più importanti saggi sono stati tradotti in inglese in *From Weimar to Auschwitz*, Princeton, Oxford 1991. Per i riferimenti bibliografici delle opere in tedesco cfr. I. Kershaw, *Che cos'è il nazismo?*, Bollati Boringhieri, Torino 1995.

In seguito, nelle elezioni regionali e comunali di novembre, il partito subì una significativa flessione, arrivando, in alcune zone, a perdere il 40% dei propri voti. La crisi del movimento nazionalsocialista traeva origine dalle tensioni interne, causate in particolare dalla tendenza all'insubordinazione delle squadre d'assalto naziste (SA). A ciò si aggiunsero notevoli difficoltà economiche, mentre l'agitazione politica sembrava sempre meno in grado di far presa sull'elettorato. Il 13 agosto 1932 il secco rifiuto di Hindenburg alla pretesa di Hitler di diventare cancelliere provocò una grave e ulteriore riduzione di prestigio: a questo punto, nascondere la crisi del movimento nazionalsocialista non era più possibile.

In tale situazione Strasser, il brillante leader della NSDAP che aveva dato una struttura efficiente a un movimento fino ad allora disorganizzato, aveva tentato di costringere Hitler, pur essendo suo sostenitore, a desistere dalla strategia del "tutto o niente" che rischiava di emarginare i nazisti. Strasser cercò di convincere Hitler a entrare nel gabinetto di coalizione del generale von Schleicher, ma Hitler si rifiutò categoricamente. Alla fine del 1932, il Partito nazionalsocialista non riuscì a condurre un'efficace campagna elettorale e quando, nel dicembre di quell'anno, Hitler rifiutò di ascoltare i consigli di Strasser, quest'ultimo abbandonò il suo incarico. Probabilmente si trattava di una mossa per persuadere Hitler dell'importanza di tali questioni, ma Hitler fiutava un tradimento, tanto più che a Strasser era stato proposto un ministero da von Schleicher.

Se non fosse stato per von Papen, l'artefice del gabinetto di coalizione nazionale (che riuscì a superare l'ostilità quasi insormontabile di Hitler e che agì, alle spalle del cancelliere in carica, suggerendo al presidente del Reich Hindenburg, ancora scettico, l'eventualità di far partecipare al gabinetto il partito di centro, garantendo così al governo una più ampia maggioranza), la strategia di Hitler avrebbe probabilmente portato a una catastrofe politica. Hindenburg veniva così liberato dalla pesante responsabilità del crescente proliferare di decreti d'emergenza che avevano preso il sopravvento sulla legislazione regolare.

Poiché von Papen aveva iniziato le trattative con i partiti di centro senza obiettivi precisi, da un governo di maggioranza virtuale si giunse alla formazione di un gabinetto di coalizione nazionale. Hindenburg non riusciva a superare la sua diffidenza verso Hitler, ma non vedeva alcuna via d'uscita: von Papen gli assicurava che Hitler sarebbe stato sostenuto dalla collaborazione di esperti ministri di orientamento conservatore e che la sua condotta sarebbe stata vincolata alla linea del governo. I partiti repubblicani e la stampa borghese ritenevano che la vera e propria azione di governo fosse nelle mani di Hugenberg, già titolare di tre ministeri, il quale, insieme a von Papen, era uno dei principali fautori del gabinetto di coalizione nazionale.

Nonostante la campagna elettorale fosse stata condotta con il massimo sostegno del cancelliere e fortemente sostenuta da Goebbels con ogni mezzo possibile, nelle elezioni del 5 marzo 1933 Hitler (che ottenne il 43,9% dei voti) e il Partito popolare tedesco-nazionale raggiunsero una maggioranza parlamentare minima. La coalizione era decisa fin dall'inizio a costringere il parlamento ad autoeliminarsi, con la proposta di una legge delega sui pieni poteri. In seguito a violente pressioni e alla minaccia di sollevare una rivolta, il 23 marzo i partiti borghesi diedero il consenso per la legge delega; quest'ultima aveva la durata di quattro anni e fu poi riconfermata altre due volte, costituendo formalmente la base legale del potere nazionalsocialista.

In realtà, la situazione si era già profondamente modificata dal momento in cui era stato provocato l'incendio del Reichstag, la sera del 27 febbraio. I leader nazionalsocialisti si aspettavano manifestazioni di piazza per la sera del 5 marzo, giornata delle elezioni, supponendo che il Partito comunista tedesco (KPD) non avrebbe accettato la graduale eliminazione dei partiti di sinistra. Non potevano invece immaginare che il Partito comunista sarebbe rimasto passivo, e che gli appassionati e battaglieri richiami allo sciopero generale nascondessero una sostanziale incapacità di opporre all'offensiva nazista una reazione adeguata. Nella notte dell'incendio del Reichstag, fra l'altro, i leader comunisti non erano reperibili, trovandosi a un incontro segreto a Friedrichsfelde, e non poterono opporre contromisure adeguate nei confronti dei numerosi arresti che seguirono l'episodio.

Di fronte al parlamento in fiamme, con la diffusione della falsa notizia che l'attentatore appena catturato appartenesse al Partito comunista, Hitler e i vertici del Partito nazionalsocialista, subito in allerta, diffusero il sospetto che si trattasse di una "provocazione comunista". Hitler non aveva dubbi che i comunisti, con tale azione, volessero impedire le elezioni del parlamento. L'incendio avrebbe potuto compromettere il piano hitleriano per la conquista del potere, basato sull'eliminazione dei partiti in virtù della legge delega. Hitler temeva che Hindenburg, viste le circostanze, avrebbe instaurato un regime militare e impedito lo svolgimento delle elezioni.

Per ovviare a tale situazione un gruppo di esperti si riunì al Ministero dell'interno prussiano sotto la guida di Göring e Wilhelm Frick, il nuovo ministro dell'interno del Reich, e decise di ricorrere al piano d'emergenza già approntato per un evento del genere, diffondendo la preoccupazione tendenziosa di un'eventuale minaccia di guerra civile da parte del Partito comunista. L'Ordinanza per la protezione del popolo e dello Stato, preparata in tutta fretta e approvata il giorno dopo dal gabinetto del Reich, fece sì che al posto dello stato d'emergenza militare si verificasse uno stato d'emergenza civile. L'ordinanza, mai abrogata, rappresentò di fatto una sorta di embrionale costituzione del Terzo Reich. Con l'abrogazione aperta dei diritti costituzionali, l'ordinanza creò anche i fondamenti giuridici per la repressione del Partito comunista e di parte del Partito socialdemocratico. L'eliminazione dell'autonomia dei Länder portò a un'anticipata presa del potere da parte dei nazisti nei Länder stessi. La legge delega sui pieni poteri, in seguito approvata anche dal partito di centro in un'atmosfera di grande tensione politica, ebbe in realtà soltanto la funzione di legalizzare il passaggio alla dittatura.

Lo storico Karl Dietrich Bracher, riferendosi agli inizi del governo di Hitler, ha parlato di una presa di potere "di tipo nuovo", che si serviva di mezzi legali, evitando in modo subdolo un'aperta rottura con l'ordinamento costituzionale. Tale modello di azione era stato anticipato da Benito Mussolini nella sua ascesa al potere. Come nel caso del fascismo italiano, accanto a questo modo pseudolegale di procedere vi erano le azioni delle minacciose e violente squadre d'assalto naziste (SA) cresciute sino a diventare un'armata di milioni di persone. In ogni caso, non si poteva parlare di vera e propria legalità, poiché la strategia attuata dopo il 30 gennaio dai leader nazionalsocialisti nascondeva numerose violazioni della costituzione, in particolare con l'osteggiare l'operato delle opposizioni durante la formazione del governo nella fase antecedente alle elezioni, attraverso l'Ordinanza per la protezione del popolo e dello Stato, priva di un reale fondamento. Già nella mattinata del 28 febbraio era chiaro che della minaccia comunista non vi era traccia; ma ciò non impedì a Göring di ribadire davanti al parlamento questa tesi, con false prove, ancora nell'autunno avanzato.

È singolare il fatto che, per conquistare il potere, il vertice nazionalsocialista abbia fatto ricorso a strumenti creati dai governi von Papen e von Schleicher. Non è un caso che l'ordinanza del 28 febbraio fosse ricalcata sul decreto del 20 luglio 1932, con il quale von Papen aveva sciolto il governo prussiano; il governo poteva così ricorrere, per gli arresti, alle liste nere programmate dal gabinetto von Papen in previsione di uno sciopero generale armato organizzato dai partiti di sinistra. I governi presidenziali che si illudevano di formare un regime apartitico avevano preparato il terreno per lo scardinamento dello stato costituzionale da parte dei nazionalsocialisti.

L'origine di tale complessa situazione, dalla quale partì Joseph Goebbels nel delineare il cosiddetto "piano di insurrezione e rinnovamento nazionale", è da ricercarsi nella crisi del sistema parlamentare che si era acutizzata dal 1929 in Germania in seguito al crollo dell'economia mondiale. La Repubblica di Weimar, fin dagli inizi, soffrì della mancanza di un solido consenso parlamentare e del fatto che i partiti di centro e di destra la vedevano soltanto come un regime transitorio, finalizzato al consolidamento della pace; la si considerava insomma (a torto) come una coda dell'impero tedesco. Con le elezioni del parlamento del giugno 1920, i partiti repubblicani e le forze che sostenevano la costituzione si trovarono in minoranza. Pertanto è un errore rimproverare ai politici di Weimar l'instabilità del sistema: l'estromissione dell'élite imperiale dall'amministrazione e dalla diplomazia del Reich fu ritardata proprio dal sostegno ai principi dello stato di diritto da parte della maggioranza socialdemocratica.

Dopo il 1923 si riuscì a bloccare ulteriori tentativi di colpo di stato da parte dell'estrema destra e a consolidare il sistema parlamentare, con il superamento della crisi inflazionistica e la ratifica (1924) del piano Dawes, pagando però il prezzo di uno slittamento del potere verso destra, realizzatosi con la formazione di coalizioni di estrazione borghese e con l'esclusione dei socialdemocratici. L'arrivo di crediti dall'estero portò a un sensibile miglioramento economico e, nel 1927, a un adeguamento degli stipendi del pubblico impiego. In un primo momento, tale congiuntura fece sì che tra la grande industria e il governo repubblicano si instaurasse una non belligeranza.

La repubblica continuava a fermare le azioni dell'estrema destra e a smantellare le numerose associazioni paramilitari – come la *Stahlhelm* (Elmi d'acciaio) e la *Jungdeutscher Orden* (Ordine della giovane Germania) – che durante la crisi inflazionistica erano drammaticamente cresciute, in particolare in Baviera. Nelle elezioni del dicembre 1924, il Partito nazionalsocialista scese al livello di un qualsiasi partito separatista e non riuscì a incrementare il suo potenziale elettorato neppure durante la campagna elettorale del maggio 1928. Durante il periodo di risanamento si poté persino contenere la violenta agitazione antisemita e limitare il concorso dei nazionalisti al sistema parlamentare.

Tra gli intellettuali borghesi di destra, in particolare negli ultimi anni della repubblica, si andava tuttavia affermando l'idea che le riforme fossero insufficienti, e che fosse necessaria una "rivoluzione conservatrice". Tale rivoluzione doveva essere affidata alla giovane generazione, che ancora non era contaminata dal decadimento culturale e dalla fine dei valori dell'Occidente, e quindi capace di ricordare le origini dell'idealismo tedesco di Fichte e la *Gestaltungspolitik*. Il mito delle giovani generazioni, propagandato soprattutto da Hans Zehrer, rendeva il terreno fertile per l'ascesa nazionalsocialista. Si aggiungeva anche la diffusione di una letteratura sul "nazionalismo militare" che con libri come *Der Kampf als inneres Erlebnis* (La lotta come esperienza interiore) di Ernst Jünger si avvicinava alla retorica nazionalsocialista.

Non si devono sopravvalutare le origini idealistiche del fascismo tedesco, mentre si deve evidenziare il fallimento politico e morale della classe accademica, che dopo il 1933 occupò posizioni preminenti nel corpo delle SS (*Schutzstaffeln*). Le cause decisive della fine del sistema parlamentare sono da ricercarsi nella condotta della politica estera e militare e nell'acuirsi degli scontri sociali prodotti dall'entrata in vigore del piano Dawes, ma soprattutto in conflitti di natura squisitamente politica; tali conflitti avevano assunto una forza esplosiva nella politica interna, in seguito allo stretto rapporto tra élite industriale e agraria da un lato ed esigenze militari dall'altro.

Contrariamente a quanto spesso si ritiene, i successi in politica estera di Stresemann (in particolare, la firma del patto di Locarno e la fine dell'occupazione della Renania, avvenuta solo dopo la fine del suo mandato) non ebbero un effetto positivo per le forze repubblicane: la destra esitava ad assumersi responsabilità in merito alla politica di Stresemann, criticandola aspramente con la definizione di "politica adempiente" (una politica, cioè, allineata ai desideri dei vincitori della Grande Guerra, una *Erfüllungspolitik*), poiché la pressione degli Alleati per il risarcimento dei danni di guerra non dava tregua al governo tedesco: un'aperta violazione delle condizioni della pace di Versailles era assolutamente fuori discussione. Si raggiunse la maggioranza parlamentare soltanto con i voti socialdemocratici, maggioranza osteggiata aspramente dai partiti borghesi, determinati a isolare i socialdemocratici in materia di politica economica e sociale (per esempio, in momenti particolarmente critici quali l'occupazione della Ruhr, la firma del piano Dawes e, in seguito, del piano Young). Ne conseguì che alcuni anni dopo l'approvazione del piano Dawes cadde l'ultimo governo parlamentare dei socialdemocratici, quello della Prussia, guidato da Otto Braun, costituitosi in seguito alle imminenti trattative sul pagamento dei danni di guerra. Tali eventi dimostrano che la pressione politica dall'estero portò comunque a una stabilizzazione del sistema, almeno sul piano parlamentare; infatti, poiché la destra antirepubblicana non osava venire allo scoperto né era capace di mediazione in politica estera, le forze borghesi moderate si coalizzarono con il Partito socialdemocratico tedesco (SPD).

Gli effetti politico-finanziari della crisi economica mondiale e, non ultima, la moratoria Hoover, che nel 1931 sospendeva la questione delle riparazioni dei danni di guerra, modificarono la situazione. Le speranze del cancelliere del Reich Heinrich Brüning, che pensava di stabilizzare il proprio governo presidenziale grazie al successo tanto atteso sulla questione delle riparazioni (ratificata poi dalla conferenza di Losanna, da cui von Papen trasse il massimo beneficio), e in seguito di poter trasformare la costituzione in senso autoritario, risultarono vane. Infatti, quando le forze antirepubblicane si convinsero di poter condurre una politica di potenza (*Machtpolitik*), poterono fare a meno della politica di mediazione di Heinrich Brüning. La fine effettiva del pagamento dei danni di guerra segnò anche la sua uscita dalla scena politica.

Tale congiuntura era connessa alla nuova politica militare tedesca, che da anni aspirava a eludere le condizioni del trattato di pace relative alla smilitarizzazione e che, dopo la fine della collaborazione con l'Unione Sovietica in relazione alla politica degli armamenti, mirando alla creazione di un esercito clandestino (*Schwarze Reichswehr*), cominciava a realizzare piani di riarmo sempre più grandiosi tramite bilanci non dichiarati. Le esigenze dei vertici militari di una politica aggressiva durante le trattative internazionali per la riduzione degli armamenti condizionarono l'atteggiamento dei governi presidenziali e del governo di coalizione nazionale: nell'ottobre 1933 il Reich abbandonò la conferenza sulla riduzione degli armamenti in seguito alle pressioni dei vertici militari delle forze armate della Repubblica di Weimar.

A partire dal 1929, le necessità della lobby militare diventarono sempre più impellenti, in previsione di un probabile problema di reclutamento, per un esercito di 100 000 unità con un'anzianità di servizio di dodici anni a cui era stata vietata la formazione di riservisti. Per garantire il proseguimento della politica di riarmo e le relative implicazioni finanziarie, l'ufficio responsabile delle truppe (*Truppenamt*) che di fatto occupava il ruolo dello stato maggiore, spingeva a estromettere il Partito socialdemocratico dal governo in Prussia e nel Reich. Il capo responsabile, il generale von Schleicher, giocò un ruolo importante nella formazione del governo presidenziale di Heinrich Brüning, da cui si attendeva il consenso per il riarmo illegale. La messa al bando delle squadre d'assalto naziste (SA) voluta nel giugno 1932 da Groener, ministro delle forze armate del Reich e ministro dell'interno del Reich, fu violentemente osteggiata da von Schleicher; ne conseguì il ritiro di Groener e la caduta del governo Brüning, non disposto a interrompere i rapporti con il Partito socialdemocratico e a mettere fine alla politica di mediazione. In seguito alla caduta di Brüning, Franz von Papen, Schleicher e i vertici delle forze armate del Reich si videro costretti a uscire allo scoperto e ad assumere la guida del governo, dopo aver fatto valere la propria influenza tramite il presidente del Reich: si illudevano di poter sfruttare, "vincolandolo al palo della legalità", Hitler, che ipotizzava l'eventualità di reintrodurre la leva obbligatoria.

Un ulteriore conflitto di interessi che scuoteva le basi repubblicane riguardava il peggioramento dei contratti di lavoro, dopo l'imposizione del piano Dawes. I liberi sindacati cristiani, indeboliti dalla crisi seguita all'inflazione, non erano in grado di impedire il progressivo smantellamento delle conquiste sociopolitiche della rivoluzione di novembre e dovettero accettare sempre più pesanti riduzioni dell'orario di lavoro e tagli salariali.

I sindacati riuscirono a opporsi, almeno parzialmente, alle pressioni delle associazioni degli industriali tramite la creazione di commissioni statali per la mediazione salariale; l'ordinamento introdotto nel 1924 per il mantenimento della stabilità della valuta restò in vigore, ma ne conseguì una crescente opposizione interna al sindacato, che infine si identificò apertamente con la linea del Partito comunista. A causa delle crescenti disparità sociali e politiche, difficilmente si riusciva a raggiungere consensualmente un accordo sui prezzi e quasi sempre era necessario l'intervento di figure di mediazione per ottenere una soluzione delle numerose controversie.

Il *Nordwestliche Gruppe der Eisen und Stahl* decise di sferrare un attacco diretto contro l'ingerenza dello stato nella mediazione, durante la serrata dell'industria pesante nella zona occidentale del paese, con l'obiettivo di neutralizzare l'influsso dei liberi sindacati sul prezzo politico. La cosiddetta "questione dell'industria pesante della Ruhr" si concluse con un ritiro tattico degli industriali, ma non portò alcuna distensione sul fronte delle tariffe; fu il governo a prendere decisioni sulla politica dei prezzi riguardo all'industria pesante.

Il rapporto con l'industria era compromesso da un lato dal ristagno economico e dall'alto livello di disoccupazione che ne derivava, e dall'altro dagli errati obiettivi dell'industria pesante della Ruhr, illusa di ritornare alle massicce vendite del periodo immediatamente precedente la guerra, che producevano notevoli profitti. I datori di lavoro erano decisi a ridurre i costi fissi tramite rilevanti riduzioni salariali, e a ottenere l'annullamento dei contratti, se necessario, imponendo la chiusura sistematica degli stabilimenti ed esercitando pressioni politiche nei confronti dei sindacati. L'industria pesante interrompeva la collaborazione con il sistema parlamentare e si faceva portavoce di una riforma costituzionale in senso autoritario, sotto la spinta della Lega per il rinnovamento del Reich (*Bund zur Erneuerung des Reiches*).

Intanto la diminuzione dei salari e la recessione, iniziata nel 1930, causavano un sensibile indebolimento dei sindacati e del movimento operaio, la cui maggioranza riformista subiva sempre più la pressione dell'ala radicale. Sotto l'influsso della crisi economica, il Partito comunista poteva ampliare notevolmente il suo elettorato pescando tra le file dei disoccupati permanenti, mentre i lavoratori erano sostenitori convinti della lega ADGB (*Allgemeiner Deutscher Gewerkschaftsbund*) e del Partito socialdemocratico. Con l'aumento del numero dei disoccupati (che raggiunse la cifra di oltre sei milioni nel 1932), il raggio d'azione delle organizzazioni operaie democratiche s'indebolì. Le brillanti iniziative del *Reichsbanner* e dell'*Eiserne Front* contro il partito nazionalsocialista ebbero successo e il movimento operaio organizzato riuscì a osteggiare l'infiltrazione delle associazioni sindacali nazionalsocialiste (NSBO), ma non fu in grado di evitare la subdola manovra del colpo di stato, anche a causa del persistente conflitto con il Partito comunista, subordinato alle direttive del Comintern. Dal momento in cui von Papen destituì il governo socialdemocratico in Prussia, il Partito socialdemocratico e la lega ADGB non poterono più giocare la carta dello sciopero generale, e iniziarono ad assumere un ruolo meno attivo durante la formazione del governo di Hitler.

In una situazione sempre più grave, dovuta alla crisi economica e alla disoccupazione di massa, nessuna forza era in grado di contrastare l'ascesa del movimento. Il nazionalsocialismo conduceva una propaganda politica efficace su strati diversi della compagine sociale tedesca, e incanalava il risentimento contro il sistema, generatosi a vari livelli, a seconda dei conflitti, sfruttandolo a proprio favore.

Il Partito nazionalsocialista, diversamente dai partiti borghesi e socialisti, si asteneva da una politica costruttiva a livello comunale e regionale, rinunciando a contenuti programmatici concreti, ma utilizzava costantemente tutta la sua energia a fini propagandistici, in vista delle elezioni, a cui avrebbe partecipato con finalità puramente sovversive.

Adolf Hitler e i suoi seguaci a Monaco attribuivano al Partito nazionalsocialista un carattere nettamente fascista, distinguendolo sia dai partiti borghesi sia dal rivoluzionarismo dei partiti di sinistra. Infatti il nazionalsocialismo era caratterizzato dal fanatismo per il Führer, perseguiva la soppressione delle libere elezioni in ambito democratico e si asteneva da discussioni concrete sul programma politico del partito, concentrandosi sull'attività propagandistica ed evitando dichiarazioni programmatiche precise. Procedendo dall'alto verso i gradi inferiori della gerarchia, una peculiare commistione di doti carismatiche e di faziosità assicurava un'ampia libertà d'azione, mantenendo comunque un'assoluta lealtà nei confronti di Hitler. I cosiddetti partiti marxisti e i rappresentanti della "repubblica di novembre" erano osteggiati dal movimento nazionalsocialista perché ritenuti responsabili (come del resto anche il DNVP) della sconfitta tedesca durante la guerra. Il movimento conduceva una martellante azione propagandistica, spesso sfruttando la sovrapposizione di interessi di gruppi tra loro antagonisti, si rifiutava apertamente di effettuare scelte politiche e utilizzava i vantaggi risultanti da una condotta intransigente dell'azione di opposizione.

Dopo le elezioni per il Reichstag del 1928, nelle quali la NSDAP rimase ferma al 2,4% dei voti, il governo prussiano decise per l'abrogazione del divieto di organizzare comizi. L'elettorato era del tutto cambiato: il movimento nazionalsocialista non riusciva a farsi appoggiare dai lavoratori dell'industria, ma aveva l'inaspettato supporto delle aree agricole del Nord della Germania, che dal 1924 pativano gravemente la continua crisi agraria. Per sensibilizzare i contadini, finora ignorati, Hitler si vide costretto ad allontanarsi dai propri principi e a modificare il programma del partito, che prevedeva l'esproprio illimitato delle proprietà terriere.

Con la trasformazione degli elettori dei partiti borghesi di destra in potenziali sostenitori, il Partito nazionalsocialista, dalla primavera del 1929, divenne un movimento di massa raccogliendo tra i propri votanti, per un certo periodo, persone di estrazione sociale completamente diversa. Il primo successo consistette nell'attuare, nel settembre 1930, una sensibilizzazione politica tra le persone maggiormente colpite dall'inflazione, come contadini e pensionati.

Quindi, il Partito nazionalsocialista riuscì ad attirare gli elettori più giovani del Partito socialdemocratico e dei partiti borghesi, e infine si infiltrò nella clientela delle libere associazioni elettorali e nelle lobby di diverse categorie, per esempio nella principale organizzazione della politica agraria della Repubblica di Weimar (*Reichsbundland*), e ne ottenne l'appoggio grazie al programma di politica agraria proposto da Walter Darré.

Si verificò dunque una trasformazione dell'elettorato a seconda della compagine sociale: il ceto medio era largamente rappresentato, la presenza operaia era modesta; mentre il partito raccoglieva maggiori consensi nel ceto medio-alto, si verificava nello stesso tempo una perdita dei voti di protesta della prima ora. Il Partito nazionalsocialista raccolse, almeno temporaneamente, l'appoggio di gruppi sociali tra loro diversissimi: la fluttuazione, estremamente alta in principio, diminuì dopo il gennaio del 1933, quando l'elettorato non poteva più identificarsi con specifici gruppi sociali.

Per la maggior parte degli elettori non era importante l'ideologia antisemita e razzista, la posizione critica nei confronti del piano Young o la partecipazione all'*Harzburger Front* del 1931, quanto che il partito si presentasse come unica alternativa dopo dodici anni di crisi parlamentare, come "garante di una nuova Germania", come la forza che avrebbe eliminato la partitocrazia introducendo il concetto concreto di "comunità di popolo" (ovvero "comunità razziale"). Grazie a questi superficiali slogan, i nazionalsocialisti riuscirono a conquistare sia i voti di protesta che l'elettorato giovanile.

Contrariamente all'opinione diffusa, il Partito nazionalsocialista non ottenne mai la maggioranza dei voti; la compagine sociale che rappresentava può definirsi, al massimo, come un partito di maggioranza relativa o virtuale, caratterizzato da una notevole instabilità. Nelle elezioni del 1932 il Partito nazionalsocialista subì una perdita di voti pari al 14%; l'oscillazione dell'elettorato era altissima, e così il nazionalsocialismo rischiò di perdere l'immagine di un movimento con un continuo e crescente successo politico, utilizzata con esito positivo durante la campagna elettorale. Ciò sarebbe certamente avvenuto se la cricca del presidente del Reich non avesse creato il gabinetto di coalizione nazionale prima delle elezioni del parlamento, invertendo il ruolo delle votazioni in relazione alla formazione del governo.

La speranza di poter tenere sotto controllo la condotta di Hitler grazie a una maggioranza di partiti conservatori presenti all'interno del gabinetto si dimostrò un'illusione; tanto più che, quando Hindenburg tornò a Neudeck, Hitler fu abbastanza abile da liberarsi del "cane da guardia" von Papen e da influenzare il presidente a proprio favore; la presunta posizione di forza di Hugenberg, incaricato di due ministeri, si rivelò una chimera, tanto più che il DNVP si stava disgregando. Hitler strumentalizzò proprio la sfrenata corsa finale, in relazione alla questione coloniale, nei confronti del governo britannico, per costringere Hugenberg alle dimissioni. Contemporaneamente, fece pressione sui partiti borghesi affinché si sciogliessero, sostenendo che era stata finalmente raggiunta l'unificazione nazionale, dopo aver dichiarato illegale il Partito socialdemocratico e soppresso il Partito comunista. Hitler poté quindi utilizzare la stessa strategia sui governi dei Länder senza incontrare ostacoli di rilievo e modificare la propria posizione all'interno del gabinetto a favore della sua formazione politica, nominando Goebbels ministro per la propaganda del Reich, e Rudolf Hess ed Ernst Röhm ministri senza portafoglio.

Intanto avveniva un processo di livellamento sociale che sottraeva consenso alle forze conservatrici; la Chiesa cattolica, che contrariamente alle chiese evangeliche restò in un primo tempo defilata, si avvicinò al nuovo regime grazie al concordato col Reich, accettando "l'insurrezione nazionale", proclamata da Goebbels, praticamente senza voti contrari. I concetti diffusi dalla "comunità razziale" nascondevano il fatto che a oltre un terzo della popolazione fu impedita, da parte del vigente stato di polizia, qualsiasi forma di espressione e di opinione; si era costantemente esposti alla repressione del regime.

L'assassinio dei capi delle SA naziste costituì la fase di definitivo consolidamento del regime nazionalsocialista. Hitler, spinto da Göring e Himmler a una sorta di accelerazione degli eventi, aveva liquidato il gruppo dirigente delle SA e messo fine alla rivalità con Ernst Röhm, capo delle suddette squadre d'assalto, cui partecipavano milioni di individui, il quale aspirava a realizzare una "seconda rivoluzione" tesa a risolvere il compromesso concluso da Hitler assumendo il controllo dell'ordinamento statale.

La Notte dei lunghi coltelli, che doveva assicurare alle forze armate del Reich il monopolio delle armi, portò le SS al centro del potere politico e la collaborazione dell'esercito si rivelò una vittoria di Pirro. I generali avanzarono la proposta di riunire, dopo la morte di Hindenburg (che si presumeva prossima), le cariche di presidente del Reich e di cancelliere del Reich, al fine di vincolare il dittatore agli interessi delle forze armate. Ciò sollevò Hitler dalla responsabilità di nominare un successore. Gli aspetti fondamentali per la formazione dello stato guida erano stabiliti, e Goebbels si accingeva a lavorare per il mito di Hitler con tutti gli strumenti propagandistici disponibili, cosa che contribuiva anche all'impoverimento del programma politico.

A quali conclusioni si può giungere nell'attualità del presente, partendo da tali eventi storici? Tale domanda esige risposte differenziate. Non è possibile che si ripeta una congiuntura in cui si sono verificati la sovrapposizione di interessi di gruppi contrapposti e lo scioglimento dell'ordinamento della repubblica, caduto in disgrazia ma ancora efficiente.

È impensabile che all'interno dell'Unione europea persistano ancora tali eccessi nazionalistici e lo stesso risentimento razzista, che procurò potere ai nazisti, in gruppi considerati socialmente emarginati.

La "feccia" che si è sedimentata all'interno del popolo tedesco, per mentalità ristretta e ideologia autoritaria, che indusse a tollerare il terrore di stato del nazionalsocialismo, non è ancora scomparsa e si dovrà fare tutto il possibile per impedire che tali atteggiamenti di pensiero si rigenerino nuovamente. Non ci si deve però attendere il ritorno del nazionalismo classico, già sperimentato.

La questione dell'atteggiamento ideologico, in riferimento alla congiuntura politica attuale, è di grande rilievo: nel periodo dello smantellamento della Repubblica di Weimar la corruzione, tramite il potere autoritario, giunse persino a essere un modello per l'élite intellettuale. Si deve sottolineare inoltre la gravità di un momento in cui, in modo del tutto sconsiderato, si abbandonarono le istituzioni liberali istituendo un sistema di accentramento di ruoli e funzioni all'interno del territorio tedesco, realizzato tramite la dittatura di Hitler.

(traduzione di Simona Basso)

2. Il razzismo antiebraico nel regime nazista

*di Wolfgang Benz**

La discriminazione, la persecuzione e lo sterminio degli ebrei nello stato nazionalsocialista possono essere suddivisi in sei diverse fasi di sviluppo. La fase della discriminazione e dell'esclusione dalla vita pubblica avvenne dal 1933 al 1935. Seguì una seconda fase, che segnò la fine dell'emancipazione mediante un atto giuridico in cui fu sancito il razzismo antiebraico. Nella terza fase, con i pogrom del novembre 1938, iniziò l'espropriazione e la definitiva privazione dei diritti. Al breve periodo della deportazione forzata degli ebrei dal Terzo Reich nel 1938-1939, seguì la fase della "soluzione finale della questione ebraica", durante la quale la radicalizzazione del regime culminò nello sterminio sistematico degli ebrei.

Discriminazione ed esclusione dalla vita economica (1933-1935)

Nel 1933 nel Reich tedesco circa mezzo milione di cittadini si riconosceva come minoranza religiosa ebraica; inoltre, un numero statisticamente non definito di tedeschi era di origine ebraica, cioè aveva genitori, nonni o antenati che avevano fatto parte di una comunità ebraica, si erano poi convertiti al cristianesimo e si erano integrati nella società di maggioranza. I nazionalsocialisti e altri seguaci del razzismo antiebraico, ignorando tale aspetto, si accanivano sulle presunte caratteristiche ebraiche di questo gruppo. Dal 1871, gli ebrei in Germania erano considerati giuridicamente uguali agli altri cittadini tedeschi, sebbene il riconoscimento a livello sociale non fosse sempre adeguato alla realtà giuridica, come più volte si vide. L'abolizione dell'emancipazione degli ebrei, un traguardo che gli antisemiti non erano riusciti a raggiungere ai tempi dell'impero germanico, era il primo obiettivo dei nazionalsocialisti.

L'ostilità verso gli ebrei unificava le diverse componenti dell'ideologia nazionalsocialista. L'antisemitismo incolpava gli ebrei di essere la causa

* Wolfang Benz, professore presso la Technische Universität di Berlino, ha pubblicato *Die Juden in Deutschland 1933-1945*, München 1988 e curato *Dimensions des Völkermonds. Die Zahl der jüdischen Opfer des Nationalsozialismus*, München 1991. In lingua italiana è stato pubblicato *L'Olocausto*, Bollati Boringhieri, Torino 1988.

dei problemi nazionali, sociali ed economici di cui soffriva la Germania dalla sconfitta subita nella prima guerra mondiale; su questo fece leva Hitler per sollecitare i propri seguaci. Le convinzioni antisemite contenute nel *Mein Kampf*, predicate dal capo della NSDAP e dai suoi seguaci sin dagli inizi del movimento e culminate, in seguito, nell'esortazione alla "soluzione della questione ebraica" non erano nuove: erano infatti tutte già presenti nella propaganda antisemita degli ultimi anni del XIX secolo.

Gli atti di violenza contro gli ebrei iniziati il 30 gennaio 1933, da attribuire soprattutto alle SA, non rappresentarono per la maggioranza dei tedeschi l'inizio di una persecuzione sistematica. Anche nella primavera del 1933 si pensò che il clamore e le violenze contro singoli ebrei fossero conseguenze momentanee dell'ebbrezza della vittoria del partito e di un rinnovato nazionalismo. Tuttavia, si dimostrò presto evidente quanto fosse seria per i nazionalsocialisti la questione dell'antisemitismo, e come la maggior parte dei tedeschi non simpatizzasse per gli ebrei, nonostante la disapprovazione per l'agitazione antiebraica messa in opera dai seguaci di Hitler. Era opinione diffusa in Germania che esistesse una "questione ebraica" e che la si dovesse risolvere attraverso i divieti lavorativi e l'allontanamento dalla vita economica; secondo questa opinione, era necessario eliminare l'influenza che gli ebrei esercitavano sulla vita pubblica, sulla cultura e sul mondo finanziario.

I giudici e gli avvocati ebrei erano bersaglio di attacchi particolarmente frequenti. A Monaco, un avvocato che aveva protestato contro la "custodia cautelare" del suo cliente venne arrestato e trascinato per le strade della città, con un cartello appeso al collo sul quale era scritto: «Sono un ebreo sfacciato e non mi lamenterò mai più». Per ridicolizzarlo, gli furono strappati i pantaloni alle ginocchia; la foto di questo umiliante spettacolo venne pubblicata più volte. Ancora più irritante fu ciò che accadde a Breslau, dove la mattina dell'11 marzo 1933 gli uomini delle SA fecero irruzione nel tribunale e con offese e maltrattamenti cacciarono dalle aule e dagli uffici tutti i giudici e gli avvocati che ritenevano ebrei, spingendoli in strada. I colleghi non ebrei si mostrarono solidali; ma meno di tre settimane più tardi, a Görlitz, si trovò chi era pronto a imitare questa azione violenta.[1]

Ciò che la stampa estera scrisse in merito alle violenze contro gli ebrei in Germania venne considerato mera propaganda da parte della comunità ebraica internazionale, che speculava sull'atrocità delle notizie che venivano diffuse, e la reazione del 28 marzo 1933, ordinata dalla NSDAP, venne presentata come la giustificata conseguenza di tali articoli. A partire dal 1° aprile i commercianti, i medici e gli avvocati ebrei dovevano es-

[1] Cfr. W. Benz, *Von der Entrechtung zur Verfolgung und Vernichtung. Jüdische Juristen unter dem nationalsozialistischen Regime*, in H. Heinrichs (a c. di), *Deutsche Juristen jüdischer Herkunft*, München 1993, pp. 813-852.

sere boicottati. Tale boicottaggio venne presentato come misura preventiva dal Comitato centrale per la difesa dagli attacchi degli ebrei (*Zentralkommittee zur Abwehr der jüdischen Grülund Boykotthetze*), sotto la direzione di Julius Streicher. Gli ebrei «avevano osato dichiarare guerra al popolo tedesco, conducendo a livello mondiale una campagna di menzogne, per mezzo della stampa in loro possesso, contro la Germania tornata a essere uno stato nazionalista»: queste parole furono pronunciate sulla Königsplatz di Monaco durante una manifestazione di massa organizzata alla vigilia delle azioni di boicottaggio.[2]

Dal punto di vista del regime, il boicottaggio fu una mossa sbagliata, in quanto (accanto ai saccheggi e ai soprusi violenti) innescò manifestazioni individuali di solidarietà verso gli ebrei, soprattutto a causa delle indignate reazioni estere, che facevano temere ripercussioni sull'economia tedesca. L'azione repressiva venne interrotta, segnando temporaneamente la fine della violenza contro singoli membri della minoranza ebraica; nello stesso tempo, però, si mise mano alla persecuzione razziale organizzata, che, nella prima fase, si servì di normative di legge per la privazione dei diritti e della propaganda di discriminazione razziale.

A partire dal marzo 1933, furono promossi a diversi livelli atti giuridici e normative contro gli ebrei. Il Ministero dell'interno del Reich, con una circolare del 15 marzo, comunicò ai governi dei Länder che in futuro si sarebbe dovuto impedire l'immigrazione degli ebrei da Est; tre giorni più tardi, l'amministrazione comunale di Berlino comunicò che gli avvocati e i notai ebrei non avrebbero più potuto esercitare la professione nella capitale. Il 27 marzo, a Colonia, si proibì la partecipazione delle imprese ebraiche ad appalti pubblici; in Assia fu ordinato alla stampa, che la definiva una "questione d'onore", di escludere "influssi ebraici internazionali" dalle pagine delle notizie, dalle rubriche di intrattenimento e dagli annunci sui giornali. Il 31 marzo, a Berlino, furono sollevati dall'incarico i medici ebrei dell'assistenza pubblica; nello stesso giorno il Ministero dell'interno bavarese ordinò il licenziamento di tutti i medici scolastici "di razza ebraica". A Francoforte si ordinò il controllo dei passaporti tedeschi di tutte le persone "di origine semita"; a Düsseldorf venne proibito il rilascio di passaporti agli ebrei; a Monaco i medici ebrei, all'interno degli ospedali, poterono da quel momento in poi curare esclusivamente pazienti ebrei. E questi sono soltanto alcuni esempi.[3]

Dopo le iniziative a livello di Länder, in meno di due mesi, dopo la presa del potere da parte di Hitler, si arrivò alla prima discriminazione raz-

---

[2] Cfr. A. Barkai, *Vom Boykott zur "Entjudung". Der wirtschaftliche Existenzkampf der Juden im Dritten Reich 1933-1943*, Frankfurt 1988.

[3] J. Walk (a c. di), *Das Sonderrecht für die Juden im NS-Staat. Eine Sammlung der gesetzlichen Massnahmen und Richtlinien. Inhalt und Bedeutung*, Heidelberg 1981.

ziale contro gli ebrei in virtù di una legge emanata dal Reich. In seguito alla "Legge per la riassunzione dei lavoratori statali" del 7 aprile 1933,[4] gli ebrei persero i loro posti di lavoro nel servizio pubblico. Si trattò del primo passo verso l'applicazione del programma della NSDAP, che per il momento escludeva coloro i quali prima del 1° agosto 1914 erano stati impiegati statali o avevano combattuto al fronte durante la prima guerra mondiale, o avevano perso padri o figli durante il conflitto. Con grande disappunto dei nazionalsocialisti, che diffondevano instancabilmente lo stereotipo della vigliaccheria ebraica, questa categoria di persone era molto ampia. Ciò risultò evidente anche in occasione di un'altra legge discriminatoria, emanata il 7 aprile, che regolamentava la professione dell'avvocatura. Agli avvocati "di origine non ariana" (tale formulazione determinò da quel momento il destino di molte vite), fino al 30 settembre poteva essere ritirata l'autorizzazione.[5]

Il fatto che i combattenti di guerra fossero esclusi dagli effetti della legge è da attribuire a un intervento del presidente del Reich presso il cancelliere, dopo che alcuni ex combattenti ebrei avevano chiesto l'aiuto di Hindenburg. Il capo dello stato, a tale riguardo, fece sapere a Hitler che «se essi erano stati degni di combattere e di versare sangue per la Germania, lo erano anche di continuare a servire la patria con il loro lavoro».[6] Il privilegio per i combattenti di guerra era un ostacolo enorme per i programmi del governo; in Prussia, per esempio, 2609 dei 3370 avvocati ebrei poterono continuare a esercitare.

Secondo una stima dell'Ufficio centrale per l'aiuto economico agli ebrei (*Zentralstelle für Jüdische Wirtschaftshilfe*), nel 1933 circa duemila funzionari di alto grado persero la carica e il posto di lavoro, e circa settecento insegnanti furono cacciati dalle università.

La "questione ariana" servì come motivo per discriminare gli ebrei in tutti i campi. A partire dal settembre 1933 l'Automobil club tedesco non accettò più nessun ebreo; dal gennaio 1934, in Prussia, i volontari del corpo dei Vigili del fuoco non poterono più avere membri ebrei; in febbraio, gli ebrei furono esclusi dall'esercito nazionale.

Peggiori furono i divieti lavorativi. Già nel settembre 1933, il sinodo generale dell'Unione prussiana delle chiese evangeliche deliberò che i "non ariani" non potevano accedere alla carriera ecclesiastica; ciò valeva anche per gli uomini coniugati con donne non ariane. Allo stesso modo, funzionari religiosi "ariani" che sposavano donne "di origine non ariana" erano esclusi dalla carriera ecclesiastica. Nell'ottobre 1933, una legge allontanò

---

[4] Decreto del Reich 1933 I, p. 175 s.

[5] Ivi, p. 188.

[6] L. Gruchmann, *Justiz im Dritten Reich 1933-1940. Anpassung und Unterwerfung in der Ära Gürtner*, München 1988, p. 134.

i giornalisti ebrei da tutte le redazioni; una disposizione del ministro dell'interno prussiano, emanata nel marzo 1935, vietò agli ebrei di calcare le scene teatrali, riducendo alla fame gli attori.

Fine della libertà: le leggi di Norimberga (1935)

Nel settembre 1935, in occasione del congresso annuale della NSDAP, vennero emanate le leggi di Norimberga, con le quali gli ebrei tedeschi furono declassati a cittadini di second'ordine. La Legge sulla cittadinanza del Reich stabiliva ora la differenza tra cittadini a pieno titolo "ariani", con diritti politici, e "non ariani", come "cittadini senza diritti politici". La Legge per la protezione del sangue e dell'onore tedesco proibiva i matrimoni tra ebrei e non ebrei, e puniva i rapporti sessuali tra persone "di sangue tedesco" ed ebrei con sanzioni severissime, considerando un crimine (*Rassenschande*) l'unione sessuale tra persone di razze diverse.[7] Con le leggi di Norimberga, il razzismo antiebraico assurse a principio, fu annullata la libertà e si iniziò il cammino verso lo sterminio della minoranza ebraica. Le mortali conseguenze che ne sarebbero derivate non erano ancora chiare per i diretti interessati, che venivano ora guardati con occhio razzista indipendentemente dal fatto che si riconoscessero come ebrei, che facessero parte di una comunità religiosa ebraica o che fossero semplicemente consapevoli della loro origine. Definizioni complicate, in virtù delle nuove leggi, su chi fosse ebreo, chi fosse un "mezzo-ebreo" (*Mischling*) di primo o secondo grado, chi venisse "considerato ebreo" (*Geltungsjude*), chi dovesse recare l'onta di essere "imparentato con ebrei" (*Jüdisch versippt*), chi fosse al riparo dalla persecuzione (non dalla discriminazione) in quanto facente parte di una "coppia mista privilegiata" (*privilegierter Mischehe*), determinavano la vita quotidiana della minoranza ebraica, mentre la maggioranza era in grado di evitare le orribili conseguenze della "questione ariana" esibendo i certificati attestanti la propria origine.

Nel settembre 1937 furono revocate le autorizzazioni a tutti i medici ebrei della mutua; nel luglio 1938 fu disposto per loro il ritiro dell'abilitazione, vale a dire il permesso di esercitare la professione; lo stesso destino toccò poco più tardi agli avvocati ebrei ancora attivi e alle altre categorie professionali. Alla fine dell'aprile 1938 tutti gli ebrei furono costretti a dichiarare il loro stato patrimoniale quando superasse i 5000 marchi; in

---

[7] Decreto del Reich 1935 I, p. 1146 e p. 1334 s.; Reichsinnenministerium und Rassengesetzgebung. Aufzeichnungen von Dr. Bernhard Lösener, in "Vierteljahrshefte für Zeitgeschichte", 9, 1961, pp. 262-313; L. Gruchmann, *"Blutschutzgesetz" und Justiz. Entstehung und Anwendung des Nürnberger Gesetzes vom 15. September 1935*, in "Ebenda", 31, 1983, pp. 418-442.

maggio gli ebrei furono esclusi dall'assegnazione di commesse pubbliche, a partire da luglio le ditte ebraiche dovettero recare un contrassegno di riconoscimento e venne introdotto un documento d'identità specifico per gli ebrei; in agosto fu emanato un decreto con cui si imponeva l'adozione del nome aggiuntivo Sara o Israel; dall'inizio di ottobre venne apposta una J rossa sui passaporti degli ebrei (tale richiesta fu inoltrata dalla Svizzera, le cui autorità volevano riconoscere immediatamente i profughi ebrei provenienti dalla Germania e dall'Austria per poterli respingere) e, sempre nello stesso mese, nell'ambito di una conferenza sugli obiettivi dell'armamento, Göring annunciò l'esclusione degli ebrei dall'economia; dalla metà di novembre i bambini ebrei non poterono più frequentare le scuole tedesche. Furono adottate molte altre misure, come le panchine con la scritta «solo per ariani», il divieto di frequentare le piscine comunali, i cartelli all'ingresso di ristoranti, hotel e negozi, e persino di intere località, recanti la scritta «qui gli ebrei non possono entrare».

Il pogrom del novembre 1938

Il 9 novembre 1938 segnò il passaggio dagli atti di discriminazione legi slativa e amministrativa alla violenza bruta. L'attentato compiuto dal diciassettenne Herschel Grünspan ai danni di Ernst von Rath, funzionario dell'ambasciata tedesca a Parigi, servì da pretesto. L'atmosfera fu a lungo surriscaldata da una propaganda giornalistica mirata.

L'esortazione del regista del pogrom, Goebbels, a dimostrare spontaneamente l'indignazione popolare in occasione della tradizionale riunione dei veterani di guerra, la sera del 9 novembre a Monaco, venne raccolta dai nazionalsocialisti su tutto il territorio nazionale: poche ore più tardi le sinagoghe erano in fiamme, gli ebrei vennero maltrattati pubblicamente, le proprietà ebraiche furono distrutte e saccheggiate. L'esortazione al pogrom da parte della NSDAP venne incontro al bisogno di azione degli appartenenti all'organizzazione *Kampfzeit der Bewegung*. Il pogrom fu chiaramente una valvola di sfogo per soddisfare una sete di vendetta, di morte e di distruzione, che ora, legittimata, poteva esprimersi pubblicamente.

La consapevolezza di essere parte di un'iniziativa di massa voluta dal partito (insieme al ricordo dei violenti conflitti che precedettero il 1933) costituì il motivo principale della furia distruttiva contro cose e persone. La violenza vandalica di coloro che parteciparono al pogrom organizzato si abbatté anche su chi non c'entrava nulla. Ciò fu il frutto della propaganda antisemita, la conseguenza della campagna giornalistica in seguito all'attentato di Grünspan e, probabilmente, anche l'esito del mero desiderio di aggressione, di sensazioni forti e di distruzione che si scatenò durante il pogrom.

I pogrom hanno sempre offerto l'opportunità di mettere in pratica aggressioni sadiche verso i bambini e le donne; ciò vale anche per la Notte dei cristalli. È da notare che lo scatenarsi di questi impulsi devastanti non necessitava della copertura dell'anonimato (il luogo isolato o la grande città): tali orrori furono perpetrati all'interno di comunità dove vittime e aguzzini si conoscevano come vicini di casa e concittadini. Anche il coinvolgimento di bambini e giovani nel pogrom, da parte degli adulti, è un chiaro indizio di quanto le opinioni della gente delle zone rurali nei confronti della minoranza ebraica fossero simili alle opinioni del regime.

Esistono tuttavia anche prove del fatto che, nel novembre 1938, molti tedeschi provassero vergogna per ciò che ritenevano essere un ritorno alla barbarie, vista l'umiliazione, il maltrattamento e l'alienazione dei beni subiti da una minoranza da tempo privata dei propri diritti, e che, nella primavera del 1935, era stata degradata a categoria di cittadini discriminata. Alcuni, mossi da un sentimento di pietà, si impegnarono a impedire la distruzione delle sinagoghe, a nascondere gli ebrei o ad aiutarli in altro modo.

La persecuzione veniva pubblicamente esibita al fine di degradare e umiliare la minoranza ebraica, con la distruzione delle proprietà, schernendo e maltrattando le persone giorno e notte. Reso pubblico l'ordine di imprigionare 27 000 uomini ebrei nei tre campi di concentramento di Dachau, Buchenwald e Sachsenhausen, gli ebrei furono spinti a emigrare. Da questi campi furono selezionati e lasciati liberi gli ebrei benestanti, se i parenti erano in grado di fornire passaporti e biglietti di viaggio. Quelli che rimasero pativano danni fisici e morali ed erano costretti a subire degradanti appelli e percosse, un massacrante lavoro fisico e minacce di morte. Nei lager era in atto la totale degradazione della dignità umana, aggravata da condizioni igieniche disumane e dal sadismo dei guardiani. La prima esperienza di quello che si sarebbe vissuto nei campi di concentramento fu sperimentata dagli uomini ebrei nelle palestre, nelle scuole e nelle sale da ballo delle loro città, dove per giorni interi essi furono torturati e insultati.[8]

Saccheggio e definitiva privazione dei diritti

Nella sede del Ministero dell'aeronautica, il 12 novembre 1938, sotto la presidenza di Göring (incaricato del piano quadriennale), i rappresentanti di tutti i dicasteri del Reich si riunirono per discutere le conseguenze del pogrom. L'espropriazione dei beni degli ebrei era già decisa e la com-

[8] 10 911 uomini furono internati nel lager di Dachau, 9845 furono deportati a Buchenwald, circa 6000 a Sachsenhausen. Cfr. H. Pollmeier, *Inhaftierung und Lagererfahrung deutscher Juden im November 1938*, in "Jahrbuch für Antisemitismusforschung", 8, 1999, pp. 107-130.

pleta "arianizzazione" dell'economia tedesca era già stata deliberata da Hitler.[9] Un bilancio dei danni materiali, redatto da Reinhardt Heydrich per conto di Göring, segnalava la distruzione di 7500 negozi ebraici; le vetrine, per un valore di dieci milioni di marchi tedeschi, erano state distrutte per lo "sdegno popolare" e la "legittima indignazione" e il danno, tenuto conto dell'insieme degli atti vandalici e dei saccheggi, ammontava a diverse centinaia di milioni di marchi. Quasi tutte le sinagoghe e i luoghi di preghiera erano stati demoliti o dati alle fiamme. A ciò si aggiungevano centinaia di vittime assassinate, maltrattate e picchiate sino alla morte, o suicidatesi per disperazione.

I ministri e i funzionari presenti all'assemblea del 12 novembre furono concordi nell'affermare che non solo gli ebrei dovessero essere ritenuti responsabili per i danni del pogrom (la confisca dei contributi assicurativi garantì che i danni subiti dagli ebrei non fossero risarciti), ma dovessero anche pagare una tassa speciale, una sorta di "riparazione", del valore di oltre un miliardo di marchi. Venne anche discusso come allontanare gli ebrei dalla società tedesca, in modo definitivo e in condizioni le più umilianti possibili. Le proposte variavano: divieto di entrare nei parchi, distinguere gli ebrei mediante uno specifico costume come nel Medioevo o mediante un distintivo, divieto di utilizzare le ferrovie, bandire gli ebrei da interi quartieri delle città. Il 6 dicembre 1938, in un discorso sulla "questione ebraica" davanti ai Gauleiter (i gerarchi nazisti che comandavano un distretto), ai presidenti e ai governatori, Göring affermò che, per espresso ordine di Hitler, l'esclusione degli ebrei in futuro dovesse avvenire in modo più discreto e tale da dare meno nell'occhio rispetto a quanto era avvenuto nel novembre 1938, quando l'apparato statale imperava con l'azione selvaggia attuata dalla NSDAP.[10]

L'incivile saccheggio fu completato, e la definitiva privazione dei diritti degli ebrei fu rapidamente portata a termine. Nel 1938, solo 40 000 delle circa 100 000 imprese ebraiche erano ancora nelle mani dei legittimi proprietari. L'"arianizzazione" aveva soprattutto colpito il commercio al dettaglio: di 50 000 negozi ne rimanevano 9000. Il numero degli ebrei disoccupati era costantemente aumentato; il divieto di lavorare e la cessione forzata delle attività commerciali avevano ridotto molti in condizioni di estrema povertà. Con il decreto per l'esclusione degli ebrei dall'economia tedesca del 12 novembre 1938, i pochi commercianti sopravvissuti dovettero soccombere. Dal 1° gennaio 1939 agli ebrei fu vietata l'attività di ven-

---

[9] Cfr. la trascrizione stenografica della riunione sulla "questione ebraica" del 12 novembre 1938, Nürnberger Dokument PS 1816, Archiv Zentrum für Antisemitismusforschung TU Berlin.

[10] S. Heim, A. Götz, *Staatliche Ordnung und "organische Lösung"*, in "Jahrbuch für Antisemitismusforschung", 2, 1993, pp. 378-404.

dita al dettaglio, la vendita di merci o le prestazioni professionali in mercati e fiere, la gestione di imprese manifatturiere. Le aziende furono, per un valore esiguo, trasferite in mano a proprietari non ebrei ("arianizzate"), oppure vennero chiuse.[11]

In seguito al pogrom di novembre, con il divieto di stampare giornali e con la chiusura delle organizzazioni ebraiche, la vita pubblica degli ebrei fu annientata. Derubati e impoveriti, erano ridotti in condizioni sempre più miserabili, sotto il peso di sempre nuove vessazioni. Il 30 aprile 1939, con la legge sui contratti di affitto, iniziarono i preparativi per il raggruppamento di famiglie ebraiche in case destinate esclusivamente agli ebrei. L'intenzione, che si concretizzò rapidamente, era di riunire gli ebrei in appartamenti per facilitarne il controllo (e in seguito la deportazione). Non si poteva pretendere che gli "ariani", questa la motivazione, vivessero nelle stesse case degli ebrei.

Il 1° settembre 1939, data di inizio della guerra, servì da pretesto per l'introduzione di nuove vessazioni: gli ebrei non potevano più lasciare le loro case dopo le ore 21.00 in estate e dopo le ore 20.00 in inverno. Dal 20 settembre fu loro proibito, in quanto "nemici del Reich", di possedere apparecchi radio, dal 19 luglio 1940 di possedere apparecchi telefonici (già dal dicembre 1938 era loro vietato possedere o guidare un'automobile). Dal settembre 1939 gli ebrei potevano approvvigionarsi delle razioni alimentari (notevolmente ridotte rispetto a quelle degli "ariani") soltanto in determinati negozi; a Berlino, nel luglio 1940, fu inoltre stabilito che essi potessero accedere a tali negozi soltanto tra le 16.00 e le 17.00, quando molti beni alimentari non erano più disponibili. Burocrati crudeli concepivano sempre nuove meschinità, come il divieto di tenere animali domestici o di prendere libri in prestito nelle biblioteche.

Dal dicembre 1938 gli ebrei venivano costretti a lavorare nell'industria bellica per sostituire chi era stato chiamato alle armi e venivano fatti lavorare in condizioni di discriminazione (*geschlossenen Arbeitseinsatz*), in quanto separati dalle maestranze "ariane".[12] Chi si trovava in tale posizione era protetto dalle prime deportazioni, che ebbero inizio nella primavera del 1941.

Il 1° settembre 1941 venne emanata la direttiva della polizia per l'identificazione degli ebrei: dal 15 settembre ogni ebreo, a partire dai sei anni di età, doveva portare una stella gialla cucita sugli abiti. L'opera di umiliazione pubblica fu completata rendendo totale il controllo sulla

---

[11] P. Hayes, *Big Business and "Aryanisation" in Germany, 1933-1939*, in "Jahrbuch für Antisemitismusforschung", 3, 1994, pp. 254-281.

[12] W. Gruner, *Der geschlossene Arbeitseinsatz deutscher Juden. Zur Zwangsarbeit als Element der Verfolgung 1938-1943*, Berlin 1997; *Zwangsarbeit und Verfolgung österreichischer Juden im NS-Staat*, Innsbruck 2000.

minoranza perseguitata. Dal 1° luglio 1943, in Germania (secondo la tredicesima ordinanza della Legge sulla cittadinanza del Reich) gli ebrei erano soggetti illimitatamente al controllo della polizia, non avendo più alcuna tutela giuridica. In Germania, a questo punto, non vivevano più molti ebrei: più della metà era emigrata, gli altri erano stati "evacuati", cioè deportati con trasferimenti di massa "verso Est". Ufficialmente, nel Reich tedesco non c'erano più ebrei. Pochi erano fuggiti illegalmente, altri vivevano sotto protezione incerta, alle "coppie miste" (*Mischehen*), sempre in attesa, fu offerto di condividere il destino della maggioranza degli ebrei tedeschi.

La deportazione

All'inizio del 1938, in seguito all'*Anschluss*, l'Austria diventò un campo di sperimentazione per l'emigrazione della minoranza ebraica. Secondo il censimento del marzo 1934, in Austria vivevano 191 481 persone di confessione israelitica (secondo la definizione delle leggi di Norimberga vi erano alcune migliaia di ebrei in più, per cui il numero complessivo venne stimato in circa 206 000). Il censimento del 17 maggio 1939 rilevò la presenza di ancora 94 601 ebrei in virtù della normativa nazista sulla razza, e di 84 214 persone "di confessione ebraica". Tra l'*Anschluss* e l'inizio della seconda guerra mondiale erano quindi emigrati circa 130 000 ebrei austriaci: in parte fuggendo di propria iniziativa, in parte grazie all'Ufficio centrale del Reich per l'emigrazione ebraica costituito a Vienna nell'agosto 1938, come effetto della pressione esercitata da Adolf Eichmann per conto dell'Ufficio centrale per la sicurezza del Reich, e di Bürckel, commissario del Reich per la riunificazione dell'Austria. L'Ufficio centrale forniva passaporti a fronte della cessione del 5% del patrimonio e organizzava l'espatrio imponendo un ulteriore saccheggio di beni. Tale ufficio non si occupava di visti e passaggi e di altri dettagli pratici per l'ingresso nel paese d'esilio, poiché vigeva il concetto di finanziare con il denaro sottratto con la forza agli emigranti anche l'espatrio degli ebrei poveri.[13]

L'Ufficio centrale di Vienna, che a partire dal 1941 organizzò le deportazioni nei campi di sterminio e che ebbe pertanto una funzione di rilievo nel genocidio, costituì un modello per la sezione "evacuazione ed ebrei" (IV-B-4) dell'Ufficio centrale per la sicurezza del Reich, istituita nel gennaio 1939 e di cui Adolf Eichmann fu responsabile a partire dall'ottobre 1939.[14]

---

[13] J. Moser, *Die Zentralstelle für jüdische Auswanderung*, in K. Schmidt, R. Streibel (a c. di), *Der Pogrom 1938*, Wien 1990, p. 96 s.

[14] G. Anderl, *Die "Zentralstellen für jüdische Auswanderung"*, in *Wien, Berlin und Prag. Ein Vergleich*, in "Tel Aviver Jahrbuch für deutsche Geschichte", 23, 1994, p. 275 s.

A quel punto, con l'inizio della seconda guerra mondiale, dall'Austria erano emigrati circa i due terzi della popolazione ebraica. Secondo stime dell'Ufficio centrale per l'emigrazione ebraica di Vienna, in base alla definizione imposta dalle normative razziali nazionalsocialiste, il 15 settembre 1939 vivevano in Austria ancora 66 260 persone di confessione ebraica, oltre a 8359 ebrei.

Fino al 1939 lo stato nazionalsocialista forzò e contemporaneamente frenò l'emigrazione degli ebrei tedeschi. L'allontanamento dall'economia spingeva gli ebrei a emigrare, ma i saccheggi, la confisca del patrimonio e le rovinose cessioni coercitive ne riducevano drasticamente le possibilità. Il perfido piano del regime aveva lo scopo di esportare il problema dell'antisemitismo; infatti gli ebrei impoveriti, emigrati dalla Germania nei paesi stranieri di accoglienza, sarebbero diventati un problema sociale. Nel luglio 1938, sulla riva francese del lago di Ginevra, ebbe luogo una conferenza internazionale dedicata ai problemi degli emigrati ebrei provenienti dalla Germania. La conferenza era stata indetta dal presidente Roosevelt e a Evian si presentarono i rappresentanti di trentadue stati, senza tuttavia alcun esito.

Dopo tali pressioni contraddittorie da parte dello stato nazionalsocialista all'inizio del 1939, l'idea dell'espatrio fu abbandonata, sino alla proclamazione del divieto di emigrazione nell'autunno del 1941.[15]

Dalla persecuzione allo sterminio: la "soluzione finale della questione ebraica"

Nell'autunno del 1941 ebbe inizio l'ultima fase della politica antisemita dei nazionalsocialisti, caratterizzata dalla deportazione degli ebrei dalla Germania; era sistematica, regolata burocraticamente e programmata sin nei minimi dettagli, e ora mirata esclusivamente a sterminare gli ebrei europei. Dall'estate 1941, Hermann Göring, ufficialmente l'ultimo responsabile della "questione ebraica" nel Reich tedesco, delegò con pieni poteri Reinhardt Heydrich, che divenne capo della GESTAPO. Heydrich ricevette due compiti: in primo luogo, avrebbe dovuto «adottare tutte le misure preparatorie necessarie, sul versante dell'organizzazione, dell'attuazione e dei mezzi materiali, per ottenere una soluzione totale della questione ebraica nella zona di influenza tedesca in Europa»; in secondo luogo, avrebbe dovuto «al più presto» presentare un progetto globale sulla «soluzione finale della questione ebraica» a cui tanto si anelava.[16]

---

[15] M. Wildt, *Die Judenpolitik des SD 1935 bis 1938. Eine Dokumentation*, München 1995.
[16] R. Hilberg, *La distruzione degli ebrei d'Europa*, Einaudi, Torino 1995, pp. 424-425.

I preparativi furono condotti con accuratezza e conclusi a metà di ottobre 1941. Agli ebrei veniva ordinato di presentarsi in punti di raccolta per il trasferimento; veniva imposto loro come comportarsi, il bagaglio da portare con sé "nell'insediamento a Est" e come lasciare i loro appartamenti (dovevano pagare le bollette di luce, gas e acqua prima della partenza); al momento dell'assegnazione del "numero di matricola" veniva loro comunicato che tutto il patrimonio, con retroattività al 15 ottobre, era stato confiscato dalla polizia di stato e che tutte «le disposizioni stabilite a partire da tale data in merito a donazioni o vendite patrimoniali non avevano alcun effetto». Fu altresì imposto di compilare una dichiarazione patrimoniale, contenente il nome e l'indirizzo del nuovo proprietario a cui nel frattempo erano state vendute o donate eventuali proprietà; era inoltre necessario allegare tutti i certificati relativi: titoli di credito, effetti, polizze assicurative, contratti di acquisto ecc.

La confisca del patrimonio degli ebrei, in seguito alla quale i diseredati si trovavano in condizioni di estrema indigenza, si basava sull'undicesima ordinanza della Legge sulla cittadinanza del Reich, una delle leggi di Norimberga del 1935. I decreti esecutivi avevano gradualmente ridotto i diritti degli ebrei e coloro che non erano stati in grado di emigrare vennero alla fine deportati nei ghetti e nei campi di sterminio. L'undicesima ordinanza, entrata in vigore il 25 novembre 1941, stabiliva che la perdita della cittadinanza tedesca avveniva automaticamente con «il trasferimento del domicilio abituale all'estero».[17] Lo scopo di tale disposizione era evidente, se pensiamo che il paragrafo 3 diceva: «Gli averi dell'ebreo decadono con la perdita della cittadinanza del Reich». Per escludere ogni possibilità di aggirare tale disposizione, la sezione IV-B-4 dell'Ufficio centrale per la sicurezza del Reich, sezione competente per le questioni degli ebrei di cui era a capo Adolf Eichmann, aveva emanato una disposizione sul movimento dei beni mobili degli ebrei; quest'ultima, datata 27 novembre 1941, aveva validità legale retroattiva al 15 ottobre 1941.[18] L'intenzione era di impedire trasferimenti di patrimonio prima della deportazione degli ebrei.

I termini giuridici della perdita retroattiva della cittadinanza e del patrimonio erano manovre subdole; anche il trasferimento del "domicilio abituale" all'estero non dipendeva più in alcun modo dagli ebrei. L'emigrazione, che ancora nel 1938-1939 era stata promossa dalle autorità nazionalsocialiste, a partire dalla primavera 1941 era formalmente vietata. Sebbene gli interessati ancora non sapessero cosa ne sarebbe stato di loro, l'idea del trasferimento non era ben vista.

---

[17] Decreto per la Legge sulla cittadinanza del Reich del 25 novembre 1941, RGBI I, 1941, pp. 722-724.

[18] B. Blau, *Das Ausnahmerecht für die Juden in Deutschland 1933-1945*, Düsseldorf 1954, p. 102.

Per riuscire a catturare tutti gli ebrei e realizzare lo sterminio, all'inizio del dicembre 1941 il Ministero dell'interno, con l'emissione dell'undicesima ordinanza della Legge sulla cittadinanza del Reich, definì che cosa si intendeva con il termine "estero" riguardo alla deportazione. «La perdita della cittadinanza e l'alienazione del patrimonio riguarda quegli ebrei che hanno al momento o stabiliranno in futuro il loro domicilio abituale nelle aree occupate dalle truppe tedesche o poste sotto l'amministrazione tedesca, in particolare anche nel Governatorato generale (*Generalgouvernement*) e nei commissariati del Reich delle terre orientali (*Ostland*) e dell'Ucraina».[19]

Con queste leggi si dava il via alla deportazione di massa dalla Germania, già sperimentata in diversi luoghi: i primi ebrei furono deportati al termine della campagna polacca nell'autunno 1939, in occasione dell'annessione dei territori della Polonia occidentale. Gli ebrei polacchi residenti nel territorio del Gau, nel Wartheland, erano stati confinati nella zona di Lublino e in altre aree del Governatorato generale, dove conducevano un'esistenza disumana nei lager.[20]

Mentre le squadre d'assalto delle SS perpetravano da tempo le uccisioni in massa degli ebrei polacchi, ucraini e russi nell'area orientale e nei paesi baltici, la GESTAPO preparava la deportazione in Occidente. La grande macchina annientatrice procedeva a pieno ritmo già prima della conferenza di Wannsee,[21] nella quale, il 20 gennaio 1942, fu messa a punto l'organizzazione della deportazione e dello sterminio degli ebrei europei.

Un gruppo di ebrei tedeschi sembrò essere privilegiato rispetto a coloro che erano stati trasportati nei lager dell'Est. A Nordböhmen, all'interno di un'antica fortezza austriaca, venne allestito un ghetto dichiaratamente privilegiato per anziani ebrei provenienti da Cecoslovacchia, Austria, Germania e anche da Danimarca e Olanda: Theresienstadt.[22] Questo ghetto per anziani, destinato a combattenti decorati e a personaggi di spicco (per un totale di 40 000 ebrei tedeschi), di fatto era un campo di concentramento, gestito autonomamente dagli ebrei; per la maggior parte dei detenuti fungeva da stazione intermedia sulla strada per Auschwitz, Treblinka e altri campi di sterminio. La mentalità criminale del regime era arrivata al punto di vendere contratti per l'acquisto di un posto nella casa di riposo, che in realtà era il ghetto, facendo credere che si trattasse di un luogo immerso nella pace, ingannando anche l'opinione pubblica in occasione di visite di delegazioni internazionali, per le quali

---

[19] J. Walk (a c. di), *op. cit.*, p. 358.

[20] Cfr. (anche per le deportazioni successive) M. Gilbert, *Endlösung. Die Vertreibung und Vernichtung der Juden. Ein Atlas*, Reinbeck 1982.

[21] K. Pätzold, E. Schwarz, *Tagesordnung Judenmord. Die Wannsee-Konferenz am 20. Januar 1942. Eine Dokumentation zur Organisation der "Endlösung"*, Berlin 1992.

[22] M. Kárny, V. Blodig, M. Kárná, *Theresienstadt in der "Endlösung der Judenfrage"*, Prag 1992.

veniva inscenata una vita serena e priva di preoccupazioni, con tanto di rappresentazioni artistiche e attività sociali.

Il bilancio della persecuzione degli ebrei, per opera dei nazionalsocialisti, ricostruito dopo il crollo del regime di Hitler, consta delle seguenti cifre: su circa 500 000 ebrei tedeschi emigrarono circa 278 000. Non tutti poterono salvarsi grazie all'emigrazione. Il numero delle vittime è compreso tra 160 000 e 195 000; circa 15 000 ebrei sopravvissero in quanto partner di una "coppia mista", meno di 6000 sopravvissero ai lager dell'Est (la maggior parte di essi fu liberata a Theresienstadt), alcuni sopravvissero clandestinamente, soprattutto nel sottosuolo di Berlino e Vienna.[23] Il numero di questi ultimi, stimato in 5000 dalle statistiche, è difficile da definire con precisione rispetto al numero delle vittime.[24]

A partire dal 1941, gli ebrei vittime dell'Olocausto furono sei milioni in tutta Europa. Il genocidio era iniziato con l'umiliazione e l'esclusione della minoranza attraverso la propaganda, il terrore e i decreti legislativi. All'espropriazione dei beni e ai saccheggi delle proprietà seguirono la persecuzione, lo sfruttamento della forza-lavoro, la ghettizzazione e la deportazione, i campi di lavoro e i campi di sterminio.[25]

(traduzione di Simona Basso)

---

[23] Al Centro della ricerca sull'antisemitismo presso la TU di Berlino sta nascendo, come risultato di un progetto di ricerca, una banca dati sui sopravvissuti. Cfr. W. Benz, J. Wetzel, *Solidarität und Hilfe für Juden während der NS-Zeit*, Berlin 1996.

[24] Sul tema cfr. W. Benz, *Dimension des Völkermords. Die Zahl der jüdischen Opfer des Nationalsozialismus*, München 1991.

[25] Riepilogativo in tal senso è il testo di S. Friedländer, *Das Dritte Reich und die Juden. Die Jahre der Verfolgung 1933-1939*, München 1998.

3. Dall'eutanasia alla soluzione finale

di Henry Friedländer[*]

Gli storici ci hanno fornito una molteplicità di risposte relative al processo di eliminazione in massa del regime nazista. Una di queste riguarda le radici ideologiche del genocidio e della categoria delle vittime, obiettivo di quel genocidio. Un'altra riguarda il processo decisionale degli esecutori e l'ordine cronologico delle esecuzioni. Le mie risposte a tali domande a volte sono in accordo e a volte no con quelle avanzate da altri storici. Invece di presentare un'analisi storiografica esporrò qui le mie personali opinioni.[1]

Il genocidio nazista non si è verificato in un vuoto. Esso fu soltanto il metodo più radicale per escludere alcune classi umane dalla comunità nazista tedesca. La linea politica di esclusione seguì e si sviluppò nel corso di oltre cinquant'anni di opposizione scientifica all'eguaglianza fra gli uomini. Fino alla svolta del secolo, l'élite tedesca, vale a dire i membri delle classi professionalmente evolute, aveva progressivamente accettato un'ideologia di ineguaglianza umana. Genetisti, antropologi e psichiatri avanzavano una teoria di ereditarietà umana che si mescolava con la dottrina razzista ultranazionalista, tale da formare una ideologia politica basata sulla razza.[2] Il movimento nazista assorbì e sospinse gli ideologi. Dopo la loro ascesa al potere nel 1933, i nazisti crearono la cornice politica che rese possibile trasformare quell'ideologia di ineguaglianza in una politica di esclusione. Al tempo stesso l'élite burocratica, professionale e scientifica fornì al regime la necessaria legittimazione di quella politica.[3]

---

[*] Henry Friedländer, professore presso il Brooklyn College della City University di New York, è autore di un importante contributo sulla rivoluzione tedesca del 1918 e curatore di *The Holocaust: Ideology, Bureaucracy and Genocide*, Kraus International Millwood, New York 1980. In lingua italiana è stato pubblicato il fondamentale saggio *Le origini del genocidio nazista. Dall'eutanasia alla soluzione finale*, Editori Riuniti, Roma 1997.

[1] Per maggiori dettagli cfr. anche H. Friedländer, *Le origini del genocidio nazista*..., cit., Editori Riuniti, Roma 1977.

[2] Cfr. *Hundert Jahre deutscher Rassismus: Katalog und Arbeitsbuch*, Kölnische Gesellschaft für Cristlich-Jüdische Zusammenarbeit, Köln 1988; R. Proctor, *Racial Hygiene: Medicine under the Nazis*, Harvard University Press, Cambridge (Mass.) 1988 e G.L. Mosse, *Le origini culturali del Terzo Reich*, il Saggiatore, Milano 1994.

[3] Cfr. B. Müller-Hill, *Tödliche Wissenschaft. Die Aussonderung von Juden, Zigeunern und Geisteskranken 1933-1945*, Rowohlt Taschenbuch Verlag, Reinbeck 1984.

Il regime voleva istituire una società basata su una comunità nazionale razzialmente omogenea, fisicamente robusta e mentalmente sana,[4] utopica visione condivisa sia a livello sociale sia individuale.[5] Tre categorie di cittadini tedeschi non rientravano nei parametri di tale società visionaria. Essi erano i disabili, gli ebrei e gli zingari, e l'ereditarietà determinava la loro selezione come vittime. Nonostante il regime perseguitasse e spesso eliminasse donne e uomini per le loro convinzioni politiche, per la loro religione, comportamento o attività, i nazisti applicarono una politica integrale di esclusione e di sterminio soltanto alle tre categorie biologicamente definite.[6]

Per tutti gli anni trenta, il pragmatismo guidò la politica di esclusione del regime, che nel comune linguaggio dei nazisti e degli scienziati della razza aveva il senso di "rigenerazione fisica attraverso l'eliminazione" (*Aufartung durch Ausmerzung*). Quanto agli ebrei, la categoria più numerosa da eliminare, il regime instaurò leggi intese a estrometterli dalla vita pubblica ed economica della nazione; riteneva inoltre che una totale esclusione fosse anche attuabile grazie a un'emigrazione forzata.[7] Contro gli zingari, entità di consistenza molto minore, applicò le leggi istituite per gli ebrei, comprese le leggi razziali di Norimberga, ma stante l'impossibilità di emigrare per gli zingari, questi vennero incarcerati in primitivi campi di concentramento detti "campi degli zingari".[8] Quanto ai disabili, l'esclusione fu ancora più radicale: la sterilizzazione coatta. La legge sulla sterilizzazione, varata il 14 luglio 1933 con l'ambiguo nome di Legge per la prevenzione contro la propagazione di malattie ereditarie (*Gesetz Verhutung erbkranken Nachwuchses*), aprì la via all'attacco contro i disabili e costituì la base della legislazione eugenica e razziale del regime.[9] In base a essa, prima della guerra, furono sterilizzate circa 300 000 persone.[10]

Nel tardo 1938, all'approssimarsi della guerra, il regime nazista decise di impiegare contro i disabili la più radicale forma di esclusione: l'elimi-

---

[4] Cfr., per esempio, G. Aly, *Der saubere und der schmutzige Fortschritt*, in "Beiträge zur nationalsozialistischen Gesundheits und Sozialpolitik", 2, Berlin 1985, pp. 9-78.

[5] Per paralleli ideologici non tedeschi, persino americani, cfr. S.L. Chorover, *From genesis to genocide: the meaning of human nature and the power of behavior control*, MIT Press, Cambridge (Mass.) 1980.

[6] Cfr. B. Müller-Hill, *Selektion: Die Wissenschaft von der biologischen Auslese des Menschen durch Menschen*, in N. Frei (a c. di), *Medizin und Gesundheitspolitik in der NS-Zeit*, R. Oldenbourg Verlag, München 1991, pp. 137-155.

[7] Cfr., per esempio, U.D. Adam, *Judenpolitik im Dritten Reich*, Droste Verlag, Düsseldorf 1979.

[8] Cfr., per esempio, S. Milton, *Sinti and Rom in Twentieth Century Austria and Germany*, in "German Studies Review", XXIII, 2000, n. 2, pp. 317-331.

[9] Reichsgesetzblatt 1933, 1, p. 529.

[10] Cfr. G. Bock, *Zwangssterilisation im Nationalsozialismus. Studien zur Rassenpolitik und Frauenpolitik*, Westdeutscher Verlag, Opladen 1986.

nazione delle vittime attraverso l'uccisione di massa. Fu allora che Adolf Hitler autorizzò l'uccisione di bambini disabili, estendendo negli anni seguenti tale ordine agli adulti e assegnando a Karl Brandt, il suo medico personale, e a Philip Bouhler, capo della sua cancelleria personale, la funzione di plenipotenziari per questa micidiale operazione di sterminio. Bouhler a sua volta ne affidò l'esecuzione a Viktor Brack, caporeparto della *Kanzlei des Führers*, la Cancelleria del Führer (KDF).[11] Brack e la KDF istituirono organismi di facciata, situati in una villa a Berlino in Tiergartenstrasse 4, per nascondere la loro complicità in tale operazione segreta. Chiamandola eufemisticamente eutanasia e definendola, più onestamente, «distruzione delle vite indegne di essere vissute (*Vernichtung lebensunwerten Lebens*)»,[12] gli esecutori facevano riferimento all'operazione di sterminio come Operazione T4.[13]

L'uccisione in massa dei disabili, che ebbe inizio nell'inverno 1939-1940, fu seguita nel 1941 da quella degli zingari e degli ebrei. Le radici ideologiche dell'eliminazione dei membri di queste tre categorie biologicamente definite e già preventivamente escluse sono reperibili nella visione eugenica e razziale di coloro che le attuarono.[14] Una maggioranza di storici tuttavia ne ha visto le prime radici nell'antisemitismo, anche se la composizione delle categorie delle vittime mostra che tale asserzione non può essere accettata quale unico e significativo motivo. Molti hanno sottolineato l'*unicità* del fato ebraico, assegnando ai soli ebrei la designazione di vittime dell'Olocausto, classificando invece, come avvenuto di recente, i disabili e gli zingari come vittime di genocidio.[15] Queste però sono differenze semantiche prive di intrinseco significato.

I nazisti sterminarono moltitudini, ivi compresi oppositori politici, membri della Resistenza, élite di nazioni conquistate, ma basarono sempre tali decisioni sulle credenze, sulle azioni e sullo status di quelle vit-

---

[11] United States Military Tribunal, trascrizione ufficiale dei processi nel Caso 1, United States v. Karl Brandt et al. (Medical Case), pp. 2398-2399 (testimonianza di Karl Brandt); Staatsanwaltschaft (STA) Stuttgart, Akten des Verfahrens gg. Dr. Albert Widmann, KS 19/62 (19 Js 328/60): interrogatorio di Werner Catel, STA Hannover (Bd. VI, 2 Js 237/56), 14 May 1962; Generalstaatsanwalt (GSTA) Frankfurt, Anklageschrift gg. Werner Heyde, Gerhard Bohne und Hans Hefelmann, KS 2/63 (GSTA), Js 17/59 (GSTA), 22 May 1962, pp. 53-54 (testimonianza di Hans Hefelmann).

[12] Cfr. K. Binding, A. Hoche, *Die Freigabe der Vernichtung lebensunwerten Lebens. Ihr Mass und Ihre Form*, Verlag von Felix Meiner, Leipzig 1920.

[13] Cfr. Landesarchiv Berlin, Bauakten, Tiergartenstrasse 4: Zeichnung T4 zum Neubau eines Wohnhauses sowie eines Bureaugebäudes auf dem Grundstück Tiergartenstrasse Nr. 4 Herrn Banquier Weissbach gehörig.

[14] Cfr., per esempio, M. Burleigh, W. Wippermann, *Lo stato razziale. Germania 1933-1945*, Rizzoli, Milano 1992.

[15] Cfr., per esempio, Y. Bauer, *Rethinking the Holocaust*, Yale University Press, New Haven 2001.

time. Vennero così braccati e spesso uccisi individui di fede comunista e socialista e prigionieri di guerra sovietici per la loro politica; polacchi, russi e ucraini per la loro nazionalità; Testimoni di Geova (*Bibelforscher*) per la loro religione; omosessuali e criminali per il loro comportamento e, per le loro attività, membri della Resistenza di tutte le nazioni europee conquistate. Per i disabili, gli zingari e gli ebrei vennero invece applicati criteri differenti. Gli appartenenti a queste categorie non potevano sfuggire alla loro sorte mutando i propri comportamenti e le proprie convinzioni: essi venivano selezionati perché esistevano e né la lealtà allo stato tedesco, né l'adesione all'ideologia nazista, né la partecipazione all'impegno bellico avrebbero potuto modificare la determinazione di sterminio del regime nazista.

Io non nego il posto preminente occupato dalla cosiddetta "questione ebraica" nella visione del mondo di Hitler e neppure la priorità assegnata, dai principali esecutori, all'incarico di sterminare gli ebrei, ma ciò non altera il fatto che i disabili e gli zingari furono a loro volta sterminati in quanto parti di una politica tesa a purificare le basi genetiche della nazione germanica.

Gli storici che sostengono l'*unicità* del fato ebraico tengono conto solo del punto di vista dei promotori, focalizzando le loro scelte e la loro adesione alla linea politica. Il compito di fornire una spiegazione al comportamento di coloro che concepirono tale politica e alla sua attuazione appartiene ovviamente agli storici, ma ciò non può determinare la classificazione delle vittime. A tal fine io preferisco porre l'accento proprio su queste: al pari degli ebrei, furono sterminati sia i disabili che gli zingari in quanto categorie biologiche – uomini e donne, bambini e vecchi –; tutti furono vittime dell'Olocausto. Come vedremo, soltanto i membri di queste tre categorie furono vittime di una catena di montaggio dello sterminio di massa (*fabrikmassiger Massenmord*).[16]

Con la decisione di perpetrare un'uccisione di massa il regime nazista passò il suo Rubicone. Avrebbero potuto essere emanati altri atti di repressione, con la possibilità per il regime di conservare la sua reputazione di nazione improntata a "legge e ordine", pronta a garantire ai propri cittadini la sicurezza della legge (*Rechtssicherheit*), ma tale criterio non avrebbe potuto in alcun modo contemplare un simile sterminio di massa. Per comprenderlo dobbiamo rivolgere la nostra attenzione al processo decisionale che l'ha prodotto.

In poche parole, Adolf Hitler prese tale decisione e impartì l'ordine di eseguirla. L'evidenza dimostra che egli impartì l'ordine verbalmente.

---

[16] Cfr. S. Milton, *Gypsies and the Holocaust*, in "The History Teacher", 24, 1991, n. 4, pp. 375-387; *Correspondence*, ivi, 25, 1992, n. 4 pp. 515-521.

Anche se alcune testimonianze confermano l'ordine verbale di Hitler, noi non possiamo essere certi del modo in cui fu formulato. Ovviamente è possibile che egli lo abbia emesso in forma di proposito, che esso fosse cioè un'autorizzazione verbale più che un ordine. Il fatto che egli ne abbia affidato l'incarico a Karl Brandt e Philip Bouhler sembra comunque dimostrare che si trattasse di qualcosa da eseguire.[17] E noi sappiamo non solo che Hitler era informato dell'operazione, ma che interveniva quando era necessario e che era sempre l'arbitro finale di ogni decisione importante. A Norimberga Karl Brandt testimoniò che quando si incontrò con il Führer per decidere quale agente letale dovesse essere impiegato, fu lo stesso Hitler a optare per l'uso del gas.[18] Al termine della propria testimonianza, Brandt disse con orgoglio a chi lo interrogava: «Questo è proprio un caso in cui nella storia della medicina vengono fatti i maggiori passi in avanti».[19] Questa bizzarra dichiarazione non fu un commento isolato, ma solo l'estremo esempio del fascino esercitato dalla tecnologia esibito da coloro che diressero personalmente le operazioni letali. Tanto che, quando fu chiesto all'ingegnere Walter Heess, a capo del *Kriminaltechnische Institut*, come si potesse giustificare l'uso di gas per eliminare esseri umani, rispose: «Di cosa parlate? Dopo tutto funziona (*Was willst Du denn, es geht doch*)».[20]

A differenza dei precedenti casi di terrore applicato, le uccisioni per eutanasia posero il T4 del tutto fuori dalla legge vigente. Nessuna innovazione poteva creare un'area semilegale. Per tutta la durata del Terzo Reich gli articoli del codice penale relativi all'omicidio – artt. 211 e 212 – continuarono a essere in vigore. I componenti medici del T4 richiesero e prepararono una "legge per l'eutanasia", ma Hitler si rifiutò fermamente di sanzionarla,[21] in quanto si rendeva conto delle limitazioni che l'opinione pubblica avrebbe imposto alle sue azioni. Il consenso gli era necessario per gestire la guerra e preservare il regime, e l'eliminazione dei disabili non avrebbe certo potuto avvenire pubblicamente. I

[17] U.S. Military Tribunal, trascrizione dei processi nel Caso 1, pp. 2668-2669 (testimonianza di Hans Heinrich Lammers), pp. 7555-7557 (testimonianza di Viktor Brack). Cfr. anche GSTA Frankfurt, Anklage Heyde, Bohne und Hefelmann, KS 2/63 (GSTA), Js 17/59 (GSTA), 22 May 1962, pp. 178-185; GSTA Frankfurt, Anklageschrift gg. Reinhold Vorberg und Dietrich Allers, Js 20/61 (GSTA), 15 Feb. 1966, pp. 21-22.

[18] National Archives and Records Administration (NARA), RG 238: interrogatorio di Karl Brandt, 1 Oct. 1945 p.m., p. 7.

[19] Ivi, p. 8.

[20] STA Düsseldorf, Akten des Verfahrens gg. Dr. Albert Widmann, 8 Ks 1/61 (8 Js 7212/59): interrogatorio di Albert Widmann, 15 Jan. 1960, p. 2.

[21] Cfr. K.H. Roth, G. Aly, *Die Diskussion über die Legalisierung der nationalsozialistischen Anstaltsmorde in den Jahren 1938-1941*, in "Recht & Psychiatrie", 1, 1983, pp. 2 e 51-64; 1984, pp. 36-47.

parenti potevano essere spinti a consegnare i disabili a particolari istituzioni – i genitori i propri figli, i figli i propri genitori anziani – ma il regime non avrebbe potuto strappare questi ultimi alle loro case. Oltretutto ogni tentativo di segretezza sarebbe fallito e il sotterfugio adottato si sarebbe rivelato non credibile. Per nascondere le uccisioni e mascherare il ruolo del Führer, del partito e dello Stato, il T4 operò a viso aperto, nascondendo invece il ruolo della KDF, che non aveva status legale: i decreti governativi avevano quindi il compito di mettere in moto il procedimento letale, proseguire la propria operazione e assicurarsi la cooperazione del settore pubblico. Gli esecutori lasciavano quindi una traccia cartacea, nascondendo soltanto il ruolo centrale del Führer. Ma a questo punto – e solo in quel momento – un documento rivelò il ruolo di Hitler. Per convincere medici e burocrati che la loro partecipazione non sarebbe stata punita, egli fu persuaso a firmare un'autorizzazione. Si trattava di una lettera privata e predatata, preparata da una commissione e riscritta secondo le indicazioni di Hitler; era un documento segreto, e non aveva valore legale. Come nel caso del protocollo di Wannsee, una copia inviata a Franz Guertner sopravvisse quale esito delle complicate manovre del sistema burocratico a schede tedesco.[22]

Il procedimento decisionale non differiva sostanzialmente dalla strada intrapresa all'inizio del regime: Hitler redasse un'agenda a lunga scadenza basata sull'ideologia del partito e dello stato. Le agenzie ebbero il compito di porre in atto i traguardi fissati e le varie soluzioni intermedie. Nel caso dei disabili, la questione coinvolgeva medici e scienziati della razza, nonché burocrati del partito e del governo incaricati della pubblica salute. Costoro potevano forzare i limiti del lecito, ma solo il Führer poteva autorizzare mutamenti qualitativi delle regole. Quando egli decise che il tempo era maturo, ordinò e autorizzò l'eliminazione, designò i suoi agenti e mise così in moto l'operazione: da allora in poi intervenne soltanto su punti cruciali. Ma una volta varato il generale permesso di eliminare i disabili, coloro che erano stati incaricati dell'esecuzione, al pari delle agenzie connesse, ebbero facoltà di allargare il totale delle vittime, alterare i metodi e radicalizzare le procedure. All'interno del Reich, la necessità di conservare un minimo di certezza del diritto poneva dei limiti alla radicalizzazione, ma a Est – nei luoghi di confine, in Polonia e più tardi in Unione Sovietica – tali limiti potevano non essere osservati.

La seconda operazione di uccisione di massa, l'eliminazione degli ebrei, poneva problemi assai maggiori. La dimensione della categoria delle vittime, l'impatto sulla società e sull'economia e le potenziali ri-

[22] Nuremberg Document PS-630.

percussioni internazionali rendevano lo sterminio degli ebrei molto più difficile e pericoloso. Tuttavia l'Operazione T4 aveva già mostrato che la cosa era possibile. L'uccisione di massa era cioè tecnicamente eseguibile; la burocrazia non rifiutava di collaborare e, fra la gente comune, uomini e donne erano disposti a servire come giustizieri professionali. Al tempo stesso lo sterminio dei disabili aveva dimostrato ciò che la pubblica opinione non avrebbe accettato; quindi l'arena per l'uccisione di massa fu spostata a Est.

Sembra abbastanza ragionevole ritenere che la decisione di sterminare gli ebrei abbia seguito le stesse modalità dell'eliminazione dei disabili. Come nel caso della politica verso questi ultimi, le agenzie incaricate di attuare lo sterminio degli ebrei, seppure in reciproca competizione, erano continuamente alla ricerca di nuove proposte per una soluzione, la più radicale possibile. Alcuni hanno ritenuto che questa competizione abbia prodotto una decisione che non richiese la partecipazione del Führer,[23] ma l'ipotesi di un simile scenario non è convincente. Invece, come nel caso del T4, la situazione porta a ritenere che fu proprio Hitler a definire la procedura e a permettere ai suoi agenti di preparare il terreno, riservando a se stesso la decisione finale. La data di tale decisione, che ha richiesto un ampio e approfondito dibattito, è a mio avviso di minore importanza. Inoltre, il fatto che la decisione sia stata presa nell'euforia della vittoria appare l'ipotesi più convincente.[24]

Molto probabilmente Hitler diede un ordine verbale – un'autorizzazione – di sterminare gli ebrei e nominò Heinrich Himmler suo agente.[25] Tuttavia, a differenza del T4, egli non provvide a un'autorizzazione scritta. La ragione non è difficile da capire: troppe persone erano al corrente della sua precedente autorizzazione all'eutanasia e tale diffusa consapevolezza avrebbe potuto implicarlo personalmente nelle uccisioni; ovviamente egli si rifiutò di firmare un altro documento del genere. Oltre a ciò, il suo fedele paladino Himmler difficilmente avrebbe potuto insistere perché il suo Führer ponesse su carta il suo ordine verbale, e Reinhardt Heydrich, il cui Ufficio centrale per la sicurezza del Reich (RSHA) doveva eseguire l'ordine che Hitler aveva dato a Himmler, aveva bisogno di un mandato per esigere la cooperazione di altre agenzie

---

[23] Cfr., per esempio, H. Mommsen, *Die Realisierung des Utopischen. Die "Endlösung der Judenfrage" im Dritten Reich*, in "Geschichte und Gesellschaft", 9, 1983, pp. 381-420; G. Aly, *"Endlösung". Völkerverschiebung und der Mord an den europäischen Juden*, Frankfurt 1995.

[24] Cfr. Ch. Browning, *The Euphoria of Victory and the Final Solution, Summer-Fall 1941*, in "German Studies Review", 17, 1994, pp. 473-481.

[25] Cfr. G. Fleming, *Hitler and the Final Solution*, University of California Press, Berkeley 1984.

governative. Allora Göring, nella sua lettera del 31 luglio 1941, fornì una sanzione retroattiva.[26] Così come Hitler non aveva scritto ma si era limitato a firmare la lettera a Brandt e a Bouhler preparata dalla KDF, allo stesso modo Göring non diede il via ma firmò l'autorizzazione fatta redigere e presentatagli da Heydrich.[27]

Molto meno sappiamo della decisione di sterminare gli zingari. Questi erano considerati un'entità così marginale che la loro eliminazione non avrebbe provocato rivalità fra le agenzie, e non sarebbe pertanto stato necessario richiedere un'autorizzazione del Führer. Si sa che essi furono eliminati passo passo con gli ebrei. Naturalmente a Est gli esecutori avevano una notevole flessibilità, e una volta presa la decisione dello sterminio di massa altri avrebbero potuto esservi inclusi senza troppe discussioni, ma ciò non era valido per il Reich. Tuttavia, agli inizi, gli zingari austriaci furono deportati a Łódź e uccisi a Chełmno insieme agli ebrei tedeschi.[28] È possibile che la polizia l'abbia fatto senza una precisa disposizione di Hitler, ma l'evidenza depone altrimenti. Così Hitler servì come arbitro finale del destino degli zingari, mentre le agenzie del partito ne disapprovavano i metodi. Per esempio, nel 1942 Martin Bormann scoprì che Himmler aveva esonerato alcuni zingari di pura razza per far sì che potessero essere completate indagini sulle loro "valide attività teutoniche". Il 3 dicembre 1942, in una lettera a Himmler, Bormann protestò contro tale arbitrario cambiamento di procedura. In calce alla lettera egli aggiunse un commento a mano, precisando che Himmler avrebbe dovuto predisporre per Hitler la data relativa agli zingari.[29] Subito dopo, attuando senza dubbio una delibera di Hitler, Himmler emanò il suo decreto di Auschwitz contro gli zingari.[30]

Per sterminare i disabili gli esecutori tedeschi istituirono i centri di uccisione (*Mordzentrum*) e infine il T4 ne realizzò sei del medesimo tipo: Brandenburg, Grafeneck, Hartheim, Bernburg, Sonnenstein e Hadamar. La creazione delle camere a gas fu un'autonoma invenzione della Germania nazista, ma il metodo sviluppato per attirare le vittime in quelle camere, ucciderle in una sorta di catena di montaggio e procedere all'eliminazione dei cadaveri fu una sua creazione di peso anche maggiore. Volendo usare il linguaggio computerizzato di oggi, potremmo

[26] Nuremberg Documents PS-710, NG-2586: Hermann Göring to Reinhardt Heydrich, 31 July 1941.

[27] R. Hilberg, *La distruzione degli ebrei d'Europa*, Einaudi, Torino 1995, pp. 424-425.

[28] H. Safrian, *Die Eichmann-Männer*, Europaverlag, Wien-Zurich 1993, pp. 119-125.

[29] Bundesarchiv Koblenz (BAK), NS neu 19/180: Martin Bormann to Heinrich Himmler, 3 Dec. 1942.

[30] Non è stata trovata copia delle direttive di Himmler (Tgb. Nr. I 2652/42 Ad./RF/V), ma il testo è reperibile in STA Hamburg, Akten des Verfahrens gg. Dr. Ruth Kellermann u.a., 2200 Js 2/84: RSHA circular, 29 Jan. 1943.

chiamare le camere *killing hardware* e il metodo d'esecuzione *killing software*. *Hardware* e *software* insieme composero la tecnica dell'eliminazione, istituzionalizzata nel centro di uccisione, che la Germania nazista lasciò in eredità al mondo.

Non appena arrivate al centro di uccisione, le vittime disabili erano inesorabilmente avviate a un procedimento preventivamente definito per rendere l'operazione lieve ed efficace. Dopo il loro arrivo le vittime venivano spogliate, misurate, pesate, registrate e fotografate; quindi, sempre nude, venivano radunate per essere introdotte nelle camere a gas.[31] Una volta entrate, lo staff chiudeva la porta d'acciaio e si assicurava che questa e gli apparecchi di ventilazione fossero ermeticamente sigillati. A quel punto il medico che era nella stanza adiacente apriva la valvola delle bombole di gas compresso – fornite dai centri di uccisione della BASF, la fabbrica IG Farben di Ludwigshafen – e il gas letale filtrava nella camera.[32]

Usando un manometro a pressione, il medico (o un altro membro dello staff) misurava la quantità del gas emesso; di solito la valvola era tenuta aperta per circa dieci minuti. Dopo cinque minuti tutti i sacrificati erano storditi e dopo dieci tutti morti;[33] prima di ventilare la camera lo staff aspettava da una a due ore.[34] Un osservatore descrisse la scena:

> Se ho mai assistito a una emissione di gas? Gran Dio, sventuratamente sì. E tutto fu dovuto alla mia curiosità [...] A pianterreno, sulla sinistra, c'era uno stretto passaggio, e proprio là guardai attraverso la finestra [...] Nella camera c'erano delle persone, gente nuda, alcuni semisvenuti, altri con la bocca orribilmente spalancata, il petto ansimante. Vidi tutto ciò, e mai nella vita ho posato gli occhi su qualcosa di così raccapricciante. Fuggii, salii le scale, di so-

[31] GSTA Frankfurt, Anklageschrift gg. Aquilin Ullrich, Heinrich Bunke, Kurt Borm und Klaus Endruweit, Js 15/61 (GSTA), 15 Jan. 1965, p. 110; GSTA Frankfurt, Anklage Vorberg und Allers, Js 20/61 (GSTA), 15 Feb. 1966, p. 93.

[32] DÖW, file E18370/3: Kriminalpolizei Linz, interrogatorio di Vinzenz Nohel, 4 Sept. 1945; StArch Sigmaringen, Wü 29/3, Acc. 33/1973, Nr. 1752: STA Tübingen, Anklageschrift gg. Otto Mauthe u.a., 1 Js 85-87/47, 4 Jan. 1949, pp. 46v-47. Per la fornitura delle bombole di gas, cfr. DÖW, file E18370/1, e BAK, R58/1059: corrispondenza tra il KTI, la KDF, e IG Farbenindustrie; STA Stuttgart, Anklageschrift gg. Albert Widmann und August Becker, (19) 13 Js 328/60, 29 Aug. 1962, p. 41; e STA Stuttgart, Verfahren Widmann, KS 19/62 (19 Js 328/60), interrogatorio di August Becker, 16 May 1961.

[33] DÖW, file E18370/1: STA Frankfurt, Js 18/61 (GSTA), interrogatorio di Georg Renno, 2 Feb. 1965, p. 19; HHSTA, 461/32061/7: LG Frankfurt, Akten des Verfahrens gg. Adolf Wahlmann, Bodo Gorgass, Irmgard Huber u.a., 4a KLS 7/47 (4a JS 3/46), Protokoll der öffentlichen Sitzung der 4. Strafkammer, 24 Feb. 1947, p. 19 (testimonianza di Hans-Bodo Gorgass).

[34] DÖW, file E18370/1: STA Frankfurt, Js 18/61 (GSTA), interrogatorio di Georg Renno, 1 Feb. 1965, p. 4; DÖW, file E18370/3: Kriminalpolizei Linz, interrogatorio di Vinzenz Nohel, 4 Sept. 1945.

pra c'era una toilette. Vomitai tutto ciò che avevo mangiato. Da allora questa vista mi ha perennemente perseguitato [...] Guardando dentro quella camera, non potevo pensare che tutto avvenisse senza sofferenza. Sì, certo, io sono un profano, e questa è soltanto la mia opinione. Pochi giacevano a terra; in tutti i corpi nudi sporgeva la colonna vertebrale; alcuni erano seduti sulla panca con la bocca spalancata, gli occhi sbarrati e difficoltà di respiro.[35]

Una volta completata la ventilazione della camera a gas, il medico dichiarava la morte e i corpi venivano portati via.[36] Venivano trascinati, non trasportati, da membri dello staff incaricati anche di bruciarli. Costoro erano noti come *stokers* e avevano il compito di districare i corpi e trasportarli dalla camera a gas alla stanza della morte, dove venivano impilati prima della cremazione.[37]

A questo punto, prima della cremazione, lo staff procedeva a mutilare i cadaveri, detti in tedesco *Leichenledderei*, per trarre il massimo profitto dal programma di eliminazione. Alcuni cadaveri selezionati, di solito identificati dai medici prima della gassazione, venivano sottoposti ad autopsia a beneficio delle ricerche mediche germaniche.[38] Inoltre tutte le vittime con protesi dentarie in oro venivano contrassegnate con una croce sul dorso e dopo la morte radunate perché i fuochisti gliele asportassero.[39] Tali protesi in oro venivano consegnate a un ufficio preposto alla raccolta dei beni degli uccisi; Ingeborg Seidel, segretaria a Hadamar, ne descrisse il procedimento negli interrogatori fatti dopo la guerra: «Denti d'oro? Ogni volta che c'era qualcuno con denti d'oro, questi venivano portati nel nostro ufficio. Se erano molti a farlo? No. Mi venivano portati in una coppa da uno dei fuochisti. Lui aveva un libro e anch'io avevo un libro, così era garantita l'accuratezza. Avevamo una piccola scatola di cartone, e lì li conservavamo fino ad averne una quantità sufficiente; poi li spedivamo a Berlino per

[35] HHSTA, 461/32061/7: LG Frankfurt, Verfahren Wahlmann, Gorgass, Huber, 4a KLS 7/47 (4a Js 3/46), Protokoll der öffentlichen Sitzung der 4. Strafkammer, 3 Mar. 1947, p. 9 (testimonianza di Maximilian Friedrich Lindner).

[36] U.S. Military Tribunal, trascrizione dei processi nel Caso 1, p. 7657 (testimonianza di Viktor Brack). Cfr. anche GSTA Frankfurt, Anklage Heyde, Bohne und Hefelmann, Ks 2/63 (GSTA), Js 17/59 (GSTA), 22 May 1962, pp. 391-392.

[37] DÖW, file E18370/3: Kriminalpolizei Linz, interrogatorio di Vinzenz Nohel, 4 Sept. 1945; GSTA Frankfurt, Anklage Ullrich, Bunke, Borm und Endruweit, Js 15/61 (GSTA), 15 Jan. 1965, pp. 183, 204-205 (testimonianza di Erich Sporleder).

[38] GSTA Frankfurt, Irmfried Eberl Akten, II/210/1-3, 1:1-3: Irmfried Eberl to Paul Nitsche, 16 Apr. 1942; GSTA Frankfurt, Anklage Ullrich, Bunke, Borm und Endruweit, Js 15/61 (GSTA), 15 Jan. 1965, pp. 111, 187, 204-205.

[39] Dokumentationsarchiv des österreichischen Widerstandes (DÖW), file E18370/3: Kriminalpolizei Linz, interrogatorio di Vinzenz Nohel, 4 Sept. 1945; DÖW, file 11440: STA Linz, Anklageschrift gg. Franz Stangl, Karl Harrer, Leopold Lang und Franz Mayrhuber, 3 St 466/46, 24 Apr. 1948, p. 5.

corriere».[40] Questo oro, insieme a quello raccolto altrove con mezzi similari, trovava infine il suo sbocco nei forzieri del Reich tedesco, ma non vi è dubbio che il T4, come altre agenzie coinvolte in questo tipo di predazione, ricevesse equivalente credito nel proprio budget.[41]

Dopo tale spoliazione, i fuochisti deponevano i corpi su un supporto di metallo che poi spingevano su una graticola di creta dentro il forno crematorio o, come uno di loro più tardi descrisse, «su un tegame [...] come in un forno da pane».[42] Sebbene si cremassero da due a otto corpi contemporaneamente, occorreva molto più tempo per bruciare che per uccidere; la soluzione relativa allo smaltimento dei corpi si dimostrava tecnicamente più ardua di quella relativa all'uccisione delle vittime. I fuochisti lavoravano a turni e spesso erano costretti a farlo di notte, in concomitanza con l'arrivo di vittime provenienti da qualche trasporto.[43] Non di rado l'accumulo era così massiccio che i corpi cominciavano a decomporsi prima dell'intervento degli addetti.[44]

Così il centro delle uccisioni "trasformava" esseri umani in cenere in meno di ventiquattr'ore: nel linguaggio del T4 ciò si chiamava "disinfezione".[45] Dopo la cremazione, i fuochisti usavano un mulino (*Knochenmühle*) per ridurre in polvere le ossa umane non completamente frantumate dal fuoco. Le ceneri venivano depositate dentro urne per l'inumazione, circa tre chilogrammi per ogni essere umano. I parenti delle vittime sacrificate potevano ottenere una di queste urne, ma non sapevano se le ceneri appartenessero realmente alla persona il cui nome era stampato sopra; per riempirle i fuochisti raccoglievano le ceneri dal mucchio.[46]

---

[40] Hessisches Hauptstaatsarchiv Wiesbaden (HHSTA), 461/32061/7: Landgericht (LG) Frankfurt, Verfahren Wahlmann, Gorgass, Huber, 4a KLS 7/47 (4a Js 3/46), Protokoll der öffentlichen Sitzung der 4. Strafkammer, 3 Mar. 1947, p. 32 (testimonianza di Ingeborg Seidel).

[41] Cfr. STA Stuttgart, Verfahren Widmann, KS 19/62 (19 Js 328/60), testimonianza di Klara Mattmüller, 17 Feb. 1966; STA Düsseldorf, Verfahren Widmann, 8 KS 1/61 (8 Js 7212/59), interrogatorio di Albert Widmann, 15 Jan. 1960, p. 5.

[42] DÖW, file E18370/3: Kriminalpolizei Linz, interrogatorio di Vinzenz Nohel, 4 Sept. 1945. Cfr. anche DÖW, file E18370/1: Bundesministerium für Inneres, Gruppe Staatspolizei, interrogatorio di Matthias Buchberger, 24 Feb. 1964; and GSTA Frankfurt, Anklage Ullrich, Bunke, Borm und Endruweit, Js 15/61 (GSTA), 15 Jan. 1965, p. 205 (testimonianza di Erich Sporleder).

[43] DÖW, file E18370/3: Kriminalpolizei Linz, interrogatorio di Vinzenz Nohel, 4 Sept. 1945; GSTA Frankfurt, Anklage Ullrich, Bunke, Borm und Endruweit, Js 15/61 (GSTA), 15 Jan. 1965, pp. 183-184 (testimonianza di Erich Sporleder).

[44] DÖW, file 11440: STA Linz, Anklageschrift gg. Franz Stangl, Karl Harrer, Leopold Lang und Franz Mayrhuber, 3 St 466/46, 24 Apr. 1948, p. 5.

[45] Cfr. GSTA Frankfurt, Eberl Akten, II/135n, 7:56-57: "Bernburg Personalaufstellung und Diensteinteilung".

[46] DÖW, file E18370/1: LG Linz, interrogatorio di Heinrich Barbl, 5 Oct. 1964; DÖW, file E18370/3: Kriminalpolizei Linz, interrogatorio di Vinzenz Nohel, 4 Sept. 1945.

Nel 1940 e 1941 i centri di sterminio del T4 venivano localizzati in aree del Reich dove intere masse di esseri umani potevano essere facilmente eliminate. A quell'epoca i campi di concentramento non erano ancora dotati di simili facilitazioni. Nel 1940 comunque questi campi cominciarono a crescere di numero e di dimensione, ma i metodi usati negli anni precedenti la guerra per eliminare individualmente i prigionieri – lavoro forzato, durissime condizioni di vita, botte ed esecuzioni – erano troppo lenti per ridurne la crescente popolazione.[47] Pertanto le SS si rivolsero alla KDF per stabilire come utilizzare le potenzialità d'eliminazione del T4. All'inizio del 1941 Heinrich Himmler si consultò con Philip Bouhler per decidere «se e in qual modo il personale e le agevolazioni tecniche del T4 potessero essere utilizzate anche nei campi di concentramento».[48]

L'eliminazione nelle camere a gas dei centri del T4, designata come «Trattamento speciale 14F13»,[49] di prigionieri selezionati nei campi di concentramento cominciò all'inizio del 1941. La selezione prevedeva un doppio procedimento: i medici SS del campo identificavano un gruppo di vittime potenziali e quelli del T4 ne estraevano i prescelti.[50] Furono molti i medici del T4 che visitarono i campi per decretare la "soluzione finale". Il T4 ne assegnò almeno dodici, i quali ispezionavano i campi singolarmente, o in gruppi di due o più persone.[51] Nel complesso la collaborazione fra i medici del T4 e quelli delle SS fu stretta e cordiale. Senza dubbio quelli del T4 gradivano le loro passeggiate nei campi di concentramento, spesso fatte in compagnia delle mogli e persino dei bambini. Per esempio, durante una visita a Dachau un gruppo di sei medici si dilettò in un giro per Monaco, in un pranzo e in un'escursione al lago di Starnberger.[52]

---

[47] Cfr. H. Friedländer, *The Nazi Concentration Camps*, in M. Ryan (a c. di), *Human Responses to the Holocaust*, Edwin Mellon Press, New York 1981, pp. 33-69, in particolare alle pp. 47-48; W. Grode, *Die "Sonderbehandlung* 14F13*" in den Konzentrationslagern des Dritten Reiches. Ein Beitrag zur Dynamik faschistischer Vernichtungspolitik*, Peter Lang, Frankfurt 1987, p. 82. Cfr. anche R.D. Breitman, *The Architect of Genocide. Himmler and the Final Solution*, Alfred A. Knopf, New York 1991, pp. 87-88, sulla ricerca delle SS, alla fine del 1939, di un metodo di eliminazione nei campi di concentramento.

[48] GSTA Frankfurt, Anklage Georg Renno, Hans-Joachim Becker und Friedrich Robert Lorent, Js 18/61 (GSTA), Js 7/63 (GSTA), Js 5/65 (GSTA), 7 Nov. 1967, p. 48; LG Frankfurt, Urteil Hans-Joachim Becker und Friedrich Robert Lorent, Ks 1/69 (GSTA), 27 May 1970, p. 49.

[49] GSTA Frankfurt, Anklage Heyde, Bohne und Hefelmann, Ks 2/63 (GSTA), Js 17/59 (GSTA), 22 May 1962, p. 603.

[50] NARA, RG 238, Microfilm Publication M-1019, roll 46: interrogatorio di Friedrich Mennecke, 11 Jan. 1947, pp. 12-13, 20-21.

[51] Sull'uso di un solo medico T4 quando nessun altro era reperibile, cfr. GSTA Frankfurt, Mennecke letter, Fürstenberg, 19 Nov. 1941, in P. Chroust (a c. di), *Friedrich Mennecke, Innenansichten eines medizinischen Täters im Nationalsozialismus. Eine Edition seiner Briefe, 1935-1947*, Hamburger Institut für Sozialforschung, Hamburg 1987, 2 voll., pp. 202-204.

[52] Lettere di Mennecke, Munich e Leoni, Starnberger See, 2-4 Sept. 1941, Fürstenberg,

La tecnica letale nei campi dei prigionieri non differiva sostanzialmente da quella usata in precedenza contro i disabili. Era soltanto diverso il metodo di registrazione scritta, perché i prigionieri non venivano iscritti nei centri di uccisione, e non procuravano quindi un superlavoro all'ufficio dello staff.[53] Tutte le registrazioni venivano fatte nei campi di concentramento e, se necessario, questi stessi informavano le agenzie e i parenti della morte dei prigionieri.[54]

Quando la cosiddetta "soluzione finale", o sterminio di massa di ebrei e zingari, ebbe inizio nei territori sovietici occupati nel 1941, il metodo usato fu l'esecuzione da parte delle *Einsatzgruppen*. Questo primitivo metodo di eliminazione mediante armi da fuoco, oltre a essere troppo pubblico, poneva non solo problemi logistici ma richiedeva anche uno staff numeroso, e comportava un peso psicologico per gli esecutori. Perciò le SS e la polizia si affrettarono a ricercare metodi migliori, adottando immediatamente quello del T4. All'inizio usarono "camion a gas", rendendosi però conto in breve di come fosse più facile portare le vittime in una delle sedi centrali d'eliminazione, adeguate ovviamente al modello dei centri T4. Il primo centro per la "soluzione finale" cominciò a funzionare nel dicembre 1941 a Chełmno, nel Wartheland. Pur essendo un centro d'eliminazione fisso, esso usava i "camion a gas" già impiegati dalle *Einsatzgruppen*. Ad attivare a Chełmno la precedente esperienza del T4, il capo supremo delle SS e della polizia di Posen incaricò Herbert Lange, che già aveva posto in uso i camion per l'eliminazione dei disabili nel Wartheland e nella Prussia orientale.[55]

Nello stesso periodo Himmler assegnò a Odilo Globocnik, capo delle SS e della polizia di Lublino, il compito di eliminare gli ebrei polacchi, operazione che fu poi chiamata *Aktion Reinhard* in onore dell'assassinato Heydrich. Per l'assolvimento del suo compito, Globocnik istituì tre centri

---

19 Nov. 1941, Weimar, 27-28 Nov. 1941 e Berlin, 14-15 Jan. 1942, in P. Chroust, *op. cit.*, pp. 196-200, 203, 246-51, 323-31. Quanto alle loro smentite post-belliche, cfr., per esempio, GSTA der DDR (STA Dresden), Akten des Verfahrens gg. Dr. Paul Nitsche u.a., (S) 1 Ks 58/47 (1/47), Bd. 1: interrogatorio di Paul Nitsche, 26 Mar. 1946; NARA, RG 238, Microfilm Publication M-1019, roll 46: interrogatorio di Friedrich Mennecke, 11 Jan. 1947, pp. 14-15; e DÖW, file E18370/1: STA Frankfurt, Js 18/61 (GSTA), interrogatorio di Georg Renno, 1 Feb. 1965, pp. 4-5, 31-32, 40-44.

[53] DÖW, file E18370/3: Bezirksgericht Eferding-Grieskirchen, interrogatorio di Aneliese Gindl, 25 July 1947.

[54] GSTA Frankfurt, Anklageschrift gg. Horst Schumann, Js 18/67 (GSTA), 12 Dec. 1969, p. 108; DÖW, file E18370/3: affidavit Hans Marsalek, 9 Apr. 1946; AMM, B/15/6-7: KL Mauthausen, "Veränderungsmeldung für den 11. August 1941", 12 Aug. 1941 e "Veränderungsmeldung für den 12. August 1941", 13 Aug. 1941.

[55] Justiz und NS-Verbrechen (JUNSV), vol. 21, n. 594: LG Bonn, 8 Ks 3/62, 30 Mar. 1963 (Chełmno trial); A. Rückerl, *NS-Vernichtungslager im Spiegel deutscher Strafprozesse*, Deutscher Taschenbuch Verlag, München 1977, pp. 243-294.

di eliminazione nella zona di Lublino – Bełżec, Sobibór e Treblinka – che iniziarono la loro attività, uno dopo l'altro, nella primavera e nell'estate 1942. A differenza di Chełmno, i campi Reinhard usavano camere a gas fisse, nelle quali un motore diesel immetteva i fumi letali.[56]

Per gestire i centri, Globocnik non aveva uno staff addestrato, e chiese aiuto al T4. Per prima cosa furono allora assegnati esperti per il periodo di costruzione. L'architetto del T4, Erwin Lambert, fu assegnato due volte a Lublino quale «specialista nella costruzione delle camere a gas»; il T4 fornì anche il suo chimico, Helmut Kallmeyer, per offrire a Lublino le proprie conoscenze tecniche in merito alle suddette camere.[57] In tal modo, l'intero personale dei campi di sterminio dell'*Aktion Reinhard* risultò quasi del tutto costituito da uomini del T4.[58] Christian Wirth, un ufficiale di polizia che aveva lavorato per il T4, era il leader del gruppo,[59] e almeno novantadue uomini, reclutati dal quartier generale e dai centri T4, furono trasferiti a Lublino.[60] Anche se la KDF li aveva assegnati a Globocnik, il T4 continuò a pagare i loro stipendi e le loro spettanze supplementari; recapitava inoltre loro la posta, le lettere e i pacchi che arrivavano a Lublino per corriere.[61] Globocnik era il loro capo nel campo, tuttavia questi uomini lavoravano per la KDF, che provvedeva ai loro bisogni fornendo, per esempio, licenze per la casa di riposo del T4 in Austria e, quando i centri di eliminazione di Lublino vennero chiusi, tutti gli uomini vennero trasferiti sulla costa adriatica dove, a Trieste, gestirono anche la Risiera di San Sabba.[62]

I centri di eliminazione che gli uomini del T4 gestivano nella regione di Lublino erano modellati su quelli che costoro avevano lasciato nel Reich. L'iniziativa ben più vasta creava però condizioni peggiori di quelle esistenti in Germania. Non vi è dubbio che la brutalizzazione e la corruzione dei membri dello staff siano risultate anche quale conseguenza dell'a-

---

[56] A. Rückerl, *op. cit.*, pp. 87-242.

[57] Su Lambert, cfr. Zentrale Stelle der Landesjustizverwaltungen, Ludwigsburg (ZSTL): interrogatorio di Erwin Lambert, 26 Ap. 1961, 4 May 1961, 3 Ap. 1962. Cfr. anche LG Düsseldorf, Urteil gg. Kurt Franz u.a., 8 I KS 2/64, 3 Sept. 1965, pp. 477 s. Su Kallmeyer, cfr. ZSTL: interrogatorio di Helmut Kallmeyer, 20 June 1961, 15 Sept. 1961; interrogatorio di Gertrud Kallmeyer nee Froese, 31 May 1960, 27 Feb. 1961, 17 Aug. 1961, 5 Sept. 1961, 20 Sept. 1961, 7 Dec. 1961, 10 Feb. 1966.

[58] Nuremberg Document NO-205: Brack to Himmler, 23 June 1942.

[59] Berlin Document Center (BDC), documents of Operation Reinhard: Globocnik to *SS Personalhauptamt*, 22 May 1943.

[60] A. Rückerl, *op. cit.*, pp. 117-118.

[61] ZSTL: interrogatorio di Erich Fettke (T4 courier), 2 Sept. 1965.

[62] ZSTL, interrogatorio di Josef Oberhauser, München, 18 Nov. 1968; Kurt Franz, Düsseldorf, 9 May, 5 Dec. 1962; e Franz Suchomel, 21 Sept. 1962, 5 Feb. 1963. Cfr. anche A. Scalpelli (a c. di), *San Sabba. Istruttoria e processo per il Lager della Risiera*, A. Mondadori, Milano 1988, 2 voll.

zione sterminatrice del T4; in patria però qualcosa tratteneva ancora i sicari in attività. Ciò non si verificava a Est, soprattutto dopo che il numero delle vittime divenne preponderante rispetto alla macchina di distruzione. A Bełżec, Sobibór e Treblinka sadismo, tortura, e corruzione raggiunsero proporzioni inimmaginabili: alcuni anni dopo un americano definì quei campi «mattatoi umani».[63] Persino Bouhler riteneva che «l'assoluta degradazione e brutalizzazione delle persone coinvolte» avessero reso lo staff del T4 assegnato a Lublino non più idoneo al compito di eutanasia all'interno del Reich.[64]

Il compito della "soluzione finale" era divenuto ormai di proporzioni così vaste che Himmler decise di istituire altri centri di eliminazione anche in alcuni dei suoi campi di concentramento. Il più importante era Auschwitz, nell'Alta Slesia, che dopo la chiusura di altri centri nel 1943 rimase forse l'unico in funzione. A Birkenau, il centro di eliminazione di Auschwitz, lo staff delle SS si perfezionò rispetto alla primitiva tecnica usata dal T4. Qui venne introdotto il gas Zyklon B, che agiva più rapidamente e concentrava in un solo edificio le camere e i crematori, e inoltre le persone ancora abili al lavoro venivano identificate e selezionate, in modo da poterle sfruttare prima dell'eliminazione.[65] Ad Auschwitz, le due istituzioni di repressione e di eliminazione – campi di concentramento e centri di uccisione – si fusero creando un immenso massacro e una terrificante impresa di lavoro coatto. I metodi inizialmente inventati dal T4 continuarono a essere applicati fino alla fine e ovunque a Est i sicari depredarono i corpi delle vittime: il sistema di sottrarre loro i denti e le protesi in oro fu mutuato da tutti i centri dell'Est.[66]

Le rovine di Birkenau ci ricordano lo sterminio iniziato con il T4 e terminato con la liberazione di Auschwitz.[67] La stessa cosa vale per l'oro sottratto alle vittime, che più di cinquant'anni dopo conduce molti investigatori nei caveau delle maggiori banche d'Europa e d'America.[68]

(traduzione di Maura Miglietta)

---

[63] Fedorenko v. United States, 449 U.S. 490, 493 (1981).

[64] U.S. Military Tribunal, processi nel Caso 1, p. 7516 (testimonianza di Viktor Brack).

[65] Cfr. H. Langbein, *Uomini ad Auschwitz*, Mursia, Milano 1984; JUNSV, vol. 21, n. 595.

[66] Per la tecnica dell'eutanasia nei centri di uccisioni in Germania, cfr. DÖW, file E18370/3: Kriminalpolizei Linz, interrogatorio di Vinzenz Nohel, 4 Sept. 1945. Per la tecnica nei campi dell'*Aktion Reinhard*, cfr. LG Hagen, Urteil gg. Karl Frenzel, 11 Ks 1/64, 4 Oct. 1985, pp. 98-104.

[67] Cfr., per esempio, S.H. Milton, *In Fitting Memor. The Art and Politics of Holocaust Memorials*, Wayne State University Press, Detroit 1991.

[68] Cfr. Independent Commission of Experts Switzerland-Second World War, *Switzerland and Gold Transactions in the Second World War*, EDMZ, Bern 1998.

4. Profilo del Nuovo Ordine Europeo

di Claudio Natoli[*]

Il termine Nuovo Ordine Europeo racchiude in sé una pluralità di significati. Nel lessico politico dei circoli dirigenti del nazionalsocialismo, delle burocrazie ministeriali, dei diversi enti civili e militari preposti all'economia di guerra, dei tecnocrati e dei pianificatori, dei gruppi di interesse dell'industria statale e privata, esso stava a indicare una formula unificante per una molteplicità di progetti diversi, ma nel loro insieme convergenti sul terreno di una radicale riorganizzazione dell'Europa occupata all'insegna del predominio politico, economico e razziale della Germania nazista.

Sul terreno più propriamente storiografico, il concetto del Nuovo Ordine Europeo si riferisce non già a un piano unico, che non fu mai compiutamente definito, bensì ai caratteri della dominazione nazifascista dell'Europa, al senso complessivo delle politiche messe in atto nei diversi contesti, alle trasformazioni e agli sconvolgimenti traumatici che esse comportarono, all'intreccio di questo insieme di fattori con i progetti elaborati nel corso del tempo e finalizzati a un futuro assetto continentale dominato dal Terzo Reich. Tutto ciò solleva una serie di questioni più generali di centrale rilevanza per la storia del Novecento.

Anzitutto, la «profonda cesura nella vita dell'Europa (e non di essa soltanto)» che «è stata prodotta dal tentativo di realizzare con la forza l'integrazione politica ed economica del continente sotto l'egemonia del Terzo Reich».[1] In secondo luogo, i caratteri specifici della dominazione nazista dell'Europa non solo come espressione di un processo di espansione territoriale nell'ambito di una tradizionale *Machtpolitik*, ma come esportazione di un modello politico e sociale volto a trasferire sul piano continentale i rapporti di potere e la struttura gerarchica e sociale della

---

[*] Claudio Natoli, professore presso l'Università di Cagliari, ha pubblicato *La Terza Internazionale e il fascismo*, Editori Riuniti, Roma 1982; *Fascismo, democrazia, socialismo. Comunisti e socialisti tra le due guerre*, Franco Angeli, Milano 2000; ha curato *La Resistenza tedesca 1933-1945*, Franco Angeli, Milano 1989; *Stato e società durante il Terzo Reich. Il contributo di ricerca di Martin Broszat e dell'Institut für Zeitgeschichte*, Franco Angeli, Milano 1993.

[1] E. Collotti, *Grande Germania e gerarchia dei popoli nel progetto nazista di Nuovo Ordine Europeo: incidenze politiche, nazionali e sociali*, in Aa.Vv., *Spostamenti di popolazione e deportazioni in Europa 1939-1945*, Cappelli, Bologna 1987, p. 7.

"comunità popolare"(*Volksgemeinschaft*). In terzo luogo, i nessi complessi e non di rado contraddittori tra obiettivi a breve termine legati alle esigenze immediate dell'economia di guerra e quelli di più lungo periodo che anticipavano e prefiguravano una sistemazione definitiva dell'Europa all'insegna della dominazione del Terzo Reich e della progettata realizzazione dello "spazio vitale" (*Lebensraum*). In quarto luogo, i rapporti esistenti tra questo complesso di fattori e i caratteri di "guerra di sterminio" che non solo la dirigenza nazista, ma anche le diverse componenti della "policrazia dominante" del Terzo Reich impressero alla politica di aggressione in tutta l'area dell'Est europeo, e i processi di snazionalizzazione, di sradicamento, di schiavizzazione e di genocidio pianificato che essa sottendeva, e che aprirono la strada alla distruzione dell'ebraismo nell'intera Europa. In quinto luogo, l'ampia costellazione di forze diverse che avrebbe concorso alla dominazione dell'Europa da parte della Germania nazista e alla progettata costruzione di un Nuovo Ordine Europeo. Queste ultime si estesero dall'Italia fascista, che nel ruolo di alleato subalterno perseguiva un velleitario progetto di egemonia nell'area balcanica e mediterranea, agli stati satelliti dell'Europa danubiana,[2] ai regimi guidati dalle élite conservatrici tradizionali impegnatesi sul terreno di una collaborazione di lunga durata (come la Francia di Vichy o la Slovacchia di Josef Tiso), ai governi e ai gruppi fascisti che operarono in piena sintonia ideologica con gli occupanti, come nel caso dello stato croato degli ustascia, dell'Ungheria delle Croci frecciate nella fase finale della guerra,[3] o come la Repubblica Sociale Italiana dopo l'8 settembre 1943. A prescindere da quest'ultima realtà, che costituisce un problema storico a parte anche per la continuità con il precedente stato fascista,[4] in tutti gli altri casi il fenomeno della collaborazione e del col-

[2] In proposito cfr. E. Collotti, T. Sala, G. Vaccarino, *L'Italia nell'Europa danubiana durante la seconda guerra mondiale*, INSMLI, Milano 1967, e, per la fase precedente la guerra, i contributi di T. Sala in E. Collotti, *Fascismo e politica di potenza. Politica estera 1922-1939*, con la collaborazione di N. Labanca e T. Sala, La Nuova Italia, Firenze 2001, pp. 37-61, 205-246.

[3] Per un quadro generale della collaborazione e del collaborazionismo in Europa si rinvia a Y. Durand, *Le nouvel ordre européen nazi. La collaboration dans l'Europe allemande (1938-1945)*, Editions Complexe, Bruxelles 1990, e a W. Röhr (a c. di), *Okkupation und Kollaboration (1938-1945). Beiträge zu Konzepten und Praxis der Kollaboration in der deutschen Okkupationspolitik*, Hüftig, Berlin-Heidelberg 1994. Per un'analisi comparata, con particolare riferimento allo stato delle fonti, cfr. L. Cajani, B. Mantelli (a c. di), *Una certa Europa. Il collaborazionismo con le potenze dell'Asse 1939-1945. Le fonti*, Annali della Fondazione "Luigi Micheletti", 6/1992, Brescia 1992. Per un bilancio storiografico va segnalato il contributo di E. Collotti, ivi, pp. 11-43.

[4] Su questo punto cfr. P.P. Poggio (a c. di), *La Repubblica Sociale Italiana 1943-45* (*Atti del convegno. Brescia 4-5 ottobre 1985*), Annali della Fondazione "Luigi Micheletti", 2/1986, Brescia 1986, e i più recenti L. Klinkhammer, *L'occupazione tedesca in Italia 1943/1945*,

laborazionismo non costituì una mera imposizione dell'occupante. Esso, infatti, affondava le proprie radici nella crisi dei sistemi liberali nel periodo tra le due guerre e nell'internazionalizzazione dei fascismi nel corso degli anni trenta, traeva alimento da spinte preesistenti in ciascun contesto nazionale che guardavano all'irradiazione del fascismo sull'Europa come a un'occasione per una restaurazione autoritaria e conservatrice in contrapposizione alla democrazia parlamentare non meno che al bolscevismo (come nel caso del regime di Vichy, degli stati satelliti dell'Europa centro-orientale, o anche della dittatura franchista, che durante la guerra si collocherà in una ambigua non belligeranza);[5] oppure, tali spinte puntavano a una "rigenerazione" nazionalistica e razziale rivolta contro le minoranze interne come anche contro i popoli confinanti (come nel caso degli ustascia e delle Croci frecciate).

Non è possibile, nell'ambito di un unico contributo, soffermarsi dettagliatamente su ciascuno di questi aspetti e sul sistema estremamente complesso di relazioni che un tale approccio analitico comporta. In questa sede è doveroso tuttavia sottolineare l'enorme avanzamento degli studi sulla dominazione nazista dell'Europa durante la seconda guerra mondiale cui si è assistito nell'ultimo ventennio, e lo straordinario contributo che è stato offerto in questo senso dagli storici tedeschi. Le premesse più lontane di questa stagione di studi sono state poste già negli anni sessanta nella grande opera di Fritz Fischer, *Assalto al potere mondiale*,[6] che sollevava il problema della continuità delle linee di espansione dell'imperialismo tedesco dall'età guglielmina all'epoca del Terzo Reich, e poi dalla nascita della *Sozialgeschichte* e dal rinnovamento degli studi sul regime nazista promosso dalla storiografia "funzionalista".[7] Queste ricerche hanno avuto il merito di aver affrontato per la prima volta il tema del rapporto tra nazionalsocialismo e storia tedesca, l'analisi strutturale dello stato nazista e della composizione del blocco dominante, e di aver approfondito i più diversi aspetti della società tedesca, dalle strutture economiche ai comportamenti dei principali gruppi sociali, all'intreccio tra terrore e integrazione delle masse, alla storia regionale e locale sino alla

Bollati Boringhieri, Torino 1993; L. Ganapini, *La Repubblica delle camicie nere*, Garzanti, Milano 1999.

[5] Sul regime franchista durante la seconda guerra mondiale e sui rapporti con le potenze dell'Asse si rinvia a P. Preston, *Francisco Franco*, A. Mondadori, Milano 1997, pp. 374-531.

[6] F. Fischer, *Assalto al potere mondiale. La Germania nella guerra 1914-1918*, Einaudi, Torino 1965.

[7] Su questo punto mi sia consentito di rinviare a C. Natoli (a c. di), *Stato e società durante il Terzo Reich. Il contributo di ricerca di Martin Broszat...*, cit. Per un approfondito quadro d'insieme delle varie fasi della storiografia sul nazionalsocialismo tedesco cfr. I. Kershaw, *Che cos'è il nazismo? Problemi interpretativi e prospettive di ricerca*, Bollati Boringhieri, Torino 1995.

Alltagsgeschichte. Su queste basi ormai consolidate la storiografia tedesca e internazionale ha potuto affrontare sistematicamente, a partire dagli anni ottanta, due ulteriori filoni di ricerca di centrale rilevanza: e cioè, da una parte, il razzismo e l'antisemitismo come componenti organiche non solo dell'ideologia, ma anche del sistema di dominio nazista e dei meccanismi di integrazione e di esclusione connessi alla *Volksgemeinschaft*, nonché il processo storico tutt'altro che lineare e predeterminato che avrebbe portato dalle persecuzioni degli anni trenta alla *Shoah*; dall'altra, i caratteri dell'occupazione nazifascista dell'Europa, la "guerra di sterminio" contro l'Urss e il genocidio degli ebrei come prefigurazione di un Nuovo Ordine Europeo esteso a livello continentale.

I risultati più importanti di questo nuovo ciclo di ricerche sono stati da un lato il superamento del modello "intenzionalista" tradizionale, fondato su un'immagine sostanzialmente monolitica dei meccanismi decisionali del potere nazista nonché della conduzione della guerra come conseguente attuazione dei principi programmatici e della volontà del Führer, dall'altro l'emergere delle diverse élite del potere politico, burocratico, economico e militare che vi concorsero e dei reciproci processi di interazione. Soprattutto è venuta alla luce anche la piena corresponsabilità (in precedenza rimossa) di queste stesse forze nella preparazione e nella realizzazione delle politiche di aggressione, di asservimento e di genocidio che caratterizzarono l'occupazione tedesca dell'Europa. Ma al tempo stesso ne è risultato anche un quadro generale assai differenziato nelle forme istituzionali dell'occupazione, diverse da paese a paese, nelle modalità e nei livelli della collaborazione ricercata dalle autorità tedesche ed effettivamente realizzatasi, nel grado di dissoluzione delle preesistenti strutture politiche e sociali, nel rapporto stabilito con le popolazioni vinte e con le loro élite dirigenti, nell'impiego del terrore, negli obiettivi di sradicamento nazionale e demografico che si intendevano perseguire e nella collocazione di ciascuno stato e di ciascun territorio nel quadro del futuro Nuovo Ordine Europeo.[8]

Al momento dello scatenamento della seconda guerra mondiale i vertici politici e i partner dell'alleanza di potere del Terzo Reich non avevano elaborato un progetto complessivo di dominazione dell'Europa. Nel corso della prima metà degli anni trenta tuttavia, e già nella fase successiva all'avvento al potere di Hitler, si era realizzata, con un am-

---

[8] Un contributo di grande rilevanza all'analisi complessiva dell'occupazione tedesca dell'Europa, nelle sue forme istituzionali, politiche, economiche, sociali e culturali, è ora costituito dalla ricerca internazionale *Nationalsozialistische Besatzungspolitik in Europa 1939-1945*, Metropol, Berlin 1997-2001, diretta da W. Benz, J. Houwink ten Cate e G. Otto, con la collaborazione di J.T.M. Bank, W. Dlugoborski, H. Fleischer, P. Sipos, H. Graml, R. Overy, A. Trommer, E. Weinzierl, di cui sono apparsi dieci volumi.

pio concorso di tecnocrati, medici, economisti, storici e antropologi, una convergenza tra il programma nazista del *Lebensraum*, la corrente pangermanista erede della *Weltpolitik* e degli "obiettivi di guerra" dell'impero guglielmino e i settori più influenti dell'industria e della finanza tedeschi, convertitisi all'idea di un sistema economico autosufficiente che avesse al centro la Germania e una serie di rapporti commerciali bilaterali con gli stati dell'Europa sudorientale. Il catalizzatore di questo incontro era stato l'avvio della politica di riarmo attorno al piano Schacht e al successivo piano quadriennale, che avevano fatto della Germania il principale partner commerciale dei paesi danubiani e balcanici e aperto la strada già alla vigilia della guerra a una forte penetrazione del capitale tedesco. Questi processi avevano segnato una rinascita delle idee espansionistiche collegate al progetto di *Mitteleuropa* elaborato dalle élite dominanti dell'impero guglielmino durante la prima guerra mondiale, che erano state ridefinite nel concetto di *Grossraumwirtschaft*, e cioè di economia dei grandi spazi. In altre parole, dopo l'*Anschluss* e lo smembramento della Cecoslovacchia, i pianificatori economici e le fondazioni dei grandi gruppi di interesse privato del Terzo Reich, come il *Mitteleuropäisches Wirtschaftstag* e successivamente la *Südosteuropa Gesellschaft*, vedevano già nell'Europa del Sud-Est un'area di dominio esclusivo della Germania per l'approvvigionamento alimentare e la fornitura delle materie prime non solo in riferimento alla politica immediata del riarmo, ma nella prospettiva dell'instaurazione di un rapporto di tipo neocoloniale di lunga durata.[9] Attorno a questo nucleo politico-economico fondamentale si confrontavano progetti diversi, che dovettero essere adattati anche ai repentini mutamenti della situazione internazionale che precedettero lo scatenamento della guerra, a cominciare dai nuovi rapporti instauratisi con l'Urss a seguito del patto tedesco-sovietico.

---

[9] Su questi temi cfr.: E. Teichert, *Autarkie und Grossraumwirtschaft in Deutschland 1933-1939*, Oldenbourg, München 1984, B. J. Wendt, *Grossdeutschland. Aussenpolitik und Kriegsvorbereitung des Hitler-Regimes*, Deutscher Verlag, München 1987, H.E. Volkmann, *Die NS-Wirtschaft in Vorbereitung des Krieges*, in Aa.Vv., *Ursachen und Voraussetzungen des Zweiten Weltkrieges*, Fischer, Frankfurt 1989, pp. 211-238; H. Kahrs, *Von der "Grossraumwirtschaft" zur "Neuen Ordnung". Zur strategischen Orientierung der deutschen Eliten 1932-1939*, in *Modelle für ein deutsches Europa. Ökonomie und Herrschaft im Grosswirtschaftsraum*, in "Beiträge zur nationalsozialistischen Gesundheit-und Sozialpolitik", vol. X, Rotbuch Verlag, Berlin 1992, pp. 9-28. Molto importanti sono anche le seguenti raccolte documentarie: W. Schumann, *Griff nach Südosteuropa. Neue Dokumente für die Politik des deutschen Imperialismus und Militarismus gegenüber Südosteuropa im Zweiten Weltkrieg*, Deutscher Verlag der Wissenschaften, Berlin 1973; R. Opitz, *Europastrategien des deutschen Kapitals 1900-1945*, Pahl-Rugenstein, Köln 1977.

Le esigenze immediate del *Blitzkrieg*, la campagna contro la Polonia e la successiva preparazione dell'offensiva sul fronte occidentale segnarono il primato delle strategie militari e la momentanea eclissi dei pianificatori della *Grossraumwirtschaft*. Ciò che emerse invece in primo piano fu il nuovo assetto politico, sociale, demografico e territoriale dei territori polacchi occupati dalle armate tedesche. In questo campo la dirigenza nazista avocò a sé il primato di decisione politica e occupò le principali leve del potere. La Polonia costituì, infatti, il primo laboratorio di sperimentazione delle politiche di snazionalizzazione, di sradicamento, di schiavizzazione e di genocidio che sarebbero state applicate su scala sempre più vasta contro le popolazioni dell'Urss nel corso dell'Operazione Barbarossa. È al mese di ottobre 1939 che risale la creazione della principale istituzione deputata a sviluppare questa politica, e cioè il Commissariato per il consolidamento della razza tedesca, affidato direttamente al capo delle SS Heinrich Himmler.[10] Al centro della politica della dirigenza nazista e delle autorità germaniche si collocò non solo la dissoluzione come entità territoriale dello stato polacco, che nella parte occidentale fu annesso direttamente al Reich e in quella restante di competenza della Germania accorpato in un Governatorato generale presieduto dal gerarca nazista Hans Frank, ma anche e soprattutto la distruzione dell'identità nazionale e culturale, la sottomissione permanente e la privazione di ogni diritto dell'intera popolazione. A questo scopo non solo si chiusero le scuole medie e superiori e le università, ma si procedette anche alla fucilazione di massa subito dopo la fine delle ostilità degli strati più acculturati della società polacca, tra cui oltre 20 000 intellettuali, insegnanti, giornalisti, medici, professionisti, amministratori, dirigenti politici e sindacali ed esponenti del clero cattolico. Secondo le parole di Himmler, la stragrande maggioranza dei polacchi doveva essere ridotta a mera forza-lavoro al servizio del Terzo Reich. Ma al tempo stesso, si avviava la cosiddetta germanizzazione, e cioè si sviluppavano quei processi volti all'espulsione e alla deportazione di intere popolazioni, al fine di creare nuove aree di insediamento e di colonizzazione tedesca. Al trasferimento di circa 500 000 *Volksdeutsche* provenienti dagli stati baltici e dall'Europa orientale, fecero riscontro la fucilazione da parte delle SS di 135 000 persone e l'espulsione di oltre un milione di cittadini polacchi e di ebrei dai territori annessi al Reich, mentre in tutta la Polonia occupata gli ebrei venivano espropriati, costretti al lavoro forzato, rinchiusi nei ghetti[11] e condannati alla miseria, alla fame, al

[10] Cfr. H. Buchheim, *Die SS-das Herrschaftsinstrument*, in H. Buchheim, M. Broszat, H.A. Jacobsen, H. Krausnick (a c. di), *Anatomie des SS-Staates*, Deutscher Taschenbuchverlag, München 1982, vol. I, pp. 182 ss.

[11] Su questo punto cfr. il recente contributo di G. Corni, *I ghetti di Hitler. Voci da una società sotto assedio 1939-1944*, il Mulino, Bologna 2001.

freddo e alle epidemie, in attesa di un loro ulteriore trasferimento verso altri non precisati territori (dalla "riserva" di Lublino, al "piano Madagascar", sino alla deportazione-sterminio in direzione degli Urali). Nel frattempo, imperversavano il saccheggio sistematico delle risorse del paese, lo smantellamento degli impianti industriali e la requisizione delle derrate agricole, le razzie di manodopera e l'impiego di lavoratori coatti e dei prigionieri di guerra al servizio degli occupanti o direttamente nel Reich, l'uso indiscriminato del terrore e i primi eccidi di massa degli ebrei da parte dei corpi speciali delle SS. Al termine della guerra oltre sei milioni sarebbero state le vittime dell'occupazione, e di queste circa tre milioni appartenevano alle comunità ebraiche sistematicamente distrutte nelle varie fasi che culminarono con l'istituzione sul territorio polacco dei campi di sterminio.[12] È stato giustamente scritto che nella Polonia occupata del 1939-1940 si delinea già lo «sviluppo organico istituzionale di una politica di selezione nazionale e razziale destinata ad alterare permanentemente l'equilibrio delle nazionalità a vantaggio del popolo tedesco».[13] Tutto questo prefigurava principi e orientamenti che avrebbero avuto in seguito, con lo scatenamento della "guerra di sterminio" contro l'Urss e l'avvio della cosiddetta "soluzione finale" della questione ebraica, una valenza ben più generale. Alla distruzione dell'identità nazionale e culturale dei popoli residenti doveva corrispondere una selezione razziale tra una minoranza giudicata assimilabile e germanizzabile nel corso del tempo e la grande maggioranza destinata invece alla decimazione, alla schiavizzazione o alla deportazione verso territori lontani; la popolazione ebraica, collocata al gradino più basso della gerarchia razziale, sarebbe stata condannata a uno sterminio sistematico e pianificato.[14]

L'occupazione della Danimarca e della Norvegia e la disfatta della Francia nella primavera-estate 1940 allargarono improvvisamente la sfera della dominazione e dell'influenza tedesca all'intera Europa occidentale. A distanza di pochi mesi, l'ingresso della Wehrmacht in Romania e

---

[12] Per una ricostruzione approfondita dell'occupazione tedesca della Polonia si fa qui riferimento a C. Madajczyk, *Die Okkupationspolitik Nazideutschlands in Polen 1939-1945*, Pahl-Rugenstein, Köln 1988. Per un più sintetico quadro d'insieme cfr.: W. Dlugoborski, *Die deutsche Besatzungspolitik gegenüber Polen*, in K.D. Bracher, M. Funke, H.A. Jacobsen (a c. di), *Nationalsozialistische Diktatur 1933-1945. Eine Bilanz*, Droste Verlag, Düsseldorf 1983, pp. 572-590; C. Madajczyk, *Deutsche Basatzungspolitik in Polen, in der URSS und in den Ländern Südosteuropas*, in K.D. Bracher, M. Funke, H.A. Jacobsen (a c. di), *Deutschland 1933-1945. Neue Studien zur nationalsozialistischen Herrschaft*, Droste Verlag, Düsseldorf 1993, pp. 426-437.

[13] E. Collotti, *Grande Germania e gerarchia dei popoli...*, cit., p. 12.

[14] Oltre ai testi citati, cfr. W. Röhr, *Zur Zusammenhang von nazistischen Okkupationspolitik in Polen und dem Völkermord an den polnischen Juden*, in Id. (a c. di), *Faschismus und Rassismus. Kontroversen um Ideologie und Opfer*, Akademie Verlag, Berlin 1992, pp. 258-298.

l'aggressione dell'Italia fascista alla Grecia aprirono la strada a un devastante sconvolgimento dell'intera area dei Balcani, che sarebbe approdato nell'aprile 1941 alla distruzione della Jugoslavia e alla sua spartizione tra le potenze dell'Asse, con le connesse politiche di repressione, di deportazione e di snazionalizzazione, e con il pesante coinvolgimento delle autorità civili e militari italiane.[15]

Nell'"euforia della vittoria" e nella previsione di una imminente capitolazione della Gran Bretagna, le autorità tedesche si accinsero a delineare con maggiore chiarezza i tratti di un Nuovo Ordine Europeo che si estendeva ormai sulla maggior parte del continente. Del tutto immutato, al di là dei richiami meramente propagandistici alla rigenerazione dell'Europa, restava il principio dell'assoluto predominio politico ed economico tedesco, dietro cui si intravedevano richiami, all'inizio coscientemente velati, alla "superiorità razziale" del germanesimo. Il fatto nuovo di grande rilevanza era tuttavia che, a differenza del passato, l'attenzione si spostava sui rapporti tra il Grande Reich e le aree più sviluppate dell'Europa occidentale. I progetti predisposti dai Ministeri degli esteri e dell'economia, dall'Ufficio del piano quadriennale di Göring, dal *Reichsgruppe Industrie* e dagli altri gruppi di pressione privati, dagli esperti economici dell'Alto Comando della Wehrmacht, prospettavano soluzioni e obiettivi di breve termine e riflettevano preoccupazioni immediate anche non coincidenti. E tuttavia le diverse componenti della policrazia dominante del Terzo Reich convergevano pienamente su quattro obiettivi fondamentali, sintetizzati da Alan Milward nel modo seguente. 1. L'integrazione del commercio e della produzione europea in un grande spazio economico chiuso e autosufficiente, con al centro la Grande Germania. 2. L'estensione dell'influenza e del controllo delle imprese tedesche in tutta l'area geografica del Nuovo Ordine e in particolare nei paesi più sviluppati. 3. Il consolidamento, nell'Europa orientale e sudorientale, di una zona di esclusivo interesse per il commercio e il capitale tedesco, destinata a un permanente sottosviluppo industriale. 4. La ricostruzione dell'Europa secondo una gerarchia sociale e razziale fondata sulla supremazia dei popoli di ceppo germanico.[16]

È interessante notare che al centro dell'attenzione dei pianificatori si collocarono in questa fase, più che i problemi delle annessioni territoriali (che pure non mancarono), le questioni della creazione di aree eco-

---

[15] Su questo tema, a lungo rimosso, cfr. ora E. Collotti, *Sulla politica di repressione italiana nei Balcani*, in L. Paggi (a c. di), *La memoria del nazismo nell'Europa di oggi*, La Nuova Italia, Firenze 1997, pp. 181-208, e C.S. Capogreco, *Una storia rimossa dell'Italia fascista. L'internamento dei civili jugoslavi (1941-1943)*, in "Studi Storici", XLII (2001), n. 1, pp. 204-230.

[16] Cfr. A.S. Milward, *War, Economy and Society 1939-1945*, Allen Lane, London 1977, pp. 153-154.

nomiche e doganali più ampie, della costruzione di un sistema europeo di pagamenti fondato sul *Reichsmark*, della centralizzazione delle transazioni finanziarie e commerciali attraverso un unico ufficio di *clearing* costituito a Berlino, delle misure atte ad assicurare ai cartelli tedeschi il controllo delle principali imprese occidentali attraverso i provvedimenti di "arianizzazione", l'acquisizione dei pacchetti azionari, o l'offerta di accordi bilaterali volti a costruire una "comunità di interessi".[17] Ciò corrispondeva del resto alle pressanti richieste che venivano dal *Reichsgruppe Industrie* e dalle rappresentanze dei principali settori e cartelli industriali, finanziari, commerciali e assicurativi privati (al cui interno un ruolo di punta fu assunto dal colosso chimico della IG Farben e dalle grandi banche di investimento), che rivendicavano l'acquisizione o la chiusura delle imprese concorrenti, una più favorevole definizione degli accordi di cartello già esistenti, il controllo diretto delle fonti di approvvigionamento e le condizioni ottimali per la circolazione dei prodotti tedeschi sul piano europeo.[18]

Nella realtà le esigenze immediate della mobilitazione bellica, i problemi relativi all'occupazione e alla "pacificazione" dei paesi vinti, e l'incipiente preparazione della guerra di aggressione contro l'Urss imposero alle autorità germaniche una linea più prudente e più rispettosa degli interessi capitalistici locali dell'Europa occidentale, a cui si accompagnò la ricerca di forme di collaborazione subalterna con quella parte delle élite dirigenti degli stati sconfitti che tendevano a ritagliarsi uno spazio nel futuro Nuovo Ordine Europeo (il caso più emblematico, ma non certo unico, fu costituito dalla Francia di Vichy).[19] La tendenza preva-

---

[17] Sui progetti predisposti dagli esperti ministeriali e dall'Ufficio per il piano quadriennale nella tarda primavera e nell'estate 1940, cfr. J. Freymond, *Le IIIe Reich et la réorganisation de l'Europe 1940-1942. Origines et projects*, Aw. Sijthoff, Leiden-Genéve 1974, pp. 100-127.

[18] Cfr. ivi, pp. 144-168, nonché D. Eichholtz, *Geschichte der deutschen Kriegswirtschaft 1939-1945, Band 1: 1939-1941*, K.G. Saur, München 1999, pp. 144-178. Sulla solidità dell'alleanza tra grande capitale, apparati amministrativi e tecnocratici e dirigenza politica del Terzo Reich sul terreno dell'organizzazione dell'economia di guerra e della politica di espansione economica e geopolitica in Europa insiste giustamente H.E. Volkmann, *Zum Verhältnis von Grosswirtschaft und NS-Regime im Zweiten Weltkrieg*, in K.D. Bracher, M. Funke, H.A. Jacobsen (a c. di), *Nationalsozialistische Diktatur 1933-1945...*, cit., pp. 480-508.

[19] Per un quadro d'insieme sul collaborazionismo francese si rinvia a R.O. Paxton, *Vichy 1940-1944. Il regime del disonore*, il Saggiatore, Milano 1999, e ai più recenti P. Ory, *La France allemande. Parole du collaborationisme français (1933-1945)*, Gallimard, Paris 1977; H. Rousso, *La collaboration*, Seuil, Paris 1987; Ph. Burrin, *La France à l'heure allemande 1940-1945*, Seuil, Paris 1995. Per il Belgio, l'Olanda, la Danimarca e la Norvegia cfr.: W. Wagner, *Belgien in der deutschen Politik während des Zweiten Weltkrieges*, H. Boldt Verlag, Boppard am Rhein 1974; J.G. Libois, J. Gotovitch, *L'An Quarante: la Belgique occupée*, Editions du CRISP, Bruxelles 1976; G. Hirschfeld, *Fremdherrschaft und Kollaboration. Die Niederlande unter deutscher Besatzung 1940-1945*, Deutsche Verlags-Anstalt, Stuttgart

lente in Norvegia, Francia, Olanda e Belgio fu pertanto quella di instaurare preliminarmente forme di controllo diretto o indiretto delle industrie di interesse strategico o dei settori produttori delle materie prime, di favorire acquisizioni o accordi di compartecipazione favorevoli alle imprese tedesche, ma di mantenere al contempo buoni rapporti almeno con una parte del mondo degli affari di ciascun paese, garantendo l'ordine e la "pace sociale", riattivando la produzione locale con l'assegnazione di commesse alle industrie che operavano nel campo della mobilitazione bellica.[20] Radicalmente diversa fu invece la politica seguita nei territori direttamente annessi al Reich o in quelli occupati nell'Est europeo: in Boemia e Moravia,[21] in Slovenia, in Alta Slesia e in tutta la Polonia occupata[22] si applicò su larga scala la politica degli espropri e delle acquisizioni dirette da parte tedesca, anche se in questo campo non mancarono di verificarsi conflitti tra il complesso statale Hermann-Göring-Werke, le banche e i cartelli privati. Un esteso terreno di penetrazione per il capitale tedesco fu infine costituito dagli stati satelliti dell'area danubiana e balcanica, in particolare dall'Ungheria,[23] dalla Roma-

---

1984; E. Thomsen, *Deutsche Besatzungspolitik in Dänemark*, Bertelsmann Universitätsverlag, Düsseldorf 1971; P.M. Hayes, *Quisling: The Career and Political Ideas of Vidkun Quisling 1887-1945*, Indiana University Press, Bloomington 1972.

[20] Su questi temi si segnalano: A.S. Milward, *War, Economy and Society 1939-1945*, cit., pp. 155-161; R.J. Overy, *The Economy of German "New Order"*, in R.J. Overy, G. Otto, J. Houwink ten Cate (a c. di), *Die "Neuordnung" Europas. NS-Wirtschaftspolitik in den Besetzten Gebieten*, Metropol, Berlin 1997, pp. 22-24; D. Eichholtz, *Institutionen und Praxis der deutschen Wirtschaftspolitik im NS-besetzen Europa*, ivi, pp. 37-45. Sull'economia del Nuovo Ordine in Francia e in Norvegia di grande rilevanza rimangono gli studi di A.S. Milward, *The New Order and the French Economy*, Oxford University Press, New York 1970; Id., *The Fascist Economy in Norway*, Oxford and Clarendon Press, London 1972; E. Jäckel, *Frankreich in Hitlers Europa. Die deutsche Frankreichpolitik im Zweiten Weltkrieg*, Deutsche Verlags-Anstalt, Stuttgart 1966. Tra i contributi più recenti cfr.: G. Alters, *Three Years of German Economic Penetration in the Netherlands: Cloaking, Capital Interlocking and "Arianisation". A Provisional Exploration*, in R.J. Overy, G. Otto, J. Houwink ten Cate (a c. di), *op. cit.*, pp. 273-298; H.G. Schröter, *Administrative Ansätze nationalsozialistischer Grossraumwirtschaft- die Fälle Norwegen und Dänemark*, in J. Houwink ten Cate, G. Otto (a c. di), *Organisierte Chaos. "Ämterdarwinismus" und "Gesinnungsethik". Determinanten nationalsozialistischer Besatzungsherrschaft*, Metropol, Berlin 1999, pp. 143-172.

[21] Su questo tema cfr. A. Teichova, *Instruments of Economic Control and Exploitation: the German Occupation of Bohemia and Moravia*, in R.J. Overy, G. Otto, J. Houwink ten Cate (a c. di), *op. cit.*, pp. 83-108.

[22] Oltre a testi citati, cfr. i contributi di W. Röhr, *Zur Wirtschaftspolitik der deutschen Okkupanten in Polen 1939-1945*, in D. Eichholtz (a c. di), *Krieg und Wirtschaft. Studien zur deutschen Wirtschaftsgeschichte 1939-1945*, Metropol, Berlin 1999, pp. 221-252; R. Katzmarek, *Die deutsche wirtschaftliche Penetration in Polen (Oberschlesien)*, in R.J. Overy, G. Otto, J. Houwink ten Cate (a c. di), *op. cit.*, pp. 257-272.

[23] Tra gli stati satelliti l'Ungheria subì nel corso della guerra un processo molto rilevante di penetrazione economica da parte del capitale tedesco, in particolare nei settori delle

nia,[24] dalla Bulgaria e dai territori della dissolta Jugoslavia, a cui gli strateghi del Terzo Reich assegnavano il ruolo di produttori primari di materie prime (su cui si intendeva instaurare un controllo diretto da parte tedesca) e di derrate alimentari, nonché di fornitori di manodopera sottopagata in un contesto di permanente sottosviluppo industriale. Qui si procedette all'accaparramento delle quote azionarie detenute dai gruppi industriali e finanziari inglesi, francesi, olandesi e belgi, e si favorì l'acquisizione in mani tedesche di imprese e di risorse, con particolare riferimento ai settori petrolifero, minerario, bancario e commerciale,[25] rifiutando sistematicamente le richieste di compartecipazione avanzate da parte italiana.[26] A partire dal 1942-1943 i progetti di più lungo periodo furono subordinati all'esigenza del massimo accaparramento delle risorse di questi paesi a sostegno dell'economia di guerra della Germania. Ciò si tradusse in sempre più pesanti imposizioni economiche, in interferenze politiche negli stati satelliti e in forme di brutale sfruttamento e saccheggio nelle aree occupate dalla Wehrmacht.[27]

Nel corso del 1941-1942 il fallimento della progettata invasione della Gran Bretagna, la decisione di scatenare una guerra di annientamento contro l'Urss, l'ingresso in guerra degli Stati Uniti, l'esaurimento della strategia del *Blitzkrieg* e la tardiva proclamazione della mobilitazione totale da parte della Germania, l'incipiente sviluppo dei movimenti della Resistenza, determinarono un'estrema radicalizzazione e brutalizzazione della dominazione nazista sull'Europa occupata. Emerge a questo punto un'altra componente fondamentale, di breve e di lungo periodo, che lega in modo indissolubile l'organizzazione dell'economia di guerra tedesca e lo sfruttamento sempre più intenso dei paesi occupati, e che finirà per determinare il fallimento dell'intera prospettiva sottesa alla costruzione del Nuovo Ordine Europeo. Quest'ultima presupponeva una struttura gerarchica con al centro una grande area germanica (com-

miniere, della chimica e dell'industria pesante: cfr. P. Sipos, *Hungary in the German Sphere of Interest*, in R.J. Overy, G. Otto, J. Houwink ten Cate (a c. di), *op. cit.*, pp. 241-256.

[24] Sui rapporti economici tra Germania e Romania cfr. Ph. Marguerat, *Le Troisiéme Reich et le petrol roumain 1938-1940*, Aw. Sijthoff, Leiden-Genéve 1977. Per le relazioni politico-diplomatiche si rinvia al sempre valido volume di A. Hillgruber, *Hitler, König Carol und Marschall Antonescu. Die deutsch-rumänischen Beziehungen 1938-1944*, Franz Steiner Verlag, Wiesbaden 1954.

[25] Cfr. A.S. Milward, *War, Economy and Society 1939-1945*, cit., pp. 158-160; J. Freymond, *op. cit.*, pp. 191-196.

[26] Sui rapporti italo-tedeschi nell'area balcanica, oltre ai testi citati alla nota 2, cfr. E. Collotti, T. Sala, *Le potenze dell'Asse e la Jugoslavia. Saggi e documenti 1941-1943*, Feltrinelli, Milano 1974.

[27] Emblematico in questo senso appare il caso della Croazia, analizzato da H. Sundhausen, *Wirtschaftsgeschichte Kroatiens im nationalsozialistischen Grossraum 1941-1945. Das Scheitern einer Ausbeutungstrategie*, Deutsche Verlags-Anstalt, Stuttgart 1983.

prendente almeno la Danimarca, l'Olanda, la Norvegia e la Svezia) altamente industrializzata e con un elevato standard di vita, una cerchia più vicina di stati subordinati con livelli di vita più modesti e con una struttura mista agricolo-industriale, gli stati satelliti dell'area balcanica legati al Grande Reich da un rapporto di tipo neocoloniale, e infine la sfera illimitata dei territori dell'Est, sottoposta ai processi di sradicamento nazionale e culturale, di asservimento economico e sociale nella prospettiva di una futura estensione del *Lebensraum*. Questo progetto non poteva affidarsi al mero esercizio del terrore; richiedeva, a seconda delle diverse aree geografiche, una strategia ben più complessa e articolata, capace di combinare politiche di integrazione, offerte di collaborazione subalterna, satellizzazione e accaparramento diretto di risorse, oppressione illimitata sui popoli sottomessi spinta sino al loro totale sradicamento e al genocidio di massa.[28] A questa realtà assai diversificata fece riscontro, nelle aree occupate, una pluralità di strutture amministrative. A parte il caso particolare della Danimarca, dove si mantenne una continuità di governo e delle stesse istituzioni politiche sotto il controllo delle autorità tedesche, il quadro corrispose alla seguente tipologia: dominio diretto dei territori *de facto* annessi al Reich attraverso i Gauleiter della NSDAP in qualità di "capi dell'amministrazione civile" (Alsazia, Lorena, Lussemburgo, Slovenia settentrionale), oppure (in Boemia e in Moravia), attraverso un governo tecnico totalmente subordinato a un *Reichsprotektor* e a un esecutivo tedesco; nomina di "plenipotenziari del Reich" militari (come nel caso del Belgio e Pas de Calais) o politici (come nel caso dell'Olanda e della Norvegia) preposti ai segretari generali delle preesistenti burocrazie ministeriali; amministrazioni militari con la collaborazione di governi locali (come in Serbia e in Grecia); insediamento di governi di collaborazione o collaborazionisti (come nella Slovacchia, nella Francia di Vichy, nello stato croato degli ustascia[29] e, successivamente, in Norvegia, nella Repubblica di Salò e in Ungheria);[30] potere assoluto da parte delle autorità germaniche nella parte non annessa della Polonia occupata, con l'istituzione del Governatorato generale guidato da Hans Frank; amministrazione civile o militare tedesca con discrezionalità illimitata sui popoli soggetti nei territori sovietici occupati, con la creazione dei *Reichskommissariate Ostland* e *Ukraine* af-

---

[28] Cfr. R.J. Overy, *The Economy of the German "New Order"*, cit., pp. 22, 25-28, nonché K.H. Roth, *"Neuordnung" und wirtschaftliche Nachkriegsplanungen*, in D. Eichholtz (a c. di), *Krieg und Wirtschaft...*, cit., pp. 203-205.

[29] Per un quadro d'insieme si rinvia al sempre valido M. Broszat, L. Hory, *Der kroatische Ustasha-Staat 1941-1945*, Deutsche Verlags-Anstalt, Stuttgart 1964.

[30] Sul regime delle Croci frecciate cfr. M. Szöllösi, Janze, *Die Pfeilkreuzlerbewegung in Ungarn. Historischer Kontext, Entwicklung und Herrschaft*, Oldenbourg, München 1989.

fidati a Gauleiter della NSDAP e formalmente sottoposti al Ministero per i territori dell'Est presieduto da Alfred Rosenberg (forme limitate di collaborazione furono tollerate solo negli stati baltici).[31]

Sennonché, la prospettiva di una guerra generale di lunga durata e l'avvio della mobilitazione totale, che era stata per lungo tempo procrastinata,[32] ponevano delicati problemi in riferimento alla tenuta del fronte interno nella stessa Germania. Più precisamente rischiava di vanificarsi la prospettiva di garantire al popolo tedesco condizioni di vita il più possibile assimilabili al tempo di pace, prospettiva che era stata tenacemente perseguita dalla dirigenza nazista sin dall'avvio del riarmo accelerato, e riemergeva lo scenario apocalittico della disgregazione della *Volksgemeinschaft*, della fame e della miseria che nella fase finale della prima guerra mondiale avevano contribuito alla disfatta e al crollo dell'impero guglielmino.[33] L'unica soluzione possibile individuata dagli strateghi del Terzo Reich fu quella di scaricare gli enormi costi della guerra sui popoli vinti e sugli stati satelliti, in parte imponendo un pesantissimo carico finanziario a titolo di spese di occupazione, in parte intensificando l'accaparramento di derrate alimentari e di materie prime, regolando gli scambi commerciali sulla base di una sopravvalutazione del marco e di accordi bilaterali di *clearing* che non venivano mai onorati da parte tedesca e si traducevano nella concessione di crediti illimitati e nel continuo depauperamento dei paesi soggetti. D'altra parte, la sempre maggiore carenza di manodopera nell'industria di guerra tedesca, causata dai continui richiami alle armi da parte della Wehrmacht, comportò dapprima l'impiego generalizzato dei prigionieri di guerra polacchi e francesi e, in seguito, l'imposizione del Servizio di lavoro obbligatorio e l'invio coatto nel Grande Reich di contingenti di manodopera anche dai paesi occidentali occupati.[34] Tutto questo non solo ostacolava

---

[31] Per un'analisi più articolata si rinvia a H. Umbreit, *Auf den Weg zur Kontinentalherrschaft*, in Aa.Vv., *Das Deutsche Reich und der Zweite Weltkrieg*, vol. V (1), Deutsche Verlags-Anstalt, Stuttgart 1988, pp. 1-345; Id., *Die deutsche Herrschaft in den besetzten Gebieten 1942-1945*, ivi, vol. V (2), Deutsche Verlags-Anstalt, Stuttgart 1999, pp. 3-275, nonché a W. Benz, *Typologie der Herrschaftsformen in den Gebieten unter deutschem Einfluss*, in W. Benz, J. Houwink ten Cate, G. Otto (a c. di), *Die Bürokratie der Okkupation. Strukturen der Herrschaft und Verwaltung im besetzen Europa*, Metropol, Berlin 1998, pp. 11-25.

[32] È d'obbligo qui il riferimento al classico studio di A.S. Milward, *German Economy at War*, The Athlone Press, London 1965, pp. 7-73.

[33] Oltre a A.S. Milward, *German Economy at War*, cit., pp. 8-9, 29-30, si rinvia su questo punto alla grande ricerca di W.T. Mason, *Sozialpolitik im Dritten Reich. Arbeiterklasse und Volksgemeinschaft*, Westdeutscher Verlag, Opladen 1978.

[34] Per un sintetico quadro d'insieme cfr. A.S. Milward, *War, Economy and Society 1939-1945*, cit., pp. 221-228. Lo studio più ampio sull'impiego dei lavoratori stranieri nell'economia di guerra tedesca è quello di U. Herbert, *Politik und Praxis des "Asländer-Einsatzes" in der Kriegswirtschaft des Dritten Reiches*, J.H.W. Dietz Verlag Nachf., Berlin-Bonn 1986.

una riattivazione delle attività produttive e una integrazione a livello europeo dell'economia di guerra tedesca (secondo il disegno vanamente perseguito dal nuovo ministro per gli armamenti Albert Speer),[35] ma alimentava l'opposizione delle popolazioni all'occupante e l'azione dei gruppi della Resistenza,[36] mentre nel contempo delegittimava le élite tradizionali che avevano scelto la via della collaborazione e la cui affidabilità tendeva a scemare con l'incipiente rovesciamento delle sorti della guerra. La crescente pressione tedesca sui paesi occupati e satelliti si tradusse in una attivazione dei meccanismi per la deportazione degli ebrei (che incontrò, con la sola eccezione della Danimarca, un alto grado di coinvolgimento delle autorità e degli apparati amministrativi locali),[37] nell'escalation della repressione e del terrore contro i movimenti della Resistenza e la popolazione civile[38] e in un accresciuto peso politico delle forze più marcatamente filofasciste o apertamente fasciste. I confini tra collaborazione e collaborazionismo tesero così a divenire, con la fine del 1942, sempre più sfumati.[39] Sebbene dopo la disfatta di Stalingrado le autorità tedesche evocassero nella propaganda l'immagine di una futura Europa federata come baluardo contro il "bolscevismo asiatico", nella realtà emergeva sempre più chiaramente che la Germania nazista in caso di vittoria non offriva agli stessi popoli dell'Europa occidentale alcuna alternativa tra l'assimilazione al Grande Reich germanico (come nel caso della Danimarca, dell'Olanda delle Fiandre e dei paesi scandinavi) e un inglobamento nel Nuovo Ordine deprivato di aree economi-

---

In riferimento alla Francia cfr. B. Zellinski, *Die deutsche Arbeitseinsatzpolitik in Frankreich 1940-1944*, in R.J. Overy, G. Otto, J. Houwink ten Cate (a c. di), *op. cit.*, pp. 109-132.

[35] Sui progetti di Speer e sui contrasti con il Plenipotenziario dell'Ufficio per l'impiego della manodopera Fritz Sauckel, cfr. A.S. Milward, *German Economy at War*, cit., pp. 96 ss.

[36] Per un quadro generale di queste problematiche si rinvia a H. Michel, *La guerra nell'ombra. La Resistenza in Europa*, Milano 1973; J. Sémelin, *Senza armi di fronte a Hitler*, Sonda, Milano-Torino 1993; E. Collotti, *Aspetti e problemi della Resistenza in Europa*, in *Arte della libertà. Antifascismo, guerra e liberazione in Europa 1925-1945*, Mazzotta, Milano 1995, pp. 79-91. Tra i contributi più recenti cfr. W. Benz, J. Houwink ten Cate, G. Otto (a c. di), *Anpassung-Kollaboration-Widerstand. Kollektive Reaktionen auf die Okkupation*, Metropol, Berlin 1996.

[37] Su questi temi si rinvia alla grande opera di R. Hilberg, *La distruzione degli ebrei d'Europa*, Einaudi, Torino 1995.

[38] Per l'Europa occidentale cfr. H.W. Leunen, *Deutsche Besatzungspolitik im Westeuropa zwischen Unterdrückung und Kollaboration*, in K.D. Bracher, M. Funke, H.A. Jacobsen (a c. di), *Deutschland 1933-1945...*, cit., pp. 418 ss. Per la Francia lo studio complessivo più recente è A. Meyer, *Die deutsche Besatzung in Frankreich 1940-1944. Widerstandsbekämpfung und Judenverfolgung*, Wissenschaftliche Buchgesellschaft, Darmstadt 2000. Per un quadro più generale, con particolare riferimento all'Europa centro-orientale e all'area balcanica, cfr. L. Drouilia, H. Fleischer (a c. di), *Von Lidice bis Kalavryta. Studien zur Rappresalienpraxis im Zweiten Weltkrieg*, Metropol, Berlin 1999.

[39] Sul passaggio dalla collaborazione al collaborazionismo cfr. Y. Durand, *op. cit.*, pp. 248-270.

che e territoriali vitali e di ogni autonomia e dignità nazionale (come nel caso della Francia e del Belgio).

Uno scenario assolutamente apocalittico fu tuttavia quello che si aprì nella Polonia occupata, nei paesi baltici e nei territori dell'Urss, nel momento in cui il regime nazista scatenò quella che, in anni ormai lontani, Ernst Nolte ha definito «la più mostruosa guerra di conquista, di schiavizzazione e di sterminio che la storia moderna abbia conosciuto».[40]

Si è discusso a lungo, e si discute ancora tra gli storici, sui caratteri di *Weltanschauungskrieg* dell'Operazione Barbarossa e non c'è dubbio che la guerra di annientamento contro il cosiddetto giudeo-bolscevismo, come anche l'asservimento dei popoli slavi, costituissero un obiettivo programmatico del nazionalsocialismo che risaliva al *Mein Kampf*.[41] La ricerca più aggiornata ha tuttavia messo in guardia dal pericolo di un approccio storiografico eccessivamente ristretto, quale emerge per esempio dai lavori di Hildebrand[42] e di Hillgruber,[43] che privilegi l'ideologia e il ruolo personale di Hitler, e ha dimostrato come sin dalla fase preparatoria della guerra contro l'Urss si sia realizzata una sostanziale convergenza tra la dirigenza nazista, i responsabili delle SS, l'alto comando della Wehrmacht, i rappresentanti dell'economia, i funzionari e gli esperti ministeriali.[44] Allo stesso modo le rivalità, i conflitti di competenza, i diversi orientamenti per la soluzione dei problemi immediati della guerra (su cui influivano motivazioni politico-ideologiche, obiettivi di sfruttamento delle aree e delle popolazioni occupate, progetti a lungo termine di dominazione imperialistica e razziale), i contrasti sulle eventuali concessioni da elargire a taluni gruppi etnici nel quadro di una strategia del *divide et impera*, che si verificarono tra gli stessi vertici nazisti e che si riflessero anche nei rapporti tra centro e periferia,[45] non misero mai in discus-

---

[40] E. Nolte, *Der Faschismus in seiner Epoche. Die Action Française. Der italienische Faschismus. Der Nationalsozialismus*, Piper, München 1963, p. 436.

[41] E. Jäckel, *Hitlers Weltanschauung. Entwurf einer Herrschaft*, Deutsche Verlags-Anstalt, Stuttgart 1981.

[42] K. Hildebrand, *Das vergangene Reich. Deutsche Aussenpolitik von Bismarck bis Hitler 1871-1945*, Deutsche Verlags-Anstalt, Stuttgart 1995.

[43] A. Hillgruber, *Hitlers Strategie. Politik und Kriegsführung 1940-1941*, Bernhard und Graefe, München 1993.

[44] Per la fase più recente della ricerca si rinvia a R.D. Müller, G.R. Ueberschär, *Hitlers Krieg im Osten 1941-1945. Ein Forschungsbericht*, Wissenschaftliche Buchgesellschaft, Darmastadt 2000, pp. 310-409. Cfr. anche R.D. Müller, *Das "Unternehmen Barbarossa" als wirtschaftlicher Raubkrieg*, in G.R. Ueberschär, W. Wette (a c. di), *"Unternehmen Barbarossa". Der deutsche Überfall auf die Sowjetunion 1941. Berichte, Analysen, Dokumente*, Schöning, Paderborn 1984, pp. 173-217.

[45] Per una ricostruzione d'insieme di questi aspetti, come anche delle strutture amministrative e istituzionali dell'occupazione, è d'obbligo il rinvio a A. Dallin, *German Rule in Russia 1941-1945*, McMillan, London-New York 1957.

sione gli orientamenti di carattere generale. Tali orientamenti possono essere sintetizzati nel modo seguente: totale distruzione del potere sovietico; conquista di un enorme spazio territoriale per l'approvvigionamento alimentare, delle materie prime e delle risorse energetiche, al fine di provvedere alle esigenze della Wehrmacht, di mantenere un elevato livello di vita per il popolo tedesco, di sostenere l'economia di guerra e, in prospettiva, l'espansione industriale del Grande Reich nel futuro Ordine Europeo; decimazione e schiavizzazione delle popolazioni residenti, frammentazione dei gruppi etnici esistenti e loro "selezione razziale", distruzione o deportazione per quelli "non assimilabili", come premessa di un progressivo insediamento tedesco; germanizzazione e costruzione del *Lebensraum* come barriera rivolta verso l'Asia in tutta l'area compresa tra la Polonia, gli stati baltici e i territori della Russia sino agli Urali.

Per la verità, non era la prima volta che le armate tedesche invadevano la Russia: ciò era avvenuto già nel corso della prima guerra mondiale, dando vita, già allora, a grandiosi progetti espansionistici.[46] Tuttavia, del tutto incomparabili erano non solo i metodi con cui gli aggressori si preparavano a occupare i territori dell'Est, ma anche gli obiettivi dei nuovi dominatori. Come ha scritto Rolf Dieter Müller, prima ancora che la guerra fosse militarmente decisa si evitò di costruire un'amministrazione militare secondo le regole tradizionali e si iniziò immediatamente a edificare il progettato nuovo ordine politico e sociale. Si trattava non solo di fissare nuovi confini, ma anche di trasformare radicalmente l'intero ordine economico e sociale. Di più: le popolazioni residenti dovevano essere disgregate e "selezionate" secondo punti di vista politici e razzistici, deportate oppure immediatamente annientate. Le vittime che queste scelte costarono tra la popolazione civile non furono così una conseguenza diretta delle vicende belliche, ma furono coscientemente programmate, in parte ai fini immediati dell'acquisizione di risorse per il mantenimento dello standard di vita del popolo tedesco, per l'approvvigionamento in loco della Wehrmacht e per il sostegno dell'economia di guerra, in parte come espressione di una deliberata politica di affamamento in vista della progettata colonizzazione e germanizzazione dei territori sovietici.[47] La "gerarchia della nutrizione" che ne derivava costituiva un'altra manifestazione emblematica dell'estensione al di fuori del Grande Reich dei principi fondanti della *Volksgemeinschaft*.[48]

---

[46] Su questo punto si fa riferimento alla ricerca di E. Fischer, *op. cit.*, pp. 599-821.

[47] Cfr. R.D. Müller, G.R. Ueberschär, *op. cit.*, p. 311.

[48] In proposito cfr. R.D. Müller, *Die Konsequenzen der Volksgemeinschaft: Ernährung, Ausbeutung und Vernichtung*, in W. Michalka (a c. di), *Der Zweite Weltkrieg. Analysen-Grundzüge-Forschungsbilanz*, Piper, München-Zürich 1989, pp. 240-247.

Fu l'inizio di un gigantesca e preventivata politica di genocidio.[49] I settori "indesiderati" della popolazione o le "bocche inutili" dovevano essere condannate alla morte per fame, alla deportazione o alla immediata eliminazione. I resoconti delle riunioni tra i vertici politici, burocratici, economici e militari del Terzo Reich svoltisi tra il marzo e il giugno 1941 non lasciano dubbi in proposito. Ai primi di maggio il sottosegretario di stato all'alimentazione Backe, gli esperti del Piano quadriennale e della Wehrmacht, al fine di coprire l'approvvigionamento dell'esercito occupante e l'invio di derrate nel Reich per prevenire una temuta crisi alimentare, prevedevano la morte per fame di almeno dieci milioni di persone.[50] Negli stessi mesi i vertici della Wehrmacht e delle SS concordavano un piano di sterminio dell'*intellighencija* sovietica che lasciava carta bianca all'eliminazione dei commissari politici, dei funzionari e dei quadri di partito, degli amministratori, dei professionisti e degli stessi strati più acculturati dei lavoratori, di tutti i veri o potenziali oppositori politici.[51] Tra i soggetti da eliminare, un posto particolare venne riservato agli ebrei: nelle prime settimane dell'invasione gli ebrei maschi tra i quindici e i sessanta anni furono sottoposti a fucilazioni di massa in quanto presunti appartenenti alle categorie sopra indicate; in seguito, tra agosto e settembre, si dette il via al massacro delle donne e dei bambini e poi di intere comunità e si procedette alla selezione e alla esecuzione di tutti gli ebrei tra i prigionieri di guerra.[52] Christian Gerlach ha calcolato che entro la fine del 1941, con percentuali diverse da luogo a luogo in parte dipendenti dalle scelte delle autorità locali, le *Einsatzgruppen* delle SS,[53] i reparti della polizia[54] e anche

---

[49] Sulla "guerra di sterminio" contro l'Urss nei suoi aspetti non solo militari, ma anche politici ed economico-sociali, un fondamentale punto di riferimento per una nuova stagione di ricerche è stato costituito dai volumi collettanei *Das Deutsche Reich und der Zweite Weltkrieg. Band 4. Der Angriff auf die Sowjetunion*, Deutsche Verlags-Anstalt, Stuttgart 1983, e G.R. Ueberschär, W. Wette (a c. di), *"Unternehmen Barbarossa"...*, cit., corredato da una preziosa appendice documentaria.

[50] Su questi temi cfr. la documentazione pubblicata ivi, pp. 377 ss., nonché G. Aly, S. Heim, *Vordenker der Vernichtung. Auschwitz und die deutsche Pläne für eine neue europäische Ordnung*, Fischer Taschenbuch Verlag, Frankfurt 1995, pp. 369-385.

[51] Si fa qui riferimento a Ch. Streit, *Keine Kameraden. Die Wehrmacht und die sowjetischen Kriegsgefangenen 1941-1945*, J.H.W. Dietz Verlag Nachf., Bonn 1997, pp. 28-61.

[52] Cfr. Ch. Gerlach, *Krieg, Ernährung, Völkermord. Deutsche Vernichtungspolitik im Zweiten Weltkrieg*, Pendo, Zürich-München 2001, pp. 16-26, 52-61, che collega strettamente lo sterminio degli ebrei nei territori polacchi e sovietici occupati all'obiettivo dell'affamamento programmato della popolazione.

[53] Sull'attività delle *Einsatzgruppen* delle SS, di fondamentale importanza rimane H. Krausnick, H. Wilhelm, *Die Truppe des Weltanschauungskrieges. Die Einsatzgruppen des Sicherheitspolizei und des SD 1938-1942*, Deutsche Verlags-Anstalt, Stuttgart 1981.

[54] Su questo tema si segnala la ricerca di Ch. Browning, *Uomini comuni. Polizia tedesca e "soluzione finale" in Polonia*, Einaudi, Torino 1995.

della Wehrmacht[55] avevano proceduto al massacro di circa 800 000 ebrei nei territori occupati.[56] Il carattere razzistico-ideologico della guerra si rifletté anche nel trattamento disumano e nella uccisione di massa dei prigionieri di guerra sovietici i quali, secondo i calcoli di Christian Streit, alla data del febbraio 1942 erano stati selezionati e fucilati in numero di 500 000 in base alle direttive di cui sopra, e nella misura di oltre un milione e mezzo erano morti per fame, freddo, maltrattamenti, mancanza di cure, epidemie, esecuzioni programmate o sommarie.[57]

Era solo l'inizio di un regime di occupazione che si sarebbe caratterizzato, dopo l'arresto della Wehrmacht alle porte di Mosca, per un saccheggio illimitato delle risorse del paese e per il dispregio assoluto delle esigenze più elementari della popolazione, privata di ogni diritto ed esclusa da ogni reale istanza decisionale, costretta al lavoro coatto, sistematicamente espropriata degli stessi mezzi di sussistenza, sottoposta a un regime di terrore e di genocidio che colpì nella misura più estrema gli ebrei (oltre due milioni furono le vittime nei territori baltici, polacchi e sovietici occupati dopo il giugno 1941),[58] ma che portò, nel corso della lotta antipartigiana, a una politica di terra bruciata e alla distruzione di innumerevoli comunità.[59] Una politica, quest'ultima, che venne

---

[55] Su questo tema vanno menzionati O. Bartov, *The Eastern Front 1941-1945. German Troops and the Barbarisation of Warfare*, Mcmillan, Basingstoke 1985, che ha sollevato il tema della brutalizzazione dei sottufficiali e dei soldati; H.H. Wilhelm, *Rassenpolitik und Kriegsführung. Sicherheitspolizei und Wehrmacht in Polen und in der Sowjetunion 1939-1942*, Wiss. Verlag Rothe, Passau 1991; W. Manoschek (a c. di), *Die Wehrmacht in dem Rassenkrieg. Der Vernichtungskrieg hinter der Front*, Picus Verlag, Wien 1996. Di recente il tema delle corresponsabilità della Wehrmacht è stato risollevato con grande clamore nella Germania federale dalla mostra e dal volume H. Heer, K. Naumann (a c. di), *Vernichtungskrieg. Verbrechen der Wehrmacht 1941-1945*, Hamburger Editions, Hamburg 1995.

[56] Cfr. ivi, pp. 61-64.

[57] Su questi temi cfr. la ricostruzione di Ch. Streit, *Keine Kameraden...*, cit., pp. 83-190.

[58] Sull'occupazione dal giugno 1941 dei territori polacchi e sovietici e degli stati baltici e sulle politiche di sterminio si comincia oggi a disporre, grazie all'apertura dopo il 1989 degli archivi della Russia e delle altre repubbliche ex sovietiche, di approfondite ricerche documentarie a carattere regionale. Tra queste si segnalano in modo particolare: D. Pohl, *Nationalsozialistische Judenverfolgung in Ostgalizien 1941-1944*, Oldenbourg, München 1996; T. Sandkühler, *"Endlösung" in Galizien*, J.H.W. Dietz, Bonn 1996; T.J. Schulte, *Living-standards and the Civilian Economy in Belorussia*, in R.J. Overy, G. Otto, J. Houwink ten Cate (a c. di), *op. cit.*, pp. 169-192; W. Benz, K. Kwiet, J. Matthäus, *Einsatz im Reichskommissariat Ostland. Dokumente zum Völkermord im Baltikum und in Weissrussland 1941-1944*, Metropol, Berlin 1998; Ch. Gerlach, *Kalkulierte Morde. Die deutsche Wirtschafts-und Vernichtungspolitik in Weissrussland 1941 bis 1944*, Hamburger Edition, Hamburg 1999. Un'impressionante documentazione è contenuta anche in V. Grossman, I. Erenburg, *Il libro nero. Il genocidio nazista nei territori sovietici 1941-1945*, A. Mondadori, Milano 1999.

[59] In particolare su questo punto, tra i contributi più recenti, cfr. H. Heer, *Die Logik des Vernichtungskriegs. Wehrmacht und Partisanenkampf*, in H. Heer, K. Naumann (a c. di), *op. cit.*, pp. 104-155.

sviluppata parallelamente anche nella Serbia occupata, dove si era proceduto alla fucilazione di massa di comunisti, zingari ed ebrei, cosicché questa area era considerata *Judenfrei* già nell'aprile 1942.[60] Tra gli oltre venti milioni di morti della guerra seguita all'Operazione Barbarossa, circa due terzi sono così da annoverare tra la popolazione civile.

Un capitolo a parte è costituito in questo scenario dai prigionieri sovietici sopravvissuti alla morte di massa nei primi otto mesi di guerra e dai 2 800 000 lavoratori coatti (tra cui un alto numero di giovani donne) che furono razziati e deportati nel Reich e impiegati nell'economia bellica tedesca, in particolare nelle miniere e nell'industria degli armamenti, e poi nello sgombero delle macerie dei bombardamenti a partire dai primi mesi del 1942. Trattati in modo disumano, privati di ogni diritto, sottoposti a normative razziste, a condizioni di lavoro estremamente pesanti e a punizioni draconiane, alloggiati in campi recintati, questi *Ostarbeiter* e *Kriegsgefangene* condivisero con i loro omologhi polacchi, con i detenuti dei campi di concentramento e i militari italiani catturati dopo l'8 settembre 1943, con gli operai e i partigiani deportati, la condizione di esclusi dalla comunità popolare nazionalsocialista che il Terzo Reich riservava agli oppositori politici tedeschi e ai resistenti dell'intera Europa, ai cosiddetti "asociali" e agli appartenenti alle "razze inferiori" non direttamente condannate allo sterminio,[61] al quale erano invece predestinati gli ebrei e gli zingari. Si trattava di un'altra quanto mai insidiosa faccia della gerarchia sociale sottesa alla comunità popolare nazionalsocialista. Essa stabiliva e prevedeva anche per il fu-

---

[60] Si rinvia alla ricerca di W. Manoschek, *"Serbien ist Judenfrei!". Militärische Besatzungspolitik und Judenvernichtung in Serbien 1941/1942*, Oldenbourg, München 1993.

[61] Ivi, pp. 238-295, sulle condizioni dei militari sovietici. Sugli *Ostarbeiter* e sul lavoro forzato dei prigionieri di guerra e dei detenuti nei campi di concentramento si rinvia ai capitoli relativi in U. Herbert, *Geschichte der Ausländerpolitik in Deutschland*, Beck, München 2001; Id., *Der "Ausländereinsatz". Fremdarbeiter und Kriegsgefangene in Deutschland 1939-1945 – ein Überblick*, in *Herrenmensch und Arbeitsvölker. Ausländische Arbeiter und Deutsche 1939-1945*, "Beiträge zur nationalsozialistischen Gesundheits-und Sozialpolik", vol. III, Rotbuch Verlag, Berlin 1986, pp. 13-48; R.D. Müller, *Die Zwangsrekrutierung von "Ostarbeitern" 1941-1944*, in W. Michalka (a c. di), *op. cit.*, pp. 772-783; D. Eichholtz, *Geschichte der deutschen Kriegswirtschaft, Bd. II: 1941-1943, Teil 1*, K. G. Saur, München 1999, pp. 179-292; Id., *Unfreie Arbeit-Zwangsarbeit*, in Id. (a c. di), *Krieg und Wirtschaft...*, cit., pp. 129-155. Sui prigionieri militari italiani si segnala: G. Schreiber, *I militari italiani internati nei campi di concentramento del Terzo Reich 1943-1945. Traditi-disprezzati-dimenticati*, Ufficio storico dello SME, Roma 1992. Tra i contributi specifici dedicati al lavoro forzato dei detenuti dei campi di concentramento si rinvia a F. Pingel, *Die KZ-Häftlinge zwischen Vernichtung und NS-Arbeitseinsatz*, in W. Michalka (a c. di), *op. cit.*, pp. 784-797, e alla grande ricerca U. Herbert, K. Orth, Ch. Dieckmann (a c. di), *Die nationalsozialistischen Konzentrationslager. Entwicklung und Struktur*, Wallstein Verlag, Göttingen 1998, pp. 193-348, 533-751.

turo un doppio mercato del lavoro in Germania e in Europa, al cui interno gli operai tedeschi erano collocati in una posizione privilegiata nelle garanzie sociali, nelle mansioni più qualificate e anche di sorveglianza rispetto ad altre categorie sottopagate e non garantite, e soprattutto rispetto alla manodopera dequalificata e deprivata di ogni dignità e di ogni diritto rappresentata dalla massa dei *Gemeinschaftsfremde.*[62]

In questo contesto generale il *Generalplan Ost*, commissionato nell'estate 1941 a Konrad Mayer direttamente dagli organi più alti dello stato e delle SS ed elaborato in impressionante sincronismo con la concreta pianificazione da parte di Reinhardt Heydrich della cosiddetta "soluzione finale" della questione ebraica,[63] perde il suo presunto carattere visionario e assume i tratti di una possibile prefigurazione del futuro. Non è questa la sede per analizzare le fasi complesse della genesi del piano e le sue successive redazioni, che peraltro sono state oggetto di una ricca letteratura, dai primi lavori di Helmut Heiber[64] e di Dietrich Eicholtz[65] ai contributi più recenti di Wolfgang Benz,[66] di Karl Heinz Roth[67] e di Czeslaw Madajczyk.[68] Basterà qui ricordare che il piano prefigurava non solo l'occupazione permanente della Polonia, degli stati baltici e della Russia da Leningrado sino alla Crimea e ai monti Taurici, ma anche l'integrale germanizzazione, nel giro di venti o trent'anni, di questa area geografica, con la totale distruzione dell'assetto nazionale, culturale, demografico e sociale preesistente. Le popolazioni slave residenti dovevano essere biologicamente selezionate e quindi in maggioranza deportate oltre

[62] Per la contrapposizione tra *Volksgenossen* e *Gemeinschaftsfremde* è d'obbligo il rinvio a D. Peukert, *Storia sociale del Terzo Reich*, Sansoni, Firenze 1989. Per i progetti di gerarchizzazione della forza-lavoro cfr. H. Kahrs, *op. cit.*, p. 23, D. Eichholtz, *Unfreie Arbeit-Zwangsarbeit*, cit., pp. 142-143.

[63] Sulla concomitanza del processo decisionale relativo alla "soluzione finale" e l'elaborazione del *Generalplan Ost* ha insistito a più riprese C. Madajczyk, *Besteht ein Synchronismus zwischen dem "Generalplan Ost" und die Endlösung der Judenfrage?*, in W. Michalka (a c. di), *op. cit.*, pp. 845-856, Id., *Vom "Generalplan Ost" zum "Generalsiedlungsplan"*, in M. Rössler, S. Schleiermacher (a c. di), *Der "Generalplan Ost": Hauptlinien der nationalsozialistischen Planungs-und Vernichtungspolitik*, (con la collaborazione di C. Tollmien), Akademie Verlag, Berlin 1993, pp. 12-17.

[64] H. Heiber, *Der Generalplan Ost*, in "Vierteljahrshefte für Zeitgeschichte", 1958, n. 3, pp. 280-325.

[65] D. Eichholtz, *Der "Generalplan Ost". Über eine Ausgeburt imperialistischer Denkart und Politik*, in "Jahrbuch für Geschichte", 26, 1982, pp. 217-274.

[66] W. Benz, *Der Generalplan Ost*, in Id. (a c. di), *Die Vertreibung aus dem Osten. Ursachen, Ereignisse, Folgen*, Fischer Taschenbuchverlag, Frankfurt 1985, pp. 39-48.

[67] K.H. Roth, *"Generalplan Ost"-"Gesamtplan Ost". Forschungsstand, Quellenprobleme, neue Ergebnisse*, in M. Rössler, S. Schleiermacher (a c. di), *op. cit.*, pp. 25-117.

[68] C. Madajczyk (a c. di), *Vom Generalplan Ost zum Generalsiedlungsplan*, K.G. Saur, München-New Providence-London-Paris 1994, che contiene una ricchissima raccolta documentaria sull'argomento.

gli Urali e lì condannate alla decimazione (il numero delle persone coinvolte venne inizialmente fissato a trentuno milioni, e in seguito all'80-85% della popolazione polacca, al 64% di quella dell'Ucraina occidentale e al 75% della Russia Bianca), mentre una minoranza avrebbe dovuto essere assimilata e il resto, nella misura di quattordici milioni, frammentato in una miriade di "schegge" e schiavizzato, oppure direttamente eliminato.[69] La popolazione urbana doveva essere affamata e ridotta del 90%, le grandi città come Leningrado e Kiev dovevano essere distrutte.[70] Secondo i piani di Hitler, anche Mosca doveva subire la stessa sorte, mentre a Stalingrado la componente maschile doveva essere sterminata in massa, le donne e i bambini dovevano essere deportati.[71] Parallelamente avrebbe dovuto procedere l'insediamento in colonie agrarie concepite all'insegna del principio del *Blut und Boden* di circa dieci milioni di tedeschi o di persone di ascendenza tedesca (*Volksdeutsche*) o appartenenti ad altre nazioni di ceppo germanico.[72] A tal fine si prevedeva la costituzione di tre aree privilegiate (colonizzate al 50%) situate nel circondario di Leningrado (*Ingermanland*), in Crimea sino a Cherson (*Gottengau*) e nell'area di Byalistok e della Lituania occidentale, e collegate tra di loro e verso il Reich, il Governatorato generale, l'Ucraina e il *Reichskommissariat Ostland* da una rete di *Siedlungsstützpunkte* (colonizzati al 25%). L'amministrazione di questi insediamenti avrebbe dovuto essere di competenza esclusiva delle SS.[73]

È importante notare come in tutti i progetti relativi al *Generalplan Ost* siano rintracciabili solo rari accenni alla questione degli ebrei. Sarebbe tuttavia errato concludere che queste due operazioni corrispondessero a progetti rigorosamente separati.[74] Al contrario, le ricerche più recenti hanno messo l'accento sull'esistenza di uno stretto rapporto di interazione e hanno rilevato come tale omissione costituisca un'ulteriore riprova della decisione, ormai consumata dai vertici nazisti e sanzionata dagli apparati burocratici e amministrativi del Terzo Reich alla conferenza di Wannsee,[75] di procedere alla distruzione degli ebrei dell'intera Europa nel corso stesso della guerra.[76] I precedenti progetti di deportazione de-

---

[69] Cfr. ivi, pp. 50-81, 235-257.

[70] Cfr. G. Aly, S. Heim, *op. cit.*, pp. 382, 403-404.

[71] In proposito cfr. R.D. Müller, G.R. Ueberschär, *op. cit.*, pp. 104-105, 112.

[72] Cfr. C. Madajczyk (a c. di), *Vom Generalplan Ost...*, cit., pp. 19-25.

[73] Cfr. ivi, pp. 91-130.

[74] È questa le tesi di A. Hillgruber, *Der Ostkrieg und die Judenvernichtung*, in G.R. Ueberschär, W. Wette (a c. di), *"Unternehmen Barbarossa"...*, cit., pp. 185-205.

[75] Sulla conferenza di Wannsee si rinvia alla vasta documentazione contenuta in K. Pätzold, E. Schwarz (a c. di), *Tagesordnung: Judenmord. Die Wannsee Konferenz am 20. Januar 1942. Eine Dokumentation zur Organisation der "Endlösung"*, Metropol, Berlin 1998.

[76] Per un quadro d'insieme sul genocidio degli ebrei in Europa, con particolare riferi-

gli ebrei prima dal Grande Reich, poi dai territori annessi e infine dal Governatorato generale, erano andati del resto di pari passo con la politica più generale di dominazione imperialista e di stravolgimento demografico (*Umvolkung*) dell'Est europeo. Il "trasferimento" degli ebrei, e in seguito dei polacchi e dei popoli dell'Urss, costituiva la premessa per la creazione degli insediamenti tedeschi e per la progettata germanizzazione.[77] D'altra parte, la deportazione degli ebrei "verso Est", sia pure in una forma non ancora determinata, conteneva in sé la prospettiva della decimazione e del genocidio.[78] Dopo il fallimento della "guerra lampo" e con l'avvio delle politiche di affamamento nei ghetti della Polonia e delle uccisioni di massa nei territori sovietici occupati, con il pieno coinvolgimento di tutti gli apparati politici, amministrativi, militari dell'occupante, il passo verso i campi di sterminio era divenuto ormai relativamente breve, anche se il sistema venne predisposto e cominciò a funzionare in modo conseguente solo nell'aprile-maggio 1942.

Non è qui possibile ripercorrere i processi decisionali, la pluralità di soggetti, l'intreccio estremamente complesso di fattori di breve e di più lungo periodo che portarono alla cosiddetta "soluzione finale". La letteratura in proposito è ormai sterminata e il confronto tra gli studiosi ancora tutt'altro che concluso.[79] E tuttavia, la nuova stagione di ricerche sul sistema di dominio nazista, sulla preparazione e sulla conduzione della Operazione Barbarossa, sulle politiche di occupazione e di genocidio in Polonia, in Urss e negli stati baltici, sulla configurazione e sulla progettazione del Nuovo Ordine Europeo, ha fornito un contributo inestimabile per una più precisa contestualizzazione storica della deportazione e dello sterminio degli ebrei europei. Storicizzare la *Shoah* è tutto il contrario di relativizzarla, come vorrebbe un certo re-

---

mento ai dati quantitativi, cfr. W. Benz (a c. di), *Dimension der Völkermord. Die Zahl der jüdischen Opfer des Nationalsozialismus*, Oldenbourg, München 1991.

[77] Si fa qui riferimento in modo particolare ai seguenti contributi che, sebbene diversamente orientati sui tempi e le modalità dei processi decisionali, convergono su questo punto: Ch. Streit, *Ostkrieg, Antibolschewismus und Endlösung*, in "Geschichte und Gesellschaft", 1991, n. 17, pp. 242-255; G. Aly, *Endlösung. Völkerverschiebung und der Mord an den europäischen Juden*, Fischer, Frankfurt 1995; K.H. Roth, *"Neuordnung" und wirtschaftliche Nachkriegsplanungen*, cit., pp. 207-209; H. Mommsen, *Von Weimar nach Auschwitz. Zur Geschichte Deutschlands in der Weltkriegsepoche*, Ullstein, München 2001, pp. 282-308, Ch. Browning, *Procedure finali. Politica nazista, lavoratori ebrei, assassini tedeschi*, Einaudi, Torino 2001, pp. 3-60.

[78] Cfr. ivi, pp. 26-27.

[79] In proposito si rinvia a E. Jäckel, J. Rohwer (a c. di), *Der Mord an den Juden im Zweiten Weltkrieg. Entschlussbildung und Verwiklichung*, Deutsche Verlags-Anstalt, Stuttgart 1985, e a Ph. Burrin, *Hitler e gli ebrei. Genesi di un genocidio*, Marietti, Genova 1994. Per la fase più recente del confronto si rinvia a Ch. Gerlach, *Krieg, Ernährung, Völkermord...*, cit., pp. 235-274, e a Ch. Browning, *Procedure finali...*, cit., pp. 29-60.

visionismo storico, preoccupato soprattutto di espungere il nazismo dalla storia tedesca e di cancellare la memoria critica del passato fascista,[80] oppure di fabbricare nuovi "mali assoluti", più funzionali all'ideologia del "pensiero unico" neoliberale.[81] Quanto più si accumulano i contributi di ricerca, tanto più la *Shoah*, per usare le parole di Christopher Browning, assume «il valore di uno spartiacque nella storia dell'umanità: il caso più estremo di genocidio che sia mai avvenuto. Due sono i fattori che lo distinguono da altri genocidi. In primo luogo, la totalità e l'ampiezza del disegno omicida, cioè l'intento di sterminare tutti gli ebrei – fino all'ultimo uomo, donna e bambino – entro i confini dell'impero nazista. In secondo luogo, i mezzi impiegati, cioè lo sfruttamento delle risorse burocratico-amministrative e tecnologiche di un moderno stato nazionale e della cultura scientifica occidentale».[82] Si potrebbe aggiungere che la memoria della *Shoah* potrà essere salvaguardata e trasmessa alle nuove generazioni solo sottraendola a una dimensione metastorica, che è poi quella che più facilmente si presta ai fenomeni di banalizzazione e di spettacolarizzazione tipici delle odierne società dominate dai mezzi di comunicazione di massa, e riconducendola, invece, alla realtà storicamente determinata del sistema di dominio nazista e fascista[83] e della sua proiezione sul piano del Nuovo Ordine Europeo. Il fatto che il genocidio degli ebrei costituisse di per se stesso un fine, non autorizza la conclusione forse troppo abusata che esso non fosse parte di una costellazione politica e sociale più ampia e che non perseguisse alcun obiettivo di tipo utilitaristico.[84] La *Shoah* non fu l'effetto di una "atto volontaristico", bensì l'esito più estremo del modello di integrazione-esclusione connaturato alla comunità popolare e fondato sulla persecuzione e sulla privazione di diritti per tutti gli estranei a questa comunità,[85] nonché della sua estensione e della sua radicalizzazione al di fuori dei confini del Reich durante la secon-

---

[80] È d'obbligo il riferimento a E. Nolte, *Nazionalsocialismo e bolscevismo. La guerra civile europea (1917-1945)*, Sansoni, Firenze 1989.

[81] Il punto più basso di questa operazione manipolatoria è stato toccato in S. Courtois (a c. di), *Il libro nero del comunismo. Crimini, terrore, repressione*, A. Mondadori, Milano 1998. La faziosità e la mancanza di criteri scientifici da parte del curatore è giunta a provocare la dissociazione di alcuni degli stessi collaboratori dell'opera, come Nicolas Werth e Jean Louis Margolin.

[82] Ch. Browning, *Procedure finali...*, cit., p. 35.

[83] È quanto non si stancava di sottolineare Primo Levi; cfr. Id., *Conversazioni e interviste 1963-1987*, Einaudi, Torino 1997, p. 279.

[84] Cfr. G. Aly, S. Heim, *op. cit.*, pp. 9-13, 481-492.

[85] Cfr. D. Peukert, *Alltag und Barbarei. Zur Normalität des Dritten Reiches*, in D. Diner (a c. di), *Ist der Nationalsozialismus Geschichte? Zur Historisierung und Historikerstreit*, Fischer Taschenbuchverlag, Frankfurt 1987, p. 60.

da guerra mondiale.[86] Il passaggio tra queste due diverse fasi fu segnato significativamente dalla prima azione di genocidio di massa realizzata dal regime nazista, e cioè dall'Operazione Eutanasia.[87]

La deportazione e il genocidio degli ebrei durante la seconda guerra mondiale ebbero innegabilmente come centro motore la Germania nazista. Tuttavia questo crimine, che non ha precedenti nella storia dell'umanità, non sarebbe stato possibile su scala europea senza la partecipazione dei governi collaborazionisti e di tutti gli stati alleati e satelliti che al modello fascista facevano riferimento e che già prima e nel corso della guerra avevano autonomamente avviato la persecuzione contro gli ebrei e avevano predisposto i necessari apparati burocratici e amministrativi.

In particolare nell'Italia fascista l'antisemitismo di stato, che alla fine degli anni trenta si era innestato sul razzismo coloniale legato alla conquista dell'Impero e che nel corso della guerra aveva subito un processo di autonoma radicalizzazione sfociò, dopo l'8 settembre 1943, nella piena collaborazione della Repubblica di Salò al genocidio degli ebrei.[88] Sarebbe del tutto errato, sulla base delle innegabili differenze di impostazione e di percorso tra i due regimi, rappresentare questo incontro tra fascismo italiano e nazionalsocialismo tedesco come qualcosa di imposto o di meramente improvvisato.[89] A partire dal 1936-1938 il modello della comunità popolare nazionalsocialista aveva esercitato una crescente forza di attrazione su Mussolini e sulla dirigenza fascista, anche se l'operazione in Italia era andata incontro già alla vigilia della guerra a un sostanziale fallimento.

Il Nuovo Ordine Europeo, ove compiutamente realizzato, avrebbe potuto costituire il coronamento della tendenza organica agli stati fascisti a costruire una società gerarchicamente strutturata, senza conflitti e senza diversi, una società omologata nel quadro di una "normalità" rigorosamente predeterminata dall'alto, alla base della quale poteva esservi qualcuno destinato a essere privato del diritto stesso di esistere. In questa ottica i regimi fascisti, malgrado la loro ideologia retrograda, non costituirono un tentativo di ritorno a una società preindustriale né una temporanea deviazione nel processo di civilizzazione; interpretarono invece, in un una chiave rigorosamente socialdarwiniana, una tendenza al-

---

[86] Cfr. E. Collotti, *Fascismo, fascismi*, Sansoni, Firenze 1989, p. 88.

[87] Su questo tema di particolare interesse è il volume di H. Friedländer, *Le origini del genocidio nazista. Dall'eutanasia alla soluzione finale*, Editori Riuniti, Roma 1997.

[88] Per una riflessione critica, corredata da ampia bibliografia, mi permetto ancora di rinviare a C. Natoli, *Il fascismo italiano e la persecuzione contro gli ebrei: problemi storici e storiografici*, in M. Sechi, A. Santoro, M.A. Santoro (a c. di), *L'ombra lunga dell'esilio. Ebraismo e memoria*, Giuntina, Firenze 2002, pp. 61-78.

[89] Si fa qui riferimento alla nuova edizione ampliata e alle più recenti prefazioni di R. De Felice, *Storia degli ebrei italiani durante il fascismo*, Einaudi, Torino 1993.

la razionalizzazione e alla ingegneria sociale profondamente radicata nella società moderna del XX secolo e ne rappresentarono uno dei possibili esiti.[90] Per questo, oggi più ancora che ieri, essi costituiscono un monito per il nostro presente. Ha scritto in proposito Zygmunt Bauman:

> L'Olocausto fu davvero una tragedia ebraica. Sebbene gli ebrei non siano stati l'unica popolazione sottoposta a un "trattamento speciale" dal parte del regime nazista [...] soltanto essi furono destinati alla distruzione totale, essendo loro negata una qualsiasi collocazione nel Nuovo Ordine che Hitler intendeva instaurare. Ciò detto, l'Olocausto non fu semplicemente un problema ebraico e non soltanto un evento della storia ebraica. L'Olocausto fu pensato e messo in atto nella nostra società razionale moderna, nello stadio avanzato della nostra civiltà e al culmine dello sviluppo culturale umano: ecco perché è un problema di tale società, di tale civiltà e di tale cultura. Per questo motivo l'autoassoluzione della memoria storica che ha luogo nella coscienza della società moderna è più di un'oltraggiosa noncuranza per le vittime del genocidio. È anche il segno di una cecità pericolosa e potenzialmente suicida.[91]

---

[90] Z. Bauman, *Modernità e Olocausto*, il Mulino, Bologna 1992.

[91] Ivi, pp. 10-11.

Fenomenologia del lager

5. Il sistema concentrazionario nella Germania nazista

di Enzo Collotti[*]

Scrivendo all'inizio degli anni ottanta Andrej J. Kaminski, lo storico polacco che per primo ha proposto con forza l'esigenza di studiare la storia dei campi di concentramento attraverso la comparazione tra i due principali modelli "classici", quello della Germania nazista e quello della Russia bolscevica, notava che «sui campi di concentramento nazionalsocialisti esiste solo una monografia assai datata, e cioè l'opera meritoria di Eugen Kogon, pubblicata nel 1946, che da allora è stata ristampata innumerevoli volte».[1] Il riferimento all'autore merita un cenno meno frettoloso: Eugen Kogon non era soltanto un eminente politologo, era uno degli anziani del lager di Buchenwald, nel quale aveva trascorso quasi sette anni; fu, cioè, tra i fondatori della storiografia sui campi di concentramento che poteva fare tesoro della sua straordinaria esperienza di testimone e di protagonista diretto, dalla parte delle vittime. Kogon non fu il solo della generazione delle vittime a farsi storico della situazione concentrazionaria: assieme a lui, tra i fondatori di questa storiografia, vanno ricordati almeno altri due testimoni diventati storici della propria esperienza: Hermann Langbein e David Rousset.[2]

Una citazione che vuole significare anche il debito di conoscenza, oltre che di gratitudine, che gli studi hanno cumulato nei confronti dei re-

---

[*] Enzo Collotti, professore fuori ruolo presso l'Università di Firenze, è autore di numerose e note pubblicazioni, tra cui *La Germania nazista*, Einaudi, Torino 1962; *Storia delle due Germanie 1945-1968*, Einaudi, Torino 1971; *Nazismo e società tedesca 1933-1945*, Loescher, Torino 1982; *Fascismo, fascismi*, Sansoni, Firenze 1989; *Fascismo e politica di potenza: la politica estera 1919-1939*, Nuova Italia, Milano 2000. Ha curato inoltre *Fascismo e antifascismo. Rimozioni, revisioni, negazioni*, Laterza, Roma-Bari 2000; *Dizionario della Resistenza* (con R. Sandri e F. Sessi), Einaudi, Torino 2000-2001). A lui è stata affidata l'organizzazione scientifica del convegno.

[1] Cfr. A.J. Kaminski, *I campi di concentramento dal 1986 a oggi. Storia, funzioni, tipologia*, Bollati Boringhieri, Torino 1997. La citazione rinvia al libro di E. Kogon, *Der SS-Staat. Das System der deutschen Konzentrationslager*, Frankfurt 1946. Su Kogon e sulle origini del suo libro si può vedere l'introduzione in D.H. Hackett (a c. di), *Der Buchenwald-Report. Bericht über das Konzentrationslager Buchenwald bei Weimar*, München 1996.

[2] Di H. Langbein si citano in particolare, *Der Auschwitz-Prozess. Eine Dokumentation*, Wien 1965, 2 voll. e *Menschen in Auschwitz*, Wien 1972; D. Rousset, *L'univers concentrationnaire*, Paris 1946.

duci dell'esperienza concentrazionaria, senza il contributo dei quali la storiografia non avrebbe potuto svilupparsi, com'è stato ripetutamente sottolineato, in particolare da Barbara Distel;[3] un contributo, è bene ribadirlo, senza il quale il debole filo della memoria si sarebbe spezzato soprattutto nei primi anni del dopoguerra, quando il racconto degli ex deportati non interessava ancora agli storici e disturbava il desiderio di dimenticare dei più. E basterebbe ricordare ancora un testimone d'eccezione come Primo Levi per sottolineare il peso e il contributo che questa fonte particolare, quali sono stati, e per fortuna ancora sono, gli ex deportati, ha recato alla conoscenza e alla ricostruzione dell'universo concentrazionario.[4] Né ancora, tra storia e memoria, è da sottovalutare l'originale studio di Vittorio Giuntella proveniente dalla sua sofferta esperienza di internato militare.[5]

Lo studio pubblicato da Kogon nel 1946 riguardava più la fenomenologia del lager che la storia dell'istituzione concentrazionaria. Non era soltanto il fatto che mancava la distanza storica necessaria a dare profondità retrospettiva al lavoro, mancavano ancora le fonti dirette dall'interno delle centrali di potere del Terzo Reich. Le testimonianze degli ex deportati contribuirono, nella prima fase degli studi, a fare concentrare l'attenzione prevalentemente sul versante di coloro che erano stati vittime del sistema piuttosto che sui meccanismi stessi del sistema. Alla stessa stregua, l'enormità dei crimini commessi nell'Europa invasa spinse a focalizzare l'attenzione sullo sterminio delle popolazioni soprattutto dell'Europa centro-orientale, che era stata teatro della maggior parte degli assassini di massa compiuti dal Terzo Reich. Infine, il ritardo del lavoro tra gli storici va collocato nel clima di oblio e di rimozione, più che prodotto, certamente favorito dalla guerra fredda.[6]

Una vera e propria storiografia sui campi di concentramento (KZ o KL) prese le mosse soltanto alla metà degli anni sessanta sulla scia dell'accumulazione di materiali documentari prodotti dopo il processo del Tribunale militare internazionale di Norimberga, dopo i processi

---

[3] L'ultima volta, ciò è avvenuto nel *Vorwort* ai due volumi di U. Herbert, K. Orth, Ch. Dieckmann (a c. di), *Die nationalsozialistichen Konzentrationslager. Entwicklung und Struktur*, Göttingen 1998.

[4] Si fa riferimento, come è ovvio, all'intera opera di Primo Levi, con particolare riferimento a *Se questo è un uomo*, *La tregua* e *I sommersi e i salvati*.

[5] Cfr. V.E. Giuntella, *Il nazismo e i lager*, Roma 1979.

[6] Per quanto riguarda la situazione politico-culturale della Germania del dopoguerra, questo è ormai riconosciuto dai migliori storici; cfr. N. Frei, *Vergangenheitspolitik. Die Anfänge der Bundesrepublik und die NS-Vergangenheit*, München 1996; P. Reichel, *Vergangenheitsbewältigung in Deutschland. Die Auseinandersetzung mit der NS-Diktatur von 1945 bis heute*, München 2001; W. Benz, *Nachkriegsgesellschaft und Nationalsozialismus. Erinnerung, Amnesie, Abwehr*, in "Dachauer Hefte", 1990, n. 6, pp. 12-24.

delle corti alleate nei confronti di responsabili e membri delle guarnigioni dei lager (processi principali per Dachau, Buchenwald, Flossenbürg, Mauthausen, Nordhausen, Mühldorf che a loro volta generarono altri minori processi).[7] Fu soprattutto l'intensificazione dell'attività investigativa e istruttoria della giustizia tedesca, dopo l'apertura nel 1958 della *Landesstelle* di Ludwigsburg, che consentì la celebrazione dei grandi processi per Auschwitz e per Majdanek (rispettivamente a Francoforte tra il 1963 e il 1965 e a Düsseldorf nel 1975) e, sempre nel corso degli anni sessanta, dei processi per i campi di sterminio dell'*Aktion Reinhard* che aprirono anche alla ricerca storica uno spettro documentario e problematico di assai ampio orizzonte, al di là delle suggestioni esercitate dal processo Eichmann, aperto a Gerusalemme nel 1961.[8]

Alcune delle principali ricerche storiche di questo periodo nacquero per sollecitazione della magistratura in forma di *Gutachten.* Risale al 1965 il primo sintetico tentativo di sistematizzare la conoscenza della realtà dei campi di concentramento come istituzione portante del sistema di terrore, ma anche di potere, all'interno del Terzo Reich, per opera dell'allora vice direttore dell'*Institut für Zeitgeschichte* di Monaco di Baviera, Martin Broszat, cui si devono impulsi fondamentali per lo studio del regime nazista.[9]

Del 1968 è la prima opera di rilievo, per opera di Olga Wormser-Migot, che affronta, secondo un duplice registro, ricostruzione storica dello sviluppo del sistema e caratteri e specificità dello stesso, offrendo una prima rappresentazione di una tipologia dei campi a partire dalla fondamentale distinzione tra campi di concentramento e campi di sterminio; distinzione che determina anche la linea di confine tra lo studio del sistema concentrazionario e lo studio della "soluzione finale", ossia della distruzione fisica degli ebrei d'Europa: due oggetti di ricerca che si intersecano ma che rimangono, e devono rimanere, distinti. L'autrice di *Le système concentrationnaire nazi* portava nel suo lavoro, tra l'altro, l'esperienza di una lunga pratica, prima, nella ricerca dei prigionieri di guerra francesi e, più tardi, sotto l'egida del Ministero dei prigionieri, dei deportati e dei pro-

---

[7] Su di essi cfr. R. Sigel, *Im Interesse der Gerechtigkeit. Die Dachauer Kriegsverbrecherprozesse 1945-1948*, Frankfurt-New York 1992.

[8] Per il processo di Francoforte cfr. la documentazione a cura di H. Langbein citata alla nota 2; per gli altri processi le importanti pubblicazioni a cura di A. Rückerl, *NS-Prozesse. Nach 25 Jahren Strafverfolgung: Möglichkeiten-Grenzen-Ergebnisse*, Karlsruhe 1971; A. Rückerl, *NS-Vernichtungslager in Spiegel deutscher Strafprozesse*, München 1977.

[9] M. Broszat, *Nationalsozialistische Konzentrationslager 1933-1945*, in H. Buchheim, M. Broszat, H.A. Jacobsen, H. Krausnick, *Anatomie des SS-Staates*, München 1979, vol. II, pp. 9-136: il testo ebbe origine come *expertise* per il processo su Auschwitz che si celebrò a Francoforte.

fughi, nei confronti di tutte le categorie della deportazione.[10] Fu, allora, anche un segno vistoso della internazionalizzazione della ricerca sui campi di concentramento e sulla deportazione. Oggi i limiti del lavoro della Wormser-Migot appaiono evidenti, soprattutto dal punto di vista delle fonti; esso tuttavia aveva individuato alcune direttrici di ricerca tuttora valide: l'evoluzione del sistema, il lavoro nei campi di concentramento (che già era stato oggetto degli studi di un altro studioso francese, Joseph Billig),[11] la società concentrazionaria, il sistema di sterminio.

Nel 1970, ancora per iniziativa di Martin Broszat, l'*Institut für Zeitgeschichte* di Monaco pubblicava un volume di studi sui campi di concentramento che spostavano lo sguardo dal sistema nella sua astrattezza alla concretezza delle singole realtà analizzate empiricamente al di fuori di ogni generalizzazione. Il volume non ambiva ad alcuna completezza ma presentava una serie di studi su determinati casi che contribuivano sia alla conoscenza della prima fase di un sistema concentrazionario (Fülsbüttel 1933-1934), sia alla ricostruzione di una tipologia (su Ravensbrück come campo femminile, su Dora-Mittelbau per il lavoro forzato, su Bergen-Belsen come campo di "soggiorno" per deportati da utilizzare per scambi, su Neuengamme e soprattutto su Mauthausen). Obiettivo degli studi, come sottolineava nell'introduzione Martin Broszat, voleva essere quella di «contribuire a liberare il tema dei campi di concentramento dall'assunzione sotto concetti formalmente astratti come quello dello "stato delle SS" o del "sistema nazionalsocialista del terrore" e a farlo percepire come accadimento causato da uomini e da uomini sofferto», con una indicazione programmatica fortemente consonante con il metodo di lavoro di Broszat e da Broszat trasmesso all'*Institut für Zeitgeschichte* negli anni in cui ne fu direttore.[12]

A questo proposito è da ricordare anche che, nell'ambito delle ricerche dell'istituto, furono elaborate altre monografie su singoli campi di concentramento (ricordiamo almeno quella di Günther Kimmel su Dachau e quella di Toni Siegert su Flossenbürg), nell'ambito della grande ricerca sulla Baviera nell'era del nazionalsocialismo, che si può considerare una ricerca pilota per lo studio della società tedesca sotto il nazismo.[13]

---

[10] O. Wormser-Migot, *Le système concentrationnaire nazi (1933-1945)*, Paris 1968.

[11] J. Billig, *L'hitlerisme et le système concentrationnaire*, Paris 1967; *Les camps de concentration dans l'économie du Reich hitlérien*, Paris 1973.

[12] Cfr. *Studien zur Geschichte der Konzentrationslager*, Stuttgart 1970; sulla figura di Broszat e sull'indirizzo da lui impresso agli studi sul nazismo cfr. il volume curato da C. Natoli, *Stato e società durante il Terzo Reich. Il contributo di ricerche di Martin Broszat e dell'Institut für Zeitgeschichte*, Milano 1993.

[13] È precisamente nel secondo volume a cura di M. Broszat, E. Frohlich, *Bayern in der NS-Zeit. Herrschaft und Gesellschaft im Konflikt*, München-Wien 1979.

Gli anni ottanta e gli anni novanta del secolo scorso hanno visto un arricchimento considerevole degli studi, soprattutto per quanto riguarda l'analisi delle vicende di singoli campi di concentramento, opere sulle quali non è possibile soffermarsi in questa sede; qui basti dire che a sua volta ogni KZ presenta una sua specifica storia, con una propria periodizzazione e con proprie caratteristiche. Questa fioritura di studi va messa in rapporto anche con una sempre maggiore esplorazione delle fonti e una sempre maggiore accessibilità delle stesse. Fra l'altro, dopo anni di denuncia dell'oblio e della cattiva conservazione dei siti nei quali erano stati creati i campi di concentramento nel territorio della Repubblica federale, la creazione di archivi e di strutture museali ha stimolato il rilancio della ricerca su basi documentarie e con una sensibilità molto più ricca.[14] Diventati luoghi della memoria, i vecchi campi di concentramento e di sterminio assolvono oggi a una funzione di conservazione della memoria e di stimolazione delle ricerche che trasformano i vecchi siti da luoghi inerti in una realtà in cui la ricerca garantisce la conservazione della memoria che si sviluppa dinamicamente come continua acquisizione di conoscenze.[15]

Di questa nuova stagione di studi in cui cominciava a porsi con sempre maggiore urgenza il problema di una comparazione tra le esperienze dei diversi lager, vanno ricordati almeno due lavori. Il primo, dovuto a Falk Pingel, che affrontava l'esperienza concentrazionaria da un punto di vista relativamente nuovo, ossia attraverso i comportamenti dei deportati nei KZ, nel loro atteggiamento verso i carcerieri, nei confronti reciproci e nelle manifestazioni di solidarietà e di resistenza, proponendo anche un abbozzo di periodizzazione dell'intero sistema; un lavoro che rimane tuttora fondamentale per lo studio delle trasformazioni personali subite nel corso del tempo dalla comunità dei lager.[16] Il secondo, quello di Hans-Günther Richardi, sul campo di Dachau, del quale è peraltro uscito soltanto il primo volume, che esplicita già nel titolo – *Scuola della violenza* – il suo carattere programmatico e interpretativo, in quanto individua nell'esperienza di Dachau, e nella gestione che ne

---

[14] Tra le denunce: D. Garbe (a c. di), *Die vergessenen KZs? Gedenkstätten für die Opfer des NS-Terrors in der Bundesrepublik*, Bornheim-Merten 1983; B. Eichmann, *Versteinert verharmlost vergessen. KZ-Gedenkstätten in der Bundesrepublik Deutschland*, Frankfurt 1985. Nel 1985 la Gedenkstätte di Dachau dava inizio alla pubblicazione, sotto la direzione di Barbara Distel e di Wolfgang Benz, dei "Dachauer Hefte" (dei quali sono finora usciti sedici volumi), che si è imposta come la rivista di studi più importante per quanto riguarda le ricerche sul sistema concentrazionario nazista.

[15] Per un significativo approccio alla problematica dei luoghi della memoria cfr. innanzitutto i contributi raccolti nel vol. XI dei "Dachauer Hefte" (dic. 1995) dedicati appunta a *Orte der Einnerung 1945 bis 1995*.

[16] F. Pingel, *Häftlinge unter SS-Herrschaft. Selbstbehauptung, Widerstand und Vernichtung im Konzentrationslager*, Hamburg 1978.

fece il suo comandante Theodor Eicke, il prototipo del sistema destinato a strutturarsi e a ramificarsi negli anni a venire, ossia la genesi dei principi che avrebbero governato le comunità dei detenuti.[17]

Proprio dalla figura e dalla personalità di Eicke (1882-1943) prendeva le mosse il lavoro documentario portato a termine da Johannes Tuchel nella prima metà degli anni novanta, attraverso il reperimento di tutte le fonti disponibili (non solo presso il *Bundesarchiv*) per avviare la prima grande organica ricerca sulla struttura organizzativa che presiedette alla gestione del sistema concentrazionario.[18] Soprattutto nel primo volume della sua opera, centrato sugli anni 1934-1938, Tuchel ricostruisce la qualità dell'intervento di Eicke nella gestione di Dachau, che ne fece un lager "modello", i cui momenti costitutivi erano «la sistemazione delle regole del lager, la separazione tra *Kommandantur* e guarnigione di sorveglianza, nonché l'impiego per il lavoro dei detenuti», elementi tutti con i quali avveniva il superamento definitivo del lager "selvaggio" della prima ora. Nel maggio del 1934, dopo aver assunto la direzione della polizia segreta di stato in Prussia il 20 aprile, Heinrich Himmler diede incarico a Eicke di riorganizzare i campi di concentramento in Prussia. Nacque da qui la struttura della *Inspektion der Konzentrationslager*, alla quale fu preposto Eicke, organicamente inserita nella GESTAPO, come struttura centralizzata di comando, di guida e di controllo di un sistema ancora in via di evoluzione, con sede di comando nel KZ di Oranienburg. Come capo di questa struttura, *SS Gruppenführer* e comandante delle unità "teste di morto", Eicke esportò nel resto del sistema concentrazionario del Reich le esperienze da lui codificate a Dachau, con le regole di disciplina per i detenuti ma anche per i reparti di sorveglianza. Höss, il comandante ad Auschwitz, si dichiarò allievo, e forse anche vittima, dello "spirito di Eicke".[19] Nel suo studio sulla personalità dei comandanti dei campi di concentramento, lo storico israeliano Tom Segev ha sottolineato il ruolo centrale svolto da Eicke nel plasmare la mentalità delle SS.[20]

L'intensificazione degli studi durante gli anni novanta del secolo scorso metteva in evidenza il ritardo complessivo della storiografia rispetto alla conoscenza analitica del sistema concentrazionario e le domande che ancora non avevano trovato risposta. In questa fase, oltre al proliferare di

---

[17] H.G. Richardi, *Schule der Gewalt. Das Konzentrationslager Dachau 1933-1934*, München 1983.

[18] J. Tuchel, *Konzentrationslager. Organisationsgeschichte und Funktion der "Inspektion der Konzentrationslager" 1934-1938*, Boppard a. Rh. 1991; Id., *Die Inspektion der Konzentrationslager 1938-1945. Das System des Terrors*, Berlin 1994.

[19] *Comandante ad Auschwitz*, Einaudi, Torino 1960, p. 65.

[20] T. Segev. *Die Soldaten des Bösen. Zur Geschichte der KZ-Kommandanten*, Reinbeck 1992, pp. 119-152.

una ricca letteratura sui KZ minori o periferici, si può constatare, da una parte, la tendenza ad approfondire soprattutto il primo periodo della fondazione e dell'esistenza dei KZ nazisti; dall'altra la risposta all'esigenza di approdare a una prima complessiva valutazione del sistema, costruendo una tipologia dei campi e una prima rilevazione statistica delle istituzioni concentrazionarie dopo l'espansione provocata dallo scatenamento della guerra e dall'estensione e trasformazione delle loro funzioni. Sicuramente, allo sviluppo degli studi in questa fase, contribuì anche il processo di unificazione dei due stati tedeschi che, ricongiungendo i vecchi campi di concentramento esistenti nella DDR (principalmente Buchenwald, Dora, Ravensbrück e Sachsenhausen) ai campi già esistenti nella BDR, impose anche il riesame dei modi di conservazione e di fruizione dei KZ della DDR, come luoghi di memoria e centri di raccolte documentarie e di ricerca. Qui non è possibile soffermarsi sugli indirizzi con i quali la storiografia e la politica della DDR si erano posti la problematica legata alla storia e alla funzione dei KZ, con una particolare accentuazione della funzione di sfruttamento del lavoro forzato dei detenuti, a conferma della complicità tra potere politico e potere economico come valutazione chiave della storiografia della DDR sul nazionalsocialismo.[21] È opportuno tuttavia ricordare come le commissioni di storici che furono costituite per studiare la ristrutturazione dei luoghi memoriali della DDR, non solo per adeguarne standard espositivi a più moderne tecniche museali e multimediali, ma anche per recuperare alla memoria storica un patrimonio di conoscenze e di testimonianze al di fuori di intenti celebrativi di regime, hanno a loro volta recato un impulso fondamentale alla ricerca storica sui KZ.[22]

Erede in parte della storiografia della DDR nelle sue migliori espressioni è l'ampia ricerca di uno storico, Klaus Drobisch, e di un giurista, Günther Wieland, sull'esistenza dei KZ dalla fase istitutiva nel 1933 allo scatenamento della seconda guerra mondiale. Poiché, come vedremo, il

---

[21] Un approccio alla tematica nei contributi del volume a cura di J. Danyel, *Die geteilte Vergangenheit. Zum Umgang mit Nazionalsozialismus und Widerstand in beiden deutschen Staaten*, Berlin 1995, che nella parte III affrontano specificatamente la problematica di *Gedenkstätten und Erinnerungsarbeit*.

[22] Le raccomandazioni degli esperti per la ristrutturazione dei memoriali di Sachsenhausen e Ravensbrück si trovano nel volume di materiali edito dal Ministero per la scienza, la ricerca e la cultura del Brandenburg, *Brandenburgische Gedenkstätten für die Verfolgten des NS-Regimes. Perspektiven, Kontroversen und internationale Vergleiche*, Berlin 1992. Del lavoro della commissione che ha lavorato su Buchenwald non esistono, per quanto ci consta, atti a stampa, ma solo il testo della relazione conclusiva della commissione in circolazione privata. Sulla problematica particolare di Buchenwald, determinata fra l'altro dall'esistenza separatamente dai resti del vecchio lager del mausoleo costruito dalla DDR, cfr., fra l'altro, i due volumi a cura di V. Knigge e T.A. Seidel, *Das Buchenwalder Mahnmal von 1958. Versteinertes Gedenken*, Spröda 1997.

1939 segna una data periodizzante decisiva nello sviluppo del sistema, il lavoro di Drobisch e Wieland, che riesamina la problematica politica, istituzionale e organizzativa, e il rapporto tra istituzione concentrazionaria e amministrazione della giustizia, indagando cioè in quale misura si sia trattato di un sistema che fuoriusciva da ogni controllo dell'amministrazione giudiziaria, si pone come strumento preliminare di approccio allo studio dell'intero sistema nel suo divenire. Gli autori non si limitano a studiare soltanto la cornice strutturale del sistema, ma prestano attenzione particolare anche ai suoi destinatari, vale a dire alle diverse categorie di detenuti. Interessa inoltre, nel loro lavoro, la ricognizione in profondità, non soltanto dei principali KZ, ma anche dei campi considerati minori, la cui proliferazione va interpretata come una dimensione qualitativa e non solo quantitativa del sistema.[23]

Appartiene viceversa alle opere che per prime hanno tentato un censimento delle componenti del sistema, sia sotto il profilo statistico-quantitativo sia dal punto di vista della tipologia, il lavoro di Gudrun Schwarz edito nel 1990.[24] Superando i limiti di altri censimenti, compreso il catalogo cosiddetto di Arolsen, la cui origine non è dovuta a interessi scientifici ma a uso pratico per l'individuazione dei luoghi in cui furono, a vario titolo, detenuti soggetti abilitati alla richiesta di certificazioni e di risarcimenti,[25] il lavoro della Schwarz ambisce da una parte a ricostruire la rete assai ramificata dei lager, i principali e i loro sottocampi, sparsi per tutta l'Europa sottoposta al controllo del Terzo Reich, abbattendo quindi limiti cronologici e territoriali tipici di altre opere; dall'altra, supera la nozione stessa dei KZ per includere ogni forma di istituzione concentrazionaria, compresi i campi di sterminio, i molti campi di lavoro forzato e i ghetti-lager, che, per la loro incerta fisionomia, erano sfuggiti a precedenti censimenti. Anche la particolare sensibilità dell'autrice per determinate categorie di deportati (per esempio la componente femminile) va nella direzione di un sempre più analitico approccio alla storia di un sistema tanto più diversificato quanto più era ramificato. Centrale perciò nella ricerca rimane l'istanza dell'autrice di «domandarsi in che cosa consisteva la differenza tra campi di concentramento, altri lager e lager della morte, e quale centrale significato, nell'ambito della politica razzista del nazionalsocialismo, assunsero i singoli lager o rispettivamente i singoli tipi di lager».[26]

---

[23] K. Drobisch, G. Wieland, *System der NS-Konzentrationslager 1933-1939*, Berlin 1993.

[24] G. Schwarz, *Die nationalsozialistischen Lager*, Frankfurt-New York 1990.

[25] Sulla complicata storia del Servizio di ricerche sui deportati (International Tracing Service) e sui cataloghi che ne sono derivati cfr. M. Weinmann (a c. di), *Das nationalsozialistische Lagersystem (CCP)*, Frankfurt 1998.

[26] G. Schwarz, *op. cit.*, p. 15, in cui si afferma con forza che non tutti i lager erano uguali e che non tutti i campi di concentramento erano campi di sterminio.

Nel 1993 un importante contributo alla conoscenza del sistema concentrazionario è venuto da un sociologo, non da uno storico, Wolfgang Sofsky, che analizza l'istituzione concentrazionaria come luogo per eccellenza della violenza istituzionalizzata, lavorando essenzialmente sulla memorialistica degli ex deportati.[27] Come è stato giustamente notato,[28] Sofsky affronta l'esistenza dei KZ in uno stadio assai avanzato del loro sviluppo, quando si generalizza l'impiego dei detenuti per il lavoro forzato. Lo studio del «modello sociologico di una società di coatti» (Orth) si rivela esemplare sotto il profilo del rapporto tra l'esercizio del terrore praticato dal potere e le reazioni e i comportamenti dei singoli. Tuttavia, dall'importante lavoro di Sofsky rimane esclusa l'analisi del percorso storico che porta dalla creazione allo sviluppo del sistema concentrazionario nelle forme che vengono analizzate dall'autore. Nel 1995 il primo convegno storico internazionale sul sistema concentrazionario nazista, che si tenne a Weimar, oltre a mettere in evidenza la nutrita schiera di storici che a livello internazionale porta avanti le ricerche sui campi di concentramento, fece il punto sullo stato della ricerca, sottolineando quanto grandi siano ancora le lacune relative alla conoscenza di questo campo di indagine. Fra l'altro, per la prima volta per la parte tedesca, storici un tempo appartenenti alle due parti della Germania divisa poterono confrontare e non solo sommare i risultati delle rispettive ricerche.[29]

Potrebbe a prima vista stupire la constatazione della quantità di domande ancora aperte nel campo delle ricerche sul sistema concentrazionario, inteso nel senso più largo, registrate dal simposio.[30] Al di là della necessità di pervenire a una sempre più rigorosa concettualizzazione di categorie analitiche e della stessa tipologia del sistema dei campi di concentramento, il simposio sottolineò l'importanza del fattore comparativo tra i diversi tipi di KZ nelle diverse parti d'Europa e all'interno della stessa Germania nazista, nel decorso del tempo e in relazione alle particolari funzioni attribuite ai diversi KZ. Ne è emersa la conferma di una grande varietà di situazioni in ragione di esigenze e di gestioni locali, ciò che da una parte esalta l'esigenza dell'analisi comparata, dall'altra limita la possibilità di operare sintesi generalizzanti. L'interferenza del fattore razzismo nella politica del Terzo Reich funge di per sé da elementi di differenziazione tra le diverse esperienze. La distinzione fondamentale tra campi di concentramento e campi di stermi-

---

[27] W. Sofsky, *L'ordine del terrore. Il campo di concentramento*, Laterza, Roma-Bari 1995.

[28] Cfr. K. Orth, *Das System der nationalsozialistischen Konzentrationslager* in U. Herbert, K. Orth, Ch. Dieckmann (a c. di), *op. cit.*, p. 15.

[29] I contributi del convegno sono presentati in U. Herbert, K. Orth, Ch. Dieckmann (a c. di), *op. cit.*

[30] Cfr. ivi, vol. I, pp. 32-34.

nio ha rappresentato, esplicitamente o implicitamente una delle premesse fondamentali del simposio, che ha accuratamente evitato la confusione tra lo studio del sistema concentrazionario (comprendendo i casi spuri dei ghetti-lager e dei siti, come Auschwitz e Majdanek, che conobbero la duplice funzione di campi di concentramento e di campi di sterminio) e lo studio della "soluzione finale". Ne sono emersi i momenti di intersecazione tra i due campi di ricerca, destinati a mettere in ulteriore risalto proprio la specificità delle rispettive problematiche.

Da questo contesto di studi ha preso le mosse il più recente lavoro di Karin Orth, che si propone oggi come la ricerca più aggiornata e, dal punto di vista storico, più affinata sul sistema concentrazionario.[31] Una ricerca che ripercorre tutto l'itinerario marcato, a partire dal 1933, dalle tappe del sistema, ridiscutendo il concetto stesso del sistema, per proporre un quadro ricostruttivo e interpretativo che non ha al suo centro i comportamenti dei detenuti – studiati con ottiche diverse da Falk Pingel e Wolfgang Sofsky – ma che muove dichiaratamente dall'analisi strutturale dell'universo concentrazionario, quale risulta dalla politica dei quadri dirigenti delle SS che ne sono i protagonisti. Richiamandosi esplicitamente all'esempio di Hilberg, che ha studiato la macchina dello sterminio degli ebrei prendendo le mosse dai *Täter*, dai suoi artefici, Orth delimita il campo di intervento del suo lavoro come "storia politica dell'organizzazione", che inevitabilmente trascura la storia dei singoli campi, se non in quanto serva in funzione del filo conduttore generale, o la componente comparativa tra le diverse esperienze. Il filo conduttore formale, ma anche logico, della sua ricerca è costituito dall'area di competenza della *Inspektion der Konzentrationslager* già studiata da Tuchel, al di fuori della quale si collocarono i campi di sterminio dell'*Aktion Reinhard*, che ben si possono definire come i campi di sterminio per antonomasia. Naturalmente, le precisazioni concettuali e il rigore analitico dell'autrice non impediscono che, nel procedere empirico della ricerca, essa si imbatta in forme e fenomeni spuri che a loro volta sottolineano la difficoltà di mantenere rigide linee di separazione, una difficoltà che a sua volta rispecchia la complessità di una realtà empirica in cui, fra l'altro, Himmler e le SS si servirono del sistema concentrazionario come strumento e struttura di potere da giocare in competizione con altre articolazioni all'interno del Terzo Reich, sulla pelle dei deportati e, all'occorrenza, con il più disinvolto opportunismo.

---

[31] K. Orth, *Das System der nationalsozialistischen Konzentrationslager. Eine politische Organisationsgeschichte*, Hamburg 1999; *Die Konzentrationslager-SS. Sozialstrukturelle Analysen und biographische Studien*, Göttingen 2000 (sulla formazione del personale addetto alla creazione e alla gestione del sistema concentrazionario).

Tra le caratteristiche del sistema ricostruito da Orth, emerge la natura del KZ come luogo dell'esercizio di una violenza diffusa, quale l'uccisione sistematica dei detenuti infermi, l'uccisione dei "commissari politici" dell'Armata Rossa, le sperimentazioni per le uccisioni in massa, gli pseudoscientifici esperimenti medici. Attenzione particolare l'autrice dedica, fra l'altro, alla fase delle cosiddette "marce della morte", ossia alla fase dell'evacuazione dei KZ alla vigilia della conclusione del seconda guerra mondiale. Contrariamente a quanto generalmente si pensa, non si trattò di una fase di un non meglio definito caos o di una situazione in balia di se stessa. L'autrice dimostra viceversa come anche questa fase fosse caratterizzata da un susseguirsi di ordini, contrordini e di conflitti all'interno della gerarchia di comando, a conferma, attraverso lo stesso comportamento di Himmler, che decise di sospendere l'uccisione sistematica dei deportati ebrei nell'illusione di poterli usare come merce di scambio nelle trattative con gli Alleati per riceverne l'impunità, che anche l'ultimissima fase della vicenda concentrazionaria si collocava all'interno della dinamica delle strutture di potere nel Terzo Reich.

Lo studio del sistema concentrazionario implica l'attenzione su almeno tre problemi fondamentali: in primo luogo, la periodizzazione della sua evoluzione; in secondo luogo, la tipologia dei KZ in relazione alla diversità di funzioni e al loro inquadramento politico-amministrativo; in terzo luogo, il mutamento nel tempo delle funzioni con particolare riferimento all'incidenza del conflitto mondiale. La storiografia ne ha proposto una periodizzazione in cinque fasi.[32]

La prima fase, quella costitutiva, comprende gli anni 1933-1934, sino all'inizio dell'estate del 1934, allorchè fu realizzata l'unificazione delle esperienze concentrazionarie nel Reich sotto la guida della polizia politica nelle mani di Himmler e Heydrich. È questa la fase della creazione "selvaggia" di campi di concentramento, in cui le SA, generalmente, rinchiudono i loro avversari politici a scopo di intimidazione o addirittura di annientamento (così esplicitamente Göring presenta i campi di concentramento in Prussia).[33] Il primo di essi risalirebbe all'inizio di marzo del 1933, fu allestito a Nohra, in Turingia, nei pressi di Weimar; in esso furono rinchiusi, al di fuori di ogni intervento dell'amministrazione giudiziaria, funzionari del Partito comunista tedesco, presumibilmente in base alle prime disposizioni eccezionali dopo la presa del potere, ina-

[32] Seguo la periodizzazione proposta da U. Herbert, *Das System der nationalsozialistischen Konzentrationslager* in *Brandeburgische Gedenkstätten*, cit., pp. 21-27; una periodizzazione leggermente diversa propone K. Orth, *Das System der nationalsozialistischen Konzentrationslager...*, cit., p. 21, che discute anche le altre proposte di periodizzazione avanzate dalla storiografia.

[33] H. Göring, *Aufbau einer Nation*, Berlin 1934, p. 89.

spritesi con il pretesto dell'incendio del Reichstag. Nelle settimane successive, l'apertura dei lager di Dachau e di Oranienburg, di ben maggiori dimensioni, anticipò un processo di diffusione e generalizzazione dei KZ destinato a intensificarsi rapidamente. Alla base dell'arresto e della detenzione degli avversari della NSDAP fu invocato, come titolo giuridico di legittimazione, l'istituto dello *Schutzhaft*, arresto protettivo o di sicurezza, preesistente nella legislazione penale prussiana all'avvento del nazismo, apparentemente allo scopo di proteggere la persona interessata, di fatto usata come misura amministrativa repressiva di comportamenti politicamente sospetti.[34]

La seconda fase, che si colloca tra il 1934 e il 1936, fu caratterizzata dalla progressiva ristrutturazione del sistema concentrazionario come competenza esclusiva della polizia di sicurezza, quale risultava dalla fusione di polizia politica e polizia criminale, e dall'unificazione del comando di tutte le forze della polizia tedesca nelle mani di Heinrich Himmler realizzata nel giugno del 1936.

La terza fase dal 1936 al 1939 fu caratterizzata da due sviluppi principali. Il primo di essi fu costituito dal mutamento e dall'ampliamento del concetto dei destinatari delle misure di isolamento forzato. Ciò significò, in particolare, il passaggio da una concezione legata alla visione più o meno tradizionale degli avversari politici e più o meno tradizionalmente punitiva, a una concezione *völkisch-rassistisch* e di "igiene sociale", che consentiva di includere nelle categorie da sottoporre a *Schutzhaft* tutti coloro che venivano sospettati, dal punto di vista dell'ideologia nazionalsocialista, di praticare comportamenti considerati devianti rispetto a categorie di ordine e normalità, come per esempio la categoria indefinita e indefinibile degli "asociali" o degli *arbeitsscheue*, sino a sconfinare (fu il caso degli zingari) nella vera e propria selezione biologica. Il secondo aspetto fu costituito da una sorta di razionalizzazione del sistema concentrazionario con la creazione di nuovi campi di concentramento secondo un criterio anche geografico-territoriale (nella Germania centrale Buchenwald nel 1937, nella Germania settentrionale Sachsenhausen nel 1936, Ravensbrück nel 1939; nella Germania meridionale nel 1938 Flossenbürg e, dopo l'*Anschluss*, Mauthausen) nella previsione di fare fronte alla programmata crescita dei detenuti, sotto la gestione unificata della *Inspektion der Konzentrationslager*. Alla fine del 1938, non solo si era verificata la ristrutturazione della popolazione concentrazionaria, con la modifica del rapporto tra i vecchi detenuti "politici", che rischiavano ora di diventare minoranza, e i nuovi detenuti pro-

---

[34] Su concetto e uso dello *Schutzhaft* cfr. in particolare M. Broszat, *Nationalsozialistische Konzentrationslager 1933-1945*, cit., vol. II, pp. 13-37 e K. Drobisch, G. Wieland, *op. cit.*, pp. 25-37 e *passim*.

venienti dalla criminalità comune e dalla devianza sociale (mendicanti, senzatetto, alcolisti, omosessuali, prostitute, cosiddetti "asociali" in generale), mentre la creazione delle prime imprese economiche delle SS anticipava il primo sistematico impiego dei prigionieri per il lavoro a profitto delle SS.[35] Infine, dopo i pogrom della Notte dei cristalli, le porte dei campi di concentramento si erano aperte anche agli ebrei, non più come isolati avversari del regime ma come potenziali estranei alla razza e da emarginare (non ancora da liquidare fisicamente) in quanto tali, indipendentemente dal fatto che fossero responsabili di atti di ostilità nei confronti del regime nazista.

La quarta fase si colloca tra l'inizio del 1939 e l'inverno 1941-1942. Essa è caratterizzata dallo scatenamento della seconda guerra mondiale e dall'incremento della popolazione concentrazionaria, contestualmente alla sua internazionalizzazione, a seguito delle deportazioni in massa dai territori dell'Europa invasa, a cominciare dalla Cecoslovacchia, dalla Polonia, oltre che in successione dai territori dell'Europa occidentale e della penisola balcanica.

La quinta e ultima fase, tra il 1941-1942 e il crollo del Terzo Reich nel 1945, si colloca in parallelo allo sviluppo delle operazioni militari contro l'Unione Sovietica, all'inizio del genocidio degli ebrei e dei massacri delle popolazioni slave nei territori orientali occupati per opera delle *Einsatzgruppen* dello SD e alla sistematizzazione dell'annientamento degli ebrei, degli zingari e di altri gruppi minoritari nei campi di sterminio creati al di fuori del Reich o nei territori annessi. Se il campo di Auschwitz, il cui primo nucleo fu creato nel 1940 per prigionieri politici polacchi, per poi espandersi come campo di lavoro forzato e dal 1942 di sterminio (Birkenau), e quello di Majdanek assolsero, nel tempo, a più funzioni, caratteristica di questa fase fu la creazione di quelli che, nel dopoguerra, saranno definiti puramente e semplicemente campi di sterminio (*Vernichtungslager*). Essi erano legati alla cosiddetta *Aktion Reinhard* per la distruzione degli ebrei del Governatorato generale e degli ebrei ivi deportati da tutto il resto d'Europa o nei ghetti dell'Europa centro-orientale come luoghi di transito verso i campi di sterminio (oltre Auschwitz, Treblinka, Bełżec, Sobibór e in precedenza Chełmno). Un complesso di circostanze e di strutture che, pur rimanendo i campi di sterminio all'interno del dominio delle SS, ne condizionò un percorso autonomo, tale che per le sue caratteristiche richiede una trattazione autonoma, che sarà in questo convegno affidata a Liliana Picciotto.

---

[35] Per la problematica degli "asociali", il cui invio in campo di concentramento si configurava anche come applicazione del cosiddetto *Vorbeugungshaft* (arresto preventivo) di carattere amministrativo, cfr. la più completa ricerca di W. Ayass, *"Asoziale" im Nationalsozialismus*, Stuttgart 1995, in particolare al capitolo VI.

Gli sviluppi del sistema nella fase più acuta della guerra fecero saltare molti dei vincoli formali che avevano presieduto alle regole o alla finzione di una regolamentazione che in qualche modo legittimasse non tanto la posizione dei deportati, quanto l'operato e il comportamento degli organismi preposti all'internamento e alla deportazione. Lo strumento dello *Schutzhaft* non era più la sola fonte per definire la posizione delle vittime. Gli appartenenti ai diversi movimenti di Resistenza che da tutta l'Europa occupata furono deportati nei KZ, lo furono in virtù di altre motivazioni e di altre normative, come per esempio il decreto *Nacht und Nebel* del comando supremo della Wehrmacht a firma Keitel del 7 dicembre 1941. La trasformazione più importante il sistema la visse nel quadro dell'intensificazione dello sforzo bellico del Terzo Reich all'epoca della sua gestione a opera del ministro del Reich per gli armamenti e la produzione bellica Albert Speer, allorché fu compiuto lo sforzo più coordinato per l'impiego della forza-lavoro dei detenuti in quanto riserva di lavoro forzato per l'economia di guerra del Reich. Questa circostanza non portò soltanto al cospicuo impiego dei detenuti nei KZ come lavoratori forzati, ma comportò anche l'attuazione parziale dei deliberati della conferenza di Wannsee per la soluzione della "questione ebraica" del 20 gennaio 1942, la quale prevedeva lo sfruttamento sino all'estremo delle energie lavorative degli ebrei che fossero in condizioni fisiche di affrontare lavori pesanti. L'impiego per il lavoro forzato non si limitò all'uso dei detenuti nei campi di concentramento, come sarà illustrato nella relazione di Brunello Mantelli. Ma la conversione della popolazione concentrazionaria in lavoratori forzati incise profondamente sulla struttura stessa del sistema. La prima conseguenza riguardò l'inquadramento stesso del sistema concentrazionario all'interno delle attività delle SS. Con il decreto di Himmler del 3 marzo 1942 l'*Inspektion der Konzentrationslager* (cui dal 1939 era preposto l'*SS Brigadeführer* Richard Glücks) venne inquadrata come sezione D alle dipendenze del *Wirtschafts und Verwaltungshauptamt* delle SS, a significare ormai il predominio assoluto del fattore economico e della produttività nella gestione dei campi di concentramento.[36]

La seconda conseguenza di questa conversione consistette non tanto nell'incremento dell'attività industriale all'interno dei lager, quanto piuttosto nell'uso che, della manodopera concentrazionaria, fu fatto negli impianti industriali situati esternamente ai campi. La conseguenza più rilevante di questa nuova funzione che i campi vennero ad assumere fu la proliferazione dei cosiddetti sottocampi o campi esterni (*Aussenlager*),

[36] Cfr. J. Tuchel, *Die Inspektion der Konzentrationslager 1938-1945*, cit., pp. 22-23 e 86 ss.; K. Orth, *Das System der nationalsozialistischen Konzentrationslager...*, cit., pp. 162-220.

che fece sì che intorno ai campi base o campi principali si ramificassero una serie di filiali, talvolta a notevole distanza dallo *Stammlager*, che diventava così a sua volta l'epicentro di un sistema policentrico. Questo spiega come mai sia stato difficile, anche a studiosi come la Schwarz, tentare un censimento dei luoghi, non necessariamente strutturati secondo il modello della consueta architettura concentrazionaria ma spesso ubicati in ragione della funzione da assolvere, raggruppabili nell'ambito dell'universo concentrazionario. Migliaia e migliaia di località disseminate su tutto il continente europeo, che stanno a significare anche quanta parte della popolazione europea è stata coinvolta, nel senso più lato, nell'esperienza concentrazionaria e della deportazione. Nel 1990 il censimento della Schwarz registrava l'esistenza sul suolo del Reich e dei territori occupati di 22 campi principali e di 1202 campi o comandi esterni; 50 erano i comandi esterni di Auschwitz; 129 furono quelli di Buchenwald, dal quale nell'ottobre del 1944 derivò come campo autonomo quello di Dora-Mittelbau, tra i più duri campi di lavoro forzato nelle gallerie sotterranee destinate a riparare dai bombardamenti alleati la costruzione delle armi segrete del Reich; 197 quelli di Dachau; 97 quelli di Flossenbürg; 62 quelli di Mauthausen; 90 quelli di Neuengamme; 45 quelli di Ravensbrück; 74 quelli di Sachsenhausen.[37] Una esemplificazione, e null'altro che esemplificazione, dell'autentica ragnatela di istituzioni concentrazionarie che accompagnarono, dentro i confini del Reich e all'interno dei territori annessi e occupati, i KZ come emblemi del Nuovo Ordine Europeo.

I campi di concentramento non furono il risultato di eccessi del sistema; non furono istituzioni di emergenza ma parti organiche, componenti normali del sistema. La loro stessa esistenza non doveva servire a esercitare una funzione punitiva, in esecuzione di atti giudiziari; vi finirono anche persone condannate dall'autorità giudiziaria, ma generalmente vi si finiva dentro per atti dell'autorità esecutiva, di polizia o delle SS. E una volta che si fosse capitati nel KZ si era sottratti a qualsiasi controllo o appello a opera dell'autorità giudiziaria. Il tentativo di una parte almeno della magistratura di salvaguardare i diritti degli internati, come hanno mostrato alcuni importanti studi,[38] furono prontamente respinti dalle SS e dai corpi di polizia unificati sotto il comando di Himmler. Strumento terroristico, per la prevenzione contro potenziali avversari del regime, o anche semplicemente di intimidazione, esso servì a reprimere comportamenti potenzialmente difformi o devianti più che a punire responsabili di concreti atti di ostilità contro le istituzioni del regime nazista.

---

[37] Cfr. G. Schwarz, *op. cit.*, pp. 143-199.

[38] Cfr. K. Drobisch, G. Wieland, *op. cit.*, pp. 217 ss.; e già in precedenza assai ampiamente l'opera fondamentale di L. Gruchmann, *Justiz im Dritten Reich 1933-1940*, München 1988, in particolare nelle parti V e VI.

Unificati da una serie di regole comuni, i KZ conobbero al loro interno una serie di importanti differenziazioni, che dipendevano da un complesso di circostanze, destinate a peggiorare nel tempo, quali le condizioni della detenzione piuttosto che quelle del lavoro, la qualità dei comandanti e delle guarnigioni. Con il tempo si creò una vera e propria gerarchia nel rapporto tra i diversi KZ a seconda del livello di violenza cui essi erano destinati. All'inizio di gennaio del 1941 un'ordinanza di Himmler tracciò una schematizzazione dei KZ secondo tre diversi livelli (*Lagerstufen*).

Al primo livello appartenevano i lager che ospitavano detenuti non idonei al lavoro (almeno a quelli pesanti), più anziani, meritevoli di riguardo per ragioni politiche o diplomatiche (per esempio i religiosi). Erano i KZ destinati «a tutti i responsabili di colpe leggere, senz'altro suscettibili di miglioramento (del loro comportamento)», per casi speciali e isolamento individuale. A questa categoria appartenevano i lager di Dachau, di Sachsenhausen e lo *Stammlager* di Auschwitz.

Il secondo livello era previsto per coloro che fossero responsabili di «colpe piuttosto gravi, e tuttavia ancora suscettibili di rieducazione e di miglioramento». A questa categoria erano ascritti i lager di Buchenwald, di Flossenbürg e di Neuengamme, nonché Auschwitz II, ancora in costruzione e non destinato ancora a campo di sterminio.

Il terzo livello doveva riguardare tutti i detenuti (pur sempre definiti *Schutzhäftlinge*) su cui gravavano «imputazioni pesanti, in particolare che fossero stati anche condannati penalmente e asociali, ossia detenuti non rieducabili». In una parola, gli incorreggibili (considerati tali) dovevano finire in questa categoria ed essere trasferiti nel lager di Mauthausen. Unico della terza lista, il campo di Mauthausen veniva ad assumere per il rigore del trattamento che vi si prospettava una funzione assai prossima al campo di sterminio, senza appartenere tecnicamente a questa separata categoria.[39]

Una verifica empirica del significato della gerarchia dei campi stabilita da Himmler è fornita sicuramente dai dati sulla mortalità nei diversi KZ in quanto indici del livello di sopravvivenza dei detenuti. Come è evidente, si tratta di risultati di stime, le più attendibili possibili, dati che per quanto incompleti per mancanza di fonti statistiche dirette hanno tuttavia un sufficiente valore orientativo. Ora, se si escludono i campi di ster-

---

[39] Cfr. M. Broszat, *Nationalsozialistische Konzentrationslager 1933-1945*, cit., pp. 107-108; K. Orth, *Das System der nationalsozialistischen Konzentrationslager...*, cit., pp. 86-87. Nel 1942 Himmler, nel rinnovare la gerarchia dei KZ, ne ridefinì le attribuzioni alle singole categorie: al livello I si collocavano Dachau e Sachsenhausen, al livello II Buchenwald, Auschwitz, Natzweiler, Flossenbürg, Stutthof, Neuengamme e Lublino, al livello III, oltre a Mauthausen, era compreso anche il nuovo KZ di Gross Rosen. Su tutto cfr. K. Orth, *Das System der nationalsozialistischen Konzentrationslager...*, cit., p. 189.

minio, gli indici più elevati di mortalità si segnalano ad Auschwitz e per quanto riguarda i campi KZ a Mauthausen, secondo la seguente tabella:

	Deportati	Morti (registrati a vario titolo)
Mauthausen	197 464	95 000
Buchenwald	238 980	35 475
Dachau	206 206	31 591
Sachsenhausen	200 000	61 085
Ravensbrück	152 000	30 000
Flossenbürg	100 000	30 000

Una statistica, quella riportata, che riguarda soltanto i morti registrati e non comprende perciò gli ebrei, i commissari politici dell'Armata Rossa e tutti coloro che sostarono o transitarono nei KZ spesso soltanto per essere sottoposti a procedure di esecuzione capitale.[40]

La schematizzazione dello sviluppo e delle categorie di KZ in precedenza descritta rappresenta il campo di concentramento allo stato puro. La realtà degli eventi, soprattutto sul finire del conflitto mondiale e dell'inizio del collasso del sistema nazionalsocialista nel suo complesso, fece saltare molti dei limiti formali che esistevano tra le competenze dei diversi organi dello stato rimescolando ogni schema precostituito. Anche la ricerca ha dovuto affrontare l'ultima fase di esistenza del sistema concentrazionario, quella che sicuramente si colloca nei mesi del 1945, quanto meno dopo la liberazione di Auschwitz avvenuta il 27 gennaio 1945, ma probabilmente anche negli ultimi mesi del 1944 (penso alla tragedia degli ebrei ungheresi parzialmente dirottati verso il KZ di Mauthausen e le sue molte filiali sparse per tutta l'Austria),[41] fuori dai canoni consueti alla ricostruzione delle fasi precedenti. È quanto ha notato Karin Orth nell'ultima parte della sua ricerca nella quale cerca di fare luce al di là dell'immagine diffusa di un caos indistinto sul gioco di

[40] Il problema delle sintesi statistiche relative ai KZ è sicuramente tra i problemi più complessi e forse più insolubili che devono affrontare le ricerche sul sistema concentrazionario; i dati da noi citati sono desunti da studi sui singoli KZ, a proposito dei quali diversi contributi in U. Herbert, K. Orth, Ch. Dieckmann (a c. di), *op. cit.*, mettono in evidenza le lacune statistiche; particolarmente rilevante il contributo di H. Stein, *Funktionswandel des Konzentrationslagers Buchenwald im Spiegel der Lagerstatistiken*, ivi, pp. 167-192.

[41] Particolarmente catastrofica si presentò negli ultimi mesi e nelle ultimissime settimane la situazione del KZ di Mauthausen, su cui da ultimo, oltre alle brevi pagine di K. Orth, *Das System der nationalsozialistischen Konzentrationslager...*, cit., pp. 319-321, cfr. il contributo di M. Fabréguet, *Entwicklung und Veränderung der Funktionen des Konzentrationslagers Mauthausen 1938-1945* in U. Herbert, K. Orth, Ch. Dieckmann (a c. di), *op. cit.*, pp. 193-214 e M. Fabréguet, *Mauthausen*, Paris 1999.

ordini e contrordini, di rivendicazioni di poteri e di competenze che sino all'ultimo fu dispiegato sulla pelle dei prigionieri.[42] Ciò non riguarda soltanto le micidiali "marce della morte" che trasformarono le comunità dei coatti in colonne di fantasmi costretti a vagare in condizioni che dire disumane serve soltanto a spiegare l'impossibilità di descrivere l'indicibile. I campi di concentramento che non avrebbero dovuto accogliere prigionieri di guerra, che avrebbero dovuto essere destinati ai campi di prigionia sotto sorveglianza della Wehrmacht, nel collasso delle strutture, accolsero anche prigionieri di guerra; ebrei sopravvissuti ai campi di sterminio dopo l'ordine impartito da Himmler di cessare la loro uccisione di massa, finirono nei campi di concentramento tradizionali, a Mauthausen piuttosto che a Dachau o altrove; ma già in precedenza l'esigenza di sfruttamento della manodopera catturata aveva fatto saltare ogni barriera formale inviando i prigionieri, al di là di ogni distinzione di categorie, dove fosse necessario il fabbisogno di forza-lavoro: l'esempio di Dora è a questo riguardo istruttivo.[43]

Se la destinazione originaria dei singoli KZ era stata superata dagli eventi e dall'emergenza, non così il funzionamento del cuore del sistema: l'ultimo convoglio della deportazione parte dall'Italia il 22 marzo 1945, destinazione Dachau.[44] Oggi sappiamo con sicurezza che a quell'epoca Himmler aveva già impartito l'ordine di risparmiare la vita degli ebrei parificandoli agli altri detenuti nei campi di concentramento e di cercare di combattere la mortalità dei detenuti dei KZ con ogni possibile mezzo. Sappiamo anche che l'ordine di Himmler non era dettato da alcun impulso umanitario, era semplicemente strumentale in funzione del suo tentativo di accreditarsi presso gli Alleati angloamericani come possibile alternativa a Hitler, scrollandosi di dosso disinvoltamente le pesanti responsabilità per i crimini contro l'umanità da lui programmati e fatti eseguire[45]. Il tardivo ordine di Himmler non poteva capovolgere il processo distruttivo che era stato posto in essere almeno dall'inizio della guerra. Un paio di decine di migliaia di deportati furono liberati prima della fine del conflitto, non solo gli scandinavi, anche cittadini francesi, ma la macchina "tritura-umanità" che aveva preso l'avvio non cessò di funzionare. Le "marce della morte", i convogli d'evacuazione dei campi che venivano ormai raggiunti da Est e da Ovest dalle armate

---

[42] K. Orth, *Das System der nationalsozialistischen Konzentrationslager...*, cit., pp. 270-336.

[43] Sul complicato intreccio di competenze e sulla caotica situazione di Dora e dei KZ a essa assimilabili in cui lavoro e annientamento diventavano sinonimi, cfr. ora sinteticamente K. Orth, *Das System der nationalsozialistischen Konzentrationslager...*, cit., pp. 244-255.

[44] Cfr. I. Tibaldi, *Compagni di viaggio. Dall'Italia ai lager nazisti. I "trasporti" dei deportati 1943-1945*, Franco Angeli, Milano 1994, p. 130.

[45] K. Orth, *Das System der nationalsozialistischen Konzentrationslager...*, cit., p. 303 ss.

alleate, lungi dal contribuire a salvare vite umane, furono un ulteriore strumento di uccisioni in massa. Una circostanza che si ricorda anche per sottolineare la difficoltà di ogni ricerca statistica volta ad accertare il totale delle vittime e, al di là del numero, la qualità (sesso, età, nazionalità, professione, provenienza e motivo dell'internamento), la loro personalità umana, sociale, politica. Una situazione che era stata sicuramente peggiorata dalla proliferazione e dalla diffusione sul territorio delle innumerevoli micro-istituzioni concentrazionarie della fase di massimizzazione dell'impiego dei deportati per l'economia di guerra. Anch'essa una circostanza che sollecita a sua volta nuove ricerche, quali quelle ancora in stato embrionale, destinate a studiare il rapporto tra l'esistenza dei KZ e la popolazione civile delle località circostanti, ossia il rapporto con la società tedesca, che rientra a pieno titolo nella storia dell'istituzione concentrazionaria come simbolo dell'esercizio del terrore nell'epoca del nazionalsocialismo.[46]

A onta dell'intensificarsi degli studi dell'ultimo decennio, la ricerca sul sistema concentrazionario presenta tuttora vistose lacune; ne sono la riprova le molte ricerche sui singoli lager e soprattutto sulle loro più minute ramificazioni, che coprirono in maniera capillare il territorio del Reich entro i suoi confini e all'interno dell'area occupata con le conquiste belliche. Soprattutto i lager dei territori orientali rimangono in buona parte ancora da esplorare; una parte almeno di essi non risulta inquadrabile nello schema proposto per i KZ all'interno della Germania o a essi assimilabili. La tipologia proposta una decina di anni fa da Gudrun Schwarz, che prevedeva non meno di sedici diverse categorie di lager (dai tradizionali KZ ai lager ghetto, ai campi di sterminio, ai campi per prigionieri di guerra, ai campi di rieducazione per il lavoro e via dicendo), era di per sé rappresentativa dell'ampio spettro di strumenti che il regime nazista aveva creato per la repressione e la messa al bando dei nemici razziali e politici del Terzo Reich e al tempo stesso della difficoltà di elaborare strumenti conoscitivi e interpretativi adeguati per cogliere una realtà così differenziata ma così fortemente connaturata al sistema che l'ha prodotta.[47] Quello che Primo Levi nella sua ulti-

[46] Tra i primi studi in questa direzione si segnalano G.J. Horwitz, *All'ombra della morte. La vita quotidiana attorno al campo di Mauthausen*, Marsilio, Venezia 1994 [ed. or. 1990]; S. Steinbacher, *Dachau – Die Stadt und das Konzentrationslager in der NS-Zeit. Die Untersuchung einer Nachbarschaft*, Frankfurt 1993; ma più in generale cfr. le considerazioni sul rapporto con la "zivile Umwelt" di W. Benz, *Die Allgegenwart des Konzentrationslagers. Aussenlager im nationalsozialistischen KZ-System*, in "Dachauer Hefte", 1999, n. 15, pp. 3-16.

[47] Cfr. G. Schwarz, *op. cit.*, pp. 70-73; le categorie individuate dall'autrice erano le seguenti: lager per educazione al lavoro; lager a scopo di evacuazione nei territori occupati e annessi; lager per la germanizzazione di bambini in Polonia; lager-ghetti; istituti di de-

ma, importante opera, ha chiamato "il segreto dei lager" non è stato ancora interamente violato. L'auspicio è che il lavoro degli storici possa servire a ridurre sempre più lo spazio del segreto, che è anche la condizione irrinunciabile perché in una concezione dinamica della memoria che si alimenti continuamente delle nuove conoscenze, non si perda il senso della grande offesa che è stata recata all'umanità intera.

---

tenzione della Wehrmacht e lager per prigionieri di guerra; lager protettivi per i giovani; lager per lavoratrici e per lavoratori stranieri; lager per ebrei ungheresi nei territori austriaci al confine ceco-ungherese; lager per arresto di polizia; lager per poppanti e bambini piccoli; lager di sicurezza di Schirmeck-Vorbruck (in Alsazia); lager speciale delle SS di Hinzert; lager per detenuti destinati a punizione; lager di lavoro forzato per ebrei uomini e donne; lager di concentramento KZ; lager della morte.

6. I campi di sterminio nazisti. Un bilancio storiografico

di Liliana Picciotto[*]

Ricordiamo per punti alcune acquisizioni fondamentali della storiografia riguardo alla politica di sterminio messa in atto dallo stato nazista.

1. Il progetto dei nazisti di eliminare fisicamente, da qualsiasi territorio caduto sotto la loro influenza, esseri umani in ragione della loro pretesa diversità naturale e spirituale, riguardò essenzialmente il popolo ebraico; a questo progetto furono associate anche le popolazioni zingare di ascendenza Sinti e Rom.[1] Quando si parla di politica di sterminio o di campi di sterminio, ci si riferisce qui solo a quel progetto.

2. Lo stato nazista si avvalse di un sistema repressivo fondamento del quale erano i campi di concentramento, nei quali rinchiudere e punire gli oppositori. Con l'espansione geografica della Germania, tali campi di concentramento (*Konzentrationslager*, KL), si moltiplicarono e si internazionalizzarono includendo sempre nuovi prigionieri arrestati nei loro paesi di residenza. Nell'aprile del 1942 si aggiunse un fine prettamente economico che divenne la ragione stessa dell'esistenza dei campi di concentramento e rese il regime di sopravvivenza interna ancora più duro. I prigionieri dei KL divennero una popolazione di schiavi senza protezione, soggetti al totale sfruttamento della loro forza-lavoro. Agli occhi dei gestori del sistema concentrazionario, il valore della vita stessa perse d'importanza: i lavoratori che si debilitavano per lo sfinimento o morivano a causa degli stenti, potevano essere sempre sostituiti con nuovi arrivati. La rete dei campi di concentramento, il loro sistema organizzativo, lo sfruttamento del lavoro, facevano capo a un Ufficio centrale delle SS denominato Ufficio centrale per l'amministrazione e l'economia, *Wirtschafts-Verwaltungshauptamt* (WVHA), creato il 1° febbraio 1942, al cui vertice stava Oswald Pohl.[2]

---

[*] Liliana Picciotto, ricercatrice presso il Centro di documentazione ebraica contemporanea di Milano, ha pubblicato *Il libro della memoria. Gli ebrei deportati dall'Italia (1943-1945)*, Mursia, Milano 1991; *Per ignota destinazione. Gli ebrei sotto il nazismo*, A. Mondadori, Milano 1994; è coautrice del film-documentario *Memoria*, 1997, regia di Ruggero Gabai e del cd-rom *Destinazione Auschwitz*, Proedi editore, Milano 2000.

[1] M. Zimmermann, *Rassenutopie und Genozid. Die nationalsozialistiche "Loesung der Zigeunerfrage"*, Christians, Hamburg 1996; J. Parcer (a c. di), *Memorial Book to the Gypsies at Auschwitz-Birkenau*, Museo di stato di Auschwitz, Oświęcim 1992.

[2] ANED (a c. di), *La circolare Pohl (30 aprile 1942). L'annientamento dei deportati politi-*

3. Per quanto riguarda la politica di sterminio degli ebrei d'Europa, politica che procedette parallelamente a quella del sistema repressivo dei campi di concentramento, non si può parlare di una decisione ma di un processo decisionale. Questo passò attraverso diversi stadi: coinvolse prima gli ebrei dell'Unione Sovietica, poi gli ebrei del Governatorato generale (distretti polacchi di Cracovia, Varsavia, Radom, Lublino e Leopoli) e del Wartheland, regione della Polonia occidentale annessa al Reich (comprendente tra gli altri il distretto di Łódź e la provincia di Posen), poi la restante parte degli ebrei dell'Europa occidentale, poi della Slovacchia, Jugoslavia, Boemia, Moravia, Grecia, Ungheria.

4. In ognuna di queste fasi dello sterminio degli ebrei, la procedura di applicazione fu diversificata: fucilazioni sommarie in Unione Sovietica; eliminazione entro camion a gas e conseguente sepoltura (seguita da una fase di cremazione a cielo aperto dei cadaveri) nel Wartheland; gassazioni con impianti fissi e sepoltura (anche in questo caso seguita da cremazione a cielo aperto) nel Governatorato generale; gassazione con impianti fissi e cremazione dei corpi con impianti appositamente costruiti in Alta Slesia presso il campo di concentramento di Auschwitz-Birkenau.[3]

5. Il passaggio dalla fase delle fucilazioni sommarie a quello dell'uso del gas fu fortemente influenzato dallo sviluppo della politica tedesca di eliminazione degli individui portatori di handicap. La politica razzista ed eugenetica, rivolta contro le cosiddette "vite che non meritano di essere vissute" ed eufemisticamente chiamata di eutanasia, era in realtà una politica di assassinio. Il progetto, denominato Operazione Eutanasia o T4, atti-

---

ci nei lager nazisti attraverso il lavoro, Franco Angeli, Milano 1991; sui campi di concentramento nazisti cfr. soprattutto K. Orth, *Das System der nationalsozialistichen Konzentrationslager. Eine politische Organisationsgeschichte*, Hamburger Edition, Hamburg 1999. Una buona panoramica, sebbene concisa, dei campi nazisti è data da A. Weiss, *Categories of Camps. Their Character and Role in the Execution of the "Final Solution of the Jewish Question"*, in "The Nazi Concentrations Camps. Structure and Aims", Yad Vashem, Jerusalem 1984, pp. 115-132.

[3] Sulla politica di sterminio degli ebrei d'Europa, il lavoro generale più valido rimane R. Hilberg, *La distruzione degli ebrei d'Europa*, Einaudi, Torino 1995, 2 voll.; cfr. anche P. Burrin, *Hitler e gli ebrei. Genesi di un genocidio*, Marietti, Genova 1994; G. Aly, *Final Solution. Nazi Population Policy and the Murder of the European Jews*, Oxford University Press, New York 1999. Per una prospettiva più sociologica del problema cfr. K.P. Fisher, *Storia dell'Olocausto. Dalle origini della giudeofobia alla soluzione finale*, Newton Compton, Roma 2000. Cfr. anche le seguenti opere di buona divulgazione: L. Picciotto, *Per ignota destinazione. Gli ebrei sotto il nazismo*, cit.; A. Grynberg, *Shoah. Gli ebrei e la catastrofe*, Electa-Gallimard, Torino 1995; E. Collotti, *La soluzione finale. Lo sterminio degli ebrei*, Newton Compton, Roma 1995; W. Benz, *L'Olocausto*, Bollati Boringhieri, Torino 1998; B. Segre, *Il genocidio degli ebrei*, Il Saggiatore, Milano 1998. Per un bilancio sulla storiografia della *Shoah*, cfr. M. Marrus, *L'olocausto nella storia*, il Mulino, Bologna 1994; per una buona rappresentazione grafica attraverso cartine storiche, cfr. M. Gilbert, *Atlas of the Holocaust*, Michael Joseph, London 1982.

vo dal 10 settembre 1939, fu sospeso ufficialmente il 24 agosto 1941 e portato avanti in segreto, sotto il nome di 14F13, per eliminare i prigionieri dei lager giudicati inguaribili o troppo debilitati. Il gas utilizzato per dare la "morte misericordiosa" era il monossido di carbonio, confezionato in boccette. L'assassinio avveniva in speciali centri "sanitari" dove il "malato" era introdotto in un locale di piccole dimensioni camuffato da doccia. Dai fori di una tubatura che correva lungo la base usciva il gas asfissiante, introdotto dall'esterno da un medico. Il programma di eutanasia fu, sia dal punto di vista amministrativo, sia da quello tecnico, la prefigurazione della gassazione di massa degli ebrei nel quadro della "soluzione finale".[4]

6. Le date relative a ognuna delle fasi del processo decisionale di sterminio degli ebrei d'Europa sono ancora in discussione da parte della comunità degli storici. Al contrario, salvo qualche dubbio per Auschwitz, sono note le date d'inizio di ognuna delle procedure di sterminio: in Urss fu avviata nel luglio o nell'agosto del 1941; nel Wartheland (Polonia) nel dicembre del 1941; nel Governatorato generale (Polonia) nel marzo del 1942; in Alta Slesia (Polonia) nel gennaio-febbraio del 1942.[5]

7. I luoghi prescelti per l'attuazione dello sterminio di massa furono quelli ad alta concentrazione ebraica e travolti dall'avanzata dell'esercito tedesco: in territorio sovietico a est del fiume Bug; nel Wartheland il castello abbandonato di Chełmno, sul fiume Ner; nel Governatorato generale i campi appositamente costruiti di Treblinka, Sobibór, Bełżec (parzialmente anche Majdanek); in Alta Slesia il campo di concentramento e di lavoro di Auschwitz.

8. La prima fase in Urss si distingue dalle successive per aver avuto un teatro mobile del massacro, nel senso che furono gli assassini ad andare verso le vittime e a ucciderle nei luoghi stessi delle loro residenze, mentre in Polonia si verificò il contrario. Gli impianti di sterminio divennero stabili e l'organizzazione prevedeva che fossero le vittime a essere trasportate dal luogo della loro residenza verso il luogo di sterminio.[6]

---

[4] H. Friedländer, *Le origini del genocidio nazista. Dall'eutanasia alla soluzione finale*, Editori Riuniti, Roma 1997.

[5] Sul processo decisionale e la sua datazione cfr. P. Longerich, *Politik der Vernichtung. Eine Gesamtdarstellung der nationalsozialistichen Judenverfolgung*, Piper, München 1998; Ch. Browning, *Verso il genocidio. Come è stata possibile la "soluzione finale"*, Il Saggiatore, Milano 1998; Id., *Procedure finali. Politica nazista, lavoratori ebrei, assassini tedeschi*, Einaudi, Torino 2001; B. Musial, *The Origins of "Operation Reinhard": The Decision-Making Process for the Mass Murder of the Jews in the Generalgouvernement*, in "Yad Vashem Studies", XXVIII, Jerusalem 2000, pp. 113-153; R. Ogorreck, *Die Einsatzgruppen und die "Genesis der Endlösung"*, Metropol, Berlin 1996; Ch. Gerlach, *Sur la conference de Wannsee. De la décision d'exterminer les Juifs d'Europe*, Liana Levi, Paris 1999.

[6] R. Hilberg, *op. cit.*, pp. 289-290.

9. Tra la fase delle fucilazioni sommarie e quella degli impianti fissi di sterminio ce ne fu un'altra, ancora poco studiata, durante la quale furono posti in uso i camion a gas. Si conosce relativamente bene solo quella applicata nel castello di Chełmno, ma altri furgoni di questo genere furono messi in funzione su vari scenari del teatro di guerra.

10. All'interno dei poteri forti dello stato nazista, l'incarico di attuare la politica di sterminio in ognuna delle quattro fasi sopra elencate al punto 3. fu assegnato alla potente organizzazione poliziesca denominata RSHA, acronimo di *Reichssicherheitshauptamt*, Ufficio centrale per la sicurezza del Reich, al cui vertice stava Heinrich Himmler, capo supremo delle SS e della polizia del Reich.[7]

11. All'idea iniziale dello sterminio totale subentrò, nel luglio del 1942, l'idea di sfruttare parzialmente la forza-lavoro degli ebrei deportati; fu allora che fu introdotta la pratica della selezione tra abili e inabili al lavoro; i primi, in ragione di circa il 20% del totale, furono destinati al lavoro schiavistico, i secondi all'assassinio immediato.

12. Sussidiaria al progetto di sterminio, ma a esso intrinsecamente organica, fu la spoliazione totale dei beni materiali degli assassinati, nel senso che tutto venne confiscato per poi essere riciclato. Con tutto, si intende non solo gli averi ma anche quelle parti del corpo degli assassinati che potevano venire riutilizzate, come capelli, denti d'oro, protesi sanitarie. La merce rapinata veniva accuratamente recuperata, suddivisa, pulita, stoccata, registrata, valutata e messa a disposizione dell'economia del Reich.

Sarebbe troppo lungo addentrarci qui nell'interpretazione storica delle motivazioni che portarono alla decisione di sterminare tutti gli ebrei d'Europa. Basti dire che l'interpretazione più accreditata mette in relazione tale decisione alla guerra totale e ideologica, da crociata contro il comunismo, in Urss e, nello stesso tempo, all'intenzione di svuotare dei propri abitanti intere regioni polacche al fine di reinsediare tedeschi etnici per germanizzare l'ambiente dal punto di vista sociale, fisico, ambientale e architettonico in Polonia. Per realizzare tale utopia, occorreva eliminare da quel contesto geografico, prima ancora che i residenti polacchi, i residenti ebrei, che costituivano un'immensa comunità.

Una seconda interpretazione pone in relazione la decisione di eliminare fisicamente gli ebrei polacchi a problemi economici locali, insormontabili, data la situazione disperata di approvvigionamento in cui i tedeschi avevano ridotto le comunità ebraiche polacche rinchiuse nei ghetti delle principali città, gigantesche prigioni improduttive sul piano

---

[7] R.D. Breitman, *Himmler. Il burocrate dello sterminio*, A. Mondadori, Milano 1991.

economico (anche se molti dei loro abitanti erano costretti al lavoro).[8] In entrambi i casi mancherebbe, comunque, una motivazione per decidere di massacrare tutti gli ebrei dell'Europa occidentale che venivano spediti ininterrottamente, con treni, verso gli impianti di sterminio di Auschwitz-Birkenau.

Al di là delle interpretazioni legate a situazioni locali, si può dire più in generale che il fine del regime nazista, fin dalla sua presa del potere, fu quello di liberarsi dei propri ebrei e che, finché il problema si limitò soltanto all'area geografica della Germania e dell'Austria, l'orientamento fu di espellere gli indesiderati inducendoli all'emigrazione. Questa politica fu applicata con la maggior cura possibile, creando agenzie governative delegate a organizzare tale emigrazione, senza che venisse opposta alcuna difficoltà per la concessione dei documenti di viaggio, almeno fino all'ottobre del 1941. Esisteva semmai il problema inverso: non si trovavano paesi terzi aperti a una politica di immigrazione che potessero assorbire la quantità di ebrei desiderosi di lasciare la Germania e l'Austria.[9]

Le riuscite aggressioni tedesche a Est crearono una situazione in cui più la Germania nazista avanzava e occupava territori, più ebrei incamerava. Inoltre, proprio in quei territori si trovavano le più cospicue comunità ebraiche dell'epoca, milioni di persone in Polonia e milioni in Urss. In queste condizioni, persistendo l'idea di applicare il principio dell'espulsione degli ebrei dal contesto della vita civile e materiale e non essendo più realistica la possibilità che essi lasciassero i luoghi di residenza per paesi terzi, si fece strada, nell'autunno del 1941, l'idea di eliminarli fisicamente, tanto più che l'obiettivo in Urss era in pieno e felice svolgimento.

Poiché compito di questo saggio è quello di illustrare la realtà dei campi di sterminio in Europa, tratterò qui solo di quei campi che servirono all'assassinio di massa e, più in particolare, di Auschwitz (sottocampo di Birkenau). Le strutture di sterminio di Birkenau, e la creazione e lo sviluppo dei cosiddetti Crematori II e III sono state infatti per alcuni anni al centro dei miei studi per la produzione del cd-rom *Destinazione Auschwitz*.[10]

---

[8] Per una indagine sulle interpretazioni cfr. Ch. Browning, *op. cit.*; per un bilancio storiografico delle questioni ancora aperte cfr. M. Berenbaum, A. Peck (a c. di), *The Holocaust and History. The Known, the Unknown, the Disputed and the Reexamined*, United States Holocaust Memorial Museum-Indiana University Press, Washington-Bloomington-Indianapolis 1998.

[9] S. Friedländer, *La Germania nazista e gli ebrei. Gli anni della persecuzione. 1933-1939*, Garzanti, Milano 1998.

[10] L. Picciotto, M. Pezzetti, N. Hayon, cd-rom *Destinazione Auschwitz*, cit.

Lo sterminio degli ebrei nel Wartheland (Polonia occidentale). Il centro di Chełmno

L'assassinio di massa nel Wartheland doveva riguardare circa 260 000 persone parzialmente rinchiuse nel ghetto di Łódź. L'assassinio venne praticato facendo uso dei cosiddetti "camion a gas". Essi traggono origine dal fatto che Himmler, dopo aver assistito a Est, in particolare a Minsk a metà agosto 1941, ai massacri praticati dalle *Einsatzgruppen*, si convinse che occorresse trovare un metodo "meno cruento" per uccidere le persone. I fucilatori davano la morte confrontandosi con persone vicine, delle quali potevano cogliere i gesti e gli sguardi terrorizzati, in un quadro che dopo pochi minuti dall'inizio del massacro diventava un carnaio infernale. Dopo poco tempo, gli uomini presentavano problemi psicologici alla lunga insostenibili. Himmler dunque ordinò a Artur Nebe, comandante della *Einsatzgruppe B*, di trovare un metodo "più umano" per uccidere.[11]

Fu in questa fase che si pensò di utilizzare il gas, metodo già largamente sperimentato nell'Operazione Eutanasia.[12] L'uso del gas consentiva agli assassini di conservare le mani pulite, di evitare problemi psicologici, e inoltre dava la possibilità di uccidere molte persone contemporaneamente. Alcuni funzionari dell'Operazione Eutanasia furono inviati a Minsk per effettuare prove di asfissia collettiva con il monossido di carbonio, questa volta non contenuto in boccette come era avvenuto nelle finte strutture sanitarie, ma prodotto localmente dal gas di scarico di un motore a scoppio.[13]

Dopo tali prove condotte a Minsk e a Moghilev, Nebe raggiunse la conclusione che una soluzione poteva essere quella di uccidere le persone direttamente all'interno di un mezzo motorizzato, reintroducendo nell'abitacolo il gas di scarico del motore.

Heydrich trovò interessante l'idea e, nel settembre 1941, ordinò la messa a punto di un prototipo di furgone da usare per quello scopo.

---

[11] R. Hilberg, *op. cit.*, pp. 342-343; B. Musial, *op. cit.*, p. 138; P. Longerich, *op. cit.*, p. 442.

[12] Cfr. H. Friedländer, *op. cit.*

[13] I camion a gas funzionarono a Minsk almeno fino all'estate del 1943. A tale proposito, nell'archivio del Ministero degli esteri tedesco, esiste un documento secondo il quale un gruppo di maggiorenti fascisti in visita a lavoratori italiani sul fronte orientale si fermò a Minsk. Durante la visita il commissario generale Wilhelm Kube, Gauleiter della Bielorussia, mostrò agli italiani una chiesa sconsacrata. Avendo questi domandato che cosa fossero i pacchetti e le valigie accatastati all'interno, Kube spiegò che si trattava di ciò che era rimasto degli ebrei deportati a Minsk. Kube indicò poi agli italiani la camera a gas nella quale era avvenuta la morte degli ebrei. Yad Vashem, 0-51/51-1: da Rademacher a von Thadden, 15 maggio 1943. Cfr. anche M. Michaelis, *Mussolini e la questione ebraica. Le relazioni italo-tedesche e la politica razziale in Italia*, Edizioni di Comunità, Milano, p. 453.

Incaricato di quel progetto fu il capo della sezione trasporti automobilistici dell'RSHA, Walter Rauff, *SS Obersturmbannführer*.[14]

Furono realizzati una trentina di camion a gas, in parte inviati alle *Einsatzgruppen* in Russia, in parte ai comandi SS in Polonia orientale, in parte in Serbia. Erano specie di grossi furgoni realizzati dalla ditta privata GMBH in due dimensioni: il più grande misurava 5,8 metri di lunghezza e il più piccolo 4,5. Entrambi erano larghi 2,5 metri e alti 1,7. Il maggiore poteva contenere 150 persone, il più piccolo da 80 a 100.[15]

Nel novembre 1941 tre camion a gas furono consegnati al comando speciale di Herbert Lange che, nel 1940, era stato impegnato nell'uccisione di pazienti disabili del Wartheland[16] e allora responsabile del centro di sterminio del castello disabitato di Chełmno (Kulmhof in tedesco) sul fiume Ner. Egli aveva il compito di mettere in atto lo sterminio di massa degli ebrei in una postazione fissa. Più tardi, Lange fu sostituito da Hans Bothmann.

Chełmno ebbe due periodi di funzionamento distinti: il primo iniziò l'8 dicembre 1941 e terminò nel marzo 1943. Il castello fu fatto saltare in aria il 7 aprile 1943. Esattamente un anno dopo, nell'aprile 1944, sul posto venne istituito un nuovo centro di sterminio per assassinare gli abitanti superstiti del ghetto di Łódź. L'attività vi cessò definitivamente soltanto nel gennaio 1945. Si calcola che vi furono assassinate 150 000 persone.[17]

Rastrellate nel ghetto di Łódź e in tutto il territorio, le vittime giungevano alla stazione di Kolo e venivano fatte passare attraverso la città. A partire dalla primavera del 1942, in seguito alle proteste degli abitanti, alla stazione venivano caricate sui vagoni scoperti di una ferrovia secondaria. Il trasporto aveva termine a Povercie, a 8 chilometri da Chełmno. La chiesa adiacente al castello fungeva da deposito per i bagagli dei deportati nel primo periodo, da ricovero momentaneo prima della gassazione, nel secondo periodo.[18]

Le vittime venivano raccolte nel cortile del castello e costrette ad ascoltare le parole di un funzionario che cercava di convincerle che sarebbero state trasferite in Austria, in un campo di lavoro. Prima di ripartire pe-

---

[14] Y. Arad, *Bełżec Sobibór, Treblinka. The Operation Reinhard Death Camps*, Indiana University Press, Bloomington 1987, pp. 10-11. È da notare che Walter Rauff, dopo l'8 settembre 1943, fu spostato in Italia con grado e competenze molto alti. Fu, con il grado di *SS Standartenführer*, Comandante del *Gruppe Oberitalien West* della polizia di sicurezza, il supercomando che riuniva i comandi di Genova, Milano, Torino, Como. L. Picciotto, *Il libro della memoria. Gli ebrei deportati dall'Italia 1943-1945*, Mursia, Milano 2002, pp. 864-865.

[15] Y. Arad, *op. cit.*, p. 11.

[16] R. Hilberg, *op. cit.*, pp. 967-968; H. Friedländer, *op. cit.*, pp. 191-192.

[17] R. Hilberg, *op. cit.*, p. 1041.

[18] E. Klee, W. Dressen, V. Riess (a c. di), *"Bei Tempi". Lo sterminio degli ebrei raccontato da chi l'ha eseguito e da chi stava a guardare*, Giuntina, Firenze 1990, pp. 165-167.

rò avrebbero dovuto lavarsi: dovevano spogliarsi dunque, e dirigersi, in ordine, verso i bagni. Ecco quanto racconta, il 24 gennaio 1961 durante un interrogatorio, Walter Burmeister, autista addetto a Chełmno:

> Quando si erano spogliati, venivano condotti nella cantina del castello e da qui, attraverso un corridoio, fino alla rampa e al *Gaswagen*. Nel castello c'erano dei cartelli con la scritta "ai bagni". I *Gaswagen* erano grandi autocarri con un cassone [...] Sul pavimento c'era una grata di legno. Nel fondo del cassone c'era un'apertura che poteva essere collegata allo scappamento con un tubo metallico mobile. Quando i camion erano al completo, i battenti delle porte posteriori venivano chiusi e si stabiliva il collegamento tra lo scappamento e l'interno del camion [...] I membri del commando impiegati come autisti dei *Gaswagen* mettevano in moto il motore, cosicché le persone che si trovavano all'interno morivano soffocate dai gas di scarico; poi veniva tolto il tubo di collegamento e il camion si dirigeva al *Waldlager* (campo della foresta). Qui venivano scaricati i cadaveri che, in un primo tempo, venivano sepolti in fosse comuni, più tardi, invece, bruciati [...] Poi riportavo il camion al castello e lo lasciavo lì. Qui veniva ripulito dalle deiezioni delle persone che vi erano morte. In seguito veniva riutilizzato per altre gassazioni.[19]

Oltre allo sterminio, a Chełmno era praticata la rapina dei beni materiali delle vittime. Lo smistamento e la ripartizione del bottino rapinato nel Wartheland fu affidato dal governatore Arthur Greiser all'amministrazione tedesca del ghetto di Łódź. La rapina riguardò sia i beni dei deportati lasciati dentro al ghetto, sia i beni degli ebrei giunti a Chełmno e colà assassinati.

Lo sterminio degli ebrei nel Governatorato generale (Polonia orientale). I campi di Sobibór, Bełżec e Treblinka

L'origine della decisione di sterminare i due milioni e mezzo di ebrei del Governatorato generale è da rintracciare nell'idea di germanizzare tutto quel territorio iniziando dal distretto di Lublino. Si intendeva evacuare le popolazioni locali (polacchi ed ebrei) e reinsediare al loro posto tedeschi etnici. Si trattava di un grandioso progetto di ingegneria umana che si affiancava a un altrettanto grandioso progetto di germanizzazione ambientale, ecologica, culturale, architettonica. L'interprete di tale utopia della Germania nazista fu Heinrich Himmler, comandante supremo delle SS e della polizia del Reich.

[19] Ivi, p. 172.

Secondo un recente studio di Bogdan Musial, Himmler prese la decisione del reinsediamento di tedeschi etnici nel distretto di Lublino il 20 luglio 1941, durante una sua visita sul posto, in un clima di euforia per il buon andamento della guerra a Est.[20]

Per ottenere la sostituzione di popolazione occorreva svuotare la regione dagli ebrei locali e dai civili polacchi. Inizialmente si pensò che fosse possibile evacuare le comunità ebraiche, ora ristrette in gigantesche prigioni costituite dai ghetti urbani, verso le nuove regioni conquistate a Est. In un secondo tempo, in concomitanza con il rallentato andamento bellico, apparve chiaro che il progetto non era attuabile e fu sostituito con l'assassinio. Gli ordini per lo sterminio degli ebrei polacchi furono impartiti nella prima metà dell'ottobre 1941. L'autore del progetto pratico fu Odilo Globocnik, comandante in capo delle SS e della polizia del distretto di Lublino (*SS Polizeiführer*).

L'idea era nell'aria e circolava già da tempo tra i vertici nazisti. Hans Frank stesso, governatore tedesco della regione, aveva affermato, il 25 marzo 1941, in una riunione con i suoi collaboratori: «Anche i polacchi accompagneranno gli ebrei nel loro esodo da quest'area. Il Führer è determinato a rendere questa regione, nel corso dei prossimi quindici-venti anni, un'area puramente tedesca». A quella data Frank era ancora convinto che il progetto non dovesse essere realizzato immediatamente, ma a guerra conclusa.[21]

Tre giorni prima del lancio dell'Operazione Barbarossa, il 19 giugno 1941, Hitler promise concretamente a Frank che gli ebrei sarebbero stati rimossi dal Governatorato generale in un futuro assai prossimo.[22] Evidentemente, una facile vittoria sull'Unione Sovietica avrebbe aperto nuovi spazi all'emigrazione e un progetto di reinsediamento ebraico fuori della Polonia era apparso sostenibile. Nel luglio e agosto del 1941, in effetti, le armate tedesche sembravano invincibili.

Nel mese seguente però, quella che era sembrata una facile avanzata in Urss si rivelò una lenta e logorante campagna di conquista; in settembre Goebbels disse che bisognava gradatamente preparare il popolo tedesco all'idea di una guerra che si prolungava e che non era più tempo di illusioni. Il piano di spostare a Est la cospicua popolazione ebraica del distretto di Lublino, di 320 000 persone, era divenuto irrealizzabile data la situazione bellica generale. Inoltre, il progetto nazista di germanizzare tanto territorio quanto ne cadeva in loro potere, avrebbe comportato la costante necessità di spostare le popolazioni fuori dalle aree di influenza tedesca.

---

[20] B. Musial, *op. cit.*, p. 121.

[21] *Ibid.*

[22] Ivi, p. 124.

Il 1° ottobre 1942, Odilo Globocnik scrisse a Himmler una lettera che, secondo Musial, potrebbe essere considerata la proposta pratica per la realizzazione del progetto di eliminare gli ebrei locali tramite assassinio.[23]

Hitler prese la decisione dello sterminio dopo che Himmler gli ebbe sottoposto il progetto di Globocnik. La data di quella storica decisione dovrebbe essere collocata tra il 1° e il 13 ottobre 1941, poiché proprio al 13 ottobre 1941 risale la data di una riunione cui parteciparono Himmler, Friedrich Krüger – comandante supremo delle SS e della polizia nel Governatorato (*Höchster SS und Polizeiführer*, Hst. SSPF) – e Globocnik. In tale riunione fu discusso lo sterminio degli ebrei locali e fu proprio Globocnik a essere incaricato della costruzione di una installazione a Bełżec.

Il 17 ottobre successivo Globocnik partecipò anche a una riunione nel Governatorato generale assieme al governatore Hans Frank e ad altri funzionari. I punti da discutere all'ordine del giorno erano quattro; il terzo riguardava la questione ebraica: «Tutti gli ebrei, con l' eccezione degli artigiani indispensabili, devono essere evacuati da Lublino. Inizialmente 1000 ebrei dovranno essere trasferiti al di là del fiume Bug. La responsabilità di tale azione è posta nelle mani dell'SSPF (*SS Polizeiführer*, cioè Globocnik). Lo *Stadthauptamt* (capo dell'amministrazione municipale) selezionerà gli ebrei da evacuare».[24]

Bogdan Musial afferma che questa fu la riunione preparatoria per la "soluzione finale" nel Governatorato generale, perché evacuazione oltre al fiume Bug era sinonimo di assassinio vista l'impossibilità pratica di mandare gente al di là del Bug, in Galizia o nel Reichskommissariat dell'Ucraina. Inoltre Frank, in un'altra riunione governativa tenutasi lo stesso 17 ottobre, parlò, senza nominarlo chiaramente, di un mandato speciale assegnatogli dal Führer; in effetti non c'è traccia nei documenti di alcun altro incarico speciale che non sia questo.[25]

L'impiego di gas per il genocidio degli ebrei polacchi era realizzabile solo a condizione di passare dai camion a gas, di scarsa capienza e facilmente deteriorabili, a impianti fissi da installare in locali di ampie dimensioni. Questi dovevano essere costruiti in località appartate, con personale sempre disponibile, fosse di seppellimento già pronte e buone possibilità di occultamento. Nel concepire l'idea dei centri di sterminio, Globocnik scelse di collocarli rispettivamente nelle località di Bełżec (nei pressi di Leopoli), Sobibór (nei pressi della città di Wlodawa) e Treblinka (nei pressi della città di Malkinia). Essi divennero,

---

[23] Ivi, pp. 129-130.

[24] Ivi, p. 116. I territori occupati a Est vennero suddivisi in due commissariati, uno per l'Ucraina, l'altro per l'*Ostland* che comprendeva i tre paesi baltici e la Bielorussia.

[25] Ivi, p. 118.

per due anni, il centro geografico dello sterminio degli ebrei del territorio. Tali luoghi furono scelti in base alla possibilità di comunicazioni ferroviarie e in base alla loro possibilità di rimanere occultati.

Il primo a essere predisposto fu Bełżec, nel distretto di Lublino: i lavori iniziarono il 1° novembre 1941 e fu operativo il 16 marzo 1942. [26]

Nello stesso distretto di Lublino fu progettato un secondo centro di sterminio, Sobibór, costruito nel marzo 1942 e operativo in aprile. Nel distretto di Varsavia ne fu creato un terzo, Treblinka, edificato tra fine aprile e inizio maggio 1942 e operativo dal luglio 1942.[27]

Il 16 dicembre 1941 il governatore Frank, in una riunione al vertice della sua amministrazione a Cracovia, così si espresse senza veli:

> Lasciatemelo dire francamente: in un modo o nell'altro dobbiamo finirla con questi ebrei [...] Dunque, per cominciare, affronterò la questione ebraica nella prospettiva della scomparsa degli ebrei. Debbono andarsene. A questo scopo ho dato inizio a negoziati per respingerli verso l'Est. In gennaio questo problema sarà discusso in una importante conferenza a Berlino alla quale manderò il segretario di stato dottor Bühler [...] Ma che cosa succederà agli ebrei? Pensate che debbano essere sistemati in insediamenti nei territori orientali conquistati? A Berlino ci è stato detto: "Perché vi fate tanti problemi? Noi non li vogliamo né nell'*Ostland* nè nel Reichskommissariat; liquidateli voi stessi!" [...] Signori, devo chiedervi di non lasciarvi commuovere dalle invocazioni di pietà. Dobbiamo distruggere gli ebrei dovunque li incontriamo e dovunque sia possibile [...] Questi tre milioni e mezzo di ebrei non possiamo fucilarli, ne possiamo avvelenarli. E tuttavia dobbiamo prendere provvedimenti che in un modo o nell'altro conducano alla loro distruzione totale [...] Il Governatorato generale deve diventare *judenfrei* al pari del Reich. Dove e come ciò debba essere attuato riguarda strutture che dovremo creare e sulla cui attività vi informerò a tempo debito.[28]

Per attuare questo progetto furono creati i tre centri di sterminio, concepiti alla stessa maniera: immersi nelle foreste e collegati da un tratto secondario di ferrovia alla linea principale, comprendevano una rampa di scarico delle persone e un campo recintato con filo spinato intrecciato con rami. Il primo settore comprendeva gli alloggi delle SS e i laboratori dei pochi ebrei salvati dalla morte immediata per lavorare al loro servizio

---

[26] R. Hilberg, *op. cit.*, pp. 953-954; Y. Arad, *op. cit.*, p. 24.

[27] R. Hilberg, *op. cit.*, p. 954; Y. Arad, *op. cit.*, pp. 30 e 37.

[28] Si noti che, durante la riunione, Frank parla di una prossima riunione importante a Berlino, riferimento sicuro alla conferenza di Wannsee della quale parleremo nel prossimo paragrafo. Ciò rende problematica l'idea di una separazione assoluta delle decisioni dello sterminio nelle varie regioni, separazione cui molti storici tengono particolarmente.

(sartoria, calzoleria, falegnameria); nel secondo affluivano continui convogli, con locali-deposito per i beni strappati ai deportati e baracca spogliatoio; il terzo, infine, era destinato allo sterminio.

Gli ebrei venivano fatti discendere dai vagoni sulla rampa di arrivo e raccolti in un cortile. Di là, a gruppi, erano fatti entrare in uno spogliatoio dove erano costretti a lasciare la roba minuta e i vestiti, e poi erano avviati, nudi, verso un anonimo viottolo, di una ventina di metri, delimitato da una recinzione di fronde, attraverso il quale si arrivava direttamente, senza rendersene conto, all'edificio con le camere a gas, camuffato esternamente da locale per docce. Le camere erano tre; ciascuna aveva un'entrata indipendente da un lato, dall'altro lato un'uscita per sgomberare i corpi. A poche decine di metri erano pronte gigantesche fosse aperte dove buttare i cadaveri. Ogni camera era collegata, mediante una conduttura esterna, con un unico pesante motore da autocarro sistemato in un locale adiacente all'edificio. Una volta acceso, il motore emetteva il gas di scarico monossido di carbonio che, convogliato verso le camere chiuse, provocava l'asfissia collettiva in pochi minuti. Dopo l'avvelenamento, gli addetti del *Sonderkommando* (comando speciale formato da deportati costretti a lavorare nel ciclo assassino) precedentemente scelti fra i nuovi arrivati aeravano il locale aprendo dall'esterno le porte di ciascuna camera, e procedevano all'estrazione dei corpi che giacevano a terra e al loro seppellimento in fosse comuni.

A metà giugno 1942 furono avviati lavori per ingrandire la capacità di "accoglienza" dei tre campi e per sostituire le baracche di legno con edifici di mattoni fissi. Le camere a gas furono ristrutturate, aumentate di numero e di superficie.[29]

I tre campi di sterminio non erano dotati di crematorio tanto che quando, più tardi, la massa di corpi ebbe colmato il terreno circostante, fu necessario riesumarli per bruciarli su rudimentali roghi all'aperto. Metodo che da un certo momento in poi fu usato direttamente, senza seppellire prima i corpi.

Quanto al personale addetto, Globocnik si appoggiò al gruppo di esperti già impiegato nell'Operazione Eutanasia. Tale gruppo aveva maturato una certa esperienza, chi come tecnico, chi come autista, chi come chimico, operaio specializzato o ingegnere, nell'allestimento e nel funzionamento di impianti di asfissia destinati a esseri umani.

Globocnik ottenne per il suo compito 450 uomini: 153 del suo gruppo della polizia del distretto di Lublino, 205 membri della polizia di sicurezza, 92 dalla Cancelleria del Führer.[30]

---

[29] Y. Arad, *op. cit.*

[30] Ivi, p.17.

All'inizio del maggio 1942, Viktor Brack, vice del capo della KDF Philip Bouhler e responsabile del programma di eutanasia, si recò a Lublino per discutere con Globocnik dell'impiego di quegli uomini nel progetto di sterminio. Di quell'incontro dette conto a Himmler nei seguenti termini:

> Su istruzione del Reichsleiter Bouhler, ho messo da tempo a disposizione del *Brigadeführer* Globocnik una parte dei miei uomini per l'esecuzione di una missione speciale. Su sua richiesta, ho appena distaccato presso di lui altri uomini. In quest'occasione il *Brigadeführer* Globocnik ha rilevato la necessità di mettere in atto al più presto tutta l'operazione ebraica per non rimanere a metà nel caso insorgesse qualche difficoltà. Lei stesso, *Reichsführer*, ebbe già a esprimermi a suo tempo la necessità di agire al più presto, per ragioni di sicurezza.[31]

A partire dal 1° agosto 1942 i tre campi di sterminio del Governatorato generale dipesero, dal punto di vista organizzativo, dal Kriminalkommissar Christian Wirth dell'Operazione Eutanasia che Brack stesso aveva mandato a Lublino intorno a Natale del 1941.[32] Wirth, che rispondeva a Globocnik, portò con sé circa un altro centinaio di uomini del personale del T4, operazione ormai sospesa come operazione igienico-sanitaria dalla fine dell'estate 1941. Del gruppo di Wirth, trentacinque-quaranta furono mandati a Treblinka, trenta a Bełżec, il resto andò a Sobibór.[33]

I comandanti di quei campi furono, in successione: a Bełżec, Christian Wirth e, poi, Gottlieb Hering; a Sobibór, Richard Thomalla, Franz Stangl, Franz Reichleitner; a Treblinka, Irmfried Eberl, Schemmerl, Stangl, Kurt Franz. Le guardie dei tre campi erano diverse centinaia, ucraini vestiti in uniformi nere, denominati "askari", addestrati nel campo di Trawniki.[34]

---

[31] Da Viktor Brack a Himmler, 23 giugno 1942, Documento NO-205, in Y. Arad, *op. cit.*, p. 17. Secondo Garlach quell' «a suo tempo» detto da Brack si riferisce all'unico recente colloquio intercorso tra Brack e Himmler, quello del 14 dicembre precedente. A tale data, secondo l'autore, si può far risalire la prima discussione tra i due del progetto globale di sterminio degli ebrei d'Europa. Cfr. Ch. Gerlach, *op. cit.*, pp. 54-55.

[32] R. Hilberg, *op. cit.*, pp. 967-968.

[33] Ivi, p. 970.

[34] Ivi, pp. 970 e 972. È interessante notare come nell'autunno del 1943, nella zona di operazione del litorale adriatico, ritroviamo nel quadro del reparto R della locale polizia di sicurezza al comando di Globocnik – colà spostato dopo la fine dell'*Aktion Reinhard* – almeno Wirth, Hering, Stangl, Reichleitner, Oberhauser, Franz. Nel campo di transito e di punizione della Risiera di San Sabba a Trieste ritroviamo molti nazionalisti ucraini in divisa nera utilizzati come bassa forza al servizio delle guardie tedesche. Sul personale impiegato nell'*Aktion Reinhard* cfr. Y. Arad, *op. cit.*, pp. 14-22. Sul personale impiegato nella zona di operazione del litorale adriatico, cfr. L. Picciotto, *op. cit.*, pp. 862-866; cfr. anche G. Fogar, *L'occupazione nazista del Litorale Adriatico e lo sterminio della Risiera*, in A. Scalpelli (a c. di), *San Sabba. istruttoria e processo per il lager della Risiera*, ANED, A. Mondadori, Milano 1988, II vol., pp. 3-138.

Quella che venne definita più tardi *Aktion Reinhard*, in ossequio alla memoria di Reinhardt Heydrich, ucciso il 27 maggio 1942 da partigiani cecoslovacchi, consisté nell'assassinio di massa degli ebrei del Governatorato generale come scopo primario, e nella rapina dei beni personali di quei milioni di vittime come ulteriore scopo. Anche questo secondo obiettivo, come il primo, fu portato avanti con una determinazione pari all'organizzazione. Consisteva nella raccolta, nello smistamento e nella redistribuzione dei beni materiali. I magazzini della gigantesca rapina erano localizzati negli hangar del campo di aviazione di Lublino.

Il numero delle vittime dell'*Aktion Reinhard* ammonta a circa 1 500 000 (a Bełżec 550 000 secondo Hilberg e Arad; a Sobibór 200 000 secondo Hilberg, 145 000/155 000 secondo Arad; a Treblinka 750 000 secondo Hilberg, 763 000 secondo Arad).[35]

Il bilancio economico della stessa azione fu trasmesso da Globocnik a Himmler il 3 novembre 1943, quando egli si trovava già a Trieste, capoluogo della zona di operazione del litorale adriatico, dove era stato collocato con la carica di HSSPF, un notevole avanzamento da SSPF quale era a Lublino. Il 30 novembre, Himmler gli rispose ringraziandolo per il resoconto finanziario finale dell'*Aktion Reinhard* e per avere portato a termine l'azione nell'interesse di tutto il popolo tedesco. Il carteggio si chiuse con un nuovo e più circostanziato rendiconto di Globocnik datato 5 gennaio 1944.[36]

Il 21 luglio 1941, Himmler aveva dato ordine a Globocnik di istituire nel Governatorato generale, alle porte di Lublino, anche un campo del WVHA per prigionieri di guerra russi da sottoporre a lavoro schiavo, denominato Majdanek, dove furono ristretti anche prigionieri ebrei. Majdanek era strettamente collegato ai campi dell'*Aktion Reinhard*, in quanto proprio qui venivano raccolti e restaurati gli averi depredati agli ebrei di Bełżec, Sobibór, Treblinka, per essere suddivisi e impacchettati prima del loro smistamento nel Reich. Nel settembre-ottobre 1942 vi furono aperte tre piccole camere a gas che utilizzavano sia monossido di carbonio in bottiglia, sia acido cianidrico.[37] Malgrado la presenza di camere a gas, la funzione di Majdanek rimase quella di un duro campo di lavoro. Vi furono rinchiusi migliaia di ebrei-lavoratori.

A metà ottobre 1943 venne deciso di chiudere gli ultimi campi di lavoro per ebrei del Governatorato generale. La decisione riguardava la parte ebraica di Majdanek e i campi di lavoro di Poniatowa e di Trawniki. La liquidazione avvenne il 3 novembre 1943, in modo cruento, con un massacro sincronizzato condotto sul modello degli eccidi con fucilazione di

[35] R. Hilberg, *op. cit.*, p. 968-969; Y. Arad, *op. cit.*, pp. 125-130.

[36] Y. Arad, *op. cit.*, pp. 375-376. Nuremberg Document PS-4024.

[37] R. Hilberg, *op. cit.*, pp. 955-956.

massa nei territori sovietici. L'operazione, come molte altre, ebbe un nome in codice: *Operation Erntefest* (operazione della festa della mietitura).[38]

Lo sterminio di tutti gli ebrei d'Europa

Secondo quanto sostiene Christian Gerlach in uno studio circostanziato del 1997, la decisione e il conseguente annuncio dello sterminio generalizzato da applicare a tutti gli ebrei d'Europa va fatta risalire al 12 dicembre 1942, quando, durante una riunione dei dirigenti del partito, Hitler annunciò l'imminente estensione della politica di sterminio a tutti gli ebrei d'Europa, non più limitata soltanto ai sovietici (sterminio già in atto) e ai polacchi (sterminio programmato a metà dell'ottobre precedente, vedi *supra*).[39]

La maggior parte degli studiosi che finora si sono occupati della questione tende invece a collocare la decisione dello sterminio di tutti gli ebrei d'Europa nella tarda estate del 1941, sulla scorta delle dichiarazioni postbelliche sia di Adolf Eichmann, capo dell'Ufficio affari ebraici dell'RSHA[40] sia, come vedremo più avanti, di Rudolf Höss, comandante del campo di Auschwitz,[41] e l'annuncio della decisione stessa al 20 gennaio 1942. La questione rimane aperta.

Sia Gerlach che gli altri studiosi sono d'accordo nel pensare che la discussione di principio per il massacro generalizzato avvenne il 20 gennaio 1942, nella riunione svoltasi in una villa di Gross Wannsee. In un primo tempo la riunione era stata fissata per il 9 dicembre e poi fu posticipata, probabilmente a causa dell'attacco giapponese a Pearl Harbour del 7 dicembre e del successivo scontato ingresso degli Stati Uniti nel contesto bellico.[42]

Diramando l'invito al vertice, Heydrich così si espresse: «In considerazione dell'importanza straordinaria conferita a queste questioni e per giungere a un coordinamento da parte di tutte le istituzioni interessate all'ulteriore lavoro connesso alla "soluzione finale", suggerisco che questi problemi siano discussi in una conferenza». I partecipanti erano in tutto quattordici: cinque in rappresentanza degli alti gradi

[38] Y. Arad, *op. cit.*, pp. 365-369.

[39] C. Garlach, *op. cit.*, pp. 62-68.

[40] State of Israel, Ministry of Justice, *The Trial of Adolf Eichmann. Records of the Proceedings in the District Court of Jerusalem*, voll. I-IX, Jerusalem 1992-1995.

[41] Museo di stato di Auschwitz (a c. di), *Mémoires de Rudolf Höss*, in *Auschwitz vue par les SS*, pp. 35-142.

[42] La conferenza di Wannsee diede luogo a due altre conferenze, svoltesi il 6 marzo e il 27 ottobre successivi, aventi per tema in particolare la questione del trattamento dei mezzi-ebrei.

delle SS e della polizia (Heydrich stesso, Müller, capo supremo della GESTAPO, Eichmann, responsabile dell'Ufficio evacuazioni ed ebrei, IV-B-4, come verbalizzatore, Eberhard Schöngarth e Rudolf Lange, comandanti della SIPO-SD (*Sicherheitspolizei und Sicherheitsdienst*) rispettivamente del Governatorato generale e della Lettonia) e nove in rappresentanza della Cancelleria del Reich, della Cancelleria del partito, del Ministero dell'interno, della giustizia, degli esteri, dei territori orientali occupati, del gabinetto del Governatorato generale, dell'Ufficio centrale per le questioni razziali; oltre al plenipotenziario per il piano quadriennale.

Heydrich aprì la conferenza annunciando la sua nomina a plenipotenziario per la preparazione della "soluzione finale" della questione ebraica in Europa indipendentemente dai confini geografici, e sostenendo di aver convocato quella riunione per chiarire alcuni problemi di fondo.[43] Tracciò un bilancio delle fasi della politica antiebraica dal 1933 in poi, citando le statistiche dell'emigrazione. Viste però le nuove prospettive che offrivano i territori a Est, il Führer aveva deciso di sostituire le emigrazioni con le evacuazioni in quella direzione. Sottopose poi ai presenti un documento con le cifre, paese per paese, degli ebrei da sottoporre alla "soluzione finale".

Impressionante è che questo prospetto, che contava undici milioni di ebrei, riportava tutti i paesi europei, compresi quelli più lontani dal teatro di guerra, come l'Irlanda, la Svezia, la Turchia, il Portogallo. Segno evidente dell'inesauribile appetito territoriale nazista e della determinazione a portare a compimento il progetto di epurazione razziale.

Heydrich illustrò quindi la sorte degli evacuati: sarebbero stati organizzati in squadre di lavoro e destinati alla costruzione di strade; sicuramente la maggioranza sarebbe morta di stenti, in maniera naturale. I sopravissuti a questa selezione naturale, che rappresentavano la parte più resistente del giudaismo, la sua élite, sarebbero stati trattati di conseguenza, perché se liberati, avrebbero potuto costituire il seme di una rinascita ebraica. Per realizzare l'obiettivo pratico della "soluzione finale", l'Europa sarebbe stata rastrellata da Occidente a Oriente, iniziando dallo stesso Reich. Gli ebrei evacuati sarebbero stati dapprima sistemati in ghetti di transito, per venire poi trasferiti lontano, a Est.

Le date d'inizio delle evacuazioni più massicce sarebbero state determinate dall'andamento bellico. Quanto alla "soluzione" finale nei territori sottoposti a influenza tedesca, i tecnici competenti del Ministero degli esteri erano incaricati di accordarsi con i colleghi della SIPO-SD. Poi

[43] Per tutti i particolari sulla conferenza cfr. K. Pätzlod, E. Schwarz, *Ordine del giorno: sterminio degli ebrei. La conferenza del Wannsee del 20 gennaio 1942*, Bollati Boringhieri, Torino 2000.

Heydrich passò in rassegna i vari paesi e le loro possibili reazioni alla decisione tedesca. In particolare, il delegato del ministro degli esteri, Luther, mise in luce la sicura opposizione dei paesi nordici a ogni soluzione radicale. Infine venne analizzato a lungo il problema dei mezzi-ebrei, cioè dei figli di matrimonio misto, nonché degli stessi ebrei coniugati con non ebrei.

I punti principali della discussione erano stati in sintesi: la "soluzione finale" della questione ebraica intesa come il massacro degli ebrei di tutti i paesi europei, compresi gli alleati, i neutrali e gli avversari; l'utilizzo di una parte di essi per il lavoro forzato; il trattamento dei figli di matrimonio misto e dei coniugi ebrei di famiglie miste; la definizione di ebreo e l'eventuale trattamento particolare degli ebrei tedeschi.

Dalla lettura del verbale della riunione di Gross Wannsee si trae l'impressione di una voluta ambiguità del relatore, forse determinata dall'intenzione di non dichiarare esplicitamente un progetto di assassinio così immane.

A poco più di un mese dalla conferenza di Wannsee, prese avvio l'organizzazione del massacro degli ebrei tedeschi e di tutta l'Europa occupata, compresa quella occidentale.

Poco dopo, a Riga e Minsk, zona di azione delle *Einsatzgruppen*, gli ebrei tedeschi deportati dal Reich iniziarono a essere uccisi dai fucilatori o con i camion a gas. Alla fine di marzo iniziarono le deportazioni di ebrei francesi e slovacchi verso il distretto di Lublino e verso Auschwitz come manodopera schiava. Da maggio, ebrei tedeschi e austriaci furono avviati verso il campo di sterminio di Chełmno e verso il luogo dei camion a gas di Minsk.

Lo sterminio degli ebrei dentro al campo di Auschwitz

Diversamente dai campi di sterminio dell'*Aktion Reinhard* del Governatorato generale, creati e strutturati appositamente per l'assassinio, il quarto campo dotato di strutture fisse per lo sterminio, Auschwitz, situato in Alta Slesia nella Polonia meridionale, in origine era nato per tutt'altri scopi.

Dal maggio 1940 alla fine del 1941 Auschwitz era stato infatti, al pari degli altri campi sparsi nel territorio del Reich, un campo di concentramento (*Konzentrationslager*, KL) per deportati politici polacchi, dove fu giudicata necessaria l'installazione di un crematorio interno per le prevedibili innumerevoli vittime del lavoro forzato e le pessime condizioni di vita. Simili impianti erano già stati consegnati dalla ditta Topf & Söhne di Erfurt ad altri KL.

Durante la sua costruzione Auschwitz subì ampliamenti e adattamenti tali da divenire, nel corso del 1942, e segnatamente nel suo sottocampo di Birkenau, il più grande luogo di sterminio degli ebrei d'Europa.[44]

L'incarico

Investito del compito di predisporre l'assassinio di massa fu il comandante del complesso di Auschwitz, Rudolf Höss. Ecco come descrive egli stesso, nel suo memoriale autobiografico steso nella prigione di Cracovia nel 1946, l'incarico affidatogli:

> Nell'estate del 1941 – al momento non potrei citare la data esatta – venni improvvisamente convocato a Berlino presso il *Reichsführer* [*SS Reichsführer* era Heinrich Himmler], tramite il suo aiutante. Contrariamente al solito, Himmler mi ricevette senza che fosse presente nessun aiutante, e mi disse sostanzialmente quanto segue: «Il Führer ha ordinato la soluzione finale della questione ebraica, e noi SS dobbiamo eseguire questo ordine. I centri di sterminio attualmente esistenti a Oriente non sono assolutamente in condizione di far fronte alle grandiose azioni previste. Ho scelto perciò Auschwitz, sia per la sua ottima posizione dal punto di vista delle comunicazioni, sia perché il territorio a esso appartenente può essere facilmente isolato e camuffato. Per questo compito, avevo pensato di scegliere un alto ufficiale delle SS; ma per evitare fin dall'inizio difficoltà dovute a incompetenza, ho abbandonato tale idea; il compito sarà dunque affidato a Lei. Si tratta di un lavoro duro e difficile, che richiede l'impegno di tutta la persona, quali che possano essere le difficoltà future. Apprenderà ulteriori particolari dallo *Sturmbannführer* Eichmann, dell'RSHA, che le invierò tra brevissimo tempo. Tutti gli uffici che in un modo o nell'altro saranno compartecipi di tale compito verranno da me

---

[44] Sul campo di lavoro e di sterminio di Auschwitz, la bibliografia è ampia. L'opera più recente è A. Lasik, F. Piper, P. Setkiewicz, F. Strzelicka, *Auschwitz 1940-1945. Central Issues in the History of the Camp*, 5 voll., a cura del Museo di stato di Auschwitz, Oświęcim 2000; sulla cronaca degli avvenimenti cfr. l'importante libro di D. Czech, *Auschwitz Chronicle*, Henry Holt and Co., New York 1990; per l'analisi della tecnica dello sterminio cfr. J.C. Pressac, *Technique and Operation of the Gas Chambers*, Beate Klarsfeld Foundation, New York 1989; Id., *Le macchine dello sterminio*, Feltrinelli, Milano 1994; per un approccio interpretativo nuovo, in parte mutuato da Pressac, cfr. D. Dwork, R. Jan van Pelt, *Auschwitz: 1270 to the Present Time*, Norton & Company, New York-London 1996; per uno sguardo d'insieme sulle questioni fondamentali cfr. Y. Gutman, M. Berenbaum, *Anatomy of the Auschwitz Death Camp*, United States Holocaust Memorial Museum-Indiana University Press, Washington-Bloomington-Indianapolis 1994. Per un'utile ricostruzione del contesto e del meccanismo dello sterminio, espressa su cd-rom cfr. L. Picciotto, M. Pezzetti, N. Hayon, *op. cit.*

informati a tempo debito. Lei ha il dovere di mantenere il più assoluto silenzio riguardo a questo ordine, anche con i suoi superiori. Dopo il suo colloquio con Eichmann, mi mandi immediatamente i piani delle installazioni previste. Gli ebrei sono gli eterni nemici del popolo tedesco, e devono essere sterminati. Tutti gli ebrei su cui possiamo mettere le mani in questo tempo di guerra, devono essere uccisi, senza eccezione. Se non riusciremo ora a distruggere le basi biologiche dell'ebraismo, un giorno saranno gli ebrei ad annientare il popolo tedesco». Subito dopo aver ricevuto questo ordine così grave feci ritorno ad Auschwitz, senza neppure recarmi a rapporto dai miei superiori a Oranienburg. Poco tempo dopo, venne da me ad Auschwitz Eichmann, che mi espose il piano delle azioni per i diversi paesi. Non saprei più ridire con esattezza la successione. In ogni modo, Auschwitz avrebbe dovuto occuparsi prima di tutto dell'Alta Slesia orientale e delle zone a essa confinanti del Governatorato generale. Contemporaneamente, e poi di seguito, secondo le possibilità, sarebbe toccato agli ebrei della Germania e della Cecoslovacchia; alla fine agli ebrei occidentali, della Francia, del Belgio, dell'Olanda. Egli mi fece anche le cifre approssimative dei trasporti che sarebbero arrivati, ma anche di queste non saprei più ridire. Quindi passammo a discutere il procedimento per attuare il piano di sterminio. Il mezzo non poteva essere che il gas, perché sarebbe stato senz'altro impossibile eliminare le masse di individui in arrivo con le fucilazioni e, d'altronde, sarebbe stata una fatica troppo pesante per i militi delle SS incaricati di eseguirle, data anche la presenza di donne e bambini.

Eichmann mi parlò dell'uccisione con gas da scappamento su autocarri, che era il metodo usato fino allora in Oriente. Ma era un metodo da scartare ad Auschwitz, dati i trasporti di massa previsti. L'uccisione mediante gas di ossido di carbonio filtrati attraverso le docce nelle stanze da bagno, cioè il metodo con cui si sterminavano i malati di mente in alcuni istituti nel Reich, richiedeva un numero eccessivo di installazioni; inoltre, era assai problematica la possibilità di procurarsi il gas in quantità sufficiente per masse così ingenti. Su questo punto, quindi, non fu possibile arrivare a una decisione. Eichmann voleva informarsi sull'esistenza di qualche gas di facile approvvigionamento e che non richiedesse installazioni particolari; mi avrebbe poi riferito in proposito.

Andammo a ispezionare il terreno per trovare il posto più indicato. Stabilimmo che era senz'altro la fattoria situata nell'angolo nordoccidentale del futuro terzo settore di edifici di Birkenau. Era una località fuori mano, protetta contro sguardi indiscreti da boschi e siepi, e non troppo lontana dalla ferrovia. I cadaveri avrebbero potuto essere interrati in lunghe e profonde fosse nel prato contiguo. In quel momento non avevamo ancora pensato alla cremazione. Calcolammo che nei locali già esistenti, dopo averli resi stagni, avremmo potuto uccidere contemporaneamente ottocento individui servendoci di

> un gas appropriato. Queste cifre furono poi confermate dalla pratica. Eichmann non era ancora in grado di dirmi l'epoca in cui sarebbero cominciate le azioni, poiché tutto era ancora in fase di preparazione, e il *Reichsführer* [Himmler] non aveva ancora dato il via all'operazione.
> Eichmann fece quindi ritorno a Berlino, per riferirgli il contenuto del nostro colloquio. Qualche giorno più tardi spedii a Himmler, con un corriere speciale, un piano esatto del posto e una descrizione accurata dell'installazione prevista. Non ho mai ricevuto in proposito da lui una risposta né una decisione. In seguito, Eichmann una volta mi disse che il *Reichsführer* si era mostrato d'accordo su tutto.
> Alla fine di novembre si tenne a Berlino, presso l'ufficio di Eichmann, una conferenza alla quale presero parte tutti i funzionari incaricati degli uffici per gli affari ebraici, alla quale venni invitato a partecipare. Gli incaricati di Eichmann nei singoli paesi riferirono sullo stato attuale delle azioni e sulle difficoltà che si frapponevano alla loro attuazione, come il ricovero per i prigionieri, la preparazione dei treni per i trasporti, la pianificazione degli orari eccetera. Non mi fu comunicato il momento dell'inizio dell'azione, del resto Eichmann non era ancora riuscito a trovare il gas appropriato.[45]

Il resoconto del colloquio tra Höss e Himmler risulta di grande importanza per le nostre conoscenze sulla decisione di sterminio. Vi è espresso con chiarezza il ruolo assegnato ad Auschwitz: si parla di una Auschwitz sul modello dei campi dell'*Aktion Reinhard*, cioè con impianti rudimentali privi di crematori, a uso dell'assassinio degli ebrei locali, cioè dell'Alta Slesia e del vicino Governatorato generale; e di una seconda Auschwitz che doveva servire come luogo di sterminio degli ebrei della Germania, della Cecoslovacchia e poi di tutta l'Europa occidentale.

Nel colloquio si fa cenno ai camion a gas, cioè alla fase di transizione tra lo sterminio mobile e luoghi di sterminio fissi, e si fa cenno anche a centri dello sterminio. Questo accenno potrebbe riguardare i centri dove funzionavano i camion a gas oppure i campi dell'*Aktion Reinhard*. Quest'ultima ipotesi farebbe spostare in avanti la data del colloquio che Höss assicura si sia svolto alla fine di agosto-prima settimana di settembre, poiché a quell'epoca nessun centro era ancora funzionante. Se Himmler si riferisce dunque a Bełżec, il colloquio può essersi svolto soltanto nel dicembre del 1941.[46]

---

45 Museo di stato di Auschwitz (a c. di), *op. cit.*, pp. 113-116.

46 Su questo punto cfr. K. Orth, *Rudolf Höss und die "Endlösung der Judenfrage". Drei Argumente gegen deren Datierung auf den Summer 1941*, in "Wersktatt Geschichte", n. 18, 1997, p. 52; J.C. Pressac, sulla base della cronologia della collocazione degli strumenti di sterminio di massa a Birkenau, sposta la data della convocazione a Berlino addirittura al giugno del 1942 (*op. cit.*, p. 51).

Secondo alcuni storici, Eichmann commetterebbe lo stesso sbaglio di data affermando di essere stato informato da Heydrich, due o tre mesi dopo l'attacco all'Unione Sovietica, che il Führer aveva deciso la distruzione fisica degli ebrei; secondo Christian Gerlach, egli avrebbe volutamente anticipato tale data per meglio difendersi durante il suo processo.[47]

Il gas adatto, non ancora individuato da Eichmann, fu trovato dallo stesso Höss. Si trattava dello Zyklon B, utilizzato già in grande quantità nel KL di Auschwitz come disinfestante, che era stato fatto inalare anche a esseri umani, per prova, dal suo sostituto Karl Fritsch.

Höss recuperò l'idea di usare quel gas come veleno per gli ebrei dopo il suo viaggio a Berlino di fine novembre 1941. Nel suo resoconto appare che prima di allora non si era trovato niente di adatto.

Höss dice che una volta individuato il gas giusto, assisté personalmente alla gassazione omicida di un gruppo di prigionieri di guerra sovietici, formato da novecento persone, e di aver provato «un grande conforto nel constatare che i cadaveri non mostravano segni di contrazioni o di spasimi mentre lui aveva sempre immaginato un orribile soffocamento» (sic!). I medici gli avevano spiegato che l'acido prussico agiva sui polmoni con un effetto paralizzante e repentino.

Quella gassazione dei sovietici recò sollievo a Höss perché entro un termine prevedibile avrebbe dovuto iniziare lo sterminio in massa degli ebrei, e né lui né Eichmann sapevano ancora bene in quale modo vi avrebbero provveduto. Evidentemente avrebbero dovuto servirsi di un gas; ora egli aveva scoperto anche qual era il modo per utilizzarlo.

Alla successiva visita di Eichmann, Höss riferì del possibile impiego dello Zyklon B e decisero che quello sarebbe stato il gas da adoperare per le imminenti stragi di massa, un gas diverso da quello utilizzato nelle altre fasi dell'eccidio che era il monossido di carbonio. Ora si trattava di acido prussico o cianidrico, il cui nome commerciale era appunto Zyklon B.[48]

---

[47] B. Musial, *op. cit.*, p. 140; J.C. Pressac, *Le macchine...*, cit., p. 51. La discussione sul valore storico delle dichiarazioni di Eichmann è in Ch. Gerlach, *The Eichmann Interrogations in Holocaust Historiography*, in "Holocaust and Genocide Studies", 2001, n. 3, pp. 428-452.

[48] L'acido prussico era un gas generato da evaporazione, eliminava insetti e topi ma non distruggeva i batteri. Era altamente tossico per l'uomo, bloccava lo scambio di ossigeno nei tessuti provocando senso di vertigine, mal di testa, vomito, convulsioni. Andava maneggiato con cura e con la protezione di una maschera munita di uno speciale filtro. Veniva fissato su piccoli cilindri di silicio poroso di colore bianco bluastro e veniva consegnato dal distributore in confezioni cilindriche di cartone di tre dimensioni: da 500, 1000, 1500 grammi. Fu scelto da Höss per l'assassinio di massa degli ebrei per due ragioni: l'alta tossicità e la rapida evaporazione. Per avvelenare 1000-2000 persone contemporaneamente occorreva avere dunque un grande locale sigillato, 5-7 chili di Zyklon B, una temperatura interna di circa 27 gradi che garantisse l'evaporazione del gas. La durata complessiva dell'assassinio di massa era di circa 20-30 minuti: 5-10 minuti per l'avvelenamento vero e proprio, 15-20 minuti per la ventilazione del locale. Cfr. J.C. Pressac, *Technique...*, cit., pp. 15-23.

Lo sterminio degli ebrei iniziò presumibilmente a partire dal 15 febbraio 1942 con l'asfissia collettiva nel Crematorio I del campo di Auschwitz – crematorio riadattato a camera a gas[49] – di un gruppo di anziani provenienti dalla cittadina di Beuthen nell'Alta Slesia. Proseguì il 20 marzo 1942[50] nelle fattorie agricole ai bordi del campo di Birkenau riadattate a camere a gas, e poi, da metà marzo 1943, negli efficienti quattro impianti di sterminio e di cremazione dei cadaveri appositamente costruiti. Con i sette impianti sopradetti, ad Auschwitz fu consumato un genocidio di proporzioni immani e con caratteristiche di meccanicità mai viste prima.

Alla fine del settembre 1942 l'attività di sterminio funzionava a pieno ritmo, tanto che il 26 di quel mese il capo del dipartimento A del WVHA, August Frank, *SS Gruppenführer*, impartì ordini ai comandanti dei campi di Lublino (Majdanek) e di Auschwitz relativi al trattamento dei beni ebraici mobili rapinati ai deportati. Tali beni andavano trattati come se i possessori non fossero già più in vita al momento in cui avevano messo piede in questi due campi (per non parlare di quelli che venivano sottoposti ad asfissia immediata).[51]

Lo sterminio di massa cessò all'inizio di novembre del 1944. Nei quasi tre anni del suo funzionamento, dentro al campo di Auschwitz-Birkenau furono assassinati con il gas, con colpi di arma da fuoco, con iniezioni di fenolo al cuore o con maltrattamenti almeno 900 000 ebrei.

Le deportazioni sistematiche ad Auschwitz da tutta l'Europa occupata

Come conseguenza di quanto comunicato e discusso nella riunione sopracitata del 20 gennaio 1942, gli ebrei sarebbero stati catturati in ogni angolo d'Europa e sarebbero stati convogliati verso il nuovo centro di sterminio di Auschwitz-Birkenau. Le deportazioni ebbero origine da dodici paesi diversi occupati dall'esercito tedesco.

Da marzo 1942 giunsero treni dalla Slovacchia e dalla Francia; da maggio, dall'Alta Slesia, in Polonia; da luglio, dall'Olanda; da agosto, dal Belgio e dalla Jugoslavia; da settembre, da Theresienstadt, in Boemia-Moravia, dalla Germania e dall'Austria; da dicembre, dalla Norvegia; dal marzo 1943, dalla Grecia; da ottobre, dall'Italia; dal maggio 1944, dall'Ungheria.[52]

---

[49] Secondo Pressac, l'adattamento dell'obitorio disaereato del Crematorio I del campo di Auschwitz, usato fino ad allora esclusivamente come obitorio, iniziò nel gennaio 1942.

[50] Jean Claude Pressac non è d'accordo su questa data determinata da Danuta Czech in base alle affermazioni del memoriale di Höss; egli propende per un giorno di fine maggio 1942. D. Czech, *Auschwitz Chronicle*, cit., p. 146 ; J.C. Pressac, *Le macchine*..., cit., p. 49.

[51] D. Dwork, R. Jan van Pelt, *op. cit.*, pp. 322-323.

[52] D. Czech, *Auschwitz Chronicle*, cit.

Il totale dei deportati ebrei è stimato in circa un milione e centomila persone. Auschwitz-Birkenau fu il centro di sterminio che funzionò più a lungo di tutti. Dopo lo smantellamento e l'ultimo massacro nel campo di Majdanek avvenuto il 3 novembre 1943, esso rimase l'unico grande luogo per lo sterminio degli ebrei.[53]

Dalla primavera del 1944, Birkenau divenne anche un grande centro di raccolta dei prigionieri di altri campi posti nella zona minacciata dall'avanzata sovietica. Verso di esso furono evacuati gli ebrei superstiti di Majdanek, di Plaszów e degli altri campi di lavoro del Governatorato generale. Chi era atto al lavoro, in seguito, veniva trasferito nei campi situati presso le grandi industrie belliche, chi era inabile veniva ucciso nelle camere a gas. I convogli di ebrei, segnalati all'amministrazione del campo prima del loro arrivo con la sigla RSHA per distinguerli da quelli degli altri deportati (non sottoposti a selezione iniziale), dalla primavera 1942 all'aprile 1944 giungevano su una banchina di scarico, detta *Judenrampe*, dello scalo merci della stazione di Oświęcim (Auschwitz in tedesco) e, successivamente, sulla banchina ferroviaria allestita all'interno stesso del campo di Birkenau, detta *Bahnrampe*. Nella *Kommandantur* un sottufficiale avvertiva dell'arrivo di un nuovo convoglio, le SS del servizio accoglimento si dirigevano, in motocicletta, alla volta della rampa, mentre grossi camion militari, muniti di tendone verde, venivano fatti uscire dal garage per essere portati ai lati della strada di scarico. Il treno veniva circondato da un cordone di SS preavvertite dell'arrivo di un nuovo convoglio. Il capo della scorta che accompagnava i treni dai paesi d'origine consegnava la lista dei deportati, con nome, cognome, data di nascita e numero del treno, all'uomo delle SS addetto al ricevimento. Poi i vagoni venivano scaricati, uno dopo l'altro, in fretta e con violenza. Chi non riusciva a discendere velocemente era tirato giù in malo modo dai prigionieri del Kommando addetto alla rampa (*Aufraumungskommando an der Rampe*). Gli invalidi rimasti nel treno, al termine dello scarico erano letteralmente gettati fuori dei vagoni come oggetti ingombranti. Il bagaglio pesante rimaneva a bordo, mentre quello leggero era deposto dai deportati stessi sulla banchina.

I Bunker a gas e il loro procedimento di sterminio

Gli eccidi ad Auschwitz iniziarono nel locale obitorio del Crematorio I del campo principale, appositamente adattato per poter diventare una

[53] F. Piper, *Le nombre des victimes au KL Auschwitz*, in F. Piper, T. Swiebocka (a c. di), *Auchwitz. Camp de concentration e d'extermination*, Museo di stato di Auschwitz 1944, pp. 199-214 (di questo volume esiste anche la versione italiana con il nome *Auschwitz. Il campo nazista della morte*, Museo di stato di Auschwitz, Oświęcim 1995).

camera a gas. Un locale cioè isolato dall'esterno con porte stagne, dove potesse essere introdotto il gas velenoso. Le uccisioni in questa prima collocazione furono saltuarie e iniziarono nel febbraio 1942. Si trattava, comunque, già del primo modello di circuito integrato dello sterminio, dotato sia di struttura per dare la morte, sia di struttura per far sparire i corpi degli uccisi nelle fornaci-crematorio.[54]

Nel maggio 1942 le uccisioni nel Crematorio I vennero sospese. Pressac, in maniera convincente, spiega che la ragione di tale sospensione è da ricercare nel cattivo funzionamento delle fornaci e della canna fumaria e nella conseguente necessità di un restauro.

Essendo prossimi gli arrivi previsti da Himmler di ebrei provenienti, oltre che dal circondario di Auschwitz, anche dalla Francia e dalla Slovacchia, occorreva trovare una soluzione per proseguire comunque l'impresa già avviata.[55] Höss, che già aveva scelto con Eichmann un luogo appartato adatto all'impresa, decise che era giunto il momento di rendere attiva la piccola casa colonica sul limitare del bosco di betulle, a est dell'area del costruendo campo di Birkenau. La casa comprendeva due locali per una superficie totale di circa 60-80 metri quadri.

Ogni stanza era dotata di una porta, resa stagna, che dava sull'esterno. Le finestre vennero murate. Sui muri esterni vennero aperti lucernai stagni attraverso i quali poter introdurre lo Zyklon B, fissato su cristalli di silicio blu, che evaporava al contatto con l'aria a una certa temperatura. Le persone venivano introdotte nella casa a tre-quattrocento per volta e pigiate dentro. La casa dal tetto rosso venne anche denominata Bunker 1. Entrò in funzione, secondo Pressac, alla fine del maggio 1942.[56]

Poco dopo, in giugno, si decise di aumentare le operazioni di sterminio e fu scelta una seconda casetta colonica, questa volta intonacata a calce, denominata casa bianca o Bunker 2. Era leggermente più grande della prima, circa 105 metri quadri. Vi furono costruite pareti interne in modo da ottenere quattro piccole camere a gas piazzate in

---

[54] Lo studio particolareggiato del Crematorio I con le planimetrie e le trasformazioni tecniche è stato effettuato da J.C. Pressac in *Technique*..., cit., capitolo "Krematorium I or the Old Krematorium of the Main Camp (Stammlager)", pp. 123-159.

[55] J.C. Pressac, *Le macchine*..., cit., p. 50. Secondo Pressac l'episodio raccontato da Höss nel suo memoriale riguardo al giro di ispezione nei dintorni fatto insieme a Eichmann per cercare un luogo adatto dove creare una camera a gas, risale al giugno 1942, in collegamento con la sospensione del funzionamento per guasto tecnico del crematorio. A nostro avviso l'argomentazione non regge perché Höss, nel suo memoriale, dice anche che il gas adatto non era stato ancora trovato. Si sa invece che nel Crematorio I era in uso lo Zyklon B dall'inizio del 1942.

[56] Lo studio particolareggiato del Bunker 1 con la planimetria e la trasformazione tecnica è stato effettuato da J.C. Pressac in *Technique*..., cit., capitolo "Bunker 1 or the Red House and its Supposed Mass Graves", pp. 161-170.

parallelo e dotate di doppie porte, una sul lato sud-est dell'edificio, e una sul lato opposto, verso nord-ovest. Le quattro porte di entrata recavano il cartello AI BAGNI, le quattro porte di uscita ALLA DISINFEZIONE. Le finestrelle che servivano a introdurre il gas Zyklon B erano cinque in totale, due per la camera a gas più grande, una ciascuna per le più piccole.[57]

Lo scarico dei convogli di ebrei arrivati dalla Slovacchia, dalla Francia, dalla Polonia, dall'Olanda nella prima metà del 1942 avveniva lontano da sguardi indiscreti allo scalo merci della stazione di Auschwitz. Una volta discesi dai treni, i deportati erano avviati nella loro totalità nella zona del Bunker 1 per esservi immediatamente uccisi.

Solo a partire dal 4 luglio 1942, dopo la creazione del Bunker 2, in relazione alle necessità di manodopera del campo, per ogni convoglio si decise di salvare da morte immediata una quantità di donne e uomini adulti pari a una percentuale del totale degli arrivati.

Le SS iniziarono la pratica della cosiddetta "selezione iniziale": la scelta, all'arrivo dei deportati, tra gli inabili da mandare subito a morte senza registrazione, e gli abili, da rinchiudere come prigionieri schiavi nel campo. Una tragica procedura che vedeva dividere le famiglie, strappare i bambini alle madri, gli anziani ai figli, i mariti alle mogli, sulla rampa stessa di arrivo dei treni. In piedi, al limite della banchina di arrivo, stavano in attesa il capo della sezione politica, il capo della sezione sanitaria, il capo della sezione del lavoro, il *Rapportführer* (responsabile della conta dei prigionieri ad Auschwitz), incaricati di sovrintendere alla "selezione iniziale" di ogni convoglio in arrivo siglato RSHA.[58]

Dopo essere scesi dai vagoni, gli ebrei dovevano disporsi lungo la banchina in due colonne; gli uomini da una parte, le donne e i bambini dall'altra. Dopo aver ottenuto ordine, le SS facevano avanzare le vittime, uno per volta, e giudicavano con un'occhiata la loro validità per il lavoro.

Le madri con bambini appresso, i deboli, gli invalidi, gli anziani, gli uomini e le donne dall'aspetto maturo, i giovani sotto i sedici anni erano considerati in ogni caso inabili. Li mandavano con un cenno da una parte o un'altra, formando così due gruppi, uno preso in consegna dal capo della sezione del lavoro e portato dentro al campo, l'altro preso in

[57] Lo studio particolareggiato del Bunker 2, con la planimetria e la trasformazione tecnica è stato effettuato da J.C. Pressac in *Technique*..., cit., capitolo "Bunker 2 or the White House and its Undressing Huts", pp. 171-181.

[58] Lo scarico dal treno di ebrei deportati dall'Ungheria è documentato visivamente in tutte le sue fasi perché fotografato da una SS. Si tratta dell'album fotografico trovato in modo fortunoso da Lili Jacob e da lei regalato all'archivio dell'Istituto Yad Vashem tramite Serge Klarsfeld di Parigi. Le foto sono pubblicate in S. Klarsfeld, *The Auschwitz Album. Lili Jacob's Album*, The Beate Klarsfeld Foundation, New York 1980 e anche in A. Freyer, P. Hellman, J.C. Pressac (a c. di), *Meier Lili. L'album d'Auschwitz*, Seuil, Paris 1983.

consegna dal capo della sezione politica o da un suo sostituto e portato a piedi o in camion, a seconda dei periodi, verso le camere a gas.

Dalle testimonianze raccolte, la selezione sulla banchina si svolgeva in mezzo alle grida e ai pianti; chi non voleva separarsi dalle proprie famiglie e cercava di riavvicinarsi ai parenti veniva duramente respinto dalle SS, e questo provocava una terribile atmosfera di eccitazione e di terrore.

Nel suo memoriale autobiografico, Höss sostiene che gli abili erano una percentuale del 25-30% sul totale di ogni trasporto, e che tale media oscillava e dipendeva spesso dalla provenienza dei deportati e dai giorni di viaggio che avevano dovuto subire.

In realtà la percentuale dei selezionati non era fissa; prima dell'arrivo di ogni trasporto, Höss dichiarava alla sua amministrazione il numero di uomini cui era interessato quel giorno. Secondo questa esigenza si calcolava la percentuale da non assassinare immediatamente, percentuale che poteva ammontare al 10-20, 30%, al massimo, di ogni convoglio. Talvolta la selezione non veniva neppure praticata e l'intero convoglio veniva sterminato.

Nella zona adiacente alle camere a gas, i deportati venivano convinti che li attendeva una disinfestazione e un bagno; si dovevano pertanto spogliare nelle due baracche prospicienti e poi entrare nella sala delle "docce". Sia le SS sia i detenuti addetti, avevano il compito di tranquillizzare i deportati in modo che tutto si svolgesse nel massimo ordine. Se qualcuno faceva resistenza, veniva portato dietro l'edificio e ucciso con una revolverata; lo stesso veniva fatto in caso di un surplus di persone da uccidere.

Dopo che tutto il gruppo era entrato nell'edificio, le SS chiudevano ermeticamente la porta e introducevano da fori laterali il gas Zyklon B. I prigionieri morivano per soffocamento nel giro di pochi minuti. Dopo l'inalazione, il maggior numero di corpi si trovava contro la porta poiché là era l'unica via di fuga dal gas che si propagava; i cadaveri erano coperti di sangue, di escrementi e di vomito e la loro pelle prendeva un innaturale colorito rosa. Dopo aver aerato la camera a gas, la manovalanza addetta (formata da detenuti costretti a tale lavoro, il cosiddetto *Sonderkommando*), separava i corpi spesso avvinghiati, li estraeva dal locale e li caricava su carriole di ferro che correvano su strette rotaie. A qualche centinaio di metri scaricavano i cadaveri in fosse comuni preparate all'uopo.

Poco tempo dopo l'inizio dello sterminio, Himmler ordinò, tramite Eichmann, di strappare i denti d'oro, di tagliare i capelli alle donne, di estrarre gli anelli e gli orecchini dalle persone assassinate.[59]

---

[59] F. Piper, *L'extermination massive des Juifs*, in *Auschwitz vue par les SS*, cit., p. 189.

Nel luglio del 1942 Himmler, di nuovo in visita ad Auschwitz, volle assistere a un intero procedimento di assassinio di massa nel Bunker 2. Si trattò del "trattamento" di un convoglio di ebrei giunto dall'Olanda: vide l'arrivo del treno, lo scarico dei prigionieri, l'introduzione delle persone nelle camere a gas, l'asfissia collettiva, il disbrigo dei loro corpi, il loro trasporto nella fossa.[60]

Poco dopo questa visita, Eichmann mandò ad Auschwitz Paul Blobel, responsabile dell'azione di dissimulazione dei crimini che si stavano perpetrando nei centri di sterminio della Polonia e dell'Unione Sovietica. Egli aveva il compito di riesumare anche ad Auschwitz i cadaveri giacenti nelle fosse comuni e cremarli a cielo aperto, operazione che venne iniziata alla fine di settembre del 1942. Furono create pire su cui bruciare i cadaveri sia dei nuovi assassinati, sia di quelli già giacenti nelle fosse di seppellimento e appositamente riesumati.[61]

Evoluzione del campo-filiale di Auschwitz-Birkenau e delle sue strutture

Gli studi più recenti su Auschwitz indicano che l'idea di estendere l'assassinio di massa a tutti gli ebrei d'Europa fu successiva all'idea di creare il campo-filiale di Birkenau, la cui costruzione iniziò a metà ottobre del 1941, e che quest'ultimo era stato ideato inizialmente per tutt'altri scopi. Solo nel corso della sua progettazione e costruzione, in relazione alle svolte militari e politiche ad alto livello sopra accennate, fu deciso di farlo diventare il centro di sterminio più grande di tutti i tempi.

Torniamo dunque un poco indietro nel tempo e vediamo come era nata l'idea di costituire il campo-filiale di Birkenau e di adattarlo, in modo autonomo rispetto ai Bunker a gas, allo sterminio.

Il comandante della polizia e capo supremo delle SS, Himmler, aveva visitato il KL di Auschwitz il 1° marzo 1941 e aveva, contestualmente, impartito al comandante Höss diverse disposizioni. La più importante fu quella di costruire nella vicina zona di Brzezinska (Birkenau in tedesco) un campo-filiale per prigionieri di guerra (*Kriegsgefangenenlager*; KGL) della capacità di 100 000 persone.[62]

Lo scopo di tale immensa struttura era di alloggiare prigionieri di guerra sovietici, non protetti dalla convenzione di Ginevra e perciò assoggettabili, secondo la logica tedesca, a lavoro schiavistico. Il lavoro cui Himmler aveva intenzione di sottoporli era il lavoro edilizio e stra-

---

[60] Ivi, p. 183.

[61] *Ibid.*

[62] J.C. Pressac, *Le macchine…*, cit., p. 31; D. Czech, *La genèse du camp, sa construction et son agrendissement*, in *Auschwitz vue par les SS*", cit., p. 27.

dale, per trasformare la regione intorno ad Auschwitz in un modello di paesaggio urbano e sociale di tipo germanico, cancellando ogni traccia della presenza polacca.

A capo dell'ufficio costruzioni (*Bauleitung der Waffen-SS und Polizei Auschwitz*) del campo di concentramento di Auschwitz fu nominato, a partire dal 1° ottobre 1941, l'ingegnere Karl Bischoff, *SS Hauptsturmführer*, alle dirette dipendenze di Hans Kammler, *SS Oberführer*, capo del dipartimento II della SS-HHB (*SS Hauptamt Haushalt und Bauten*, Ufficio centrale SS bilancio e costruzioni). Vista la mole e l'importanza delle costruzioni da intraprendere, egli ottenne l'avanzamento di grado dell'Ufficio costruzioni (*Bauleitung*) in Ufficio centrale costruzioni delle Waffen SS e della polizia di Auschwitz Alta Slesia (*Zentralbauleitung der Waffen-SS und Polizei Auschwitz, O/S*).[63]

Contemporaneamente venne aperta la Direzione speciale per la costruzione di un campo per prigionieri di guerra (*Sonderbauleitung für die Errichtung eines KGL*) a Birkenau, incaricata di costruire un campo avente una capienza aumentata a 125 000 persone.

Prevedendo una consistente mortalità tra i detenuti costretti ai lavori forzati, Bischoff si preoccupò del problema sanitario della cremazione dei corpi. Convocò per il 21 e 22 ottobre 1941 l'ingegner Kurt Prüfer, specialista in progettazione di crematori della ditta Topf & Söhne, e colloquiò con lui per due giorni a proposito della costruzione nel KL di Auschwitz di un nuovo grande crematorio che servisse a bruciare sia i corpi dei morti nel KL sia quelli del futuro KGL di Birkenau.[64] Era inteso che occorresse anche costruire, nello stesso KGL di Birkenau, obitori di capacità minore, per riporre i corpi in attesa di essere cremati nel grande crematorio del KL.

Gli architetti della *Bauleitung* si misero subito all'opera per disegnare gli schizzi del nuovo edificio denominato *Neubau-Krematorium*. Furono prodotti diversi disegni, sia tracciati in ottobre ad Auschwitz dall'architetto Walter Dejaco, *SS Untersturmführer*, sia in novembre a Berlino dall'architetto Werkmann, esperto della zona di Auschwitz, che lavorava per Kammler.[65]

Il 4 novembre 1941, la Topf & Söhne presentò ad Auschwitz un preventivo finanziario per le fornaci e per il sistema di ventilazione, progettato dal suo ingegnere Karl Schultze. Fra gennaio e febbraio del 1942 la *Bauleitung* (ormai diventata *Zentralbauleitung*) produsse altri schemi per il nuovo tipo di crematorio sulla base del disegno prodotto a Berlino da Werkmann.[66]

---

[63] J.C. Pressac, *Le macchine...*, cit., p. 45.

[64] Ivi, p. 62.

[65] J.C. Pressac, *Technique...*, cit., p. 183.

[66] Ivi, p. 184.

Fino ad allora, dunque, la discussione fra i tecnici verteva su obitori e crematori costruiti per scopi igienico-sanitari, e non a scopo di sterminio, in relazione al primo obiettivo dell'istituzione del campo-filiale di Birkenau, ideato come un immenso campo di lavoro per prigionieri di guerra sovietici.

Nel frattempo però qualche cosa era cambiata a Berlino a livello delle alte sfere riguardo alla decisione di mettere in atto lo sterminio degli ebrei di tutta Europa e, contemporaneamente, riguardo al dirottamento di destinazione dei prigionieri di guerra sovietici.

Due elementi, questi, che contribuirono a fare di Birkenau, anziché un campo di lavoro per prigionieri di guerra sovietici come previsto, un campo di lavoro e sterminio per ebrei, e a fare del grande crematorio previsto, anziché un luogo destinato a soddisfare obiettivi sanitari, un luogo per assassinare masse di civili.

Le due date importanti per questi mutamenti sono il 20 gennaio 1942, data del già citato annuncio ufficiale durante la conferenza di Wannsee della politica di sterminio da parte dell'RSHA ad alti funzionari dello stato e del partito, e il 25 gennaio, data dell'annuncio da parte di Himmler all'ispettore dei campi di concentramento del nuovo potente organismo economico denominato WVHA (*Wirtschafts-Verwaltungshauptamt*, Ufficio centrale SS per l'amministrazione e l'economia) che non c'era da aspettarsi nel prossimo futuro alcun prigioniero di guerra sovietico ma che avrebbe mandato nei KL un gran numero di ebrei.[67]

Il costruendo campo di Birkenau divenne così, in corso di progettazione, il luogo dove trasportare tutte le masse ebraiche arrestate in ogni angolo d'Europa per essere assassinate o assoggettate a lavoro schiavistico.

Con queste nuove cognizioni in tasca Hans Kammler, diventato capo del dipartimento costruzione del WVHA (Ufficio c), il 27 febbraio 1942 fece una visita ad Auschwitz e annunciò che il crematorio in progetto non si sarebbe più costruito nel KL di Auschwitz, ma direttamente sul territorio del campo di Birkenau in via di edificazione.[68]

Dall'inizio di febbraio del 1942 era dunque noto agli alti funzionari nazisti che la futura manodopera sarebbe stata costituita in maggioranza da ebrei e che il cambiamento di collocazione del nuovo grande crematorio era legato al cambiamento di destinazione di Birkenau stesso, da KGL (tale denominazione non cambiò fino al 1943 inoltrato) per prigionieri di guerra sovietici a campo di sterminio e di lavoro.

---

[67] Nuremberg Document NO-500: Da Himmler a Glücks, 25 gennaio 1942; D. Dwork, R. Jan van Pelt, *op. cit.*, p.61.

[68] Da Zentralbauleitung (Bishoff) a SS WVHA, Dipartimento C, 30 marzo 1942, documento pubblicato da J.C. Pressac, *Technique...*, cit., p. 193.

I crematori/camere a gas tecnologici

Il 17-18 luglio 1942 il comandante della polizia e capo supremo delle SS Himmler fece una seconda visita alla "zona di interesse" (*Interessengebiet*) di Auschwitz durante la quale ordinò un'espansione del progetto del futuro campo per prigionieri di guerra di Birkenau fino alla capacità di 200 000 prigionieri.[69]

Benché Birkenau fosse ancora denominato KGL e Himmler parlasse di prigionieri di guerra sovietici, all'epoca non poteva essere altro che un pretesto, poiché egli sapeva già, almeno dalla fine di gennaio del 1942, che non avrebbe ottenuto per i suoi scopi altri prigionieri di guerra russi oltre ai 10 000 cedutigli dall'esercito per il KL di Auschwitz nell'ottobre del 1941. Era vero, al contrario, che lo sterminio e la riduzione in schiavitù della popolazione ebraica europea era già iniziata e che Birkenau sarebbe servita particolarmente a quello scopo.

Dalla primavera del 1942 erano in funzione le camere a gas dei Bunker 1 e 2 e le relative fosse, ma l'incremento numerico che le deportazioni ebraiche avrebbero avuto di lì a poco richiedeva un'evoluzione tecnologica sia del metodo di assassinio, sia del metodo dell'eliminazione dei corpi. Quelli erano impianti rudimentali da abbandonare quanto prima in favore di impianti "a circuito continuo", in cui le persone sarebbero entrate con i propri piedi da una parte e uscite sotto forma di cenere da un'altra.

Ad appena un mese di distanza dall'ispezione di Himmler, il 19-20 agosto 1942, fu convocata presso la *Zentralbauleitung* una riunione tecnica per la pianificazione, già decisa in precedenza, dei nuovi impianti di sterminio e di eliminazione dei corpi necessari a Birkenau. Non si sarebbe più costruito un solo grande edificio crematorio, ma più edifici, dei quali la *Bauleitung* aveva già al suo interno discusso, come dimostra chiaramente la planimetria di Birkenau prodotta dall'architetto delle SS Walter Dejaco il 15 agosto in cui compaiono già non uno ma due grandi crematori, a specchio, ai lati del viale centrale del campo.[70]

Alla riunione assistettero Fritz Ertl e Hans Kirschneck, rispettivamente della *Zentralbauleitung* e della *Bauleitung* del KL di Auschwitz, ambedue *SS Untersturmführer*, l'ingegner Kurt Prüfer per la Topf & Söhne, Robert Koehler per la sua azienda specializzata in camini e caldaie.

---

[69] D. Czech, *La genèse*..., cit., pp. 32-33.

[70] Planimetria del KGL di Auschwitz del 15 agosto 1942 al massimo della sua prevista espansione con quattro settori della capacità rispettivamente di 60 000, 20 000, 60 000 e 60 000 prigionieri, cioè un totale di 200 000 persone. Tale progetto non fu mai interamente realizzato. Nella planimetria si vedono già due crematori mentre, precedentemente, ce n'era uno solo. Planimetria pubblicata da J.C. Pressac, *Technique*..., cit., p. 203.

Le decisioni prese furono:

1. Per il crematorio già iniziato a Birkenau (futuro Crematorio II), di continuare i lavori di edificazione, di iniziare immediatamente l'installazione delle cinque fornaci a tre muffole e di affidare alla ditta Koehler i lavori di installazione dei condotti di aria e la costruzione dei camini.

2. Per i crematori da costruire (futuri Crematori IV e V) nelle vicinanze dell'"impianto da bagno per azioni speciali" (cioè i Bunker 1 e 2), di cercare di stornare le fornaci giacenti presso la Topf & Söhne già pronte per essere spedite altrove, a Moghilev.

3. Per la costruzione di un secondo crematorio da cinque fornaci a tre vani ognuna (futuro Crematorio III), con sistema sia di aerazione sia di disaerazione, di attendere i risultati della decisione dell'RSHA riguardanti la concessione di materiale edile razionato.[71]

Come ha provato Jean Claude Pressac, i funzionari degli uffici costruzione e le imprese civili coinvolte nell'edificazione degli edifici e degli impianti erano al corrente, almeno dal 19-20 agosto 1942, del lavoro, dedicato allo sterminio, cui si accingevano. Difatti, nel suo rapporto a Bischoff sulla riunione, datato 21 agosto 1942, Ertl, senza mezzi termini, parlò di «impianto da bagno per azioni speciali» riferendosi ai Bunker 1 e 2. "Azioni speciali", nel linguaggio nazista codificato, significa lo sterminio degli ebrei. Disse inoltre che per il secondo grande crematorio si attendevano i permessi dell'RSHA (e non del WVHA) per la concessione del materiale. Si noti che l'RSHA era l'istanza che da Berlino governava lo sterminio, mentre il WVHA era quella che governava la costruzione dei campi e il lavoro dei deportati.[72]

Tra la fine di febbraio 1942 e la data di questa riunione, il progetto della cremazione dei corpi dentro al campo si era ingigantito e aveva cambiato obiettivo: il futuro crematorio progettato nel novembre 1941 a scopi sanitari sarebbe diventato il primo di quattro impianti edificati per scopi assassini. Il disegno primitivo sarebbe stato mantenuto come base, salvo poi essere modificato per l'uso assassino, in corso d'opera.

Con il cambio di destinazione dei crematori, gli architetti della *Bauleitung* apportarono varie modifiche al progetto, sempre però lavorando su quello originale.[73]

Il 29 gennaio 1943 Karl Prüfer venne a ispezionare i cantieri dei quattro crematori, accompagnato da Bischoff e da due suoi assistenti. Quel giorno stesso, Bischoff inviò al suo superiore Kammler un rapporto in

[71] J.C. Pressac, *Le macchine*..., cit., pp. 62-63.

[72] Promemoria sulla visita ad Auschwitz di Prüfer della Topf & Söhne di Erfurt, 19 agosto 1942. Documento pubblicato da J.C. Pressac, in *Technique*..., cit., pp. 204-205.

[73] Lo studio particolareggiato dei Crematori II e III con le planimetrie e le trasformazioni tecniche che seguirono è stato effettuato da J.C. Pressac, in *Technique*..., cit., pp. 183-354.

cui annunciava che il Crematorio II sarebbe stato pienamente operativo per il 15 febbraio successivo. Kammler, non appena lo ricevette, promosse Bischoff al grado di *SS Sturmbannführer*. Nello stesso rapporto, Bischoff designò chiaramente la *Leichenkeller 1* (sotterraneo per cadaveri 1, così nelle planimetrie) del Crematorio II, come "sotterraneo a gas", *Vergasungskeller*.[74] Nello stesso periodo, la *Bauleitung* rivolse alla Topf & Söhne una richiesta fuori dalla norma: la fornitura di dieci rivelatori per il gas, sollecitati il 26 febbraio 1943. Come sottolinea Jean Claude Pressac, ciò era un'evidente connessione con la futura pratica della gassazione omicida dentro all'edificio, il cui livello di gas andava misurato una volta terminato l'assassinio di massa per permettere ai membri del *Sonderkommando* di effettuare il loro lavoro.[75]

Il 4 marzo 1943, ad Auschwitz, alla presenza delle SS della sezione politica e della *Zentralbauleitung*, di alti gradi delle SS di Berlino, di Prüfer e del progettista della ventilazione della Topf & Söhne, Karl Schultze, avvenne il collaudo dei cinque forni del Crematorio II.

Dal Bunker 2 furono trasportati quarantacinque corpi di persone assassinate e introdotti, a tre per volta, nei vani delle fornaci (tre corpi per ogni vano, tre vani per ognuna delle cinque fornaci). L'incinerazione durò quaranta minuti. Dopo la prova, Prüfer giudicò che i forni non erano abbastanza asciutti e si raccomandò, per un migliore rendimento, di tenerli accesi e a riposo per una settimana.

Le prime vittime a essere gassate nel nuovo impianto furono 1492 ebrei giunti dal ghetto di Cracovia la sera di domenica 14 marzo 1943. Non si spogliarono nello spogliatoio del seminterrato, ancora non ultimato, ma probabilmente in una baracca esterna eretta nel cortile provvisoriamente. Il 20 marzo furono assassinati nella camera a gas 2191 ebrei provenienti da Salonicco.

Malgrado le due gassazioni di massa, il Crematorio II non era ancora del tutto ultimato: presentava problemi di surriscaldamento ai condotti e mancava ancora la disaerazione nello spogliatoio. Inoltre mancava un montacarichi solido per i cadaveri che dal sotterraneo dovevano essere trasferiti alla sala fornaci del pianterreno, e la camera a gas aveva un ventilatore di legno per l'estrazione d'aria che era troppo rudimentale.[76]

---

[74] Da Bischoff a Kammler, 29 gennaio 1943. Lettera con l'annuncio della conclusione del Crematorio II salvo alcune parti: «A causa del ghiaccio non è possibile ancora rimuovere l'armatura del soffitto del sotterraneo per cadaveri. La cosa è tuttavia senza conseguenze poiché il *sotterraneo a gas* può essere usato a tale fine». Documento pubblicato da J.C. Pressac, in *Technique*..., cit., p. 211.

[75] Da Zentralbauleitung a Topf, 26 febbraio 1943. Documento pubblicato da J.C. Pressac in *Technique*..., cit., p. 371 e in *Le macchine*..., cit., pp. 82-83.

[76] Promemoria sulla visita di Prüfer e Schultze ad Auschwitz del 25 marzo 1943, a firma Prüfer, 25 marzo 1943. Documento pubblicato da J.C. Pressac in *Technique*..., cit., p. 23.

Fu consegnato ufficialmente dalla *Zentralbauleitung* all'amministrazione del campo il 31 marzo 1943, necessitando ancora di qualche ritocco apportato successivamente. Nella distinta di consegna di tutte le parti edilizie, idrauliche, meccaniche ed elettriche, compaiono tra le carte le diciture: 1 porta stagna a gas, 4 colonne a griglia per inserire materiali e 4 coperchi di legno per la *Leichenkeller 1*: segni evidenti dell'uso assassino dell'impianto.[77]

L'attività di sterminio nei Crematori II e III

Le vittime, 1000-1500 per volta, ammassate nel cortile di uno dei Crematori II o III, convinte di andare a fare una doccia e alla disinfestazione, venivano fatte scendere dalla scala esterna che iniziava al livello del suolo e finiva nel sotterraneo, in corrispondenza della parete di fondo dello spogliatoio. Venivano introdotte nella sala a gruppetti. Gli altri aspettavano in fila sulle scale, su, fino all'esterno, con qualsiasi tempo, sotto la pioggia o il sole. A seconda della consistenza del trasporto, l'attesa poteva durare anche ore.

Il traffico era regolato dalle SS che stavano sparpagliate tra il cortile, le scale e lo spogliatoio. Nello spogliatoio vi erano anche gli uomini del *Sonderkommando* incaricati di aiutare la gente a spogliarsi. Era loro vietato parlare con le vittime o cercare di avvertirle della loro prossima morte. A scopo tranquillizzante, le SS avevano dato alla sala un aspetto innocente, con panche di legno lungo i muri e ganci con numerini alle pareti. Gli uomini del *Sonderkommando* avevano l'ordine di raccomandare il massimo ordine per poter ritrovare, "dopo il bagno", i vestiti ben ripiegati e le scarpe. Le donne e i bambini venivano fatti spogliare per primi e, completamente senza indumenti, fatti entrare nella camera a gas dove dovevano aspettare gli altri che si stavano spogliando. Penose scene di rifiuto di denudarsi per pudore si svolgevano sotto gli occhi addolorati del *Sonderkommando* che nulla poteva fare per le vittime. A mano a mano che la gente veniva introdotta nella camera a gas, lo spogliatoio si liberava e altre persone venivano fatte scendere. La camera a gas era illuminata, provvista di finte docce e aerata, sicché non mancava il respiro benché nuovi gruppetti vi entrassero continuamente. Gli uomini venivano fatti spogliare e introdotti per ultimi. Erano quelli che

---

[77] La planimetria e i disegni definitivi dell'impianto di sterminio detto Crematorio II con tutte le sue parti sono contenuti nella tavola n. 2197 del 19 marzo 1943 studiata e pubblicata da J.C. Pressac in *Technique*..., cit., capitolo "Krematorien II and III", pp. 311-312. È da notare che i quattro coperchi di legno vennero successivamente sostituiti con coperchi, più solidi, di cemento. Per l'uso delle colonne a griglia cfr. la nota seguente.

si agitavano maggiormente, insospettiti dal sovraffollamento del locale nel quale, alla fine, le persone erano pigiate e incapaci di muoversi.

A questo punto il pesante portellone a tenuta stagna veniva chiuso sulle vittime. Il medico di turno, che già sulla rampa aveva praticato la selezione tra gli "inabili" e gli "abili", giungeva assieme all'addetto alla "disinfestazione" a bordo di una macchina segnata con una croce rossa. Nella vettura vi erano le scatole necessarie di Zyklon B e lo strumento per aprirle. Il "disinfestatore" saliva sul terrapieno erboso esterno in corrispondenza del soffitto della camera a gas e, dopo avere indossato una maschera protettiva e dei guanti sollevava uno a uno i pesanti portelli dei quattro comignoli sporgenti e vi gettava dentro i cristalli del gas velenoso. I comignoli corrispondevano alla parte iniziale delle colonne a griglia metallica che finivano sul pavimento della camera a gas, lungo le quali scivolavano i cristalli.[78] Contemporaneamente la SS addetta, da sotto, spegneva l'aerazione, in modo che l'unica aria che le vittime potevano aspirare era quella velenosa.

Un'agitazione senza pari si sviluppava all'interno della trappola, con la gente disorientata che non capiva da dove si sviluppasse il gas, che cercava di raggiungere la porta bloccata dall'esterno, che gridava aiuto e pregava. Dopo qualche minuto, tra cinque e otto, i lamenti si affievolivano e le vittime si accasciavano una sull'altra o i loro corpi rimanevano in piedi o in ginocchio se non c'era spazio a sufficienza.

---

[78] I quattro comignoli erano chiusi da un coperchio di cemento munito di due maniglie metalliche (in un primo tempo il coperchio fu concepito in legno) che veniva rimosso sia al momento della distribuzione del gas, sia più tardi per aerare l'ambiente avvelenato, come supporto all'areazione artificiale. Le aperture erano disposte in fila lungo l'asse longitudinale della camera a gas. Alzando il coperchio di ogni comignolo si presentava una colonna a sezione quadrata cava all'interno. Era la colonna di immissione del gas alta quanto l'altezza dell'ambiente, più i 50 centimetri di sporgenza, cioè un totale di 3 metri. Questa colonna era costituita da due parti principali: una esterna fissata al suolo, una interna mobile estraibile. La parte fissa era formata da due strati di rete metallica rigida, a una distanza di 150 mm uno dall'altro in modo da formare un'intercapedine forata, a guisa di due setacci, uno dentro l'altro. Dentro a questa colonna rigida, costituita da una doppia rete metallica, vi era un corpo mobile, una specie di matitone metallico con la base piatta e il vertice a punta. La sua base, quadrata, misurava 150 mm di lato, e scorreva, scostata dalla parete metallica più interna, di 25 mm. Quando il membro delle SS del servizio sanitario apriva il coperchio esterno del finto comignolo, gli si presentava la punta del marchingegno. Gettando a pioggia i cristalli velenosi dentro all'apertura, questi scivolavano lungo la punta e si espandevano uniformemente nell'intercapedine più interna. Da lì il gas usciva dalle intersezioni metalliche del primo e del secondo setaccio, lungo tutto il volume della colonna. Dopo che tutto il gas era evaporato e l'assassinio era terminato, il corpo mobile veniva ritirato dal suo "fodero" e riposto all'esterno della camera a gas.

Le colonne di introduzione del gas sono state descritte da Michal Kula, ex prigioniero operaio nell'officina metallurgica del campo, nella sua testimonianza dell'11 giugno 1945. Cfr. J.C. Pressac, *Technique...*, cit., p. 987.

Il medico, attraverso lo spioncino di vetro, constatava il "decesso degli inabili", firmava un documento e se ne andava. Gli addetti salivano sul terrapieno e riaprivano i coperchi delle colonne di immissione del gas per far entrare aria pulita, poi accendevano i ventilatori per immettere aria fresca ed estrarre quella velenosa che ristagnava nel locale per 20-30 minuti. Dopo questo lasso di tempo, il responsabile SS apriva il portellone e faceva entrare in azione il *Sonderkommando* costretto al lavoro più penoso, quello di maneggiare i poveri corpi e bruciarli.

Mentre ancora durava la gassazione, un gruppo del *Sonderkommando* era già al lavoro per raccogliere i vestiti delle vittime. Ne facevano balle richiuse con le maniche stesse degli abiti e suddividevano le scarpe dal resto. In questo frangente era permesso, ma solo a quelli che alloggiavano nel sottotetto, di prelevare per sé il cibo trovato nelle tasche o negli zainetti, sicché essi non ebbero a patire la fame come il resto dei prigionieri del campo. I vestiti venivano portati, attraverso la scala esterna di servizio, nel cortile dove sostava in attesa un camion che faceva la spola fra quel luogo e il campo magazzino (*Effektenlager*), chiamato popolarmente "Kanada". Nel frattempo, un altro gruppo che sostava al sovrastante piano terra aveva acceso le fornaci, caricato il carbone e alimentato il fuoco.

Attraverso la porta, prima solo in due a causa del sovraffollamento del locale, poi sempre più numerosi, gli addetti, muniti di stivaloni di gomma, trascinavano fuori i cadaveri. Si servivano di un bastone ricurvo perché i corpi erano coperti di sangue e di escrementi. Bisognava innaffiarli con una pompa ad acqua per ripulirli, renderli più scivolosi e adatti alla cremazione. Nel vestibolo del seminterrato venivano caricati su un montacarichi della capacità di quindici-venti corpi per carico, issato fino al pianterreno. Da lì i corpi venivano scaricati e ammassati vicino all'ingresso della sala cremazione dove si svolgevano lavori, se possibile, ancora più ingrati: un prigioniero tagliava i capelli, un altro estraeva i denti d'oro e le protesi dalle bocche e un altro toglieva catenine d'oro e anelli ai morti (solo le bocche dei bambini non venivano ispezionate). Tale lavoro poteva essere svolto anche nel seminterrato.

Il prezioso materiale raccolto dalla rapina dei corpi veniva ammucchiato ordinatamente e conservato per l'economia tedesca. L'oro veniva gettato dentro a uno scatolone o dentro a sacche, poi ripulito dai resti organici, quindi fuso e ridotto in dischi di 5 centimetri di diametro, 0,4 di spessore e del peso di 140 grammi l'uno, nel piccolo laboratorio posto al pianterreno, nell'edificio del Crematorio II; i capelli venivano portati nel sottotetto per essere essiccati.[79]

[79] Il procedimento del trattamento dei corpi, dalla loro spoliazione di denti, protesi, collanine e anelli d'oro al loro trascinamento sull'elevatore e poi davanti alle fornaci è stato riprodotto con estrema precisione dal pittore David Olère in una serie impressionante di di-

Dal mucchio, gli addetti cavavano fuori uno a uno i corpi e, con l'aiuto di cinghie di pelle, li trascinavano su di un piccolo canale a terra, continuamente bagnato per farli scivolare, verso i forni. Là, a tre per volta (di più se corpi di bambini), venivano distesi su una lettiga di ferro munita di maniglie metalliche, del tipo ospedaliero, e issati. La lettiga veniva appoggiata all'altezza della bocca dei forni su una specie di rullo di gomma sporgente che doveva facilitare l'introduzione del carico. Nei momenti di sovraffollamento, con tutta probabilità, il numero dei corpi da bruciare contemporaneamente salì.

I prigionieri addetti alle fornaci si distribuivano attorno alla lettiga: quattro alzavano la portantina da dietro; uno, davanti, spingeva i corpi dentro. L'operazione durava circa tre minuti. Doveva essere fatta nella massima fretta e con grande perizia per evitare intoppi dovuti alla differenza di temperatura tra i corpi e l'interno delle fornaci.

Dopo quindici minuti, gli sportelli venivano riaperti per smuovere i corpi, con un forcone. I prigionieri costretti al *Sonderkommando* aspettavano poi inattivi: il tempo necessario per la cremazione era di trenta minuti.

Il tutto si svolgeva sotto gli occhi vigili delle SS che assistevano alle operazioni da una finestra di un piccolo vano laterale dove sostavano a fumare e a bere durante la sorveglianza. Quando le fornaci venivano riaperte, rimanevano solo alcune ossa poiché le ceneri erano già cadute negli appositi raccoglitori posteriori che venivano regolarmente svuotati.

La cenere veniva raccolta con una carriola e ammassata nel cortile; quando ce n'era un mucchio abbastanza grande, un camion la portava verso il fiume. Sulla riva, gli addetti stendevano un grande pezzo di stoffa perché non ne cadesse a terra, e gettavano la cenere nell'acqua in modo che non si depositasse nel fondo ma fosse travolta dalla corrente. Le ossa non consumate, invece, venivano ammucchiate sotto una piccola tettoia nel cortile del Crematorio III e sminuzzate con grandi pestelli di legno prima di essere a loro volta gettate nel fiume.[80]

---

segni. Olère faceva parte del *Sonderkommando* e si salvò fortuitamente da una delle periodiche decimazioni degli addetti ai crematori operate dai nazisti. Dopo la guerra poté testimoniare con la sua opera sul lavoro infernale cui fu sottoposto a Birkenau. Cfr. *David Olère 1902-1985: un peintre au Sonderkommando à Auschwitz*, Catalogue etabli par Serge Klarsfeld, The Beate Klarsfeld Foundation, New York 1997; Yad Vashem (a c. di), *Out of the Depths. David Olère. An Artist in Auschwitz*, Jerusalem 1996.

[80] Sul terribile lavoro cui furono sottoposti gli uomini del *Sonderkommando* cfr. J. Bezwinska, D. Czech (a c. di), *Amidst a Nightmare Crime. Manuscripts of Members of Sonderkommando*, Museo di stato di Auschwitz 1973; N. Cohen, *Diaries of the Sonderkommando in Auschwitz*, in Y. Gutman, M. Berenbaum, *Anatomy...*, cit., pp. 522-534; G. Greif, *"Wir weinten tränenlos...". Augenzeugenberichte des jüdischen "Sonderkommandos" in Auschwitz*, Fischer Taschenbuch Verlag, Frankfurt 1999; C. Saletti (a c. di), *La voce dei sommersi*, Marsilio, Venezia 1999.

Tra gli averi appartenuti alle vittime, quelli che risultavano inutilizzabili e senza interesse per il "Kanada" come piccoli oggetti personali, documenti, fotografie, venivano bruciati nel forno cosiddetto "della spazzatura" che era annesso alla sala cremazioni. Veniva così compiuta la cancellazione totale di ogni traccia di vita della persona assassinata.

L'eliminazione totale di 1000-1500 persone per volta richiedeva da ventiquattro a trentasei ore di tempo. All'epoca dell'eccidio massiccio degli ebrei ungheresi, mettendo insieme tutti gli impianti disponibili, si arrivò a eliminare fino a 4000-5000 persone al giorno.

Al pianterreno dell'edificio del Crematorio II veniva svolta un'altra attività cui era costretto un prigioniero, medico patologo, il dottor Miklos Nyiszli agli ordini del dottor Mengele. Egli operava la dissezione dei cadaveri di quei prigionieri che erano stati registrati come entrati nel campo, quelli cioè che avevano presso l'archivio dell'amministrazione un documento comprovante la loro detenzione e la cui morte andava in qualche modo giustificata.[81]

I Crematori IV e V

I Crematori IV e V, edifici gemelli, posti uno di faccia all'altro sul lato nord-est del campo di Birkenau, erano costituiti dal solo pianterreno dove trovavano posto, in sale separate, sia lo spogliatoio sia la camera a gas sia la sala forni per l'incinerazione dei cadaveri. A differenza degli edifici del Crematorio II e III erano privi dei sotterranei dove era sistemata sia la sala spoliazione sia la sala per l'avvelenamento.[82]

Le vittime entravano dalla porta principale, situata sul lato sud dell'edificio, e venivano dirette a sinistra dove vi era un ampio spogliatoio che, una volta consumato l'assassinio, sarebbe servito anche come deposito dei corpi prima della cremazione. Nello spogliatoio, il responsabile delle SS saliva su di un tavolo e faceva un breve discorso di benvenuto per tranquillizzare gli animi e far procedere l'operazione nel modo più ordinato possibile. Gli uomini del *Sonderkommando* erano presenti per assistere le vittime nella spoliazione. Probabilmente, nei mesi estivi, questa procedura avveniva all'esterno e le persone penetravano già nude nell'edificio. Dopo essersi svestite, le vittime, convinte di andare alla doccia e alla disinfestazione, dovevano voltarsi e dirigersi verso le tre camere a gas che, una volta riempite, venivano chiuse ermeticamente dall'esterno.

---

[81] M. Nyiszli, *Sopravissuto a Mengele*, SugarCo, Milano 1985.

[82] Lo studio sui Crematori IV e V con planimetrie e particolari tecnici è stato effettuato da J.C. Pressac in *Technique...*, cit., capitolo "Krematorien IV and V", pp. 379-428.

Le donne venivano spinte dentro per prime, gli uomini dovevano aspettare nudi fino a che tutte non fossero entrate. I deboli e gli anziani, non importa se uomini o donne, venivano introdotti per ultimi. Quando le persone erano troppe, le ultime venivano spinte a bastonate. Le camere a gas venivano spesso riempite fino all'inverosimile. I primi che erano stipati dentro, sentendo che gli ultimi resistevano, udendo i rumori delle botte e dei cani delle SS, le grida di paura, cominciavano a percepire che quello non era un locale docce e si agitavano. Talvolta, per evitare l'agitazione, le SS permettevano alle famiglie di entrare unite nelle camere a gas.

I locali venivano preriscaldati per raggiungere i ventisette gradi, la temperatura necessaria alla vaporizzazione del gas, ed erano illuminati e dotati di finte docce per ingannare le vittime. Le pesanti porte venivano richiuse, con maniglie lunghe di ferro saldate tramite viti.

Poi, l'esperto disinfestatore delle SS montava su una scaletta e, una per volta, svuotava le scatole di cristalli di veleno attraverso le finestrelle piazzate a circa due metri di altezza dal suolo.

Ciò significava una morte atroce per le vittime chiuse dentro che non ricevevano il gas in maniera uniforme e si spintonavano all'interno della trappola in cerca di aria, facendosi male. Succedeva il finimondo, dall'esterno si udivano grida e battiti alla porta.

Terminato l'assassinio di massa, dopo circa trenta minuti, il medico constatava la morte attraverso lo spioncino, firmava un documento e se ne andava assieme al "disinfestatore" sulla sua macchina dipinta con una croce rossa. Solo allora le porte venivano aperte per ventilare l'ambiente e, successivamente, gli uomini del *Sonderkommando* venivano fatti entrare, muniti di maschere, per sbrigare il lavoro successivo. Tagliavano i capelli, estraevano gioielli, protesi e denti d'oro e trascinavano i corpi nella sala centrale in attesa che fossero cremati.

Nel frattempo un altro gruppo aveva già acceso i forni e alimentato le fiamme con carbone coke. I forni erano sopraelevati rispetto al terreno, sicché bisognava issare con grande fatica i cadaveri su di una lettiga di ferro che veniva appoggiata su di un carrello rettangolare a ruote. Davanti ai forni, sotto l'apertura, vi era un maniglione orizzontale ricoperto da un rullo di gomma che facilitava l'appoggio della lettiga. I corpi introdotti potevano essere anche tre per volta, due di testa, uno di piedi.

Nel maggio del 1944, durante lo sterminio degli ebrei ungheresi, nel corso della quale fu assassinata una popolazione ebraica di centinaia di migliaia di persone, si tentò, senza riuscirvi, di rimettere in funzione le fornaci danneggiate del Crematorio IV. Il responsabile Otto Moll prese l'iniziativa di far scavare cinque fosse nella zona tra il lato settentrionale del Crematorio V e il fossato di drenaggio, per bruciarvi i corpi che né il Crematorio IV né il V potevano più smaltire. Le ossa non consunte erano ritirate dalle fosse e triturate dagli uomini del *Sonderkommando*.

Dal Crematorio V nell'estate del 1944 furono scattate quattro fotografie clandestine. L'apparecchio fu introdotto da David Smulewski che dal tetto lo passò a un membro del *Sonderkommando* all'interno. I momenti più pericolosi furono appunto i passaggi dell'apparecchio prima e dopo la ripresa. Delle quattro fotografie scattate, solo tre sono leggibili e mostrano la cremazione dei corpi a cielo aperto e una fila di donne nude in attesa di entrare nelle camere a gas.[83]

Il Crematorio IV fu teatro, il 7 ottobre del 1944, dell'eroica rivolta del *Sonderkommando* che vi lavorava e che vi appiccò il fuoco.

La rivolta fu stroncata, la costruzione demolita (a parte il pavimento di cemento che rimase), e le parti metalliche recuperate e immagazzinate nel deposito di materiale edilizio nel KL di Auschwitz (*Bauhof*).

---

[83] Una descrizione critica delle quattro preziose fotografie si trova in C. Cheroux (a c. di), *Memoire des camps. Photographies des camps de concentration et d'extermination nazis (1933-1999)*, Marval, Paris 2001, pp. 86-91.

7. Il lavoro forzato nel sistema concentrazionario nazionalsocialista

di Brunello Mantelli[*]

Secondo quanto dichiarò Oswald Pohl,[1] capo dell'Ufficio centrale per l'amministrazione e l'economia delle SS (*Wirtschafts-Verwaltungshauptamt* – WVHA),[2] nel corso del processo celebrato a carico dei dirigenti dell'istituzione nazionalsocialista di fronte al tribunale militare americano di Norimberga,[3] alla fine del 1944 il numero complessivo dei deportati che si trovavano nella rete concentrazionaria dipendente dalle SS era di circa 600 000; tra loro ben 480 000 risultavano adatti a impieghi produttivi (*arbeitseinsatzfähig*). In base alle valutazioni dell'ex generale SS, 400 000 erano stati effettivamente assorbiti, all'epoca, dall'apparato produttivo del Terzo Reich. 130 000 li utilizzava l'Organizzazione Todt (OT),[4] in lavori di fortificazione e cantieri edili di vario genere; altri

[*] Brunello Mantelli, professore presso l'Università di Torino, ha pubblicato *"Camerati del lavoro". I lavoratori italiani emigrati nel Terzo Reich nel periodo dell'Asse 1938-1943*, La Nuova Italia, Firenze 1992, e ha curato, con F. Cereja, *La deportazione nei campi di sterminio nazisti*, Franco Angeli, Milano 1986.

[1] Deposizione del 25 agosto 1947, in *Trials of War Criminals*, vol. 5, U.S. Governement Printing Office, Washington 1950, p. 445. Cfr. inoltre A. Speer, *Lo stato schiavo. La presa di potere delle SS*, A. Mondadori, Milano 1985. Entrambi i riferimenti sono citati in U. Herbert, *Arbeit und Vernichtung*, in Id. (a c. di), *Europa und der "Reichseinsatz". Ausländische Zivilarbeiter, Kriegsgefangene und KZ-Häftlinge in Deutschland 1938-1945*, Klartext, Essen 1991, pp. 413 e 426.

[2] Sul WVHA e l'impiego produttivo dei deportati come manodopera schiava cfr. H. Kaienburg, *KZ-Haft und Wirtschaftsinteresse. Das Wirtschaftsverwaltungshauptamt der SS als Leitungszentrale der Konzentrationslager und der SS-Wirtschaft*, in Id. (a c. di), *Konzentrationslager und deutsche Wirtschaft 1939-1945*, Leske-Budrich, Opladen 1996, pp. 29-60.

[3] Si svolse dal 13 gennaio al 3 novembre 1947, quarto della serie dei procedimenti penali successivi a quello, ben più noto, contro i "principali responsabili dei crimini di guerra", in cui la corte ebbe una composizione internazionale.

[4] Alla fine del 1938 a Fritz Todt, già ispettore generale alla viabilità (*Generalinspektor für das Strassenwesen*) e incaricato di sovrintendere alla costruzione di una rete autostradale sul territorio tedesco, fu affidata la realizzazione della linea fortificata "Sigfrido", lungo il confine francotedesco, da portare a termine in tempi strettissimi. A tale scopo, egli diede vita a una vera e propria armata del lavoro, che prese il suo nome. L'assunzione, nel marzo 1940, del neocostituito Ministero degli armamenti gli diede modo di estendere ulteriormente il raggio d'azione dell'OT, che operava ormai in territorio sia metropolitano, sia occupato, assumendo su di sé tutte le attività edilizie di interesse militare. La morte di Todt, all'inizio di

140 000 lavoravano nell'ambito della cosiddetta "Commissione speciale Kammler" (*Kammler Sonderstab*);[5] e infine 230 000 erano impiegati dall'industria privata (quasi totalmente nei settori della produzione di armamenti – *Rüstungsindustrie* – e della chimica). 400 000 lavoratori schiavi (nella quasi totalità non tedeschi) estratti dai *Konzentrationslager* erano sicuramente una quantità in sé cospicua, ma rappresentavano appena il 5% dei circa 8 000 000 di stranieri che nello stesso periodo lavoravano in Germania.[6]

Come la storiografia ha ampiamente dimostrato,[7] lo sforzo bellico tedesco è stato reso possibile soltanto dall'impiego progressivamente sempre più massiccio di braccia straniere: nell'autunno 1944 esse costituivano circa il 33% della manodopera al lavoro, con punte del 46% nell'agricoltura e del 36% nel settore minerario.[8] Le cifre ci mostrano perciò un quadro complesso: sicuramente i KL assunsero a un certo punto la funzione di riserva di manodopera, in un contesto che vedeva l'economia di guerra tedesca soffrire di una fortissima carenza strutturale di forza-lavoro, in particolare qualificata:

> Già nel settembre 1941 l'ufficio tedesco che gestiva il collocamento della manodopera (*deutsche Arbeitsverwaltung*) comunicò che oltre 2 600 000 posti di lavoro erano scoperti; 500 000 solo nell'agricoltura, oltre 300 000 nel settore metalmeccanico, 140 000 nell'edilizia, 50 000 nell'industria mineraria.[9]

Ma il loro peso però fu relativamente marginale, almeno se considerato globalmente. Diverso può essere il discorso se si prendono in conside-

---

febbraio 1942, non impedì all'OT di continuare a espandersi. Su Todt e l'organizzazione da lui fondata cfr. i lavori di F. W. Siedler, *Fritz Todt, Baumeister des Dritten Reiches*, Ullstein, Berlin 1988; e *Die Organisation Todt*, Bernard & Graefe, Koblenz 1987.

[5] Il 22 agosto 1943 fu costituita, nell'ambito del WVHA, una Commissione speciale con l'incarico di garantire la continuità della produzione di armamenti del Terzo Reich, che i duri bombardamenti alleati stavano mettendo seriamente a rischio. A capo della nuova istanza venne posto il generale delle Waffen SS Hans Kammler, responsabile del settore "costruzioni" nell'ambito dell'apparato economico SS. Sarebbe stato il *Sonderstab Kammler* a gestire la costruzione delle officine sotterranee in cui fu decentrata, nei mesi successivi, una parte significativa dell'industria militare tedesca.

[6] Quasi due milioni erano prigionieri di guerra, il resto erano "lavoratori civili" (*Fremdarbeiter*), dizione che va intesa nella stragrande maggioranza dei casi come sinonimo di "lavoratori coatti". Cfr. U. Herbert, *Fremdarbeiter. Politik und Praxis des "Ausländer-Einsatzes" in der Kriegswirtschaft des Dritten Reiches*, Dietz, Berlin-Bonn 1985, p. 271.

[7] Cfr., per un quadro sintetico della questione (e dei limiti della soluzione nazista al problema della mancanza di manodopera), W. Bühren, *Wirtschaft*, in W. Benz, H. Graml, H. Weiss (a c. di), *Enzyklopädie des Nationalsozialismus*, DTV, München 1998, pp. 108-122 (in particolare a p. 120).

[8] Cfr. U. Herbert (a c. di), *Europa und der "Reichseinsatz"*..., cit., p. 7.

[9] *Ibid.*; Id., *Arbeit und Vernichtung*, cit., p. 397.

razione alcune specifiche attività industriali, tra cui principalmente la produzione delle *Vergeltungswaffen* (armi vendicatrici: la bomba volante senza pilota V1 e il missile V2),[10] e la ridislocazione degli impianti a cui si dedicava il *Kammler Sonderstab*.

Per poter procedere oltre occorre, a questo punto, mettere a fuoco alcune questioni a mio parere cruciali.

1. Quando i lager divennero riserve di manodopera? Una funzione del genere fu loro attribuita fin dal loro sorgere nel 1933, oppure la assunsero in seguito? E in questo secondo caso, in quale momento? Nel 1937-1938, allorché iniziò la deportazione dei cosiddetti "asociali"? Nel 1939, con l'aggressione alla Polonia? Nel 1941, con l'attacco all'Unione Sovietica? O ancora dopo?

2. Quanto era alta la produttività dei lavoratori schiavi prelevati dai KL? Se la confrontiamo con quella degli operai tedeschi, degli stranieri reclutati negli stati alleati e nei territori occupati dalla Wehrmacht, dei prigionieri di guerra, che cosa se ne può ricavare?

3. Per quanto riguarda le condizioni materiali di vita dei deportati nei KL, l'impiego come manodopera coatta corrispose a un peggioramento o a un miglioramento (ovviamente relativo!) delle loro condizioni di vita? Come variò il tasso di mortalità su base annua (unico parametro tragicamente preciso delle variazioni in merito)?

4. In quale misura e come influì sulla decisione di impiegare i deportati nei KL l'andamento della guerra, e in particolare lo svilupparsi delle operazioni sul fronte orientale?

Inoltre, occorre tenere presente che non si deve mai cercare una razionalità astrattamente coerente nel procedere di un regime come quello nazista (ma anche, in senso più generale, in tutti i sistemi complessi);[11] in altre parole, possono tranquillamente coesistere nello stesso arco temporale processi di radicalizzazione nelle pratiche sterminatorie attuate in questo o quel territorio occupato, e misure funzionali al soddisfacimento della richiesta di manodopera in strutture concentrazionarie pensate

[10] Il V1 era sostanzialmente un aereo senza pilota carico di esplosivo; mosso da un pulsoreattore, richiedeva di essere scagliato in aria da una catapulta; assai più avanzata invece la tecnologia del V2, vero e proprio missile balistico destinato a essere il capostipite degli assai più perfezionati ordigni che statunitensi e sovietici (seguiti a ruota da molti altri stati) avrebbero sviluppato nel secondo dopoguerra, servendosi senza risparmio dei tecnici nazisti su cui erano riusciti a mettere le mani. Il più noto di loro è Werner von Braun. Ovviamente von Braun e consimili figuri non furono mai messi sotto accusa per essersi a suo tempo serviti di lavoratori schiavi prelevati dai KL.

[11] Un interessante tentativo di rilettura della storia del Terzo Reich servendosi delle teorie matematiche della complessità e del caos è quello di R. Beaumont, *The Nazi's March to Chaos. The Hitler Era Trough the Lens of Chaos-Complexity Theory*, Praeger, Wesport-London 2000.

per tutt'altri scopi.[12] Nel caso specifico del sistema dei KL costruito dalle SS,[13] punta di diamante peraltro di un universo concentrazionario nazionalsocialista assai più esteso e articolato,[14] ci si deve inoltre attendere, per le mille sfaccettature che la rete dei lager mostra, un panorama fortemente disomogeneo e assai diversificato al proprio interno. Ogni campo di concentramento richiederebbe, di conseguenza, un'analisi diacronica a sé stante; si possono ovviamente cogliere tendenze generali ovunque riscontrabili, ma solo a patto di essere consapevoli che ogni sintesi non rappresenta altro che una media con forti connotati di astrazione.

È altresì necessario tenere ben distinta la posizione degli ebrei: dal tardo autunno 1941, infatti, venne avviata, attraverso la costruzione e la messa in opera di cinque speciali installazioni di morte (*Vernichtungslager* – VL: Auschwitz-Birkenau, Bełżec, Chełmno, Sobibór, Treblinka), la loro eliminazione in massa, continuata senza soste fino alla tarda estate 1943, quando anch'essi furono presi in considerazione dalle autorità nazionalsocialiste come possibile riserva per far fronte alla disperata fame di braccia del Terzo Reich e di conseguenza sottoposti alla selezione che separava coloro che apparivano ancora utilizzabili come lavoratori schiavi da quanti (troppo giovani, o troppo vecchi, o donne incinte, o infanti) venivano destinati all'immediata gassazione.[15]

---

[12] Cfr., per un'analisi delle politiche per molti versi contraddittorie seguite dalle autorità nazionalsocialiste nei confronti dei prigionieri di guerra sovietici, degli ebrei residenti nei territori occupati dell'Urss, e dei civili sovietici arruolati a forza come lavoratori coatti, Ch. Gerlach, *Krieg, Ernährung, Völkermord. Forschungen zur deutschen Vernichtungspolitik im Zweiten Weltkrieg*, Hamburger Edition, Hamburg 1998; in particolare il primo capitolo, "Die Ausweitung der deutschen Massenmorde in den besetzten sowjetischen Gebieten im Herbst 1941. Überlegungen zur Vernichtungspolitik gegen Juden und sowjetischen Kriegsgefangene", pp. 10-84. Al centro dell'indagine, l'autore colloca il triangolo costituito dalle aspettative di vittoria rapida del gruppo dirigente tedesco, dalla scelta strategica di riservare la parte preponderante delle derrate alimentari reperibili in territorio occupato al sostentamento delle unità della Wehrmacht nonché della popolazione civile tedesca, dalla necessità via via più impellente – quanto più l'esercito sovietico dava prova di essere sulla via di superare la crisi militare delle prime settimane di guerra – di recuperare a qualunque costo manodopera da utilizzare nell'economia di guerra della Germania.

[13] Cfr. U. Herbert, K. Orth, C. Dieckmann (a c. di), *Die nationalsozialistischen Konzentrationslager. Entwicklung und Struktur*, Wallstein, Göttingen 1998, voll. I e II. Sul rapporto tra KL ed economia di guerra del Terzo Reich cfr. H. Kaienburg (a c. di), *Konzentrationslager...*, cit.

[14] Sulla terza articolazione del sistema punitivo nazionalsocialista, il sistema dei "campi di rieducazione al lavoro" (*Arbeitserziehungslager*, AEL), che – gestito dalla GESTAPO allo scopo di reprimere qualsiasi manifestazione di dissenso nei luoghi deputati alla produzione – si affiancava alle strutture ordinarie della giustizia penale e alla rete dei KL, ha recentemente richiamato l'attenzione l'approfondito studio di G. Lofti, *KZ der GESTAPO. Arbeitserziehungslager im Dritten Reich*, DVA, Stuttgart-München 2000.

[15] A quel punto, solo Auschwitz-Birkenau era rimasto attivo; nel grande campo slesiano,

La questione dell'utilizzo come manodopera forzata dei deportati in KL porta altresì alla luce conflitti e contraddizioni specifiche della struttura di potere nazionalsocialista; prima di tutto, in quanto caso particolare del più generale problema dell'impiego di braccia straniere che aveva visto contrapporsi, fin dalla seconda metà degli anni trenta, istanze che si ergevano a custodi e vestali della purezza ideologica e della *Weltanschauung* nazionalpopulista e razzista, e strutture più propense a dar credito alla razionalità strumentale. Le prime, identificabili con i vertici dell'apparato SS (in particolare l'Ufficio centrale per la sicurezza del Reich – *Reichssicherheitshauptamt*, RSHA) e del Ministero dell'alimentazione e dell'agricoltura (guidato da Walther Darré, capofila del ruralismo *völkisch*), temevano infatti l'indebolimento della stirpe qualora attività fisiche, tradizionalmente sinonimo di forza e robustezza (il lavoro dei campi e delle miniere, per esempio), fossero state affidate a stranieri; le seconde, rappresentate dagli uffici civili e militari che si trovavano a gestire materialmente il collocamento della manodopera (e perciò a fare i conti con il problema della scarsità e con le conseguenti pressioni degli imprenditori), mettevano in campo esigenze di natura eminentemente pratica, legate alla necessità di non far calare i volumi produttivi.

Tipicamente, le soluzioni di volta in volta adottate tesero da un lato a ribadire l'unanime ossequio alla dottrina razzista del regime, dall'altro ad accontentare le esigenze immediate dell'economia presentando l'utilizzo di stranieri come soluzione di breve periodo, presa al solo fine di superare strozzature contingenti ma di cui si sarebbe con certezza fatto a meno dopo l'immancabile vittoria finale.[16] Un secondo terreno di scontro, che vide alcuni degli attori poc'anzi presi in esame schierarsi, questa volta, a ranghi rovesciati, si aprì nel corso del 1942, a causa del tentativo da parte delle SS di dar vita a un proprio apparato economico e produttivo, che poteva ovviamente giovarsi della disponibilità di manodopera coatta e praticamente gratuita quale quella disponibile nei KL (a metà di quell'anno circa 95 000).[17] Alle manovre dell'"ordine nero" guidato da Heinrich Himmler si oppose, con successo, un'alleanza tra industria privata e burocrazia delle istanze economiche dello stato, che trovò il proprio mentore in Albert Speer, il potente ministro degli armamenti. Alle SS non restò al momento altra possibilità se non quella di

infatti, si assommavano (caso unico) le funzioni di KL ordinario (Auschwitz I), campo di sterminio immediato (Auschwitz II, Birkenau), campo di lavoro forzato (Auschwitz III, Monowitz). Gli altri quattro VL erano stati chiusi. Cfr. A. Rückerl (a c. di), *NS-Vernichtungslager im Spiegel deutscher Starfprozesse: Bełżec, Sobibór, Treblinka, Chelmno*, DTV, München 1977.

[16] Sulla questione cfr. U. Herbert, *Fremdarbeiter*..., cit.

[17] M. Broszat, *Nationalsozialistische Konzentrationslager 1933-1945*, in Aa.Vv., *Anatomie des SS-Staates*, DTV, München 1984, vol. II, p. 124.

appaltare alle imprese braccia che fossero loro necessarie, come si sarebbe ampiamente verificato nell'ultimo biennio del conflitto, anche se non rinunciò mai del tutto alle speranze di poter giocare un ruolo chiave nella produzione di armamenti. La questione fu discussa in un incontro, svoltosi il 15 settembre 1942, tra Speer e Pohl, a cui presero parte anche alcuni tra i loro principali collaboratori. Nel riferirne a Himmler, il capo del WVHA affermò che le uniche resistenze all'assunzione da parte delle SS di compiti di rilevante profilo nell'ambito della produzione di armamenti erano venute da Karl Otto Saur, personaggio chiave: pur provenendo dall'industria privata, Saur era il vice di Speer al ministero e ne guidava l'ufficio tecnico. In fin dei conti, sarebbe stato lui ad avere partita vinta.[18]

È opportuno, a questo punto, fare un passo indietro, e ripercorrere la storia dei KL dalla loro prima apparizione sul suolo tedesco, esaminandone vicende, sviluppi, dimensioni, e soffermandosi in particolare sul ruolo che il lavoro coatto ebbe nella varie fasi della loro esistenza. La base giuridica per la costruzione dei KL fu l'Ordinanza per la protezione del popolo e dello Stato emanata il 15 febbraio 1933 dal presidente della repubblica Paul von Hindenburg; il pretesto fu l'incendio del Reichstag. La disposizione introduceva l'istituto della *Schutzhaft*, detenzione per motivi di sicurezza (dello stato), dava cioè facoltà alla polizia di arrestare e trattenere in apposite installazioni, al di fuori di qualsiasi controllo della magistratura, chiunque fosse giudicato pericoloso.[19] In tal modo il diritto alla libertà personale garantito dalla costituzione della Repubblica di Weimar risultò vanificato.

La storia dei KL può essere divisa in tre fasi: nella prima, che va dal 1933 al 1936, furono imprigionati soprattutto i militanti delle organizzazioni del movimento operaio, che erano state poste fuorilegge. Arrestati da unità delle SA, delle SS o da reparti della polizia ufficiale, alla fine di luglio 1933 si trovavano in *Schutzhaft* circa 33 000 quadri del Partito comunista, di quello socialdemocratico e dei sindacati. Essi vennero concentrati in prigioni provvisorie e in campi allestiti in gran fretta (cosiddetti "wilde KL", campi di concentramento selvaggi) per iniziativa sia delle polizie e delle amministrazioni dei diversi Länder, sia dei comandi di reparti SA o SS.

---

18 R. Fröbe, *KZ-Häftlinge als Reserve qualifizierter Arbeitskraft. Eine späte Entdeckung der deutschen Industrie und ihre Folgen*, in U. Herbert, K. Orth, C. Dieckmann (a c. di), *Die nationalsozialistischen Konzentrationslager...*, cit., p. 640.

19 Sulla *Schutzhaft* cfr. K. Drobisch, G. Wieland, *System der NS-Konzentrationslager 1933-1939*, Akademie, Berlin 1993. Sulla logica che ne guidò l'utilizzo cfr. U. Herbert, *Von der Gegnerbekämpfung zur "rassischen Generalprävention". "Schutzhaft" und Konzentrationslager in der Konzeption der GESTAPO-Führung 1933-1939*, in U. Herbert, K. Orth, C. Dieckmann (a c. di), *Die nationalsozialistischen Konzentrationslager...*, cit., pp. 60-86.

Nella primavera del 1934 questa prima rete concentrazionaria, nata essenzialmente da spinte locali, passò sotto la giurisdizione di Heinrich Himmler, già capo supremo delle SS e nel frattempo diventato comandante della polizia di alcuni Länder. Il controllo sui lager divenne perciò esclusiva competenza dell'apparato SS. Il 4 luglio 1934 Himmler nominò Theodor Eicke, comandante del KL di Dachau presso Monaco di Baviera, ispettore generale dei KL [20] e comandante dei reparti KL che vi prestavano servizio di guardia (*SS Wachverbände*, dal 1936 denominate *SS Totenkopfverbände* – unità "teste di morto" delle SS – per via delle mostrine che portavano sull'uniforme). Eicke stabilì le norme organizzative fondamentali a cui ogni KL si doveva attenere, fissò regole disciplinari e punizioni, e piazzò parecchi suoi sottoposti di Dachau alla guida di analoghe installazioni. Numerosi "wilde KL" sorti nel 1933 furono chiusi e si diede vita a una struttura centralizzata basata su sei grandi campi (oltre a Dachau, Lichtenburg, Sachsenburg, Esterwegen, Oranienburg, e la Columbia-Haus a Berlino).

Nel settembre 1935 i KL, così ristrutturati, ospitavano in tutto 6000 prigionieri; il 75% di essi era costituito da militanti politici (buona parte degli oppositori arrestati nelle grandi retate del 1933 era stata nel frattempo scarcerata), gli altri erano criminali comuni, persone senza fissa dimora e mendicanti. Queste due ultime categorie erano entrate nel mirino della repressione nazista dall'autunno 1933. Il lavoro forzato imposto ai deportati era una costante dei KL, ma all'inizio e per un periodo relativamente lungo ebbe essenzialmente un carattere punitivo.

La seconda fase, apertasi nel 1936 e conclusasi nel 1942, fu caratterizzata dall'estendersi della rete concentrazionaria, in stretta connessione prima con la preparazione della guerra e poi con la sua conduzione. Nello stesso tempo il concetto di "prevenzione politica", a cui si era ispirata la deportazione in KL nella prima fase, prese a caricarsi sempre più di connotazioni razzistico-sociali: nemico del *Volk* (il popolo-stirpe caro ai nazionalsocialisti) non è più soltanto colui che operava politicamente contro il regime hitleriano, ma tutti coloro che si ponevano al di fuori dei valori della *Volksgemeinschaft* (la comunità di stirpe a un tempo oggetto sovraindividuale esistente e obiettivo finale della prassi nazista). La politicità, in altri termini, non risiedeva in ciò che si faceva, ma in ciò che si era. Con l' eccezione di Dachau, i campi strutturati del 1935 vennero sciolti o ridenominati e poi sostituiti da installazioni di dimensioni maggiori: nel 1936 Sachsenhausen, nel 1937 Buchenwald, nel 1938

---

[20] Sulle funzioni e l'evoluzione della struttura diretta da Eicke, cfr. J. Tuchel, *Konzentrationslager. Organisationsgeschichte und Funktion der "Inspektion der Konzentrationslager" 1934-1938*, Boldt, Boppard am Rhein 1991; J. Balcke, *Verantwortungsentlastung durch Organisation. Die "Inspektion der Konzentrationslager" und der KZ-Terror*, Diskord, Tübingen 2001.

Mauthausen (nell'Austria appena annessa) e Flossenbürg, nel 1939 Ravensbrück (KL destinato alle donne), nel 1940 Auschwitz (nell'Alta Slesia ex polacca), nel 1941 Natzweiler-Strutthof (nell'Alsazia ex francese), nel 1942 Stutthof (nei pressi di Danzica). Nel frattempo i campi di Neuengamme e Gross Rosen, già sottocampi di Sachsenhausen, erano stati dichiarati autonomi (rispettivamente nel 1940 e nel 1941). Dopo che, nel giugno 1936, Himmler ebbe preso possesso della carica di capo della polizia tedesca, creata appositamente per lui, egli dispose che venissero deportati nei KL i responsabili di numerosi reati comuni, persone senza fissa dimora e prive di lavoro stabile, omosessuali e prostitute, categorie tutte accomunate sotto la definizione di "asociali"; questa nuova ondata di deportazioni ebbe un incremento negli anni 1937 e 1938, allorché il sistema concentrazionario cominciò ad avere anche una funzione economica.

L'attuazione del secondo Piano quadriennale (*Vierjahresplan*), infatti, il cui fine era quello di preparare il paese alla guerra, ebbe come conseguenza la scarsità di manodopera, in particolare nel settore edile.[21] L'apparato SS pensò allora di servirsi dei deportati come lavoratori coatti, per motivi economici ma anche per rafforzare la propria posizione di potere all'interno del Terzo Reich; pertanto, vennero fondate aziende che facevano capo direttamente alla milizia nera, e dal 1937 si cercò di fare in modo che nelle vicinanze dei KL aperti di volta in volta ci fossero cave di pietra o fornaci in cui impiegare i detenuti. Obiettivo era la produzione di mattoni, lastre di granito, materiali da costruzione in vista dei colossali lavori di ristrutturazione, espansione, monumentalizzazione delle città tedesche che il gruppo dirigente del regime aveva in animo di avviare. La produttività dei deportati utilizzati come schiavi era estremamente bassa, data la concomitanza di durissime condizioni di vita e di lavoro e il carattere assai primitivo delle tecniche utilizzate, ma ciò non costituiva certo un problema dato il costo minimo della manodopera e la sua rapida sostituibilità.

All'inizio della guerra, i deportati erano circa 25 000, ma tale cifra era destinata ad aumentare rapidamente in seguito ai rastrellamenti e alle repressioni nei territori occupati, tanto che dalla tarda estate del 1940 i deportati tedeschi divennero minoranza. Tutto ciò determinò un catastrofico sovraffollamento delle strutture concentrazionarie con un conseguente aumento della mortalità; a Dachau il tasso annuo passò dal 4% del 1938 al 36% del 1942; a Buchenwald dal 10% del 1941 al 19% del

---

[21] Sulle politiche economiche attuate dal gruppo dirigente del Terzo Reich nei sei anni che precedettero l'aggressione alla Polonia rinvio alla lucida ed esaustiva ricostruzione di H.E. Volkmann, *Die NS-Wirtschaft in Vorbereitung des Krieges*, in W. Deist et al., *Ursachen und Voraussetzungen des Zweiten Weltkrieges*, Fischer, Frankfurt 1989, pp. 211-435.

1941; a Sachsenhausen dal 3% del 1938 al 16% del 1941; a Mauthausen, dal 1938 al 1942, addirittura dal 24 al 76%.[22]

Nell'inverno 1941-1942, l'insieme dei KL ospitava circa 60 000 persone: ai deportati di nazionalità tedesca si erano ormai aggiunti cittadini dell'Austria e dei Sudeti annessi al Reich, del cosiddetto Protettorato di Boemia e Moravia, nonché dei paesi europei via via occupati dalla Wehrmacht. Dopo l'aggressione all'Urss, furono deportati nei KL anche numerosi prigionieri di guerra sovietici, la maggior parte dei quali fu uccisa in base al *Kommissarbefehl* (ordine riguardante i commissari politici) emanato il 6 giugno 1941, due settimane prima dell'attacco, dal comando supremo della Wehrmacht.[23] Il significato economico del lavoro forzato dei deportati in questi mesi crebbe ulteriormente, ma essi continuarono a venire impiegati con assoluta prevalenza nelle officine, nelle fornaci e nelle cave messe in piedi dalle SS; il manufatto di maggior rilevanza prodotto in tal modo furono mattoni, nulla che avesse direttamente attinenza con l'industria di guerra. La produttività rimase, come in precedenza, assai scarsa. Nonostante ciò, fu proprio allora che ebbero inizio gli sforzi del gruppo dirigente SS per giocare un ruolo in settori produttivi chiave per l'economia di guerra.

Nel terzo periodo, che va dal 1942 alla fine della guerra, il sistema concentrazionario venne totalmente asservito all'economia di guerra del Terzo Reich. Le altissime perdite subite dalla Wehrmacht sul fronte orientale costrinsero i dirigenti nazionalsocialisti a sottrarre sempre più manodopera alle attività produttive, in quanto le operazioni militari richiedevano un numero progressivamente crescente di soldati. Si cercò di far fronte al problema prelevando quote via via maggiori di lavoratori (uomini e donne) dai territori occupati, e attingendo alla riserva costituita dai deportati, il cui numero totale crebbe a ritmi esponenziali (nel gennaio 1945, secondo l'ispettorato dei KL, i prigionieri in forza erano 714 211).[24]

Le decisioni fondamentali caddero tutte nel primo semestre del 1942, dopo l'arresto del fronte davanti a Mosca e la prospettiva sempre più incombente del passaggio del conflitto da guerra-lampo a guerra d'usura; il 10 gennaio 1942 Hitler emanò l'ordinanza *Rüstung 42* (Armamento 1942), che segnò il passaggio a una vera e propria pianificazione nella

---

[22] U. Herbert, K. Orth, C. Dieckmann, *Die nationalsozialistischen Konzentrationslager. Geschichte, Erinnerung, Forschung*, in U. Herbert, K. Orth, C. Dieckmann (a c. di), *Die nationalsozialistischen Konzentrationslager...*, cit., pp. 29-30.

[23] Sul *Kommissarbefehl* cfr. H.A. Jacobsen, *Kommissarbefehl und Massenexekutionen sowjetischer Kriegsgefangener*, in M. Broszat et al., *Anatomie...*, cit., pp. 135-232.

[24] M. Broszat, *Nationalsozialistische Konzentrationslager 1933-1945*, cit., p. 132. Secondo l'autore, che si rifà al documento NO-5689 della serie presentata al processo di Norimberga contro i grandi criminali di guerra, 511 537 erano maschi, 202 674 donne.

produzione bellica; il 1° febbraio Himmler ordinò la costituzione del WVHA come struttura autonoma, in cui vennero fuse le sezioni Bilancio e costruzioni e Amministrazione ed economia prima facenti capo al comando SS; il 3 marzo egli dispose che l'ispettorato dei KL fosse incorporato nella neocostituita centrale economica e amministrativa SS; diciotto giorni dopo, il 21 marzo, venne creato l'Ufficio del Plenipotenziario generale per l'impiego della manodopera (*Generalbevollmächtiger für den Arbeitseinsatz*; la carica fu attribuita al Gauleiter di Turingia Fritz Sauckel); data dallo stesso periodo lo sviluppo del Ministero degli armamenti diretto, dopo la morte di Fritz Todt l'8 febbraio 1942, da Albert Speer, come centro della produzione di guerra tedesca.

Con la costituzione del WVHA l'*SS Reichsführer* intendeva da un lato approfittare della situazione di carenza di manodopera per rafforzare il ruolo dell'apparato ai suoi ordini, dall'altro impedire che anche l'utilizzo dei deportati in KL passasse sotto il controllo del GBA, di cui si sapeva imminente la costituzione. Lo sforzo di Himmler fu coronato da successo: Sauckel rinunciò a occuparsi della riserva di braccia costituita dai deportati, e Hitler approvò il progetto del comando SS di costruire impianti produttivi di interesse militare nei lager, servendosi come manodopera dei deportati. Nonostante ciò, se si esclude il settore delle costruzioni edili (passato dalla fine di agosto 1943 sotto il controllo del già ricordato *Kammler Sonderstab*), lo sviluppo delle imprese direttamente dipendenti dalle SS non conobbe nei mesi successivi alcun rilevante passo in avanti: nel settembre 1943 appena il 15% di tutti i deportati (34 000, cioè) lavorava in aziende che facevano capo al WVHA, e la cifra non sarebbe mutata gran che in seguito, mentre la percentuale di coloro che erano utilizzati in installazioni produttive esterne, dipendenti da società private o da altri settori della pubblica amministrazione (come la Wehrmacht), aumentò vertiginosamente.

Preso atto della resistenza dell'industria privata a cedere terreno di fronte alle SS, Himmler accettò, nel settembre successivo, la proposta di Speer di costruire campi dipendenti dai KL centrali (*Aussenlager*) là dove si trovassero fabbriche adibite alla produzione di armamenti.[25] Di conseguenza, l'apparato SS stipulò veri e propri contratti con il Ministero degli armamenti, e con imprese pubbliche e private per l'affitto di manodopera coatta. Inoltre, il WVHA ordinò la costruzione di numerosi sottocampi nei pressi dei distretti industriali interessati. Una volta definite con precisione le reciproche sfere di potere e competenza, com'è noto l'industria privata non perse tempo a servirsi della nuova opportunità di disporre di manodopera. Ma non erano mancate iniziative in

[25] Cfr. H. Kaienburg, *KZ-Haft und Wirtschaftsinteresse...*, cit., p. 50 ss.

proposito anche in precedenza; tra i primi a operare in tal senso fu il colosso chimico IG Farben.

Assicuratasi negli anni trenta il monopolio della produzione delle gomma sintetica (Buna), l'IG Farben decise di procedere, nella seconda metà del 1940, alla costruzione di due nuovi stabilimenti, uno dei quali da piazzare in Slesia. Dopo una serie di sopralluoghi, nel gennaio 1941, Otto Ambros, alto dirigente del *Konzern*, indicò come località più adatta una piana situata circa cinque chilometri a oriente del villaggio di Auschwitz. Concepita come un impianto chimico polivalente di colossali dimensioni, in grado cioè di abbattere in notevole misura i costi di produzione, la nuova fabbrica aveva urgente bisogno di manodopera per essere costruita; fu così che Karl Krauch, anch'egli come Ambros tra i manager di punta dell'IG Farben e inoltre responsabile della produzione chimica nell'ambito dell'autorità del Piano quadriennale,[26] si rivolse, nel febbraio, a Hermann Göring[27] perché intervenisse in tal senso su Heinrich Himmler.[28] Dalle settimane successive prese perciò corpo l'ipotesi di servirsi come manodopera dei deportati del KL di Auschwitz. Ciò ebbe conseguenze di gran peso, sia a breve, sia a medio termine, sull'evoluzione del lager: non soltanto, infatti, Himmler rispose positivamente alla richiesta di Göring, ma si recò personalmente ad Auschwitz, dove ordinò al *Lagerkommandant* Rudolf Höss di portare il numero dei deportati ad almeno 30 000, 10 000 dei quali da mettere in seguito a disposizione dell'IG Farben. Contestualmente l'*SS Reichsfüher* dispose lo sdoppiamento del lager attraverso l'apertura di un secondo campo in località Birkenau, destinato in origine ad accogliere prigionieri di guerra sovietici di cui si prevedeva un consistente afflusso in seguito al prossimo avvio dell'Operazione Barbarossa, e incaricò il suo braccio destro, il generale delle SS Karl Wolff,[29] di prendere contatto con la direzione dell'IG Farben. Il 7 aprile 1941 si svolse un incontro al vertice tra SS e *Konzern* che definì le modalità della cooperazione. Non ci interessa, in questa sede, ricostruirne il percorso, che si snodò non senza conflitti, anche gravi; tuttavia è importante precisare che da un lato la decisione del *Konzern* di installarsi ad Auschwitz fu presa indipenden-

[26] Dal 22 agosto 1938 era *Generalbevollmächtiger für Sonderfragen der chemischen Erzeugung im Vierjahresplan*.

[27] A cui faceva capo il Piano quadriennale stesso.

[28] Cfr. la lettera in proposito di Göring a Himmler, del 18 febbraio 1941; il documento fa parte delle serie utilizzate a Norimberga, NI-1240. Cfr. P. Hayes, *Die IG Farben und die Zwangsarbeit von KZ-Häftlingen im Werk Auschwitz*, in H. Kaienburg (a c. di), *Konzentrationslager...*, cit., p. 135. Lo studio di Hayes (pp. 129-148) è il più completo sul tema.

[29] Come è noto, dopo la crisi dell'8 settembre 1943, Wolff fu inviato in Italia come rappresentante personale di Himmler, con il titolo di *Höherer* (in seguito *Höchster*) *SS-und Polizeiführer*.

temente dalla presenza nelle vicinanze di un KL, dall'altro però, una volta avvenuta la scelta, la contigua localizzazione fisica di entrambe le installazioni ne avrebbe reciprocamente condizionato lo sviluppo.

Analoga la vicenda della Steyr-Daimler-Puch (SDPAG), impresa metalmeccanica austriaca di rilevante interesse militare entrata a far parte, con l'*Anschluss* (1938), del *Konzern* Hermann-Göring-Werke (HGW), controllato dal maresciallo del Reich. Avendo necessità di manodopera metalmeccanica per le proprie officine, ed edile per i cantieri dove erano in costruzione nuovi impianti, il direttore generale, l'austriaco Georg Meindl, riuscì fin dalla primavera del 1941, attraverso contatti con i Gauleiter dell'Alto Danubio e della Stiria, nonché con il comandante superiore delle SS e della polizia per l'Ostmark, Ernst Kaltenbrunner,[30] a farsi mettere a disposizione dal comandante del KL di Mauthausen circa trecento deportati per le fabbriche di Steyr, distanti circa trenta chilometri dal lager.[31] All'inizio del 1942 Meindl chiese nuovamente l'aiuto di Kaltenbrunner, proponendogli addirittura di dislocare a Steyr, nei pressi delle officine, un distaccamento di Mauthausen. Fu accontentato: nel marzo successivo fu costruito, nei pressi del nuovo stabilimento di munizioni della SDPAG nel sobborgo di Münichholz, un campo di baracche destinato a ospitare circa duemila lavoratori schiavi provenienti da Mauthausen. Si trattò del primo lager dislocato appositamente nei pressi di un'industria di interesse militare.

Analogamente, anche nel caso della fabbrica di automobili Volkswagen, in costruzione dal 1938 a Fallersleben, in Bassa Sassonia, per iniziativa della potente Corporazione dei lavoratori industriali (*Deutsche Arbeitsfront*, DAF) guidata da Robert Ley, si cominciò, all'inizio del 1941, a parlare della possibilità di utilizzare deportati come manodopera. L'iniziativa in questo caso fu di Heinrich Himmler, che nel marzo propose alla direzione del cantiere di insediare un KL sul luogo dei lavori. L'offerta fu accettata poiché veniva incontro alla stringente necessità di disporre di manodopera non tanto per la produzione nelle officine, quanto per il completamento della nuova città destinata ad accogliere gli operai della Volkswagen. Venuta meno la speranza di poter ottenere lavoratori civili italiani, come negli anni precedenti,[32] si presero in considerazione ebrei polacchi, deportati dal Governatorato generale[33] o dal

---

[30] In seguito successore di Reinhardt Heydrich a capo dell'Ufficio centrale per la sicurezza del Reich (*Reichssicherheitshauptamt*; RSHA).

[31] Cfr. B. Perz, *Politisches Management im Wirtschaftskonzern. Georg Meindl und die Rolle des Staatskonzerns Steyr-Daimler-Puch bei der Verwiklung des NS-Wirtschaftsziele in Österreich*, in H. Kaienburg (a c. di), *Konzentrationslager...*, cit., pp. 95-112.

[32] Cfr. B. Mantelli, *"Camerati del lavoro"...*, cit., p. 231 ss.

[33] Così venne definito il territorio polacco occupato, retto come una colonia interna.

Warthegau[34], e prigionieri dei KL. Data la particolare natura della Volkswagen, direttamente dipendente da un'importante istituzione dello stato nazista come la DAF, una stretta collaborazione con le SS appariva meno problematica; nonostante ciò si sarebbe giunti all'effettivo impiego di deportati solo parecchi mesi più tardi, nel dicembre 1941.[35]

Dopo il riassetto della primavera 1942, la rete concentrazionaria non cessò di svilupparsi, inglobando lager preesistenti che, tuttavia, fino ad allora dipendevano da altre amministrazioni (come l'ex campo di detenzione della polizia di Vught-Herzogenbusch, nei Paesi Bassi, il campo di lavoro per ebrei di Cracovia-Plaszów, il campo di sosta per detenuti ebrei di Bergen-Belsen, i campi di lavoro per ebrei situati in Estonia). In questo contesto, un ulteriore momento di svolta sopravvenne nell'estate 1943; da un lato, cominciarono a ridursi, a Oriente, le possibilità di arruolamento coatto di manodopera (i cosiddetti *Ostarbeiter*),[36] a causa del progressivo ritrarsi del fronte dopo la battaglia di Stalingrado, e il GBA non riuscì più a fornire all'economia di guerra tedesca le quote di lavoratori stranieri previste; dall'altro, i bombardamenti alleati sulla Germania iniziarono a farsi incessanti, infliggendo alla sua produzione bellica ferite profonde. Con l'avvio dei giganteschi programmi di trasferimento sotterraneo di intere produzioni industriali, i KL divennero di fondamentale importanza come fonte di manodopera da impiegare senza risparmio nei cantieri; ciò rappresentò sia un cruciale cambiamento nelle modalità di impiego nel lavoro dei deportati (contribuendo a ridurne drasticamente le speranze di sopravvivenza), sia un potente incentivo per l'apparato SS ad aumentare a ogni costo e in qualunque maniera il numero dei deportati.[37] Non casualmente, in quest'ultima fase, la percentuale di stranieri detenuti in KL superò il 90% del totale. Per le SS, inoltre, la dislocazione dell'industria rappresentò una fortunata opportunità per riconquistare almeno in parte quello spazio e quel ruolo, cruciali nell'economia di guerra tedesca, a cui l'"ordine nero" da tempo mirava, e per superare la secca battuta d'arresto con cui aveva dovuto fare i conti nei primi mesi del 1942.

Ulteriori prospettive nella stessa direzione vennero aperte dalla creazione, tra la fine di febbraio e l'inizio di marzo del 1944, della Commissione centrale per i caccia (*Jägerstab*). Composto da alti funzionari dei

---

[34] Parte del territorio polacco annesso al Reich.

[35] Cfr. M. Grieger, *Unternehmen und KZ-Arbeit. Das Beispiel der Volkswagenwerk GMBH*, in H. Kaienburg (a c. di), *Konzentrationslager...*, cit., pp. 77-93.

[36] Letteralmente: lavoratori dell'Est, nome attribuito alle centinaia di migliaia di civili (in parte preponderante donne e ragazze) arruolati a forza nei territori sovietici occupati.

[37] R. Fröbe, *Der Arbeitseinsatz von KZ-Häftlingen und die Perspektive der Industrie*, in U. Herbert (a c. di), *Europa und der "Reichseinsatz"...*, cit., p. 356.

Ministeri dell'aviazione e delle armi e munizioni, da esponenti dell'industria aeronautica, lo *Jägerstab* – di cui fu chiamato a far parte, il 4 marzo, anche Hans Kammler in rappresentanza del WVHA – aveva come compito prioritario di potenziare al massimo la produzione di caccia, individuata come strategica per la continuazione delle ostilità da parte della Germania; a tale scopo occorreva ricostruire in gran fretta le officine distrutte o danneggiate dai bombardamenti alleati, decentrare quelle più esposte, e accelerare ulteriormente lo spostamento delle produzioni chiave in installazioni sotterranee o comunque sicure.[38] Ciò comportava, ovviamente, un impiego sempre più grande di deportati. Nel giugno del 1944 le industrie chiesero, infatti, di poter disporre dell'enorme cifra di 250 000 deportati solo per i cantieri dove si costruivano officine protette.[39] Per far fronte a una domanda di simili proporzioni lo *Jägerstab* aveva pensato di far ricorso ad almeno 100 000 ebrei ungheresi, una quota dei quali fu effettivamente trasferita nel Reich, in contrasto, peraltro, con la decisione di due anni prima tesa a rendere la Germania *judenrein* (purificata dalla presenza ebraica), 50 000 italiani, e altri gruppi minori.[40]

Accanto e parallelamente allo *Jägerstab*, in quegli stessi mesi si servirono massicciamente di manodopera schiava estratta dai KL le strutture (in parte dipendenti dall'esercito, in parte facenti capo al Ministero degli armamenti, in parte legate direttamente all'industria privata) a cui era stata delegata la produzione missilistica.[41] All'inizio di aprile 1943 l'ufficio responsabile dell'impiego di manodopera nell'ambito della commissione speciale per la costruzione del razzo A4 (*Sonderausschuss* A4),[42] che si serviva degli impianti di Peenemünde, propose di utilizzare deportati nell'officina che si occupava della produzione di prototipi. La proposta ebbe successo, tanto che pochi giorni dopo una delegazione ad alto livello del *Sonderauschuss* si recò per un sopralluogo presso le officine della Heinkel a Oranienburg, dove dall'agosto 1942 venivano impiegati nel lavoro deportati;[43] al momento della visita ce n'erano 4000.

---

[38] Ivi, p. 357.

[39] Bundesarchiv/Militärarchiv, Freiburg im B., fondo RL3, fasc. 1, Jägerstab-Kurzbericht del 12 giugno 1944.

[40] Ivi, fasc. 7, Jägerstab-Besprechung del 26 maggio 1944.

[41] F. Freund, *Die Entscheidung zum Einsatz von KZ-Häftlingen in den Raketenrüstung*, in H. Kaienburg (a c. di), *Konzentrationslager...*, cit., pp. 61-74.

[42] A4 era il nome con cui era ufficialmente indicata l'arma più nota come V2.

[43] L'industria aeronautica era stata tra le più sollecite ad approfittare dell'offerta di manodopera schiava dai KL; accanto alla Heinkel vanno citate anche la Junkers e la Messerschmitt; alla fine del 1943 queste ultime impiegavano ciascuna circa 10 000 deportati. Nel 1944 circa il 35% della manodopera al lavoro nelle officine della Messerschmitt era composta da deportati, in gran parte provenienti dai KL di Flossenbürg e di Mauthausen-Gusen.

La delegazione diede un giudizio positivo, tanto che, all'inizio di giugno, partirono le prime richieste indirizzate al WVHA;[44] inizialmente si volevano 1400 lavoratori schiavi, in prospettiva la cifra avrebbe dovuto salire a 2500. I primi duecento sarebbero effettivamente giunti alla metà del mese. Di lì a poco si decise di estenderne l'impiego anche negli stabilimenti localizzati a Wiener Neustadt e Friedrichshafen, dove la produzione era già stata avviata. Alla fine di giugno i primi cinquecento deportati trasferiti dal KL di Mauthausen fecero il loro ingresso nelle officine di Wiener Neustadt; un mese dopo sarebbero già diventati 1200. Il 22 giugno anche a Friedrichshafen venne aperto un sottocampo, nel quale alloggiare i deportati da utilizzare presso la fabbrica Zeppelin, dove era avviata la costruzione di A4.

Nel mese di agosto, in seguito alla decisione presa da Hitler l'8 luglio di dare la massima priorità al programma missilistico,[45] l'impiego di deportati subì un'accelerazione e venne esteso anche alla quarta installazione produttiva, nel sobborgo berlinese di Falkensee. L'ondata di bombardamenti alleati che colpì nella decade centrale di agosto 1943 sia Wiener Neustadt, sia Friedrichshafen, sia infine Peenemünde, persuase il gruppo dirigente nazista da un lato che i nemici fossero a conoscenza dei propri piani missilistici (cosa peraltro vera solo in parte), dall'altro della necessità di dislocare in installazioni sotterranee gli impianti, per sottrarli a prevedibili attacchi futuri. Ciò offrì alle SS la concreta possibilità di inserirsi nel programma missilistico, da cui fino ad allora era stata esclusa, ottenendo, questa volta, anche il consenso di Speer.[46]

Non senza contrasti e conflitti di potere, che sfociarono in una sorta di divisione del lavoro tra Ministero degli armamenti, industria privata e SS, si decise alla fine di agosto di localizzare il nuovo centro di produzione missilistica nello Harz, a Nordhausen, dove già esistevano officine sotterranee, bisognose solo di ulteriori ampliamenti. Denominato Mittelbau, e noto in seguito come Dora, l'insediamento fu immediatamente popolato con deportati provenienti dal vicino KL di Buchenwald; responsabile dei lavori di ristrutturazione fu nominato Hans Kammler, fino ad allora capo del settore costruzioni all'interno del WVHA e da questo momento designato commissario straordinario all'edilizia per la costruzione di missili A4.[47] In quest'ultima funzione egli dipendeva dal ministero di Speer e non dalla gerarchia SS, venendo in tal modo a rappresentare una sorta di anel-

---

[44] F. Freund, *op. cit.*, p. 67.

[45] W.A. Boelcke (a c. di), *Deutschlands Rüstung im Zweiten Weltkrieg. Hitlers Konferenzen mit Albert Speer 1942-1945*, Athenäion, Frankfurt 1969, p. 280.

[46] Ivi, p. 291.

[47] Come sappiamo, negli stessi giorni Kammler assunse anche la guida del *Sonderstab* che avrebbe portato il suo nome (cfr. *supra* n. 5).

lo di congiunzione tra le due istituzioni. È significativo ricordare la disposizione che Kammler diede ai suoi sottoposti impegnati nei lavori sotterranei a Dora: «Non preoccupatevi delle vittime umane; i lavori devono procedere senza sosta, e nel tempo più breve possibile».[48] Il modello di Dora venne esteso di lì a poco ad altri impianti deputati alla produzione missilistica: i sottocampi, dipendenti da Mauthausen, di Schlier Redl-Zipf (Alta Austria) e di Ebensee, dove fu decentrata la produzione di Wiener Neustadt. Nell'ottobre 1944, infine, proprio Dora-Mittelbau, fino ad allora sottocampo di Buchenwald, fu trasformato in KL autonomo.

Senza assolutamente trascurare ogni possibilità di recuperare manodopera qualificata tra i deportati, attività in cui profusero notevoli sforzi imprese come la BMW, la Daimler-Benz, la Osram, l'IG Farben, la Volkswagen,[49] e mille altre ancora, va messo in rilievo come si trovassero nella posizione migliore per utilizzare deportati come manodopera schiava quei settori produttivi in cui la razionalizzazione aveva fatto maggiori progressi, e perciò si caratterizzavano per una minore necessità di lavoro qualificato, una più alta meccanizzazione, l'introduzione ovunque possibile di tecniche di montaggio seriale, una maggior presenza di personale addetto alla sorveglianza. Quantomeno nel contesto specifico che si è cercato di analizzare, l'introduzione dell'organizzazione scientifica del lavoro aumentò la compatibilità tra produzione ad alta tecnologica e utilizzo di lavoratori schiavi.[50]

Una questione cruciale, nel dibattito storiografico, è rappresentata dalla questione della produttività; più volte è stato sottolineato l'interesse economico dell'apparato produttivo del Terzo Reich a utilizzare manodopera straniera in condizioni più o meno forti di costrizione,[51] eppure l'analisi empirica ci mostra come né i lavoratori civili reclutati nei paesi alleati od occupati, né i prigionieri di guerra, né tantomeno i deportati in KL abbiano mai raggiunto la produttività degli operai tedeschi, rimanendone sempre al di sotto di quote significative. Quanto più la condizione della manodopera impiegata si scostava, in peggio, dalla condizione del lavoratore tedesco, tanto più la sua produttività era bassa. Quella dei deportati era perciò, complessivamente parlando, al livello minimo della scala, oscillando dal 5 al 50% rispetto a quella dei lavoratori tedeschi.[52] La decisione di farvi ricorso, e in modo sempre più

---

[48] Dal verbale del processo celebrato nel 1947 davanti al Tribunale militare americano, cit. in F. Freund, *op. cit.*, p. 72.

[49] R. Fröbe, *KZ-Häftlinge als Reserve qualifizierter Arbeitskraft...*, cit., pp. 637-681.

[50] Id., *Der Arbeitseinsatz von KZ-Häftlingen...*, cit., pp. 361-365.

[51] Era uno dei Leitmotiv della storiografia della DDR.

[52] U. Herbert, *Arbeit und Vernichtung*, cit., p. 411; l'autore si rifà a dati di E. Georg, *Die wirtschaftlichen Unternehmungen der SS*, DVA, Stuttgart, 1963, p. 117.

esteso a mano a mano che passavano i mesi, va perciò analizzata nel contesto specifico, come unica via per reggere la continuazione dello sforzo produttivo in condizioni sempre più critiche, e in presenza di una scarsità strutturale di braccia. In questo senso – e solo in questo senso! – essa appare conseguenza dell'applicazione di una razionalità utilitaristica e strumentale che assunse però come vincoli indiscussi (e indiscutibili), la continuazione della guerra, la logica di stratificazione razziale tipica della *Weltanschauung* nazionalsocialista, la spinta all'autoconservazione delle strutture burocratiche portanti del regime (SS, Wehrmacht, ministeri, autorità create ad hoc come il GBA ecc.).

Altrettanta discussione ha suscitato il complesso rapporto tra *Weltanschauung* razzista, tipica del nazionalsocialismo ed espressa al massimo grado dall'apparato SS, e razionalità orientata al profitto attribuita al sistema delle imprese coinvolte nell'economia di guerra del Terzo Reich; come abbiamo visto, conflitti tra i due ambiti non mancarono ed ebbero esiti alterni; mai però essi presero le mosse da questioni di principio circa l'utilizzabilità o meno di deportati nelle officine. Semmai ebbero come oggetto spazi di azione e di gestione del potere. Ovviamente la logica delle SS era di natura sterministica; suo obiettivo restava l'annientamento dei *Gemeinschaftsfremden*, cioè dei nemici della *Volksgemeinschaft*. Nell'immediato ciò non mancò di suscitare contrasti con le imprese, interessate alla produttività e perciò coscienti della necessità di mantenere i deportati almeno un filo al di sopra dell'inedia, ma sul medio periodo anch'esse si dimostrarono tutt'altro che aliene dal considerare la manodopera schiava un mero fattore di produzione ad alto logoramento, facilmente sostituibile e perciò oggettivamente sacrificabile. Non tanto, si badi bene, in nome dell'ideologia razziale (che pure non pochi dirigenti condividevano), quanto in nome di "razionali" esigenze produttive.[53] Esse trovarono un'ulteriore espressione negli ultimi mesi del conflitto: di fronte all'imminente crollo dei fronti, le imprese si servirono in gran numero di deportati per trasferire impianti e macchinari in vista della futura ripresa postbellica. Accanto alle ben più note "marce della morte", il salvataggio e lo spostamento delle macchine fu anch'esso causa di sofferenze e morti innumerevoli,[54] non tematizzate peraltro, se non marginalmente, nei procedimenti giudiziari simbolicamente indicati con la definizione di "processi di Norimberga". Ma ciò avrebbe voluto dire porre sotto accusa non questo o quell'imprenditore particolarmente compromesso col regime, ma tutto quanto il sistema delle imprese e il suo ceto dirigente.

---

[53] Cfr. l'esaustiva analisi di M. Zimmermann, *Arbeit in den Konzentrationslagern. Kommentierende Bemerungen*, in U. Herbert, K. Orth, C. Dieckmann (a c. di), *Die nationalsozialistischen Konzentrationslager*..., cit., pp. 730-751.

[54] R. Fröbe, *Der Arbeitseinsatz*, cit., pp. 372-373.

In totale, dal 1933 al 1945, furono deportati nel complesso sistema concentrazionario nazionalsocialista tra 2 500 000 e 3 500 000 di esseri umani;[55] circa due milioni vi persero la vita. Come già si è accennato, a seconda dei campi e dei periodi vi furono significative differenze nelle condizioni di vita, e di conseguenza nei tassi di mortalità: nella prima fase la detenzione era relativamente breve (in media meno di un anno), le condizioni di vita molto dure ma relativamente sopportabili, e i decessi erano dovuti essenzialmente ai maltrattamenti e alle fucilazioni arbitrarie da parte del personale di guardia; il tasso di mortalità si alzò bruscamente nel secondo periodo, in particolare a guerra iniziata, a causa del sovraffollamento, della riduzione delle razioni alimentari, dell'impiego dei deportati in lavori manuali pesantissimi. Se a Dachau o a Sachsenhausen, almeno fino all'inizio della guerra, le possibilità di sopravvivere erano relativamente alte, a Mauthausen esse furono da subito assai limitate.

Nel corso del 1943, vi fu la tendenza a un generale livellamento dei vari KL; l'impiego massiccio di deportati nell'industria di guerra nei mesi successivi portò, tuttavia, a una nuova differenziazione. Se per coloro che erano adibiti a mansioni relativamente complesse nelle officine vi furono dei miglioramenti, dovuti non di rado a razioni supplementari di cibo fornite dalle aziende, che altrimenti non avrebbero potuto contare su un livello di produttività accettabile, lo stesso non si può dire dei deportati utilizzati nell'edilizia o nel lavoro di sterro. Il precipitare della crisi del Terzo Reich nelle ultime settimane di guerra fece nuovamente alzare, a livelli mai visti prima, il tasso di mortalità.

È appena il caso di ricordare che, delle diverse fasi di sviluppo del sistema concentrazionario nazista, solo l'ultima, la più caotica e complessa, caratterizzata dalla pratica del lavoro schiavo e, nei fatti, dall'annientamento mediante il lavoro, fu conosciuta dai deportati italiani, piombati nell'inferno del lager solo dopo l'8 settembre 1943. Anche questo aspetto va considerato tra le cause dell'altissimo tasso di perdite che la deportazione italiana ebbe a patire: non più del 10%, infatti, sopravvisse al lager.

---

[55] Dati in U. Herbert, K. Orth, C. Dieckmann, *Die nationalsozialistischen Konzentrationslager...*, cit., p. 31. Le cifre tengono conto solo in parte di coloro che furono internati e poi uccisi nei campi di annientamento immediato (VL), dove perirono quasi tre milioni di persone. La sovrapposizione è dovuta al fatto che, come già ricordato, i grandi lager di Auschwitz e Majdanek svolsero la doppia funzione di KL e VL.

8. Prigionia di guerra e sterminio

di Gerhard Schreiber[*]

Dal 30 dicembre 1947 fino al 29 ottobre 1948, il Tribunale militare americano VA tenne a Norimberga l'*High Command Case*, cioè il cosiddetto processo contro il Comando supremo della Wehrmacht. Si tratta in realtà di una definizione errata, poiché dei quattordici imputati appartenenti ai vertici militari, solo tre erano del Comando supremo della Wehrmacht.[1]

In questo procedimento,[2] nel quale interessava soprattutto il destino degli appartenenti all'Armata Rossa che erano caduti prigionieri dei tedeschi, anziché l'intera élite militare della Germania nazista, solo un manipolo di illustri ufficiali della Wehrmacht fu accusato di aver commesso crimini contro la pace, crimini di guerra e crimini contro l'umanità. I giudici americani osservarono: «Per quanto concerne i prigionieri russi, i fatti provano una serie di terribili e insensati crimini commessi ai tempi del Terzo Reich. Centinaia di migliaia, milioni di prigio-

---

[*] Gerhard Schreiber, tra i massimi esperti tedeschi di storia militare, ha pubblicato *I militari italiani internati nei campi di concentramento del Terzo Reich 1943-1945*, Ufficio storico dello SME, Roma 1992; *La vendetta tedesca. 1943-1945: le rappresaglie naziste in Italia*, A. Mondadori, Milano 2000.

[1] W. Wette, *Der OKW-Prozess (gegen Wilhelm Ritter von Leeb und andere)*, in *Der Nazionalsozialismus vor Gericht. Die alliierten Prozesse gegen Kriegsverbrecher und Soldaten 1943-1952*, con contributi di R.A. Blasius e altri; G.R. Ueberschär (a c. di), *Die Zeit des Nazionalsozialismus*, Frankfurt 1999, pp. 199-212.

[2] Furono accusati: il generale d'armata Johannes Blaskowitz; il generale d'armata Karl Hollidt; il generale d'armata Hermann Hoth; il feldmaresciallo Georg von Küchler; il feldmaresciallo Wilhelm Ritter von Leeb; la massima autorità della giustizia militare Dr. Rudolf Lehmann (*Generaloberstabsrichter*, un grado che non esiste nelle forze armate italiane); il generale di corpo d'armata Hermann Reinecke (come capo della Direzione Affari generali del Comando supremo della Wehrmacht, tra l'altro autorità competente per i prigionieri di guerra delle forze armate); il generale d'armata Hans Reinhart; il generale di corpo d'armata Karl von Roques; il generale d'armata Hans von Salmuth; l'ammiraglio d'armata Otto Schniewind; il feldmaresciallo (aeronautica militare) Hugo Sperrle; il generale di corpo d'armata Walter Warlimont (vicecapo dello stato maggiore operativo del Comando supremo della Wehrmacht); e il generale di corpo d'armata Otto Wöhler. Undici accusati furono condannati per crimini di guerra e crimini contro l'umanità a pene detentive a partire da tre anni fino all'ergastolo. I giudici non individuarono per alcun imputato fondamenti per l'accusa di crimini contro la pace. Schniewind e Sperrle furono assolti. Blaskowitz, morì suicida il 5 febbraio 1948.

nieri morirono per incuria, furono uccisi in seguito a maltrattamenti o giustiziati intenzionalmente da organi del governo del Reich con lo scopo di annientare i presunti esponenti dell'ideologia comunista, i cosiddetti inabili, gli ebrei e altri». [3]

Questa sintesi dei giudici americani rende un'idea esatta del più grande crimine di guerra di cui la Wehrmacht è responsabile. Si trattava di un crimine, legittimato dal regime di Hitler, che comprendeva assassini di stato motivati dall'ideologia nazista e realizzati in modo inconcepibilmente brutale.

La dimensione della strage nei confronti dei prigionieri sovietici è costantemente in discussione perché gli storici hanno supposto, generalmente, che la parte tedesca non avesse né registrato singolarmente i soldati sovietici prigionieri né comunicato le loro identità al comitato della Croce rossa internazionale.[4]

Queste congetture sono false, in quanto i prigionieri russi, in verità, furono registrati in uno schedario e forniti dei soliti documenti, al più tardi, al loro arrivo nei campi del Reich. Inoltre l'Ufficio informazioni della Wehrmacht venne regolarmente messo al corrente riguardo ai nuovi arrivati e ai decessi, avendo pertanto sempre un'aggiornata e completa visione di tutti i casi di morte.[5] La documentazione relativa, comprendente perfino i piani delle sepolture, si trova presso l'archivio centrale del Ministero della difesa della Confederazione russa a Podolsk, nelle vicinanze di Mosca. E perciò sarebbe teoricamente possibile, a partire dalla metà del luglio 1941, elaborare le cifre esatte dei prigionieri sovietici morti e, contemporaneamente, chiarire i singoli destini di milioni di prigionieri di guerra sovietici, e inoltre, dare un'identità alle vittime anonime delle uccisioni e degli stermini di massa, che ancora oggi riposano nelle fosse comuni di molti campi di prigionia (ricerche che dipendono dalla disponibilità dei finanziamenti).[6]

---

[3] C. Hartmann, *Massenssterben oder Massenvernichtung? Sowjetische Kriegsgefangene im "Unternehmen Barbarossa", aus dem Tagebuch eines deutschen Lagerkommandanten*, in "Vierteljahrshefte für Zeitgeschichte", 49, 2001, n. 1, pp. 97-158.

[4] Questa opinione viene sostenuta da R.D. Müller, *Die Behandlung der sowjetischen Gefangenen durch das Reich 1941-1945*, in G. Bischof, R. Overmans (a c. di), *Kriegsgefangenschaft im Zweiten Weltkrieg. Eine vergleichende Perspektive*, Ternitz-Pottschach 1999, pp. 283-302.

[5] R. Otto, *Die Zusammenarbeit von Wehrmacht und Stapo bei der "Aussonderung" sowjetischer Kriegsgefangener im Reich*, in R.D. Müller, H.E. Volkmann (a c. di), *Wehrmacht. Mythos und Realität*, München 1999, pp. 754-782.

[6] R. Keller, R. Otto, *Das Massenssterben der sowjetischen Kriegsgefangenen und die Wehrmachtbürokratie. Unterlagen zur Registrierung der sowjetischen Kriegsgefangenen 1941-1945 in deutschen und russischen Institutionen*, in "Militärgeschichtliche Mitteilungen", 57, 1998, n. 1, p. 153.

Secondo le attuali conoscenze, fra il giugno del 1941 e il febbraio del 1945, da 2 600 000 fino a 3 300 000 prigionieri dei tedeschi, su un totale di oltre 5 700 000 soldati sovietici, furono vittime di uccisioni di massa e di massacri. Ciò corrisponderebbe pressappoco al 45% o al 57% dei prigionieri.[7] Invece morirono "soltanto" 8348 dei 235 473 prigionieri americani e britannici nei campi della Wehrmacht, quindi il 3,5%.

Certo anche i circa 3 060 000 soldati delle forze armate tedesche fatti prigionieri dai sovietici patirono la fame fino allo sfinimento, ma, per lo più, a causa di una reale mancanza di approvvigionamenti. È comunque certo che 363 000 di loro, cioè il 12%, morirono. D'altra parte esistono calcoli scrupolosi che menzionano 650 000 morti in più. Di conseguenza la percentuale di coloro che, appartenenti alla Wehrmacht, alle SS e alla polizia, persero la vita nei campi dell'Armata Rossa, sale eventualmente al 30%.[8]

Può darsi, ma ciò nonostante rimane il fatto che sia il numero totale sia la percentuale dei soldati sovietici morti in prigionia tedesca sono singolari, ed è inevitabile porsi alcuni interrogativi sui motivi del trattamento inumano riservato ai prigionieri russi.

In occasione del processo ai grandi criminali di guerra a Norimberga il generale feldmaresciallo Wilhelm Keitel, già capo del Comando supremo della Wehrmacht, affermò a questo proposito che, nella fase iniziale della campagna orientale, il disastroso approvvigionamento dei rifornimenti per i prigionieri russi fu causato dal massiccio afflusso degli stessi prigionieri. Di conseguenza i tedeschi, sempre secondo Keitel, sarebbero stati obiettivamente impossibilitati a provvedere a questi ultimi in conformità alle norme internazionali.[9]

Le asserzioni del feldmaresciallo non corrispondevano nemmeno alla metà della verità storica poiché, come tutti sanno, la direzione del Reich negò ai prigionieri russi, con argomenti speciosi, la protezione offerta dalla convenzione dell'Aia del 18 ottobre 1907 e dalla convenzione di Ginevra del 27 luglio del 1929.[10]

---

[7] Ch. Streit, *Die Behandlung der sowjetischen Kriegsgefangenen und völkerrechtliche Probleme des Krieges gegen die Sowjetunion*, in G.R. Ueberschär, W. Wette (a c. di) *"Unternehmen Barbarossa". Der deutsche Überfall auf die Sowjetunion 1941*, Paderborn 1984, pp. 198-199. Per la problematica relativa ai dati statistici cfr. R.D. Müller, G.R. Ueberschär, *Hitlers Krieg im Osten 1941-1945. Ein Forschungsbericht*, Darmstadt 2000, pp. 231-232.

[8] R. Overmans, *Deutsche militärische Verluste im Zweiten Weltkrieg*, München 1999, in "Beiträge zur Militärgeschichte", vol. XLVI, pp. 286-292.

[9] *Der Prozess gegen die Hauptkriegsverbrecher vor dem Internationalen Militärgerichtshof Nürnberg, 14. November 1945 – 1. Oktober 1946*, 42 voll., Nürnberg 1947-1949, vol. X, p. 665.

[10] Da parte tedesca, in relazione alla tutela dei prigionieri sovietici, fu rifiutata l'applicazione delle disposizioni della convenzione di Ginevra del 1929, con la motivazione ufficiale

Nel 1945, per alleggerire la propria coscienza, Keitel, come molti militari tedeschi, ricorse all'alibi di uno stato d'emergenza. Situazioni d'emergenza si verificarono ogni tanto; basti rammentare le condizioni atmosferiche e le conseguenze, spesso gravi, degli scontri. Ma questi stati d'emergenza non sono sufficienti a spiegare gli eventi accaduti. Non a caso il feldmaresciallo passò sotto silenzio il fatto che i capi della Wehrmacht prevedessero un immane afflusso di prigionieri già prima dell'inizio della guerra contro l'Unione Sovietica.

Del resto è un dato di fatto che i tedeschi, dopo la loro esperienza nella campagna occidentale, avrebbero dovuto sapere come gestire milioni di prigionieri. Tutto ciò fa sorgere il dubbio se la parte tedesca non avesse causato il caos nell'Est, rinunciando intenzionalmente a un'adeguata preparazione organizzativa.[11] Occorre persino chiedersi se la moria di prigionieri non fosse stata voluta,[12] anche perché diverse fonti ci informano che Hitler e i suoi paladini, di cui fecero parte anche militari di rango, volevano decimare le cosiddette masse slave. Da tale punto di vista, si potrebbe ipotizzare che la morte per prostrazione di tanti prigionieri fu considerata una benedizione. Tuttavia, per motivi pragmatici (occorre menzionare il bisogno crescente di manodopera), non vi fu mai l'intenzione di uccidere sistematicamente tutti i prigionieri sovietici.[13]

Nonostante ciò, per il periodo che va dal giugno 1941 fino alla primavera del 1942, periodo in cui si verificò una vera e propria ecatombe

---

che Mosca non avrebbe ratificato la convenzione, quindi non era obbligatorio ritenere i prigionieri dell'Armata Rossa tutelati dalla convenzione. La vera ragione del disprezzo del diritto internazionale da parte del regime nazionalsocialista è da ricercarsi nella sua stessa ideologia: «Nella campagna di sterminio [contro l'Unione Sovietica] non viene attribuito nessun valore alla sopravvivenza dei prigionieri di guerra finché costoro erano considerati "inutili bocche da sfamare" e "forza-lavoro non servibile"». Cfr. R. Keller, R. Otto, *op. cit.*, p. 151. Riguardo alla questione giuridica e allo sviluppo di quest'ultima nella guerra cfr. A. Streim, *Die Behandlung sowjetischer Kriegsgefangener im "Fall Barbarossa". Eine Dokumentation. Unter Berücksichtigung der Unterlagen deutscher Strafverfolgungsbehörden und der Materialien der Zentralen Stelle der Landesjustizverwaltungen zur Aufklärung von NS-Verbrechen*, Heidelberg und Karlsruhe 1981 ("Motive-Texte-Materialien", vol. XIII), pp. 33-34; Ch. Streit, *Keine Kameraden. Die Wehrmacht und die sowjetischen Kriegsgefangenen 1941- 1945*, Stuttgart 1978 ("Studien zur Zeitgeschichte", vol. XIII), pp. 73-75 e pp. 224-237; cfr. anche R.D. Müller, G.R. Ueberschär, *op. cit.*, p. 232; inoltre J. Osterloh, *"Hier handelt es sich um die Vernichtung einer Weltanschauung..." Die Wehrmacht und die Behandlung der sowjetischen Gefangenen in Deutschland*, in R.D. Müller, H.E. Volkmann (a c. di), *op.cit.*, pp. 787-788.

[11] Ch. Streit, *Keine Kameraden...*, cit., pp. 187-188; anche R.D. Müller, G.R. Ueberschär, *op. cit.*, p. 230.

[12] Ch. Streit, *Sowjetische Kriegsgefangene – Massendeportationen – Zwangsarbeiter*, in W. Michalka (a c. di), *Der zweite Weltkrieg. Analysen, Grundzüge, Forschungsbilanz.*, München-Zürich 1990, p. 753.

[13] Ch. Streit, *Keine Kameraden...*, cit., pp. 188 e 191.

di prigionieri, si può parlare di una persistente strategia basata sulla prostrazione per fame.[14] Questa, fino al febbraio del 1942, portò alla morte di quasi due milioni di persone, cioè del 60% di tutti gli appartenenti all'Armata Rossa fino ad allora fatti prigionieri, eccezion fatta per coloro che furono ammazzati in modo diverso.[15] Il fatto che il comandante del campo di transito 126, generale feldmaresciallo Johannes Gutschmidt, registrasse già nell'ottobre del 1941 i primi casi di cannibalismo,[16] la dice lunga su tale strategia della fame: strategia che ebbe come scopo lo sterminio di una gran parte dei prigionieri sovietici e della popolazione civile (si parla di parecchi milioni di uomini).[17]

Certo è che il programma di sterminio nella sua completezza non è spiegato con chiarezza dalle fonti. La dimostrazione del piano omicida, discusso in maniera controversa dagli storici, può avvenire solo con prove indiziarie. L'intenzione di trattare i prigionieri in modi che violavano il diritto internazionale[18] è per la prima volta documentata a metà marzo del 1941. Allora il generale di divisione Hermann Reinecke, capo della Direzione affari generali del Comando supremo della Wehrmacht e pertanto responsabile dei prigionieri di guerra, comunicò ai comandanti dei prigionieri delle singole regioni militari che la convenzione dell'Aia non sarebbe stata valida per i futuri prigionieri russi. E in occasione del suo famigerato discorso davanti alle massime autorità delle forze armate, Hitler obbligò i suoi militari, il 30 marzo del 1941, a compiere nell'Est una spietata guerra di sterminio.

Nel frattempo l'intendenza militare dell'esercito, sotto il comando del generale di corpo d'armata Eduard Wagner, elaborò calcoli sulla morte di massa dei prigionieri russi per poter superare le difficoltà di approvvigionamento della Wehrmacht che prevedibilmente si sarebbero verificate: Wagner e i suoi specialisti richiesero che le divisioni tedesche nella guerra contro l'Unione Sovietica potessero approvvigionarsi a ogni costo in quel paese, data l'enorme quantità di truppe impiegate, le distanze gigantesche e la rapida avanzata prevista. Contemporaneamente la direzione militare tedesca ordinava che i milioni di prigionieri di guerra sovietici attesi restassero nei territori occupati, nelle zone di carestia; si alleggerirono

---

[14] R.D. Müller (a c. di), *Das Deutsche Reich und der Zweite Weltkrieg*, vol. IV: *Der Angriff auf die Sowjetunion*, (a c. dell'ufficio storico delle forze armate tedesche), Stuttgart 1983, pp. 1019-1020.

[15] C. Hartmann, *op. cit.*, p. 105.

[16] Ivi, p. 124.

[17] Per quanto segue, cfr. Ch. Gerlach, *Kalkulierte Morde. Die deutsche Wirtschafts- und Vernichtungspolitik*, in Id., *Weissrussland 1941 bis 1944*, Hamburg 1999, pp. 781-785 e pp. 796-800; cfr. Id., *Krieg, Ernährung, Völkermord. Forschungen zur deutschen Vernichtungspolitik im Zweiten Weltkrieg*, Hamburg 1998, pp. 11-30.

[18] A questo proposito cfr. soprattutto C. Hartmann, *op. cit.*, p. 98.

così i mezzi di trasporto e le linee logistiche. Inoltre i prigionieri di guerra, indeboliti fisicamente per le inadeguate condizioni di vita, sarebbero stati costretti a eseguire lavori pesanti di importanza strategica per l'economia di guerra.

Le conseguenze di tutto ciò furono evidenti. Per poter rifornire adeguatamente le proprie truppe di generi alimentari e per garantire l'alto livello di nutrizione dei tedeschi nel Reich (che era infatti la *condicio sine qua non* per il mantenimento del morale della popolazione), innumerevoli prigionieri e civili russi dovevano morire. In altre parole: la maggior parte di questi uomini morì perché la fornitura di vettovaglie a loro destinate appariva inconciliabile con le varie esigenze della condotta di guerra della Germania nazista.

Per gli uomini dell'Armata Rossa le inumane condizioni di trasporto, il catastrofico alloggiamento nei campi, le epidemie e l'alimentazione totalmente insufficiente furono causa di morte, anche perché essi cadevano prigionieri già mezzi morti di fame e gravemente feriti, spesso dopo massacranti battaglie.

Vi si aggiunsero i massacri diretti, che in parte furono preparati ancora prima del 22 giugno del 1941, quando la Germania aggredì l'Unione Sovietica. Si tratta di quelle disposizioni criminali, che videro la cooperazione di Wehrmacht e comandi d'impiego delle SS, dettate allo scopo di selezionare prigionieri che avessero determinate caratteristiche; in parole esplicite, ci riferiamo all'assassinio di commissari politici, di cosiddetti sobillatori e di altri prigionieri che furono considerati elementi intollerabili per ragioni razziali e politiche. Complessivamente queste azioni di rastrellamento nei campi costarono la vita ad almeno 140 000 persone.[19] Per di più, il 22 settembre del 1942, il feldmaresciallo Keitel ordinò che i prigionieri non più idonei al servizio, in prevalenza feriti gravi, passassero alle SS che li avrebbero ammazzati.[20] Fu una direttiva criminale anche quella impartita dal Comando supremo dell'esercito il 25 luglio del 1941, secondo la quale si dovevano fucilare i soldati sovietici sbandati o fuggiti e poi ripresi. Que-

---

[19] Per quanto riguarda le direttive e gli ordini per le fucilazioni di massa dei prigionieri sovietici e la famigerata disposizione commissariale, cfr. M. Broszat, H.A. Jacobsen, H. Krausnick, *Anatomie des SS-Staates*, vol. II, München 1979, pp. 143-232; inoltre il contributo di J. Förster in R.D. Müller (a c. di), *Das Deutsche Reich und der Zweite Weltkrieg*, cit., pp. 423-447; C. Hartmann, *op. cit.*, pp. 114-145; J. Osterloh, *op. cit.*, pp. 794-795; H. Krausnick, H.H. Wilhelm, *Die Truppe des Weltanschauungskrieges. Die Einsatzgruppen der Sicherheitspolizei und des SD 1938-1942*, Stuttgart 1981, in "Quellen und Darstellungen zur Zeitgeschichte", vol. XXII, pp. 252-254; Ch. Gerlach, *Kalkulierte Morde...*, cit., pp. 837-843.

[20] Ch. Streit, *Das Schicksal der verwundeten sowjetischen Kriegsgefangenen*, in H. Heer, K. Naumann (a c. di), *Vernichtungskrieg. Verbrechen der Wehrmacht 1941-1944*, Hamburg 1995, pp. 84-86.

st'ordine ebbe come conseguenza «un alto numero di vittime composto di cinque, forse sei cifre».[21]

La causa della maggioranza delle morti è tuttavia da imputarsi alle condizioni generali di vita. I prigionieri sovietici ricevettero a priori, in conformità con la strategia della fame, razioni alimentari inadeguate e al di sotto del limite di sopravvivenza. Questo anche perché i russi non erano considerati utili come manodopera, data la convinzione dei militari e politici tedeschi che la campagna orientale si sarebbe rivelata una guerra lampo, e quindi sarebbe stato possibile reimpiegare nelle fabbriche gli appartenenti alla Wehrmacht ormai smobilitati.

Tale cattiva alimentazione non era determinata infatti semplicemente dalla scarsità dei viveri, poiché vi furono, per esempio, alcuni generi alimentari che avrebbero dovuto essere portati nel Reich e che, a causa della situazione critica dei trasporti, non fu possibile trasferire. In ogni caso, non fu permesso di utilizzarli per migliorare la nutrizione dei prigionieri.[22]

Fino alla primavera del 1942 poco cambiò riguardo alle terribili condizioni di vita dei prigionieri russi; soltanto nel luglio del 1944 la loro alimentazione fu adeguata a quella degli altri prigionieri di guerra. Sebbene il 31 ottobre del 1941 Hitler ne avesse già ordinato il grande impiego nell'economia di guerra, solo due settimane dopo, il 13 novembre del 1941, il generale Wagner ordinò che i prigionieri sovietici che non lavoravano dovessero «morire di fame». Il che significava un incitamento all'assassinio.[23] In tale contesto la direzione dell'esercito prese atto, probabilmente in senso positivo, della diffusione di epidemie (soprattutto la febbre petecchiale), e della mortalità di circa l'85% dei prigionieri russi trasportati nei campi in Polonia fino all'aprile del 1942 («morirono come mosche»).[24]

Pare che centinaia di migliaia di prigionieri abbiano perso la vita durante le estenuanti marce a piedi dal fronte ai campi di concentramento della Wehrmacht. In occasione di queste marce forzate di centinaia di chilometri (anche in inverno), il personale di scorta uccise senza scrupoli migliaia di prigionieri indeboliti, spesso alla presenza della spaventata popolazione civile, senza curarsi dei cadaveri.[25] Alcuni comandanti cercarono di contrastare tale prassi, altri invece, come il feldmaresciallo Walter von Reichenau, comandante in capo della VI armata (quella di Stalingrado), ordinarono alle truppe «di fucilare tutti i prigionieri che crollavano».

---

[21] Ch. Streit, *Keine Kameraden...*, cit., pp. 106-109.

[22] Ivi, pp. 137-162.

[23] Ch. Gerlach, *Kalkulierte Morde...*, cit., p. 801.

[24] Ch. Streit, *Keine Kameraden...*, cit., pp. 177-180; Id., *Sowjetische Kriegsgefangene...*, cit., pp. 748-749.

[25] Ch. Streit, *Keine Kameraden...*, cit., p. 9.

Per ovvi motivi questi uomini erano sfiniti già prima dell'inizio delle marce e anche per questo è sorprendente che la Wehrmacht non usasse i treni e i camion che tornavano indietro vuoti per il trasporto dei russi. La spiegazione è terrificante: questi prigionieri erano infestati dai pidocchi e ciò significava che, per motivi igienici, dovevano marciare fino allo stremo e spesso fino alla morte.

Nei casi eccezionali in cui i prigionieri sovietici furono trasportati in treno, dovettero viaggiare in carri scoperti, secondo un ordine del Comando supremo dell'esercito. Con questa direttiva si rinunciò all'impiego di tutti i mezzi di trasporto disponibili e si causarono inoltre, dopo il sopravvenire dell'inverno, enormi perdite. Vi fu un lievissimo miglioramento soltanto quando, dalla fine del novembre del 1941 in poi, vennero impiegati di tanto in tanto carri coperti, anche se non riscaldati. In casi estremi, fino al 70% dei prigionieri morì durante il trasporto ferroviario anche perché, specialmente nei viaggi di più lunga durata, questi uomini rimanevano spesso senza vitto.[26]

Coloro che alla fine riuscivano a raggiungere vivi i campi della Wehrmacht dovevano subire ancora una serie di atroci maltrattamenti: oltre al problema dell'alimentazione, gli alloggi erano del tutto inadeguati. Soprattutto nel periodo dal settembre al novembre del 1941, la situazione sempre più inumana degli alloggi causò in modo determinante le morti in massa dei prigionieri. A livello di alloggi, la situazione diventava sempre più inumana: la vita nei campi, terribile nel Reich, era ancor più terribile in Polonia e nei territori occupati dell'Unione Sovietica.

Le circostanze si inasprirono quando, a causa dell'offensiva tedesca del 2 ottobre 1941 per la conquista di Mosca, il numero dei prigionieri aumentò nei campi. Si aggiunse come aggravante l'inizio delle nevicate e del gelo.[27] Fino all'autunno non era stato fatto quasi niente per dare una sistemazione adeguata ai prigionieri. Persino nel Reich una parte di loro, nel novembre del 1941, alloggiava ancora nelle cosiddette "buche russe" e in misere capanne di terra e frasche. Per non parlare dei disumani accampamenti: solo il 21 novembre vennero messe a disposizione, per ognuno dei campi russi, venti baracche del servizio nazionale del lavoro dove vennero stipati fino a trecento uomini.

---

[26] Ivi, pp. 162-171; Id., *Die Behandlung*..., cit., p. 209.

[27] A tal proposito e per quanto segue: Ch. Gerlach, *Krieg, Ernährung, Völkermord*..., cit., pp. 33-36; Id., *Kalkulierte Morde*..., cit., pp. 796-797; Gerlach sottolinea il fatto che «l'aggravamento della situazione dell'approvvigionamento» avvenne già prima della battaglia di accerchiamento di Brjansk e Wjasma (2-20 ottobre 1941), e che ciò era il risultato «della denutrizione, dell'approvvigionamento occasionale e della noncuranza rispetto all'assassinio selettivo e mirato della maggioranza dei prigionieri a causa della fame». Cfr. inoltre, a proposito dei campi, C. Hartmann, *op. cit.*, pp. 110-113, 123-124; Ch. Streit, *Keine Kameraden*..., cit., pp. 171-177; Id., *Die Behandlung*..., cit., pp. 207-208.

Nella Polonia occupata, le capanne di terra servirono persino come alloggio invernale; ancora in dicembre, 25 000 prigionieri sopravvivevano stremati all'aria aperta e al gelo. In alcuni campi le condizioni di vita erano così terrificanti che anche il corpo di guardia era molto depresso; purtroppo, solo quest'ultimo venne approvvigionato meglio, non i sovietici sfiniti ed estenuati. Nel novembre del 1941, nei campi dei prigionieri di guerra situati nella zona delle operazioni delle forze armate nell'Est, la maggior parte degli uomini aveva un tetto sulla testa, ma solo in casi eccezionali gli alloggi erano riscaldati. La macabra verità consiste nel fatto che l'alta mortalità dei prigionieri russi contribuiva a migliorare leggermente la situazione degli alloggi.

Quello che è stato detto finora riguardo alle decimazioni e ai massacri, si riferisce essenzialmente al periodo compreso tra il giugno del 1941 e il febbraio del 1942. La realtà della vita dei prigionieri nel periodo successivo (tra la primavera del 1942 e la fine della guerra), riassunta in modo conciso, fu caratterizzata dallo sfruttamento sistematico della capacità lavorativa sovietica a beneficio dell'economia di guerra tedesca, il che comportò spesso la morte dei prigionieri per le estenuanti fatiche. L'alta mortalità continuò anche dopo il febbraio del 1942 e la principale causa era, come sempre, la carenza di cibo.

Complessivamente, tra il febbraio 1942 e il maggio 1945, morirono circa 1 300 000 prigionieri sovietici. Una cifra che fa presumere che i tedeschi perseguirono ostinatamente lo scopo ideologico della soppressione della popolazione sovietica,[28] anche dopo la primavera del 1942.

Anche la medicina sperimentale su individui viventi costituì una fase del processo di annientamento calcolato del nemico.[29] In tale contesto, «l'abbrutimento e la depravazione raggiunsero un nuovo apice», come ha detto Helmuth James Graf von Moltke, uno dei rappresentanti più famosi della Resistenza tedesca. Vi riporto un esempio significativo. Nel luglio del 1941 alcune munizioni sovietiche del tipo *dum-dum* finirono in mano alle truppe germaniche, e membri dell'accademia medico-militare vollero provare l'effetto dei proiettili. A tale scopo essi utilizzarono prima cadaveri di animali e poi prigionieri russi vivi, che furono selezionati tra coloro che erano destinati a morire, in quanto ebrei o comunisti. Il capo del raccapricciante progetto, il maggiore medico Dr. Gerhart Panning, diede istruzioni ai fucilieri indicando quali parti del corpo colpire esattamente: le braccia, le gambe, il tronco e, come ultimo bersaglio, la testa. Panning ordinò esplicitamente che i primi colpi non dovessero essere mortali; solo il terzo

---

[28] Ch. Streit, *Keine Kameraden...*, cit., pp. 238-260.

[29] Ivi, p. 253.

o il quarto colpo avrebbero liberato la vittima, orribilmente mutilata, dalle sue sofferenze. Subito dopo tali azioni cruente il maggiore medico sezionò i cadaveri e, più tardi, pacatamente, pubblicò su una rivista specializzata i risultati del suo esperimento su esseri umani, omettendo il reale retroscena.[30]

La questione resta aperta: come si spiegano questi crimini di guerra per cui i soldati tedeschi sterminarono più uomini dell'Armata Rossa di quanti non ne fossero stati uccisi dai membri delle SS e della polizia?[31] Per dare una risposta a questa domanda occorre sottolineare la concomitanza di vari fattori. Tra i più importanti vi è l'intesa tra la direzione militare e quella politica sul fatto che la campagna orientale rappresentava la guerra di annientamento tra due ideologie: una guerra che dal punto di vista dei nazisti non fu conforme al diritto internazionale.[32] Per i nazisti gli interessi privati della truppa e della popolazione avevano priorità assoluta. Tutto ciò che serviva ai tedeschi era legittimo e il trattamento disumano riservato ai prigionieri russi era un esito di tale politica.

Il già menzionato consenso delle massime autorità dello stato di Hitler si fondò da un lato sulla certezza che il Terzo Reich avrebbe vinto la guerra,[33] e dall'altro su un antibolscevismo diffuso e attivo. L'antibolscevismo, infatti, insieme al letale sistema del razzismo, era il maggiore incitamento per le disposizioni criminali di guerra nei paesi dell'Est per i provvedimenti riguardanti il trattamento dei prigionieri di guerra. Simili ordinamenti, animati dal disprezzo razziale, crearono nel soldato tedesco la sensazione che la vita dei sovietici non avesse valore. Questa convinzione si rivelò nel modo più brutale nel comportamento verso i feriti gravi, verso gli storpi, verso coloro che erano in fin di vita e verso i cosiddetti individui inabili.[34] Era predominante una mentalità che sotto certi aspetti si avvicinava all'idea di eutanasia,[35] ben sviluppata tra i nazionalsocialisti.

Concludendo si può affermare che nel più grande crimine di guerra commesso dalle forze armate germaniche si riflettono componenti ideologiche, energia criminale, attitudine all'assassinio, disprezzo dell'uma-

---

[30] Id., *Das Schicksal...*, cit., pp. 81-82; E. Klee, W. Dressen (a c. di), *"Gott mit uns". Der deutsche Vernichtungskrieg im Osten 1939-1945*, Frankfurt 1989, p. 249.

[31] Ch. Gerlach, *Krieg, Ernährung, Völkermord...*, cit., p. 56.

[32] Ch. Streit, *Keine Kameraden...*, cit., pp. 187-190; cfr. anche R.D. Müller, G.R. Ueberschär, *op. cit.*, p. 234; J. Osterloh, *op. cit.*, p. 802. Naturalmente c'erano ufficiali che rifiutarono il suddetto consenso e le relative conseguenze.

[33] R. Otto, *Die Zusammenarbeit...*, cit., p. 771.

[34] Ch. Streit, *Die Behandlung...*, cit., pp. 212-218; Id., *Sowjetische Kriegsgefangene...*, cit., pp. 750-753; C. Hartmann, *op. cit.*, p. 126.

[35] Ch. Streit, *Das Schicksal...*, cit., p. 88.

nità e indifferenza per la vita dell'altro,[36] ma anche mancanza di competenza specializzata e azioni di pressante costrizione.[37] L'annientamento di massa di una grandissima parte dei prigionieri russi certamente non si sviluppò secondo un piano dettagliato; tuttavia lo sterminio venne intenzionalmente eseguito. Infatti, la gran parte dei militari della Wehrmacht accolse il piano criminale e lo realizzò – fatto essenziale dal punto di vista storico – senza disposizioni precise da parte del regime nazista.

(traduzione di Simona Basso)

---

[36] R.D. Müller, *Die Behandlung...*, cit., p. 294.
[37] C. Hartmann, *op. cit.*, pp. 134-135.

9. La geografia della deportazione italiana e le sue destinazioni

*di Italo Tibaldi**

Ringrazio l'Istituto ligure per la storia della Resistenza, che ha ideato e fortemente voluto questo convegno, e quanti hanno realizzato queste giornate di studio sul sistema concentrazionario e sulla deportazione.

Mi trovo qui nella duplice veste di testimone dell'esperienza concentrazionaria e di libero ricercatore del fenomeno deportazione nei campi nazisti di eliminazione e di sterminio negli anni 1943-1945.

La geografia della deportazione italiana e delle sue destinazioni è un tema ampio e complesso, che inizierò a trattare con il richiamo etimologico della parola *geografia* espresso in alcuni suoi aspetti.

1. Geografia antropica, nella distribuzione spaziale dell'esperienza italiana del fenomeno deportazione politica e razziale.

2. Geografia economica, con l'utilizzazione schiavistica del materiale umano, per lo sfruttamento intensivo del mondo minerale (cave, gallerie, conci di pavimentazione), e poi industrie belliche ecc.

3. Geografia linguistica, con la vita di comunicazione resa volutamente impossibile nella congerie di lingue concentrazionaria.

Per svolgere la relazione debbo risalire ad alcuni documenti ufficiali, riferiti alla nascita e alla vita dei campi.

4. La classificazione dei campi (documento firmato da Heydrich il 2 gennaio 1941).

5. La situazione dei campi con la costruzione di altri nove, oltre ai cinque esistenti (documento firmato da Pohl il 30 aprile 1942).

6. L'ordine ai comandanti dei KZ con istruzioni sull'utilizzo "intensivo" della manodopera (documento firmato da Pohl e Schiller il 30 aprile 1942).

7. La disposizione segreta avente per oggetto la «numerazione dei certificati di morte da parte dell'anagrafe interna dei campi di concentramento» e l'istituzione di una numerazione falsificata degli stessi (documento firmato da Himmler in data 11 maggio 1943).

Svilupperò la mia relazione illustrando la ricerca nata nel lontano 1955, a dieci anni dalla Liberazione, e tuttora incompleta, che è il risul-

---

* Italo Tibaldi è ricercatore e membro del comitato esecutivo dell'Associazione nazionale ex deportati, responsabile della sezione ricerche.

tato temporaneo dell'attenta consultazione delle fonti rintracciabili, nazionali ed estere, riferite ai campi di sterminio ed eliminazione nazisti e alla deportazione politica e razziale italiana negli anni 1943-1945.

L'indirizzo metodologico prescelto è quello della ricostruzione dei trasporti, attraverso la storia dei numeri di matricola. Conoscere le date di emissione dei numeri di matricola nei campi di concentramento è importante per tutti i lager, ma lo è in modo particolare per quelli in cui i dati relativi ai deportati risultano incompleti.

Quando non risulta indicata la data d'internamento di un deportato, è quasi sempre possibile accertarla in base al numero di matricola assegnato. L'elencazione dei numeri assegnati fornisce inoltre ragguagli circa il numero dei deportati passati per un campo e sui massicci afflussi in determinati periodi. Quando le date di ingresso nei lager, delle singole matricole o delle liste-trasporti, non hanno potuto essere esattamente accertate, si è provveduto a indicare come spazio di tempo il mese solare entro cui furono emessi i numeri di matricola. Accade talvolta che il primo numero di matricola di un mese non segua naturalmente l'ultimo del mese precedente, perchè i numeri mancanti risultano emessi o nel mese precedente, o nel mese in corso.

Benché tutti i lager fossero diretti da un'amministrazione centrale, l'emissione dei numeri di matricola non avveniva in modo uniforme all'interno dei vari lager: in alcuni di questi i numeri di matricola dei deportati deceduti, o trasferiti, venivano "riutilizzati" attribuendoli ai nuovi arrivati. Vi erano dei lager in cui venivano riservate serie di numeri destinate a preannunciati trasporti di deportati; se, per qualche motivo, quel determinato trasporto ritardava, poteva accadere che venissero emessi nella serie numerica del mese precedente.

Nel periodo che precedette la liberazione dei lager, ossia tra aprile e maggio 1945, non poté più essere seguito il metodo usato sino a quel momento nell'assegnare i numeri di matricola. È quindi possibile che i deportati giunti in quei giorni abbiano ricevuto i numeri di matricola, ma che l'amministrazione del campo non abbia più proceduto alla loro registrazione. In altri casi, per interi trasporti, i deportati provenienti da altri campi mantennero i numeri di matricola del campo di provenienza.

La ricerca ha dovuto necessariamente essere circoscritta ai campi di sterminio ed eliminazione attraverso il lavoro forzato, per i quali si dispone di un numero sufficiente di elementi relativi ai deportati italiani, o provenienti dall'Italia, per successivi trasferimenti dai campi principali.

Durante la rilevazione dei nominativi, notevoli difficoltà sono state causate dai frequenti errori ortografici, così come dalle differenze risultanti dal confronto incrociato con più fonti: per alcuni deportati si è pervenuti a notizie solamente parziali, ma tuttavia rilevate e indicate.

In questa ricerca dei trasporti, l'eventuale, involontaria, omissione dei nominativi deve essere sovente attribuita all'incompleta documentazione disponibile (in gran parte distrutta prima della liberazione dei campi). A questo proposito, si intende fin da ora ringraziare quanti vorranno segnalare eventuali errori e inevitabili imprecisioni.

Originariamente il compito principale consisteva nel risalire, attraverso le matricole numeriche, alla restituzione delle singole identità per poter conoscere il percorso, possibilmente completo, di ogni deportazione e le ragioni che la originarono; inoltre, vi era l'intento di riunire quei nuclei familiari che la deportazione aveva disperso.

La sistematica rilevazione che ha sinora consentito di raggiungere 40 000 numeri di matricola ha tuttavia costretto la ricerca (per la corposità numerica raggiunta, e per l'addensarsi di informazioni) a effettuare la rigorosa individuazione dei nominativi dei deportati nei campi principali e storiograficamente noti, riutilizzando le singole immatricolazioni per ciascun campo di deportazione.

Per consentire una lettura sistematica del materiale derivante dal confronto incrociato con più fonti, si è operato predisponendo: la lista complessiva (*Italienlist*) della deportazione politica e razziale italiana nei campi di eliminazione e sterminio nazisti dal 22 settembre 1943 al 6 maggio 1945; la ricostruzione nominativa di 288 trasporti – alcuni quasi totalmente, altri ancora con ricerche in corso – in ordine alfabetico o con elaborazione matricolare; la descrizione dei trasporti in ordine cronologico a seconda della data del luogo di partenza, campo d'arrivo e numero dei deportati, suddiviso negli anni 1943-1945.

Dalla ricerca sui trasporti dall'Italia, considerando mediamente cinquanta deportati per vagone, in un quadro iniziale di 123 trasporti, ho ipotizzato 116 vagoni utilizzati nel 1943, 546 nel 1944, 65 nel 1945; in totale 727 vagoni che avrebbero coinvolto in quel periodo alcuni compartimenti ferroviari dell'Italia centrale e tutti quelli dell'Italia settentrionale. Naturalmente ho richiesto alla direzione generale delle Ferrovie dello stato di interpellare i compartimenti interessati per ogni notizia possibile circa i percorsi di questi treni (certamente non ufficializzati), ma, con motivazioni diverse, le risposte sono state sostanzialmente incerte.

Vorrei includere, come semplice elemento di rilevazione della deportazione italiana, l'elaborazione svolta sugli elenchi nominativi dei cittadini italiani colpiti da misure di persecuzione nazionalsocialista, pubblicati sulla "Gazzetta Ufficiale" n. 130 dell'11 maggio 1968 (è un'elencazione di richiedenti che, col tempo, si dimostrerà ovviamente incompleta; tuttavia essa consente un orientamento regionale – per luogo di nascita – della popolazione italiana deportata).

I 13 709 deportati, di cui 4466 superstiti e 9243 deceduti, risultano distribuiti come segue. I Testimoni di Geova italiani deportati di cui si hanno notizie documentate sono due: Narciso Riet, nato il 30 settembre 1908, registrato a Dachau il 25 aprile 1944, matricola 67095, rilasciato il 7 giugno 1944 e nuovamente internato a Dachau il 9 agosto 1944, matricola 91186; Salvatore Doria, nato il 3 ottobre 1907, arrestato il 15 novembre 1939 su indicazione dell'OVRA per motivi politici e condannato dal Tribunale speciale il 19 aprile 1940 a undici anni di reclusione, deportato dal penitenziario di Sulmona a Dachau il 13 ottobre 1943, matricola 56477, e il 9 dicembre 1943 a Mauthausen matricola 40536.

Su indicazione di Matteo Pierro, collaboratore del Centro studi e documentazione dei Testimoni di Geova, è in corso la ricerca su Luigi Hochreiner, nato il 9 febbraio 1902, arrestato e trattenuto dalle autorità germaniche nel 1940 perché aderente alla Associazione degli studenti della Bibbia (*Bibelforscher*). La sua convivente Helene Delacher venne giustiziata nel 1943 per le stesse motivazioni; recentemente, il 26 febbraio 2000, dopo 56 anni, la corte di giustizia di Vienna ha sentenziato la sua riabilitazione.

A sessant'anni dalla *Shoah* è maggiormente evidente che la storia non è la statistica e non si fa con le medie ponderate, ma si è ritenuto di predisporre una rilevazione sistematica su tutti i nominativi raccolti tra gli anni 1850 e 1945 (96 anni). L'età media è rilevabile sulla classe 1914 (con 30-31 anni), mentre la classe 1920 (23-24 anni) risulta costituire la punta massima con 1773 deportati. Emerge con grande evidenza la deportazione ebraica degli anni 1850-1884 e 1932-1945 che rappresenta 2852 deportati e comprende gli anziani e i bambini che furono subito eliminati. La forza-lavoro schiavistica è rappresentata dalle classi che intercorrono tra il 1885 e il 1931 e che assommano a 35 484 deportati. Non è stato possibile sinora accertare le date di nascita di 6128 deportati (di cui 1379 ebrei). Dal *Libro della memoria* si rileva che gli ebrei deportati come politici, o come civili, sono stati 48.

All'arida, aspra, e talora ruvida concretezza dei numeri, vorrei aggiungere qualche riflessione su momenti che possono apparire troppo facilmente trattati, o su nodi troppo frettolosamente enunciati o, ancora, su passaggi troppo disinvoltamente superati. I richiami grafici non intendono portare messaggi sovrapposti, ma un'attenzione lenticolare e spregiudicatamente immediata sui risultati reali di quell'esperienza. Dopo oltre mezzo secolo dalla Liberazione, emergono ancora testimonianze individuali documentate che rafforzano i due aspetti basilari: l'elemento anagrafico, che nella vita ti identifica, e la matricola di deportato, che ti contraddistingue nel lager, e, quando è possibile, si rileva qualche nota aggiuntiva che facilita la ricostruzione di un percorso, giungendo anche con la ricostruzione matricolare a una testimonianza collettiva e finalmente all'identificazione di un trasporto, con la motivazione politica o razziale, e talora con entrambe.

Dunque, una somma di testimonianze, dirette e indirette, elementarmente concrete, che costituiscono una lettura reale, complessa sia a livello quantitativo, sia qualitativo, e che compongono un grande mosaico di oltre 40 000 matricole; un contributo unico ed essenziale, o comunque necessario, per la storia della deportazione.

Circa lo studio della storia e memoria della deportazione, condivido l'affermazione di Paolo Momigliano, direttore dell'Istituto storico della Resistenza in Valle d'Aosta, per il quale «quando si studiano i campi di eliminazione e di sterminio nazisti l'endiadi storia e memoria si manifesta con una forza tutta particolare, perché radicali e sconvolgenti sono le cause e gli effetti della deportazione e dello sterminio, sia sul piano individuale che su quello collettivo, sia sulla morale e sulla cultura che sull'etica e sulla politica», concludendo infine amaramente che la ricerca sulla storia della deportazione trova una storia ancora oggi sospesa tra «*la memoire et l'oubli*».

Sulla deportazione italiana non esiste ancora un'opera storica complessiva; esistono le coordinate storiche, ma qui si è tentato di colmare la lacuna della ricerca sistematica di una ricostruzione quantitativa, rigorosamente documentata, la più probabilmente incontestabile. Questa annosa ricerca mi ha permesso di individuare le singole esperienze, fuse all'interno della più grande tragedia collettiva. Anche quanti hanno lasciato "scritti di memoria", mossi per lo più dall'intento di tramandare il ricordo di coloro che morirono con nobile semplicità, sono andati tracciando il quadro di un'esperienza che non si esaurisce nelle vicende personali o di gruppo, ma si inserisce in un più ampio contesto di valori umani.

Potrei qui riproporre integralmente l'introduzione e la prefazione che Daniele Jalla, curatore della pubblicazione *Compagni di Viaggio*, la prima ricerca dei superstiti dei KZ risultanti in 123 trasporti, ebbe a scrivere. Mi sono ripetutamente chiesto se ha un senso occuparsi di un tema così specialistico come la ricostruzione dei trasporti dei deportati ai KZ, tema che non può venire omologato a tanti altri, vuoi per i contenuti, vuoi per i messaggi che racchiude. Certo non ci si può esimere dal porsi interrogativi di questa natura, anche perché ci troviamo in presenza di circostanze che continuano a sollecitare confronti tra ieri e oggi, e che ci costringono a ripensare continuamente le ragioni di quello che è stato "quel nostro passato".

Con Enzo Collotti, anche noi constatiamo una sorta di appannamento storico della nostra esperienza, che si traduce di conseguenza in un'attenuazione nella generale coscienza di ciò che realmente è stato il nazismo.

Questa ricerca è il *work in progress* che vuole rendere testimonianza ai compagni di deportazione che in vario modo lottarono contro il nazifascismo, e forse costituisce una grande, dolorosa opportunità, psicologicamente molto sofferta. Non è l'ossessione del ricordo, ma l'urgente pressione di un'esigenza morale. Fissare e tramandare elenchi che sono per lo più necrologi è anche il risultato di un attento approfondimento.

Quella che in *Compagni di Viaggio* era apparsa come una timida escursione ha assunto in questi ultimi anni il carattere quasi di una dichiarazione d'intenti collettiva, e proseguendo gli scavi nelle deportazioni degli anni 1943-1945 degli italiani sotto il Terzo Reich ho scoperto oltre 40 000 matricole; 40 000 vicende concentrazionarie, momenti certi di storia in "un atlante denso di nubi". Ne è scaturita una ricerca complessa e inestinguibile, resa ancora più difficoltosa dall'esiguità delle fonti orali, essendo noi superstiti ormai meno di duemila e portandosi dentro ognuno di noi il proprio passato, che vuole essere un tassello di verità e che potrà ancora promuovere un'ampia, rinnovata riflessione storica e culturale.

Più in generale, si è evidenziato che lo studio della deportazione femminile, dei religiosi nei lager, dei Testimoni di Geova, dei politici, usati nei lavori forzati nell'industria bellica del Terzo Reich, non è mai andato al di là di qualche ricerca specialistica, e che sul destino di tutti costoro non si è mai particolarmente indagato.

Per la componente razziale, il *Libro della memoria. Gli ebrei deportati dall'Italia (1943-1945)*, imponente opera di Liliana Picciotto, con profonda sensibilità all'entità di quella persecuzione, ne rinnova la memoria e il monito a non dimenticare, riassumendo il tutto nella forma più incisiva.

Ho lavorato intensamente su quella pubblicazione, predisponendo 8566 schede nominative per ricostruire i trasporti della deportazione degli ebrei dall'Italia e ho voluto aggiungere un successivo approfondimento che ho illustrato nel convegno "Giornate di studio in ricordo di Primo Levi", svoltosi a St.Vincent il 15-16 ottobre 1997, su due particolari aspetti, quali il trasporto per la deportazione e la ricostruzione del trasporto di Primo Levi e dei suoi compagni di viaggio, secondo la descrizione analitica che si evince da *I sommersi e i salvati* (e non vi nascondo la profonda difficoltà che ho dovuto superare a livello emotivo, anche se so bene che non esistono ricordi senza emozioni).

Sullo sfondo dell'interesse storico-scientifico restano 40 000 deportati italiani, mentre le fonti di quella "schiavitù" sono andate distrutte o disperse e le testimonianze dei sopravvissuti "testimoni del tempo" necessitano di un più puntuale inserimento. Scorrono incessantemente i numeri di matricola e ogni lager è l'ansa di un grande fiume; è un lungo elenco di matricole che ci attanagliano, ma è così che ci hanno voluti e dopo tanti mesi, con straordinaria fortuna e infinita *suspence* siamo ritornati alla conquista della nostra identità.

In quarantacinque anni di ricerca ho immaginato una "lista" della deportazione italiana senza volto, e invece essa è risultata densa di troppi volti; non potevo immaginare che l'iniziale silenzio sulla parola "deportazione" avrebbe poi trovato una così forte risposta, credibile, imponente. Non nasconderò l'angoscia che mi ha assalito di fronte agli aspetti che questa ricerca nasconde e che, a ogni minuto che passava, suggeriva di fermarmi.

La parziale ricostruzione dei trasporti, delle partenze e degli arrivi, riproposta in questa relazione come assemblaggio di un mosaico dove si sovrappongono, e quasi si confondono, immagini e cifre, consente di individuare nella geografia della deportazione italiana specifiche situazioni oggetto di riflessioni e di molti interrogativi.

1. Perché ai 1790 militari italiani deportati dal penitenziario di Peschiera e giunti a Dachau il 22 settembre 1943, in gran parte disertori, renitenti alla leva (oggi obiettori di coscienza) che rifiutarono l'adesione all'esercito di Salò, venne assegnata la qualifica di *Schutzhäftlinge*, internati per motivi di sicurezza, con l'assegnazione del triangolo rosso; e perché il 29 novembre 1943 venne loro mutata la qualifica in *Arbeitszung-Reich*, detenuti asociali assegnati al lavoro forzato nel Reich, con l'attribuzione del triangolo nero?

2. Perché agli 869 militari IMI (internati militari italiani) deportati a Dora-Mittelbau direttamente dai Balcani o dagli *Stammlager* venne anteposto al numero di matricola lo zero (*Null*)?

3. Perché le prime quattro deportate politiche italiane partite da Trieste e giunte a Mauthausen il 30 gennaio 1944 furono inserite nel trasporto di soli uomini e ne seguirono la immatricolazione?

4. Perché altre 104 donne deportate giunte a Mauthausen l'8 aprile 1944 non furono immatricolate, ma rinchiuse nelle celle del lager, vennero trasferite nel carcere di Vienna e successivamente ad Auschwitz e qui immatricolate il 28 settembre 1944? Perché successivamente furono trasferite a Hinterberg, *Kommando* di Mauthausen, e immatricolate con numeri di due o tre cifre?

5. Perché alle 318 deportate italiane trasferite da Auschwitz a Bergen-Belsen o a Ravensbrück e successivamente ai sottocampi di Flossenbürg, venne assegnata un'immatricolazione già predisposta?

6. Perché i 985 deportati italo-sloveni ristretti nel campo di concentramento n. 95 di Cairo Montenotte, in provincia di Savona, dipendente dal Comando difesa territoriale di Genova, l'8 ottobre 1943 vennero inviati direttamente a Gusen, sottocampo di Mauthausen, e immatricolati il 12 ottobre 1943 con la numerazione prevista in quel campo, di

quattro numeri? Gran parte dei deportati di questo trasporto, ampiamente descritto dallo storico sloveno France Filipić, morirà a Gusen; altra parte verrà trasferita il 24 gennaio 1944 al campo principale di Mauthausen e qui reimmatricolata con quella numerazione; altra parte, minoritaria, verrà rilasciata e potrà rientrare.

7. Perché i sacerdoti italiani partiti da Fossoli o da Bolzano non furono deportati tutti e direttamente a Dachau, dove secondo gli accordi intercorsi con la Santa Sede era stata predisposta la baracca n. 26?

8. E infine perché coloro che furono deportati a Mauthausen – don Costantino Amorth, Antonio Celli, Pietro Martini, Narciso Sordo, Antonio Rigoni, Carlo Prinetto – ancorché trasportabili, il 1° dicembre 1944 non vennero trasferiti a Dachau e furono invece adibiti ai lavori pesanti nelle cave di Mauthausen e di Gusen o nelle gallerie di Melk o Ebensee ove morirono? Se i comandanti avessero ubbidito agli ordini superiori, anche questi religiosi il 29 aprile 1945 avrebbero vissuto la gioia della liberazione a Dachau.

Troppi perché ancora senza risposta e molte anomalie. Perle nere nel mare tempestoso della complessa geografia della deportazione che non erano ancora emerse (e altre, certamente, ne coglieremo).

Fra le "anomalie" citerei le doppie immatricolazioni dello stesso campo principale. Tra i venticinque trasporti da o per Mauthausen/Auschwitz elencati nel *Kalendarium* degli ingressi nel KZ di Auschwitz-Birkenau (1939-1945) di Danuta Czech, rilevo il trasporto partito da Mauthausen il 1° dicembre 1944 e giunto ad Auschwitz il 3 dicembre con 1120 deportati, specializzati, non ebrei. Le matricole di Auschwitz decorrono dal 201237 al 202356. In questo trasporto vi sono deportati italiani che saranno ritrasferiti a Mauthausen il 29 gennaio 1945 e avranno una seconda immatricolazione in quel campo.

Talvolta il vortice dei trasferimenti è irrefrenabile: citerò due casi, quello di Silvestro Laurenti, a cui sono state assegnate sette matricole per sette campi e quello di Rosa Beretta, operaia meccanica, ribattitrice alla Breda, quinta sezione, arrestata in casa a Monza per gli scioperi del 1944.

Altra "anomalia" è certamente il manifesto bilingue tedesco-italiano fatto affiggere dal comandante tedesco della piazza militare di Torino il 4 gennaio 1944, con il quale si annuncia alla popolazione il trasferimento e la reclusione in uno *Straflager* di cinquanta elementi. A ciò farà seguito il trasporto da Torino Porta Nuova di cinquanta deportati (quarantacinque politici e cinque ebrei membri della Resistenza piemontese) prelevati dal carcere delle Nuove il 13 gennaio 1944, giunto il giorno successivo a Mauthausen. L'annuncio del trasporto è l'unico caso conosciuto.

Queste giornate di studio sul sistema concentrazionario e sulle deportazioni sono un momento di riflessione per chiedere a noi sopravvissuti, alla nostra sensibilità e intelligenza, ai nostri interlocutori delle giovani generazioni, se ancora vi sia necessità della nostra testimonianza sulla memoria diretta degli eventi drammatici, di oppressione e liberazione, che hanno caratterizzato il "secolo breve". È noto che, per qualsiasi comunità che non voglia ripercorrere il passato, va riaffermata la necessità della memoria. Per i "cognitivisti" la memoria umana è un congegno che elabora informazioni, una sorta di computer che le memorizza, le trattiene e le recupera. Noi sopravvissuti dobbiamo vivere il passato nei panni di chi conosce e ricorda, un passato che ha un forte richiamo, che suscita talora un ricordo involontario ma tenace e ossessivo, un passato che non può sfumare, perdendosi in lontananza.

Talvolta accade di dover ricostruire il ricordo in base a un indizio; la mente indaga, codifica e recupera il passato (anche quel passato che i computer non ricordano), e lentamente giungiamo al ricordo perso e poi ritrovato; la mente indaga e torna il momento della memoria di quella esperienza, della nostra vita, in quella parentesi storica. In questi lunghi anni abbiamo trasferito la memoria del testimone nella memoria storica, costruita da chi ha mutuato la nostra esperienza con la comunicazione orale o scritta, con lo studio. Questa memoria appartiene a vicende storiche che non sono confinate all'interno di un passato ormai remoto, ma possono tuttora influenzare il presente, proiettandosi nel futuro, con il valore e il significato di un'esperienza che non va accantonata o rimossa dalla deriva dell'oblio.

Certamente studiosi, docenti, ricercatori, appassionati che con spirito di verità si sono avvicinati a noi, hanno saputo risvegliarci una più matura consapevolezza del nostro ruolo, *il dovere di testimoniare sempre*, incoraggiandoci a non restare ancorati a una memoria statica o esclusivamente rivolta all'"io c'ero".

Non siamo né gli unici, né i depositari privilegiati dell'identità di quella parte di comunità nazionale deportata nei lager, e non reclamiamo lo statuto esclusivo di sofferenti e di perseguitati, e neppure vogliamo cadere nel vittimismo; riflettiamo dunque insieme, intenzionati a confrontarci con quanti vogliono conoscere e interpretare la nostra memoria e la capacità di trasmetterla per creare un grande affresco storico che abbia indiscutibile forza nella sua complessità. La memoria è l'unica arma che abbiamo, è la risposta sempre attuale e immediata ai "dubbiosi", a quanti dimenticano volentieri; è una pagina intensamente aperta per chi ipotizza eufemisticamente di "ridimensionare" quella memoria e la nostra storia reale.

Ma noi, scampati alla neutralizzazione, non moriremo in silenzio, tenacemente testimoniando le radici della verità, nella quotidianità negata del lager, per la loro memoria e per la nostra storia.

In ricordo dei molti compagni che non ebbero la fortuna del ritorno, lasciando nei lager la loro vita densa di speranze, ne citerò due che, troppo presto, hanno concluso la loro vita.

Richard Silberstein, figlio di Walter e di Edith Hahn (ebrei nati a Vienna e residenti a Firenze, detenuti nel campo di Fossoli il 20 gennaio 1944 e deportati nel campo di Auschwitz il 16 maggio 1944, deceduti in luogo e data ignoti) nato nel lager di Fossoli di Carpi il 29 marzo 1944, anch'egli deportato il 6 maggio 1944 ad Auschwitz e ucciso all'arrivo, il 23 maggio 1944.

Danilo Kozmann, figlio di Giovanni e Savina Rupel, deportata politica a Ravensbrück il 6 dicembre 1944 (matricola 91329), nato a Ravensbrück mercoledì 14 febbraio 1945 al Block 32, quello delle donne incinte, morto il 28 febbraio 1945. «Aveva la sua matricola sulla manina, una specie di nastrino con il numero, anche i bambini dovevano rispondere all'appello: lo avevano soprannominato *Kleine Partizan*».

Tabella A: *Distribuzione della deportazione nelle varie regioni*
Il numero dei deportati, superstiti e deceduti si riferisce all'elenco di 13 709 nomi pubblicati dalla "Gazzetta ufficiale" n. 30 dell'11 maggio 1968

Aree di provenienza	*Totale*	*Superstiti*		*Deceduti*	
		V.A.	%	V.A.	%
Friuli Venezia Giulia, Trentino Alto Adige, Venezia Euganea	3666	1492	40,70	2174	59,30
Lombardia	1909	631	33,05	1278	66,95
Lazio	1477	253	17,13	1224	82,87
Piemonte	1044	297	28,45	747	71,55
Liguria	834	209	25,06	625	74,94
Toscana	671	157	23,40	514	76,60
Emilia	490	178	36,33	312	63,67
Campania	122	67	54,92	55	45,08
Sicilia	115	65	56,52	50	43,48
Puglia	68	34	50,00	34	50,00
Marche	55	26	47,27	29	52,73
Abruzzo e Molise	43	15	34,88	28	65,12
Umbria	40	12	30,00	28	70,00
Calabria	36	13	36,11	23	63,89
Sardegna	17	11	64,71	6	35,29
Basilicata	5	3	60,00	2	40,00
Residenti all'estero	3117	1003	32,18	2114	67,82
Totale	*13 709*	*4466*	*32,58*	*9243*	*67,42*

Tabella B: *Principali città di partenza dei deportati verso i campi di concentramento, di transito e di sterminio*

Città	*Numero deportati*
Bolzano	11 116
Trieste	8033
Risiera San Sabba	5040
Fossoli	5000
Rodi-Atene	1817
Peschiera	1788
Milano	1354
Roma	1339
Cairo Montenotte	985
Firenze	680
Bergamo	562
Verona	453
Pola	370
Borgo San Dalmazzo	328
Sulmona	315
Genova	253
Gorizia	241
Torino	64
Merano	34
Mantova	26
Monfalcone	11
Totale	*39 809*

Tabella C: *Campi di arrivo e numero dei deportati*

Campi di arrivo	*Numero deportati*
Dachau	10 362
Auschwitz	8609
Mauthausen	8126
Bolzano	4073
Flossenbürg	2900
Buchenwald	2575
Natzweiler	1780
Dora-Mittelbau	1429
Ravensbrück	910
Risiera di San Sabba	838
Bergen-Belsen	705
Neuengamme	604
Campi vari	502
Sachsenhausen	425
Gross Rosen	185
Bernau-Kaisheim	147
Majdanek	114
Theresienstadt	69
Fossoli	67
Unterluss	44
Stutthof	24
Totale	*44 488*

Tabella D: *Numero dei deportati suddivisi per fasce d'età*

Anno di nascita	*Numero deportati*
1850/1860	51
1860/1870	337
1870/1880	943
1880/1890	2097
1890/1890	4212
1890/1900	7102
1910/1920	10 135
1920/1930	12 665
1930/1940	578
1940/1945	216
Totale	*38 336*

Tabella E: *Trasporti individuati, ma incompleti e con ricerche in corso*

Campi	*Trasporti*	*Deportati*
Auschwitz	5	940
Bergen-Belsen	1	300
Bernau-Kaisheim	1	153
Buchenwald	2	1283
Dachau	2	632
Dora-Mittelbau	2	869
Flossenbürg	2	210
Fossoli	0	67
Gross Rosen	1	186
Majdaneck	1	114
Mauthausen	2	400
Natzweiler	2	63
Neuengamme	3	168
Ravensbrück	1	510
Sachsenhausen	2	190
Stutthof	1	24
Theresienstadt	1	69
Unterluss	1	44
Vari (GU 1968)	2	1051
Totale	*32*	*7273*

Tabella F: *Numero dei trasporti e dei deportati in ordine cronologico (dal settembre 1943 al maggio 1945)*

Anno	*Trasporti*		*Deportati*	
	V.A.	*%*	*V.A.*	*%*
1943	28	9,7	8842	19,9
1944	212	73,6	25 829	58,1
1945	48	16,7	9817	22,1
Totale	*288*	*100,0*	*44 488*	*100,0*

Tabella G: *Deportazione politica e razziale, suddivisione per sesso*

Sesso	*Numero deportati*	*%*
Femmine	6881	15,46
Maschi	37 493	84,28
Non accertati	114	0,25
Totale	*44 488*	*100,0*

Tabella H: *Movimenti di prigionieri fra i campi principali*

Campi	*Deportati*
Dachau	5764
Auschwitz	858
Buchenwald	584
Flossenbürg	553
Gross Rosen	250
Natzweiler	190
Ravensbrück	58
Bergen-Belsen	50
Sachsenhausen	24
Mauthausen	13
Totale	*8344*

Tabella I: *Prospetto complessivo dei superstiti attuali (dati al 5 maggio 2000)*

Campi	*Deport.*	*Superstiti*	
		V.A.	*%*
Unterluss	44	18	40,91
Campi vari	502	94	18,73
Bolzano	4073	421	10,34
Dora-Mittelbau	1429	110	7,70
Ravensbrück	910	69	7,58
Bernau-Kaisheim	147	9	6,12
Buchenwald	2575	136	5,28
Mauthausen	8126	398	4,90
Flossenbürg	2900	126	4,34
Dachau	10 362	404	3,90
Auschwitz	8609	293	3,40
Bergen-Belsen	705	8	1,13
Sachsenhausen	425	1	0,24
Fossoli	67	0	0,00
Gross Rosen	185	0	0,00
Majdanek	114	0	0,00
Natzweiler	1780	0	0,00
Neuengamme	604	0	0,00
Risiera di San Sabba	838	0	0,00
Stutthof	24	0	0,00
Theresienstadt	69	0	0,00

Lager, totalitarismi, modernità

10. Il totalitarismo. Usi e abusi di un concetto

di Enzo Traverso[*]

L'idea di totalitarismo ha conosciuto, nel corso del Novecento, un percorso tortuoso in cui si sono alternate epoche durante le quali dominava il dibattito politico e culturale a periodi di eclissi prolungata. Nonostante queste oscillazioni continue, occorre constatare che il suo ingresso nel nostro vocabolario politico è ormai irreversibile.[1]

Abbiamo assistito, durante gli ultimi anni, a una rinascita spettacolare di questo concetto, soprattutto dopo il 1989, l'anno della caduta del muro di Berlino, seguita a breve distanza dal crollo dell'Unione Sovietica. Una rinascita particolarmente significativa in Italia, dove la nozione di "totalitarismo", per lungo tempo identificata con il fascismo e con la sua propaganda, era apparsa profondamente delegittimata ed era stata praticamente messa al bando negli anni del dopoguerra. Due elementi essenziali sono all'origine di questa rinascita. Da un lato, la memoria del genocidio degli ebrei che, dopo essere stata per decenni occultata e rimossa, si è ormai insediata al centro delle nostre rappresentazioni della storia del XX secolo. Oggetto di una vera e propria "politica della memoria", fatta di commemorazioni pubbliche, musei, letteratura, film, questo evento occupa una posizione di primo piano nella coscienza storica contemporanea del mondo occidentale. Dall'altro, la fine del comunismo come fenomeno storico – oltre che come regime politico – che ha attraversato tutta la vicenda del Novecento. Come ha indicato Eric J. Hobsbawm, la fine dell'Urss chiude il "secolo breve" e

---

[*] Enzo Traverso, professore presso l'Università di Piccardia Jules Verne ad Amiens, ha pubblicato *Gli ebrei e la Germania. Auschwitz e "la simbiosi ebraico-tedesca"*, il Mulino, Bologna 1994; *Siegfried Kracauer*, Editions la découverte, Paris 1994; *L'histoire déchirée*, Editions du Cerf, Paris 1997; e curato *Insegnare Auschwitz. Questioni etiche, storiografiche, educative della deportazione e dello sterminio*, IRSSAE Piemonte, Bollati Boringhieri, Torino 1995.

[1] Per una sintesi della questione, mi permetto di rinviare a E. Traverso, *Il totalitarismo. Storia di un dibattito*, Bruno Mondadori, Milano 2002. Tra i lavori più recenti, vorrei segnalare B. Bongiovanni, *La caduta dei comunismi*, Garzanti, Milano 1995; M. Flores (a c. di), *Nazismo, fascismo, comunismo. Totalitarismi a confronto*, Bruno Mondadori, Milano 1998; S. Forti, *Il totalitarismo*, Laterza, Roma-Bari 2001; A. Gleason, *Totalitarianism. The Inner History of the Cold War*, Oxford University Press, New York 1995; W. Wippermann, *Totalitarismustheorien*, Primus Verlag, Darmstadt 1997.

colloca l'esperienza del "socialismo reale" nel passato, in un periodo finito. Un'epoca certo ancora molto vicina a noi che possiamo però già iniziare a *storicizzare*, a pensare in una prospettiva storica. Tipica di questo contesto è la tendenza a focalizzare l'attenzione, nella storia del comunismo, sulla sua dimensione criminale (le deportazioni, il gulag, le esecuzioni di massa) occultandone completamente la dimensione emancipatrice. Il comunismo non è più visto come un prisma dalle molteplici sfaccettature – un comunismo-rivoluzione e un comunismo-Termidoro, un comunismo liberatore e un comunismo oppressore, un comunismo-movimento e un comunismo-regime, un comunismo della Resistenza e dei movimenti di liberazione nazionale e un comunismo degli apparati repressivi, del KGB e del gulag – ma soltanto come il prodotto criminale di un'ideologia mortifera.[2] In breve, il comunismo è ridotto allo stalinismo, che ne diviene il "vero" volto.

In questo contesto, il concetto di totalitarismo sembra particolarmente adatto a cogliere il senso profondo di un secolo, il Novecento, dominato dalla violenza, dallo sterminio di massa e dai genocidi, di cui Auschwitz e il gulag sono diventati i simboli. Questa è la sua giustificazione di fondo, là si trovano le radici della sua fortuna e della sua diffusione. D'altra parte, ciò spiega anche l'uso sempre più conformistico che si tende a fare di questa formula: il totalitarismo è stigmatizzato come antitesi del liberalismo, l'ideologia e il sistema politico oggi dominanti. La sua condanna equivale a un'apologia della visione del mondo liberale. A conclusione di un'era di tirannide, incarnata da sinistre figure come Mussolini e Hitler, Stalin e Mao Zedong, il mondo ha ritrovato il suo equilibrio e la storia riprende il suo cammino su binari sicuri, quelli del liberalismo. Il totalitarismo è stato sconfitto dall'Occidente liberale, il migliore dei mondi. Questa è la tesi soggiacente a numerose letture storiografiche di quest'ultimo decennio, tra le quali le più note sono indubbiamente *Il passato di un'illusione* di François Furet e *Il libro nero del comunismo* curato da Stéphane Courtois.[3] Più recentemente, dopo l'attentato dell'11 settembre 2001 a New York, il totalitarismo riappare come una nuova minaccia che incombe sull'Occidente, incarnata questa volta dall'islamismo politico. La guerra tra "mondo libero" e totalitarismo cede il posto a un "conflitto di civiltà".

---

[2] Questa è la visione della storia del comunismo difesa da S. Courtois, curatore del *Libro nero del comunismo. Crimini, terrore, repressione*, A. Mondadori, Milano 1998. La complessità del comunismo come fenomeno storico è al centro dei lavori di M. Flores, *In terra non c'è il paradiso*, Baldini & Castoldi, Milano 1998, e del volume collettivo curato da B. Groppo, *Le siècle des communismes*, Editions de l'Atelier, Paris 2000.

[3] Cfr. F. Furet, *Il passato di un'illusione. L'idea comunista nel XX secolo*, A. Mondadori, Milano 1995; S. Courtois (a c. di), *Il libro nero del comunismo...*, cit. Mi permetto di rinviare su questo tema a E. Traverso, *De l'anticommunisme. L'histoire du XXe siècle relue par Nolte, Furet et Courtois*, in "L'Homme et la Société", 2001/2-3, nn. 140-141, pp. 169-194.

Questo uso conformistico e disinvolto del concetto di totalitarismo è legato tuttavia alla sua storia. Pochi vocaboli della cultura politica del Novecento sono così malleabili, polimorfi, elastici e in fondo ambigui. "Totalitarismo" è una parola che appartiene a tutte le correnti del pensiero politico contemporaneo, dal fascismo all'antifascismo, dal marxismo al liberalismo, dall'anarchismo al pensiero conservatore. Il termine "totalitario", nato negli anni venti come aggettivo forgiato dagli antifascisti italiani (Giovanni Amendola, Pietro Basso, Luigi Sturzo) allo scopo di cogliere la novità della dittatura di Mussolini, è stato poi sostantivato dal fascismo. In una celebre voce dell'*Enciclopedia italiana*, nel 1932, Mussolini e Gentile rivendicavano apertamente la natura "totalitaria" del regime fascista. La caratterizzazione del fascismo come "totalitarismo" diventerà in seguito un luogo comune della propaganda del regime. Il nazismo, dal canto suo, non amava questo concetto (a differenza degli intellettuali legati alla "rivoluzione conservatrice" come Ernst Jünger e Carl Schmitt che, durante la Repubblica di Weimar, auspicavano l'avvento di uno "stato totale" sul modello italiano). Alla definizione del nazismo come stato "totalitario", Hitler e Goebbels preferivano quella di stato "razziale" (*völkische Staat*), ma le divergenze ideologiche tra i due regimi si assottiglieranno notevolmente a partire dal 1938, grazie alla promulgazione delle leggi razziali e antisemite in Italia. Durante gli anni trenta, il concetto di totalitarismo si diffonde ampiamente in seno alla cultura politica dell'esilio antifascista, sia italiano che tedesco, e comincia a essere usato per denunciare i tratti comuni (autoritari, antiliberali e antidemocratici) dei fascismi europei e del comunismo russo. Questo è l'orientamento di intellettuali cattolici come Luigi Sturzo e Jacques Maritain, protestanti come Paul Tillich, liberali come Raymond Aron ed Elie Halévy, ma anche marxisti come Daniel Guérin, Victor Serge e Leon Trockij. Il patto germano-sovietico del 1939 sembrò legittimare pienamente l'uso di questo neologismo, che fece allora il suo ingresso nella scienza politica del mondo anglosassone.[4]

Prima della sua rinascita attuale, la storia dell'idea di totalitarismo può essere divisa in due grandi fasi: la prima dagli anni venti alla fine della seconda guerra mondiale, la seconda durante la guerra fredda, dal 1947 alla fine dell'Urss. Nella prima fase, se si prescinde dall'uso che ne fa il fascismo, questo termine è usato essenzialmente in funzione critica nei confronti dei sistemi di potere dominanti in Italia, Germania e Unione Sovietica. Nella seconda fase, che inizia con la guerra fredda, esso assolve soprattutto una funzione apologetica dell'ordine occidentale. In altri ter-

[4] Nell'autunno del 1939 si tiene a Filadelfia il primo convegno internazionale dedicato all'analisi delle ideologie e dei regimi totalitari, diretto da Carlton J. Hayes, i cui atti sono pubblicati nei *Proceedings of American Philosophical Society*, 1940, vol. LXXXII.

mini, "totalitarismo" diventa sinonimo di comunismo ed è usato come slogan in difesa del "mondo libero". In nome della lotta contro il totalitarismo, nella quale la Germania federale occupa ora una posizione d'avanguardia, viene gettato un velo di silenzio sui crimini nazisti (inizia la lunga rimozione di Auschwitz). In nome della lotta contro il totalitarismo, vengono giustificati la politica estera americana in Asia (la guerra di Corea, il sostegno alla repressione anticomunista in Indonesia, poi la guerra del Vietnam) e l'appoggio aperto alle dittature militari in America Latina.[5] Durante quegli anni, solo pochi "eretici", in seno alla cultura politica di sinistra, si ostinano a parlare di totalitarismo nel loro vocabolario (Herbert Marcuse negli Stati Uniti, Claude Lefort e Cornelius Castoriadis in Francia). "Totalitarismo" diventa soprattutto un termine anglosassone, poco usato in Europa, con l'eccezione della Germania, avamposto geopolitico della guerra fredda. Nei paesi come l'Italia, in cui i partiti comunisti hanno svolto un ruolo importante nella Resistenza, questo concetto è di fatto censurato e messo al bando (ricordiamo, tra le eccezioni, Nicola Chiaromonte e Ignazio Silone). Durante la rivolta giovanile e studentesca degli anni sessanta, lo stesso fenomeno avverrà anche in Germania e negli Stati Uniti, dove il termine appare troppo contaminato dalla propaganda della guerra fredda e sarà abbandonato. Rudi Dutschke rimprovererà scandalizzato a Marcuse, che ne fa uso durante una conferenza all'Università libera di Berlino, di «adottare il linguaggio del nemico».[6]

Queste le grandi tappe del dibattito. Ma quali sono stati i suoi contenuti? Al centro della controversia rimane un interrogativo di fondo riguardante la pertinenza del concetto stesso di totalitarismo. La sua accettazione è ormai pressoché unanime nell'ambito della teoria e della scienza politica, preoccupate di definire le forme del potere e di elaborare una tipologia dei regimi politici. Pochi oserebbero contestare l'emergenza, nel corso del Novecento, di sistemi di dominazione che non rientrano nelle categorie tradizionali – dittatura, tirannia, dispotismo – elaborate dal pensiero politico classico, da Aristotele a Weber. A questi regimi mal si adatta la definizione di "dispotismo" – un potere assoluto e arbitrario, senza leggi, fondato sulla paura – data da Montesquieu nel XVIII secolo (*L'esprit des lois*, II, IX-X). Il Novecento ha visto la nascita di regimi politici caratterizzati, secondo la definizione arendtiana, da una fusione inedita di ideologia e di terrore, i quali cercano di rimodellare globalmente la società attraverso la violenza.[7]

---

[5] Cfr. H.J. Spiro, B.R. Barber, *Counter-Ideological Uses of "Totalitarianism"*, in "Politics and Society", 1971, n. 3.

[6] Episodio ricordato fra l'altro in W.D. Jones, *The Lost Debate. German Socialists Intellectuals and Totalitarianism*, Illinois University Press, Chicago 1999, pp. 192-197.

[7] H. Arendt, *Le origini del totalitarismo*, Edizioni di Comunità, Milano 1967.

Nell'ambito della storiografia e della sociologia politica, al contrario, l'idea di totalitarismo è lungi dal fare l'unanimità. Essa appare limitata, angusta, ambigua, per non dire inutile a chi cerca di cogliere, al di là delle affinità superficiali dei sistemi politici "totalitari", la loro natura sociale, la loro origine, la loro genesi, la loro dinamica globale e i loro sbocchi finali. Cerchiamo di ricapitolare. Le principali teorie del totalitarismo – in particolare quella sistematizzata durante gli anni cinquanta da Carl Friedrich, Zbigniew Brzezinski – sottolineano una serie di incontestabili analogie tra il nazismo, il fascismo e il comunismo intesi come sistemi di potere: la soppressione della democrazia rappresentativa e dello stato di diritto attraverso l'eliminazione delle libertà individuali e il superamento della divisione dei poteri, l'instaurazione della censura e l'introduzione di un monopolio statale dei mezzi di comunicazione teso a diffondere un'ideologia di stato; un partito unico diretto da un capo carismatico; il monopolio statale dei mezzi di coercizione e la diffusione endemica della violenza come forma di governo, sfociante in un sistema concentrazionario teso all'esclusione, se non alla vera e propria eliminazione, degli avversari politici e dei gruppi o individui considerati come estranei alla comunità (politica, nazionale, razziale ecc.); un forte interventismo statale, che tende a tradursi in una pianificazione autoritaria e centralizzata dell'economia.[8] Benché tutte queste caratteristiche siano facilmente riscontrabili sia nel nazismo che nel comunismo sovietico, il regime che nasce dalla loro sommatoria risulta alquanto statico, formale, superficiale. Nelle sue forme idealtipiche, si riduce a un modello astratto. Le sue ambizioni di controllo totale sulla società e sugli individui corrispondono più alle fantasie letterarie di George Orwell che al funzionamento reale dei sistemi fascisti o comunisti, come hanno messo in luce molti lavori di storia sociale.[9] Uno sguardo all'origine, all'evoluzione e al contenuto sociale di questi regimi rivela differenze molto profonde. Innanzitutto la loro durata: da un lato un regime, quello nazista, che ha avuto un'esistenza di soli dodici anni, dal 1933 al 1945, vissuti sotto il segno di una radicalizzazione cumulativa fino alla sua caduta, in forme quasi apocalittiche, durante una guerra mondiale che aveva ricercato e provocato; dall'altro un regime durato più di settant'anni, nato da una rivoluzione e perpetuatosi, dopo la morte di Stalin, durante una lunga fase post-totalitaria, alla quale ha messo fine non una sconfitta militare ma una crisi interna, provocata dalle sue stesse contraddizioni. Poi la loro ideologia: da un lato una visione razzista del mon-

[8] C.J. Friedrich, Z. Brzezinski, *Totalitarian Dictatorship and Autocracy*, Harvard University Press, Cambridge (Mass.) 1956.

[9] Basti qui ricordare, per quelli sul nazismo, D. Peukert, *Storia sociale del Terzo Reich*, Sansoni, Firenze 1989; per lo stalinismo, Sh. Fitzpatrick, *Everyday Stalinism*, Oxford University Press, New York 2000.

do, fondata su una sintesi ibrida di contro-illuminismo (*Gegenaufklärung*) e di culto della tecnica moderna, di mitologie germaniche e di nazionalismo biologizzato; dall'altro una versione scolastica, dogmatica e "clericale" del marxismo, proclamato erede dei Lumi e rivendicato come filosofia umanista, universalista, emancipatrice. Infine la loro formazione e il loro contenuto sociale: da un lato, il nazismo-regime prende forma dopo la "messa al passo" della società in seguito a un'alternanza politica certo tormentata ma legale, nel 1933, attraverso l'incorporazione o almeno l'adesione passiva delle vecchie élite tradizionali, sia economiche (la grande industria, la finanza, la grande proprietà fondiaria) sia militari e amministrative, nonché, in larga misura, intellettuali; dall'altro, il regime sovietico, nato da una rivoluzione che ha completamente espropriato le vecchie classi dominanti e trasformato radicalmente le basi socio-economiche del paese, sia statizzando e pianificando l'economia sia procedendo alla creazione di una nuova classe dirigente.

Nazismo e stalinismo sono profondamente diversi anche per il tipo di violenza che esprimono. La violenza del comunismo sovietico è essenzialmente interna alla società, che cerca di sottomettere, normalizzare, disciplinare ma anche trasformare e modernizzare con metodi autoritari, coercitivi e criminali. Le vittime dello stalinismo sono quasi tutte cittadini sovietici, nella loro grande maggioranza russi. Ciò vale sia per le vittime dei processi e delle epurazioni politiche (militanti e funzionari del partito e dello stato, ufficiali e quadri dell'esercito) che per le vittime sociali (kulaki deportati durante la collettivizzazione forzata delle campagne, elementi giudicati "asociali" ecc.). Le minoranze nazionali colpite dalla repressione (i cosiddetti "popoli puniti" accusati di collaborazione col nemico durante la guerra) costituiscono piccole minoranze se si considera la repressione nel suo insieme. La violenza del nazismo, al contrario, è essenzialmente proiettata verso l'esterno.[10] Dopo una prima, intensa ma rapida fase di "normalizzazione" repressiva (*Gleichschaltung*) della società tedesca, la violenza nazista si scatena nel corso della guerra, a partire dal 1939, come un'ondata di terrore né cieco né indiscriminato ma rigorosamente codificato. Praticamente inesistente nei confronti di una comunità nazionale razzialmente delimitata e sottomessa, questa violenza diventa estrema nei confronti di categorie umane e sociali escluse dalla comunità del *Volk* (ebrei, zingari, handicappati, omosessuali), per estendersi poi alle popolazioni slave, ai prigionieri di guerra e ai deportati antifascisti (il cui trattamento risponde a una precisa gerarchia razziale).

[10] U. Herbert, *Nazismo e stalinismo: possibilità e limiti di un confronto*, in M. Flores (a c. di), *Nazismo, fascismo, comunismo. Totalitarismi a confronto*, Bruno Mondadori, Milano 1998, pp. 37-66.

Un lucido analista liberale come Raymond Aron aveva colto chiaramente questa differenza tra comunismo e nazismo sottolineando gli sbocchi estremi dei due sistemi: per il primo, il campo di lavoro, ossia la violenza legata a un progetto di trasformazione coercitiva e autoritaria della società; per il secondo, la camera a gas, vale a dire lo sterminio come finalità in sé, inscritta in un disegno di purificazione razziale.[11] Lo storico britannico Ian Kershaw ha sviluppato questa intuizione di Aron mettendo in luce i diversi tipi di razionalità espressi dai regimi di Stalin e di Hitler.[12] Il progetto sociale del comunismo non era privo di una sua razionalità, poiché il suo obiettivo centrale era la modernizzazione dell'economia e della società sovietiche, perseguita attraverso un'intensa industrializzazione e la collettivizzazione dell'agricoltura. I mezzi usati per realizzare questo progetto, tuttavia, erano non solo autoritari e inumani, ma anche profondamente irrazionali: il lavoro forzato, praticamente schiavistico, dei gulag, lo sfruttamento "militar-feudale" dei contadini (secondo la definizione che ne diede all'epoca Bucharin),[13] l'eliminazione di una parte consistente dell'élite amministrativa e militare, infine la deportazione in massa di interi gruppi e popolazioni. I risultati furono in larga misura catastrofici (crollo della produzione agricola, carestia, stagnazione demografica) e rischiarono di compromettere il fine perseguito. Nel nazismo, la contraddizione era invece stridente tra la razionalità dei mezzi impiegati e l'irrazionalità profonda del fine perseguito: la dominazione della "razza ariana", il rimodellamento dell'Europa in base a una gerarchia di tipo razziale. I campi di sterminio nazisti sono un'illustrazione di questo contrasto. I metodi della produzione industriale, le regole dell'amministrazione burocratica, i principi della divisione del lavoro, i risultati della scienza (il gas Zyklon B) erano usati allo scopo di eliminare un popolo considerato incompatibile con l'ordine "ariano" e indegno di vivere su questo pianeta. Durante la guerra, la politica nazista di sterminio degli ebrei (e in misura minore degli zingari) si rivelò irrazionale anche sul piano economico e militare, poiché fu realizzata mobilitando risorse umane e mezzi materiali sottratti allo sforzo bellico e distruggendo una parte della forza-lavoro presente nei campi. In Urss, i deportati (*zek*) erano "usati", "consumati" a milioni per disboscare regioni, estrarre minerali, costruire ferrovie e linee elettriche, a volte creare veri e propri centri urbani. Metodi "barbari" e coercitivi che si apparentavano spesso a forme di "sterminio attraverso il lavoro" venivano adottati per modernizzare il paese e "costruire il socialismo". Nella Ger-

[11] R. Aron, *Teoria dei regimi politici*, Edizioni di Comunità, Milano 1973.

[12] I. Kershaw, *Totalitarianism Revisited: Nazism and Stalinism in a Comparative Perspective*, in "Tel Aviver Jahrbuch für Deutsche Geschichte", 1994, n. 23.

[13] Cfr. il saggio di N. Werth in S. Courtois (a c. di), *Il libro nero del comunismo...*, cit.

mania nazista, all'opposto, i metodi più avanzati della scienza, della tecnica e dell'industria erano usati per distruggere vite umane.

Questa differenza tra lo stalinismo e il nazismo è incarnata, come ha messo in luce Sonia Combe, da due sinistre figure: Sergej Evstignev, la principale autorità di Ozerlag, un gulag siberiano sulle rive del lago Baikal, e Rudolf Höss, il più noto comandante di Auschwitz, di cui si può leggere il memoriale scritto prima della sua condanna a morte.[14] Intervistato da Sonia Combe all'inizio degli anni novanta, Evstignev si dichiarava orgoglioso dell'opera svolta. La sua missione consisteva nella "rieducazione" dei detenuti e, soprattutto, nella costruzione di una linea ferroviaria, la "traccia". Per raggiungere questo obiettivo poteva disporre liberamente, risparmiando o "consumando", secondo le sue esigenze, la forza-lavoro dei deportati. Varie migliaia di *zek* morirono a Ozerlag lavorando in condizioni terribili all'esecuzione di questa impresa. La morte era una conseguenza del clima e del lavoro forzato. In altri termini, essa era considerata come un tratto "normale" dell'esistenza di un campo di concentramento la cui "resa", in termini produttivi, si misurava in chilometri di ferrovia. Höss era invece il comandante di un complesso sistema concentrazionario il cui nucleo principale, Auschwitz-Birkenau, era un campo di sterminio industriale. Là furono eliminati nelle camere a gas, poi inceneriti nei forni crematori, oltre un milione di ebrei deportati da diversi paesi d'Europa. Il criterio fondamentale per calcolare il "rendimento" di questo campo era il numero dei morti. Ad Auschwitz, lo sterminio non era un sottoprodotto ma una finalità immediata del dispositivo totalitario. In conclusione, entrambi i sistemi – i campi di sterminio nazisti e il gulag stalinista – erano incontestabilmente inumani, criminali e totalitari, e come tali vanno condannati. Sarebbe assurdo e indecente voler erigere una distinzione tra i due in base a una gerarchia etica. Ciò non toglie però che la logica del loro funzionamento fosse profondamente diversa. Sul piano epistemologico, questa differenza non è affatto marginale. Ed è precisamente questa differenza che il concetto di totalitarismo ignora e nasconde, limitandosi a prendere in considerazione le analogie tra i due sistemi. Ciò spiega la grande diffidenza degli storici sociali sia del nazismo (Martin Broszat, Hans Mommsen, Detlev Peukert, Ulrich Herbert e molti altri) che del comunismo (Moshe Lewin, Arch J. Getty, Sheila Fitzpatrick e altri) nei confronti di questo concetto. Tutti gli analisti che hanno cercato di comprendere il comportamento delle società dietro la facciata totalitaria dei regimi hanno dovuto andare oltre le somiglianze esteriori.

---

[14] Cfr. il saggio di S. Combe, *Evstignev, roi d'Ozerlag*, in Aa.Vv., *Ozerlag 1937-1964*, Editions Autrement, Paris 1991, pp. 214-227.

Indubbiamente, le teorie del totalitarismo hanno stimolato il comparativismo in seno alla storiografia del Novecento. Ma il comparativismo può essere fecondo a condizione di non essere usato come chiave di lettura esclusiva di un evento o di un'epoca. La tendenza dominante tra i teorici del totalitarismo a interpretare nazismo e comunismo come due fenomeni paralleli e indissociabili coglie certo un aspetto importante del processo storico – l'appartenenza di fascismo e comunismo allo stesso contesto europeo, la loro interazione, il rapporto "simbiotico" che unisce rivoluzione e controrivoluzione (secondo la definizione di Arno J. Mayer)[15] – ma lo proietta in modo unilaterale sul quadro d'insieme. Per Ernst Nolte, il nazismo si spiega solo come fenomeno "reattivo" nei confronti del bolscevismo (e i suoi crimini non sarebbero altro che una "copia" di quelli commessi dai bolscevichi nel corso degli anni venti).[16] Per François Furet, questi due regimi furono essenzialmente due reazioni parallele, opposte ma profondamente interdipendenti, nei confronti dell'Occidente liberale.

Il concetto di totalitarismo favorisce un'interpretazione del nazismo e dello stalinismo che appiattisce entrambi sul piano sincronico, impedendo da un lato di coglierne le radici profonde nella storia russa, tedesca ed europea, dall'altro di studiarne la genesi e gli sviluppi nei tempi lunghi. Questo approccio sincronico ha avuto la conseguenza di ridurre l'orizzonte epistemologico della ricerca. La violenza comunista è stata così ricondotta alla sua matrice ideologica, il leninismo, evacuando completamente il problema delle sue radici in seno alla società russa. In realtà, come vari studiosi hanno messo in luce, la violenza dello stalinismo era innanzitutto la conseguenza di un progetto di modernizzazione autoritaria e brutale della società russa che si inscriveva nel solco della storia russa. All'inizio della seconda guerra mondiale, il regista Sergej Ejzenstejn aveva realizzato un film su Ivan il Terribile in cui lasciava intravedere, dietro il ritratto del despota zarista, il profilo del dittatore comunista. Negli anni cinquanta, lo storico Isaac Deutscher aveva a sua volta presentato Stalin come una sintesi di leninismo, di comunismo militare e di assolutismo zarista. In tempi più recenti, Peter Holquist ha sottolineato che la deportazione dei kulaki, durante la collettivizzazione forzata delle campagne sovietiche del 1930, aveva un precedente storico nel trasferimento coatto di oltre 700 000 contadini, attuato dallo zarismo negli anni sessanta dell'Ottocento per facilitare la russificazione del Caucaso, all'epoca delle riforme di Alessandro II.[17]

---

[15] Cfr. A.J. Mayer, *The Furies. Violence and Terror in the French and Russian Revolutions*, Princeton University Press 2000.

[16] E. Nolte, E. Nolte, *Nazionalsocialismo e bolscevismo. La guerra civile europea (1917-1945)*, Sansoni, Firenze 1989.

[17] Cfr. il saggio di P. Holquist, *La question de la violence*, in B. Groppo, *Le siècle des communismes*, cit., pp. 123-143.

Considerazioni simili valgono anche per la Germania hitleriana. Ridurre il nazismo a una reazione – a una forma di violenza preventiva e difensiva – nei confronti del bolscevismo russo significa perdere di vista le sue premesse storiche, sia materiali che culturali, nell'imperialismo e nel razzismo europei dell'Ottocento.[18] L'antisemitismo tedesco era nato molto prima della rivoluzione russa del 1917; il concetto di *Lebensraum* (spazio vitale) era stato teorizzato dal pangermanismo fin dalla fine dell'Ottocento e non era, in fondo, che la variante tedesca di un'idea imperialista diffusa in tutta Europa. In altri termini, il concetto di *Lebensraum* era figlio della visione occidentale del mondo extraeuropeo come un immenso spazio colonizzabile. L'idea dell'"estinzione" e dello sterminio delle "razze inferiori" attraversa tutta la cultura europea dell'Ottocento, soprattutto francese e britannica. Nato dalla sconfitta del 1918, dal crollo dell'impero guglielmino e dalla "punizione" del trattato di Versailles, il nazismo aveva trasferito le sue antiche aspirazioni coloniali dall'Africa all'Est europeo. Ma l'India coloniale britannica rimaneva un modello agli occhi di Hitler e la guerra contro l'Urss fu concepita e messa in atto come una guerra coloniale di conquista e di sterminio. Anziché ricercare nel gulag sovietico il "precedente logico e fattuale" del genocidio nazista degli ebrei, come ha fatto Nolte, sarebbe sufficiente rileggere la storia coloniale tedesca, oggi largamente dimenticata, per accorgersi che il genocidio degli herero, messo in atto nel 1904 dalle truppe tedesche del generale von Trotha nell'Africa sudoccidentale (l'attuale Namibia), fu uno sterminio pianificato che prefigurava sotto molti aspetti la "soluzione finale" del 1941-1945.

Va aggiunto inoltre che la focalizzazione "totalitarista" sul rapporto tra nazismo e comunismo ha messo tra parentesi un nodo storiografico fondamentale, quello del rapporto tra il fascismo italiano e il nazismo tedesco. Nelle sue versioni più radicali, per esempio quella difesa dallo storico tedesco Karl Dietrich Bracher, l'interpretazione del nazismo come totalitarismo non ammette neppure l'appartenenza della Germania hitleriana a una famiglia politica, quella del fascismo, di origine italiana e di dimensione europea.[19] Una tesi analoga, che pretende di distinguere un totalitarismo "di destra" (tedesco) da uno "di sinistra" (italiano), negandone la parentela e la comune radice fascista, è stata proposta in Italia da Renzo De Felice.[20]

Un ultimo interrogativo riguarda il rapporto del totalitarismo con la civiltà occidentale. Auschwitz appare, per più ragioni, come un labora-

[18] E. Traverso, *La violenza nazista. Una genealogia*, il Mulino, Bologna 2002.

[19] K.D. Bracher, *La dittatura tedesca*, il Mulino, Bologna 1970.

[20] Cfr. in particolare l'introduzione di De Felice a *Mussolini il Duce. Lo Stato totalitario (1936-1940)*, Einaudi, Torino 1980.

torio privilegiato per studiare la violenza della modernità. La sua organizzazione industriale della morte ha realizzato la fusione dell'antisemitismo e del razzismo con la prigione, l'industria e l'amministrazione burocratico-razionale. In questo senso il genocidio ebraico costituisce un paradigma della modernità piuttosto che la sua negazione. Numerosi tratti del "processo di civilizzazione", secondo la definizione che ne hanno dato Max Weber e Norbert Elias, costituiscono le premesse storiche della distruzione degli ebrei d'Europa.[21] Effettivamente, la "soluzione finale" implicava il monopolio statale della violenza (un crimine di stato), la razionalità produttiva e amministrativa (il sistema dei campi), l'autocontrollo delle pulsioni (una violenza "fredda", pianificata) e la deresponsabilizzazione etica degli agenti sociali (la "banalità del male"). La *Shoah* rivela così una "dialettica negativa": la trasformazione del progresso tecnico e materiale in regressione umana e sociale. Se questa è una caratteristica del totalitarismo moderno, esso non va visto come la negazione della civiltà occidentale ma come una sua manifestazione patologica, come il disvelamento del suo lato oscuro e inumano.

Queste riflessioni critiche non hanno lo scopo di respingere il concetto di totalitarismo come inutile o, peggio, dannoso. Vogliono soltanto essere una necessaria messa in guardia contro i malintesi che ha spesso suscitato e gli abusi che ne hanno segnato la storia. Non si tratta affatto di un concetto inutile, ma la sua pertinenza è limitata e il suo uso richiede alcune precauzioni. Ho già sottolineato il carattere imprescindibile di questa nozione per la teoria e la scienza politica. Credo non se ne possa fare a meno neppure dal punto di vista di un uso pubblico della storia. Il concetto di totalitarismo è necessario per conservare la memoria di un secolo che ha conosciuto Auschwitz e la Kolyma, i campi di sterminio nazisti e i gulag di Stalin. Il Novecento ha fatto l'esperienza di un naufragio del *politico*, se si intende per politico uno spazio aperto al conflitto, al pluralismo delle idee e dell'azione dei cittadini, all'alterità, alla divisione del corpo sociale, in altri termini ciò che Hannah Arendt definiva "l'infra", la vita in comune.[22] Il totalitarismo ha cercato di eliminare questo spazio riducendo l'umanità a una comunità organica, monolitica, chiusa; il totalitarismo ha assorbito la società civile nello stato, sopprimendola, soffocandola (si tratta, in questo senso, dell'antitesi del comunismo concepito da Marx come "estinzione dello stato" in seno a una comunità umana emancipata). Il concetto di totalitarismo inscrive questa esperienza del Novecento nella nostra coscienza storica e nella nostra memoria collettiva. Per questo non possiamo farne a meno.

---

[21] Cfr. Z. Bauman, *Modernità e Olocausto*, il Mulino, Bologna 1993.

[22] H. Arendt, *Che cos'è la politica*, Edizioni di Comunità, Milano 1995.

11. Lager e gulag: quale comparazione?

di Giovanni Gozzini[*]

Ogni tentativo di rispondere alle domande circa la possibilità di comparare l'universo concentrazionario nazista e quello sovietico deve affrontare due problemi preliminari. Il primo è rappresentato dall'apertura, solo recente, degli archivi ex sovietici:[1] ne deriva, infatti, un considerevole divario tra i risultati raggiunti dal lavoro di raccolta della documentazione e dal dibattito storiografico nei due diversi ambiti di ricerca. L'approccio comparativo sconta così un inevitabile squilibrio che contribuisce a rendere particolarmente provvisorie le proprie acquisizioni.

Il secondo problema riguarda invece la messa in discussione di uno dei paradigmi interpretativi che tuttora occupano lo spazio del dibattito dedicato al tema dello sterminio nazista: quello della sua unicità. Nei suoi termini classici, questa posizione è stata formulata dallo storico tedesco Eberhard Jäckel:

> L'assassinio nazista degli ebrei rimane incomparabile perché mai in precedenza uno stato, attraverso l'autorità dei propri leader responsabili, ha deciso e annunciato lo sterminio totale di un certo gruppo di persone, compresi i vecchi, le donne, i bambini, i neonati e tradotto in pratica questa decisione con l'uso di tutti i possibili strumenti di potere a disposizione dello stato.[2]

È difficile non notare la forzatura della realtà implicita in una asserzione così assoluta: dall'Armenia, alla Cambogia, al Rwanda, il Novecento è tragicamente ricco di esempi di "pulizia etnica" che nelle intenzioni e nei risultati ricordano da vicino il caso nazista. Ma a conferire forza al postulato della singolarità di Auschwitz è il timore di una possibile equazione tra sto-

---

[*] Giovanni Gozzini, professore presso l'Università di Firenze, ha pubblicato, tra l'altro, *La strada per Auschwitz*, Bruno Mondadori, Milano 1996; con R. Martinelli, *Storia del partito comunista italiano*, vol. VII, Einaudi, Torino 1998.

[1] Per un aggiornamento recente dello stato degli studi cfr. gli interventi di A. Graziosi, O. Chlevniuk e T. Martin in "Storica", 6, 2000, n. 18, pp. 7-38.

[2] E. Jäckel, *Die elende Praxis der Untersteller*, in *"Historikerstreit": Die Dokumentation der Kontroverse um die Einzigartigkeit der nationalsozialistischen Judenvernichtung*, Piper, München 1987, p. 118.

ricizzazione e relativizzazione (quindi attenuazione) dei delitti nazisti: l'incommensurabilità del male commesso intrattiene un rapporto reciproco con l'impossibilità di confrontarlo. A ben vedere, quindi, la proclamazione dell'unicità di Auschwitz serve a trasformare il fatto storico in monumento, a conferirgli il valore simbolico di uno standard negativo, la cui unica possibile spiegazione oggettiva risiede nel punto di vista soggettivo delle vittime che vi erano destinate. Solo la memoria dei testimoni, cioè, può restituirci la verità del male radicale – nel doppio senso di sofferenza e malvagità – da essi soltanto sperimentato. Estratto dalla storia e collocato sul piedistallo dei simboli universali, Auschwitz diventa qualcosa di sacro ma nello stesso tempo anche di sterile, un *totem* e nello stesso tempo un *tabu*: l'uomo qualunque può separarlo da sé, relegarlo tra i "mostri" di una realtà aliena che non gli appartiene e non lo coinvolge. Lo stesso termine che siamo abituati a usare quando parliamo dello sterminio nazista, "Olocausto", riflette un messaggio particolare fatto di unicità e di mistero: di lontananza. Com'è noto, questo termine (che indica la pratica, diffusa tra i popoli pastori dell'antichità, di offrire alla divinità una vittima sacrificale bruciandola completamente nel fuoco in segno di ringraziamento o di riconciliazione) è del tutto assente nel sostantivo ebraico di cui dovrebbe pur essere la traduzione: *Shoah*, cioè "distruzione".[3] Si tratta quindi di una terminologia impropria, di una deviazione non indifferente dal significato originario, che tende a relegare lo sterminio nazista nel regno mitologico della sacralità unica e inspiegabile: «Un evento misterioso», per usare le esplicite parole di uno studioso americano, «un miracolo rovesciato, per così dire, un evento di portata religiosa nel senso che non è opera dell'uomo, almeno nel significato comune del termine».[4]

Come si vede, dal postulato dell'unicità al postulato dell'incomprensibilità il passo è breve. A seguire questo modo di pensare, infatti, Auschwitz, in quanto evento-limite della storia umana, è destinato a rimanere «una terra di nessuno della comprensione, una scatola nera della spiegazione, un vuoto di significato extrastorico».[5] La rinuncia pregiudiziale alla comparazione si risolve così in una sorta di disarmo unilaterale dello storico che confessa la propria impotenza a comprendere e a spiegare (e di conseguenza a combattere). Come di fronte al fuoco scatenato dal ful-

[3] Per indicare il rito sacrificale dell'Olocausto l'Antico Testamento usa invece un altro termine, *olâ*. Cfr. G. von Rad, *Teologia dell'Antico Testamento*, vol. I, Paideia, Brescia 1972, pp. 293-294. Insiste nell'errore di traduzione I. Gutmam (a c. di), *Encyclopaedia of the Holocaust*, vol. II, MacMillan, New York 1990, p. 681.

[4] Y. Bauer, *The Holocaust in Historical Perspective*, University of Washington Press, Seattle 1978, p. 31.

[5] D. Diner, *Zwischen Aporie und Apologie: Über die Grenzen der Historikerstreit des Nationalsozialismus*, in Id. (a c. di), *Ist der Nationalsozialismus Geschichte? Zu Historisierung und Historikerstreit*, Fischer, Frankfurt 1987, p. 73.

mine, la mitizzazione religiosa serve all'umanità per risolvere la propria impotenza, per riappropriarsi in qualche modo di quanto non riesce a dominare.[6] Il rapporto fra l'uomo e la divinità annulla, o quantomeno lascia sullo sfondo, il rapporto fra l'uomo e i suoi simili, cioè la responsabilità terrena e concreta di chi all'Olocausto ha posto mano di propria volontà. L'intenzione sacrosanta di restituire onore e dignità alle vittime rischia di conferire alla "distruzione" un senso provvidenzialistico che, alla pari di ogni altro sacrificio, sembra implicare la necessità e il merito catartico della sofferenza ricondotta a un Dio terribile e imperscrutabile, e che assegna al popolo ebraico il ruolo eletto di capro espiatorio, pronto ad assumere su di sé e a riscattare il male del genere umano.

In realtà il postulato della incomparabilità della *Shoah* appartiene alla dimensione mitopoietica della costruzione di "verità" alimentate dalla memoria e strumento formativo di identità collettive: una dimensione che poco ha a che fare con la ricerca storica. Per sua stessa natura, la memoria è portata a singolarizzare il passato e ad assolutizzare il proprio punto di vista soggettivo: per lo storico rappresenta quindi una fonte cruciale (l'unica in grado di restituire lo spessore di vita dell'esperienza diretta) ma, in quanto tale, solo *uno* dei diversi strumenti a disposizione per una ricostruzione più ampia che vada al di là del ricordo dei testimoni.[7]

In modo particolare questa tensione tra storia e memoria emerge sul piano dell'analisi e della spiegazione causale degli eventi. Spesso la memorialistica dei sopravvissuti al lager (e al gulag) collega la singolarità della propria esperienza a una spiegazione monocausale del male sofferto: l'inumana crudeltà dei carnefici. Ha scritto Primo Levi:

> Forse, quanto è avvenuto non si può comprendere, anzi, *non si deve* comprendere, perché comprendere è quasi giustificare. Mi spiego: "comprendere" un proponimento o un comportamento umano significa (anche etimologicamente) contenerlo, contenerne l'autore, mettersi al suo posto, identificarsi con lui. Ora, nessun uomo normale potrà mai identificarsi con Hitler, Himmler, Goebbels, Eichmann e infiniti altri. Questo ci sgomenta, e insieme, ci porta sollievo.[8]

Eppure lo stesso Primo Levi, dieci anni dopo, descrive in termini radicalmente diversi i propri aguzzini: «Erano fatti della nostra stessa stoffa, erano esseri umani medi, mediamente intelligenti, mediamente malvagi:

---

[6] Cfr. Y.H. Yerushalmi, *Zakhor. Storia ebraica e memoria ebraica*, Pratiche editrice, Parma 1983.

[7] Cfr. E. Traverso, *La singolarità storica di Auschwitz: problemi e derive di un dibattito*, in M. Flores (a c. di), *Nazismo, fascismo, comunismo. Totalitarismi a confronto*, Bruno Mondadori, Milano 1998, in particolare alle pp. 311-313.

[8] P. Levi, *Se questo è un uomo. La tregua*, Einaudi, Torino 1989[3], p. 347.

salvo eccezioni, non erano mostri, avevano il nostro viso».[9] In modi e tempi diversi la ricerca storiografica sugli universi concentrazionari del nostro secolo ha vissuto la stessa evoluzione. La generazione di storici che domina la scena nell'immediato dopoguerra (Friedrich Meinecke in Germania, Benedetto Croce in Italia) interpreta la dittatura come il prodotto di forze demoniache estranee alla civiltà occidentale. Questa visione "parentetica" di un passato scabroso appena trascorso gode allora di grande fortuna perché probabilmente è la più idonea per un pubblico che ha bisogno di rinascere, di allontanare in un'altra galassia il racconto del male e di tornare prima possibile alla rassicurante convinzione di vivere in un mondo diverso, più civile, dove quelle cose non potranno più accadere. Concentrare le responsabilità sui pochi "mostri alieni" che sono stati dirigenti dei passati regimi significa chiudere l'inquietante pagina della "zona grigia" di connivenze estesa a una fascia ben più ampia di popolazione ed eludere il nodo politico-istituzionale dell'epurazione. Come già allora scrive Hannah Arendt, sono troppi i padri di famiglia che, per difendere la propria sicurezza, hanno accettato di non vedere, non sentire, non parlare.[10]

Con il ritardo che deriva dalla situazione di inaccessibilità delle fonti, anche la sovietologia angloamericana è a lungo dominata da una generazione (Robert Conquest, Richard Pipes) che condivide una visione dello stalinismo come «dittatura monolitica e unitaria, la cui esistenza è fondata sul terrore»: un terrore la cui origine risiede nella crudeltà dei governanti.[11] A ben vedere, questo tipo di approccio si fonda sulla combinazione di un doppio paradigma interpretativo interamente mutuato dalla storiografia sul nazismo e sulla *Shoah*: il cosiddetto "paradigma intenzionalista" che riconduce lo sterminio degli ebrei alla coerente e immutabile volontà omicida di Hitler, da un lato, e il paradigma del totalitarismo che assimila le popolazioni civili tedesca e sovietica a masse amorfe, atomizzate e soggiogate dalla violenta coercizione poliziesca esercitata dai rispettivi regimi, dall'altro.[12] Nazismo e stalinismo vengono così identificati come sistemi politici che ricorrono al terrore non solo come mezzo

---

[9] P. Levi, *I sommersi e i salvati*, Einaudi, Torino 1986, pp. 166-167.

[10] Cfr. H. Arendt, *Colpa organizzata e responsabilità universale (gennaio 1945)*, in Id., *Ebraismo e modernità*, Feltrinelli, Milano 1986, pp. 63-76.

[11] Per la definizione cfr. J.A. Getty, R.T. Manning, *Introduction*, in Id. (a c. di), *Stalinist Terror: New Perspectives*, Cambridge University Press, New York 1993, p. 1. Per un esempio recente cfr. R. Conquest, *I segreti di Lenin*, in "La rivista dei libri", IX, 1999, n. 1, p. 29: «Non essendo un concetto di scienza politica riconosciuto, la crudeltà in quanto tale sembra essere ampiamente sfuggita a uno studio scientifico del periodo».

[12] Testi in qualche modo "classici" dei due paradigmi possono essere considerati E. Jäckel, *La concezione del mondo di Hitler. Progetto di un dominio assoluto*, Longanesi, Milano 1972; H. Arendt, *Le origini del totalitarismo*, Bompiani, Milano 1987.

per la vittoria sugli avversari politici ma anche come metodo di governo. L'universo concentrazionario di lager e gulag rappresenta lo specchio deformato di moltitudini "libere" private dei diritti individuali e di ogni possibilità di scelta, piegate all'obbedienza e costrette alla sospensione della propria coscienza umanitaria. Paradigma intenzionalista e paradigma del totalitarismo convergono nello scagionare le popolazioni civili da ogni corresponsabilità con le politiche seguite dalle istituzioni che le hanno governate. Sulla base del principio che solo una piccola parte di tedeschi è stata nazista, il cancelliere Adenauer può ricostruire l'identità di una Germania Federale tanto più necessaria per l'Occidente quanto più la guerra fredda divide il mondo; sulla base della categoria di "culto della personalità" la destalinizzazione avviata da Chruščev può delimitare le colpe al "mostro" Stalin, conservando il potere degli uomini e delle istituzioni che Stalin hanno servito.

Questi stereotipi demonizzanti hanno fatto il loro tempo. La generazione dei padri di famiglia appartenenti alla "zona grigia" e colpevoli di omissione si avvia al tramonto; la guerra fredda con i suoi obblighi di schieramento e demonizzazione è finita. È maturo il tempo per una riflessione storiografica più pacata e approfondita. Uno dei maggiori storici del nazismo, Martin Broszat, con argomentazioni applicabili anche allo stalinismo, sostiene:

> Alla luce di nuove catastrofi e atrocità l'epoca nazista ha perso molto della sua singolarità e ci rimane solo un bagaglio di convinzioni, tanto salde quanto vaghe, che non hanno più una forza morale. Immagini come quella del "nazismo regno del terrore" sono diventati stereotipi stanchi e solo una nuova, più profonda, analisi storica può renderli di nuovo moralmente utili.[13]

Nelle parole di Broszat è proprio la comparazione con altre «catastrofi e atrocità» a mettere in luce l'inefficacia di antichi stereotipi. Ma è sempre la comparazione a rivelarsi come la chiave analitica più adatta per oltrepassare uno stadio infantilmente ideologico della ricerca e collocare il luogo estremo della persecuzione (emblema morale di questi regimi) entro l'architettura istituzionale, giuridica e culturale delle dittature che l'hanno prodotto. Il che significa l'esatto contrario di una facile assimilazione. Ogni fatto umano è unico e irripetibile, ma può essere capito meglio se comparato, per analogie e differenze, ad altri: un assunto metodologico che dovrebbe risultare scontato per ogni storico intenzionato a non limitarsi alla descrizione della realtà. La comparazione rappresenta insomma una procedura neutra di misurazione della realtà che non implica alcun

---

[13] M. Broszat, *A Plea for the Historicization of National Socialism*, in P. Baldwin (a c. di), *Reworking the Past. Hitler, the Holocaust, and the Historians' Debate*, Beacon Press, Boston 1990, p. 77.

giudizio di valore: come per accostare un metro di legno a un tessuto non è necessario presupporre che siano fatti della stessa materia.

Da tempo la sociologia storica lavora attorno ai nessi possibili tra lo sterminio degli ebrei operato dal Terzo Reich e il milione e mezzo di armeni massacrati dal governo turco nel corso della prima guerra mondiale, i milioni di contadini e dirigenti politici uccisi dalla politica di collettivizzazione forzata e dalle grandi purghe di Stalin negli anni trenta, i due milioni di cambogiani uccisi dai Khmer rossi negli anni settanta. In ognuno di questi casi una dirigenza politica relativamente recente e portatrice di un progetto di trasformazione radicale dello stato si è trovata ad affrontare una crisi interna di consenso e legittimazione, insieme a una crisi esterna di isolamento nei rapporti internazionali legata a un conflitto armato in corso o prevedibile a breve termine. In questa situazione un gruppo di cittadini, che era di ostacolo ai piani governativi, è stato identificato come un doppio nemico interno ed esterno: radicalizzando antiche rivalità o creando nuove ideologie, è stato escluso dalla comunità nazionale e dai diritti di cittadinanza, concentrato in campi di prigionia e costretto a morire per malattie e privazioni o per esecuzione capitale.[14]

La sociologia cerca di costruire collegamenti tra esperienze storiche lontanissime tra loro. Ma questo sforzo comparativo non si traduce in un piano inclinato univoco e predestinato che annulla le differenze e attribuisce a ogni rivoluzione (intesa in senso stretto come rottura dell'ordine costituzionale) un destino ineluttabile di totalitarismo e quindi di genocidio.[15] L'uso della violenza nei confronti degli oppositori non è uguale all'eliminazione di un intero gruppo sociale, etnico o religioso. Risulta difficile concepire *sub specie* genocidio, sebbene abbiano duramente combattuto i propri nemici interni ed esterni, la Rivoluzione francese così come quella inglese o americana. E può apparire forzato attribuire intenti di sterminio a regimi indubbiamente dittatoriali come quello cileno degli anni settanta o quello iraniano degli anni ottanta. Viceversa è difficile negare che la democrazia americana sia stata costruita sulla deportazione di migliaia di schiavi africani e sul genocidio degli indiani d'America. Ma è un passo davvero troppo lungo e indifferenziato, troppo univoco e predestinato sostenere che il colonialismo occidentale rappresenti il "peccato

[14] Cfr. L. Kuper, *Genocide: Its Political Use in the Twentieth Century*, Yale University Press, New Haven 1981; F. Chalk, K. Jonassohn, *The History and Sociology of Genocide*, Yale University Press, New Haven 1990; R.F. Melson, *Revolution and Genocide. On the Origins of the Armenian Genocide and the Holocaust*, The University of Chicago Press, Chicago 1992; H. Fein, *Genocide: a Sociological Perspective*, Sage, New York 1993.

[15] La tesi di un nesso storico tra "terrore giacobino" e totalitarismi del XX secolo è stata sostenuta da J. Talmon, *Le origini della democrazia totalitaria*, il Mulino, Bologna 1967. A questa impostazione si ricollega (senza esplicitarlo) F. Furet, *Il passato di un'illusione. L'idea comunista nel XX secolo*, A. Mondadori, Milano 1995.

originale" (termine sintomatico di un approccio ideologizzante) del XX secolo e l'incubatrice comune di lager e gulag.[16]

La realtà insomma sfugge sempre alle classificazioni troppo semplici. Nella Germania di Hitler l'individuazione dell'ebreo come nemico poté appoggiarsi a una tradizione culturale, specifica e plurisecolare, di antisemitismo. Ma non esisteva un odio razziale antiarmeno nella Turchia di inizio secolo; mentre i nemici di Stalin e Pol Pot erano connazionali, identificati come bersagli per conseguenza subordinata di ideologie politiche generali. D'altra parte, gli ebrei tedeschi non costituivano una minaccia per il governo: non erano animati da progetti autonomistici, come gli armeni, né potevano incarnare una potenziale opposizione, come i kulaki ucraini o i quadri dell'amministrazione sovietica. Peraltro, il piano nazista di pulizia etnica si spinse ben oltre i confini della sicurezza interna del Reich, fino a ridisegnare la fisionomia razziale di tutta l'Europa: un proposito espansionista che non compare in nessuno degli altri casi ricordati. La definizione di uno sfondo comparativo serve insomma a capire meglio unicità e differenze; non serve a fissare schemi monocausali obbligatori e universali.

Nell'opinione pubblica europea il tema dei rapporti tra lager e gulag è salito alla ribalta ormai più di un decennio fa per opera dello storico tedesco Ernst Nolte, che non segue però l'approccio comparativo fin qui ricordato, bensì sostiene un raccordo genetico di imitazione-risposta assai più rozzo e immediato.

> L'"Arcipelago Gulag" non precedette Auschwitz? Non fu lo "sterminio di classe" dei bolscevichi il *prius* logico e fattuale dello "sterminio di razza" dei nazionalsocialisti? [...] Non compì Hitler, non compirono i nazionalsocialisti un'azione "asiatica" forse soltanto perché consideravano se stessi e i propri simili vittime potenziali o effettive di un'azione "asiatica"?[17]

Con lo stile allusivo e volutamente ambiguo che spesso lo distingue, Nolte confonde due cose diverse: la proposta di una suggestione comparativa interna – il gulag come modello dei lager – e l'affermazione di un preciso nesso causale che individua nel lager una risposta alla minaccia "asiatica" del gulag. Anche in virtù di questa confusione, la sortita di Nolte ha messo a rumore il mondo culturale non solo tedesco, con un dibattito singolarmente povero di nuovi risultati di ricerca – come si è

---

[16] Cfr. D. Losurdo, *Il peccato originale del Novecento*, Laterza, Roma-Bari 1998.

[17] E. Nolte, *Vergangenheit die nicht vergehen will*, in "Frankfurter Allgemeine Zeitung", 6 giugno 1986. Se ne veda la traduzione, insieme a una scelta degli interventi nel dibattito che ne sussegue (passato in Germania e all'estero sotto il nome di *Historikerstreit*, "contesa degli storici"), in G.E. Rusconi (a c. di), *Germania: un passato che non passa. I crimini nazisti e l'identità tedesca*, Einaudi, Torino 1987, pp. 3-10.

spesso notato[18] – e molto piegato a esigenze di natura politica contingente, relative a un'identità nazionale della Germania ancora non riunificata finalmente libera dalle colpe del passato. L'attenzione degli studiosi si è concentrata sul nocciolo ideologico dell'interpretazione di Nolte – la "guerra civile europea" che contrappone nazismo e bolscevismo[19] – e sul suo tentativo di riabilitare almeno parzialmente, in questa luce di difensore dell'Occidente, il regime hitleriano.

Ma al di là di queste pur rilevanti implicazioni, la tesi di Nolte suggerisce l'esistenza di un'altra dimensione comparativa, tutta interna alla sfera soggettiva dei diretti protagonisti, entro la quale i precedenti storici possono rappresentare fonti di ispirazione e modelli di riferimento. «Dopotutto, chi parla oggi dell'annientamento degli Armeni?» chiede Hitler ai suoi capi militari prima di lanciare l'invasione della Polonia, prologo significativo – per l'eliminazione sistematica delle élite dirigenti – della guerra di sterminio combattuta sul fronte orientale.[20] Qualche anno più tardi è sempre il Führer ad attribuire agli inglesi la paternità dei campi di concentramento e a paragonare la guerra antipartigiana alla conquista del West.[21] Questi riferimenti possono chiarire come in generale l'esperienza di campi di concentramento non sia del tutto estranea alla storia europea anche prima di Hitler e Stalin: il primo accenno del Führer alla necessità di confinare «gli agitatori di stirpe giudaica in campi di concentramento» risale al 1921 e precede di gran lunga la notorietà internazionale dei gulag sovietici.[22] L'idea che all'inizio del secolo, durante la guerra contro i boeri, i *concentration camps* realizzati dalle truppe britanniche siano degenerati in strumenti di persecuzione ai danni delle famiglie dei coloni è oggetto di

---

[18] Cfr. H.U. Wehler, *Le mani sulla storia. Germania: riscrivere il passato?*, Ponte alle Grazie, Firenze 1989; R.J. Evans, *In Hitler's Shadow. West German Historians and the Attempt to escape from the Nazi Past*, Pantheon, New York 1989.

[19] Cfr. E. Nolte, *Nazionalsocialismo e bolscevismo. La guerra civile europea (1917-1945)*, Sansoni, Firenze 1989.

[20] Cfr. il discorso di Hitler, 22 agosto 1939 (documento L 003), in Office of United States Chief of Counsel for Prosecution of Axis Criminality, *Nazi Conspiracy and Aggression*, vol. VII, United States Government Printing Office, Washington 1946-1948, p. 753. Sulle diverse versioni del discorso, cfr. W. Baumgart, *Zur Ansprache Hitlers vor den Führern der Wehrmacht am 22.August 1939: eine quellenkritische Untersuchung*, in "Vierteljahrshefte für zeitgeschichte", 16 (1968), pp. 120-129.

[21] Cfr. *Discorso pronunciato dal Führer al Palazzo dello Sport di Berlino il 30 gennaio 1941*, s.e., Roma 1941, p. 6: «I campi di concentramento non sono stati inventati in Germania, ma dagli Inglesi per spezzare con questi mezzi la spina dorsale di altri popoli»; A. Hitler, *Conversazioni segrete ordinate e annotate da Martin Bormann durante il periodo più drammatico della seconda guerra mondiale (5 luglio 1941-30 novembre 1944)*, Richter, Napoli 1954, p. 660 (8 agosto 1942): «La lotta che muoviamo ai partigiani è paragonabile a quella che veniva mossa agli Indiani dell'America del Nord».

[22] Cfr. A. Hitler, *Rathenau und Sancho Panza*, in "Völkischer Beobachter", 13 marzo 1921.

clamorose campagne di stampa nella stessa Gran Bretagna: il reportage di denuncia della filantropa inglese Emily Hobhouse viene prontamente tradotto in tedesco ed è in seguito ripreso dalla propaganda sia nazista che sovietica.[23] In molti paesi europei, peraltro, si mantiene vivo a lungo il ricordo dei campi per prigionieri di guerra rimasti in funzione per mesi dopo la fine della prima guerra mondiale. Processi davanti al tribunale di Lipsia vengono celebrati per i crimini commessi in quelli tedeschi, né mancano azioni di denuncia nei confronti di quelli zaristi.[24]

Il regime nazista dedica una parte significativa della propria propaganda all'informazione sui campi di lavoro forzato in Unione Sovietica: in Germania circolano i due volumi autobiografici di Ivan Solonević, fuggiasco dal gulag, oltre a una serie di opuscoli antisovietici in cui l'esistenza di campi di concentramento, di lavoro coatto e di confino è ampiamente ricordata.[25] A dire il vero, in questa miscellanea di parte nazista il campo di concentramento viene assunto, anziché a modello da imitare, a simbolo negativo della disumanità del regime sovietico, e nella stessa luce ricorre in un noto memorandum elaborato nel maggio 1940 da Heinrich Himmler, il capo delle SS, sul trattamento da riservare alle popolazioni dell'Est europeo:

> La mia speranza è di cancellare completamente il concetto di ebrei attraverso la possibilità di una grande emigrazione di tutti gli ebrei in Africa o altrimenti in una colonia [...] Per quanto crudele e tragico possa risultare ogni caso individuale, questo metodo è ancora il più mite e il migliore, se si rifiuta come contrario alle nostre più profonde convinzioni il metodo bolscevico dello sterminio di un popolo perché non tedesco e impraticabile.[26]

---

[23] Cfr. E. Hobhouse, *Report of a Visit to the Camps of Women and Children in the Cape and Orange River Colonies*, Friars Printing Association, London 1901; Id., *Die Zustände in den südafrikanischer Konzentrationslagern*, Deutscher Burenhilfsbund, Berlin 1902. Sulla propaganda nazista e sovietica sul tema cfr. A.J. Kaminski, *I campi di concentramento dal 1896 ad oggi. Storia, funzioni, tipologia*, Bollati Boringhieri, Torino 1997, p. 39 ss. Poco aggiornato, soprattutto sulla parte relativa ai gulag, è invece P. Rigolout, J. Kotek, *Il secolo dei campi. Detenzione, concentramento e sterminio 1900-2000*, A. Mondadori, Milano 2001.

[24] Cfr. C. Mullins, *The Leipzig Trials. An Account of the War Criminals' Trials and a Study of German Mentality*, Witherby, London 1921; Id., *Report of July 8, 1920 to the International Committee of the Red Cross by Elsa Brändström, Swedish Delegate of the Red Cross on the Situation of the Prisoners of War in Russia*, s.d. (ma 1920); E. Brändström, *Unter Kriegsgefangenen in Russland und Sibirien 1914-1920*, Deutsche Verlagsgesellschaft für politik und geschichte, Berlin 1922.

[25] Cfr. I.L. Solonević, *Die verlorenen. Eine Chronik namenlosen Leidens*, Essener Verlagsanstalt, Essen 1933-1937, 2 voll.; A. Laubenheimer (a c. di), *Und Du Siehst die Sowjets Richtig. Berichte von deutschen und ausländischen "Spezialisten" aus der Sowjet-Union*, Nibelungen Verlag, Berlin-Leipzig 1937[3]; O. Krainz, *Wir schreien und man hört uns nicht, Russland ohne Mask*, Bokamper, Görlitz 1936.

[26] H. Krausnick (a c. di), *Einige Gedanken über die Behandlung der fremdvölkischen im*

È interessante notare come questa fonte "involontaria", destinata a un uso burocratico interno, identifichi nel modello sovietico una politica di genocidio in termini che vengono meglio chiariti da un'altra fonte retrospettiva e volontaria: la testimonianza di Rudolf Höss, il comandante di Auschwitz.

> L'Ufficio centrale per la sicurezza del Reich aveva diffuso tra i comandanti dei campi un ampio rapporto sui campi russi di concentramento. Alcuni prigionieri che ne erano fuggiti riferivano fin nei particolari le condizioni e il tipo di organizzazione in essi vigenti. Particolare evidenza veniva data al fatto che i russi annientavano intere popolazioni mediante la grande organizzazione del lavoro forzato. Così, dopo aver consumato i detenuti di un campo nella costruzione di un canale, facevano venire altre migliaia di kulaki o di altri elementi malfidi: i quali, dopo un certo periodo, erano a loro volta logorati.[27]

Come si vede, l'ipotesi che nell'immaginario nazista "il metodo bolscevico" rappresenti una precisa strategia di annientamento attraverso il lavoro coatto, scartata nel 1940 come "non tedesca" e poi invece imitata, è tutt'altro che priva di riscontri documentari. Al tribunale di Norimberga Stalin siede tra gli accusatori, forte dell'enorme tributo di più di venti milioni di vite pagate nella lotta contro l'invasione tedesca e l'argomento del *tu quoque*, sollevato dalla difesa dei criminali di guerra nazisti (non solo e non tanto a proposito del gulag, quanto di Hiroshima e dei bombardamenti alleati sulle città della Germania) viene messo tra parentesi. Questa rimozione non rimane priva di effetti: in seguito, negli anni della guerra fredda, alla cultura legalistica americana di circoscrizione della colpa giuridica, si contrappone la dottrina sovietica del nazismo come sbocco e malattia del capitalismo. Da entrambe le parti prevale un'idea semplificata e strumentale dello sterminio, preoccupata di allontanarlo come "altro" da sé e di rilanciarlo sempre e comunque nel campo avversario.[28]

In realtà, l'esistenza di un "universo concentrazionario" (è questo il termine coniato nel 1946 da un reduce di Buchenwald, David Rousset, che in seguito si impegnerà nella denuncia dei gulag sovietici)[29] parallelo al-

---

Osten (28 Mai 1940), in "Vierteljahreshefte für zeitgeschichte", 5, 1957, pp. 194-198. Si tratta del documento NO 1880 allegato agli atti del processo di Norimberga. Il memorandum fu approvato da Hitler e fatto circolare in copia tra le alte sfere del regime nazista: cfr. Ch. Browning, *The Path to Genocide. Essays on Launching the Final Solution*, Cambridge University Press, New York 1992, pp. 16-17; R.D. Breitman, *Himmler. Il burocrate dello sterminio*, A. Mondadori, Milano 1991, p. 154 ss.

[27] *Comandante ad Auschwitz. Memoriale autobiografico di Rudolf Höss*, Einaudi, Torino 1960, p. 157.

[28] Cfr. L. Paggi, *Per una memoria europea dei crimini nazisti*, in "Passato e Presente", 12, 1994, n. 32, pp. 105-117.

[29] Cfr. D. Rousset, *L'universo concentrazionario*, Baldini & Castoldi, Milano 1997.

l'ordinamento giudiziario vigente costituisce un aspetto strutturale, presente fin dall'inizio nei due regimi politici nazista e sovietico, ma con alcune importanti differenze.

Nel movimento nazista l'adozione della violenza come strumento di lotta politica rappresenta una scelta programmatica e identitaria discriminante, che si traduce nell'organizzazione di una milizia paramilitare di partito. Secondo un copione già sperimentato con successo in Italia da Mussolini, la conquista nazista del potere segue una strategia del doppio binario: il credito di rispettabilità che Hitler riscuote nell'*establishment* politico e finanziario si fonda anche sull'opera di intimidazione quotidiana svolta da SS e SA, entrambe create all'inizio degli anni venti. Diretta principalmente contro comunisti e socialdemocratici, la loro mobilitazione crea il caos e la richiesta d'ordine da parte delle maggioranze silenziose. Al tempo stesso accresce il potere negoziale di Hitler come l'unico politico in grado di esercitare un'autorità su queste frange violente. La milizia di partito svolge un'azione di propaganda attraverso la pratica concreta dei propri obiettivi (in primo luogo la lotta ai presunti nemici del Reich) ed è quindi strumento di un contropotere nazista esercitato dal basso: offre un'immagine di efficienza e di forza, mentre rompe i confini normali della legalità ed espone tutti alla minaccia di una forza senza remore e senza rivali. «Ogni comizio che è protetto esclusivamente dalla polizia» scrive Hitler nel *Mein Kampf* «scredita agli occhi della massa coloro che lo organizzarono».[30] Ma SA e SS rappresentano anche l'immagine vivente del nuovo stato razziale, centro del progetto politico nazista: una élite di giovani scelti in base alla purezza del sangue e dei tratti somatici, uniti da un codice d'onore e da una struttura di tipo militare ma anche da riti e simboli di tipo religioso. Queste organizzazioni rispondono a uno schema esoterico, di comunità degli eletti, che fonda la propria superiorità sulla capacità di dominare sentimenti normali ed eseguire compiti impossibili ai più: l'esercizio della violenza contro gli avversari assume un valore iniziatico, il crimine fa parte di una strategia di identificazione, rafforza e rende irreversibile l'identità di appartenenza.[31] È lo stesso Himmler a spiegare meglio di tutti, in un discorso destinato a rimanere segreto, la logica omertosa di una missione superumana e antietica che lega il primo crimine pubblico delle SS (il massacro delle SA nella Notte dei lunghi coltelli del 30 giugno 1934) con lo sterminio degli ebrei: il tempo di "pace" con il tempo di guerra.

---

[30] Cfr. A. Hitler, *La mia battaglia*, Bompiani, Milano 1934 [trad. parziale dall'originale tedesco], p. 183.

[31] Cfr. F. Jesi, *Cultura di destra*, Garzanti, Milano 1979, p. 83 ss.; A. Grosser, *Le crime et la mémoire*, Flammarion, Paris 1989, p. 26; M.H. Kater, *Das "Ahnenerbe" der SS 1933-1945. Ein Beitrage zur Kulturpolitik der Dritten Reiches*, DVA, Stuttgart 1974.

> Qui davanti a voi voglio ricordare in tutta franchezza un'altra questione molto difficile. Almeno una volta è necessario parlarne apertamente tra noi e nello stesso tempo osservare il più rigoroso silenzio in pubblico. Non abbiamo esitato il 30 giugno 1934 a compiere il dovere che ci era stato ordinato, di mettere al muro e fucilare i camerati che avevano sbagliato; non abbiamo esitato a non parlarne mai in tutto questo tempo e in futuro. Grazie a Dio, il silenzio mantenuto tutti insieme è una verità consacrata dal tempo e da noi posseduta. Ognuno di noi è rabbrividito e però ognuno ha avuto chiaro che questo era il prossimo segno da dare di nuovo, il segno che ci era ordinato e che era necessario. Mi riferisco alla evacuazione degli ebrei, allo sterminio del popolo ebraico. Sono cose di cui si parla con facilità: «Il popolo ebraico viene sterminato», dice qualsiasi membro del partito, «è chiaro, fa parte del nostro programma». E poi arrivano tutti, i nostri bravi 80 milioni di tedeschi, e ognuno porta l'ebreo che gli sta a cuore. D'accordo, gli altri sono maiali, ma questo è un ebreo di qualità migliore. Di tutti quelli che parlano così nessuno c'è stato, nessuno è stato presente. La maggior parte di voi sa cosa significa un mucchio di 100 cadaveri, di 500, di mille cadaveri. Aver sopportato tutto ciò e, eccezion fatta per umane debolezze, essere rimasti persone decenti, è ciò che ci ha reso duri. Questa è una pagina gloriosa della nostra storia che non è mai stata scritta né mai lo sarà.[32]

Il prerequisito di un'ideologia della violenza rende automatica e scontata la pratica di luoghi di tortura riservati ai nemici. Fin dal marzo 1933 Himmler, che il nuovo regime ha messo a capo della polizia di Monaco, annuncia l'istituzione di un «campo di concentramento per prigionieri politici» nella vicina cittadina di Dachau. Alla base di questo regime detentivo parallelo a quello carcerario ufficiale, sta l'ordinanza di emergenza del 28 febbraio che limita le libertà individuali. Ogni cittadino può essere colpito da un provvedimento di *Schutzhaft* ("custodia protettiva"): un fermo di polizia senza limiti di tempo e senza possibilità di controllo da parte del potere giudiziario, che alla fine del luglio successivo ha già portato all'internamento di quasi 27 000 detenuti nei nuovi lager.[33] Fino al 1938 nessuno di questi cittadini tedeschi viene arrestato in quanto ebreo, ma perché sospetto di attività antigovernativa. Ai prigionieri politici si aggiungono però, a partire dal 1937, anche criminali comuni, renitenti alla

---

[32] Discorso pronunciato a Posen (il nome tedesco della città polacca di Poznan) il 4 ottobre 1943, (documento PS 1919), in *Trial of the Major War Criminals Before the International Military Tribunal*, v. 29, Norimberga 1947-1949, p. 145. Nella sezione audiovisivi dei National Archives II di Washington è conservata la registrazione originale del discorso, cfr. R.D. Breitman, *Himmler. Il burocrate dello sterminio*, cit., pp. 383-384, n. 50.

[33] Il dato è tratto dalla circolare del ministro dell'interno W. Frick, 11 settembre 1933. Cfr. M. Broszat, *Nationalsozialistische Konzentrationslager 1933-1945*, in H. Bucheim, M. Broszat, H.A. Jacobsen, H. Krausnick, *Anatomie der SS-Staates*, Walter, Freiburg im B. 1965, II vol., p. 25.

leva e al lavoro, vagabondi e mendicanti, distinti da un triangolo di stoffa di colore diverso: rosso per i politici, viola per i Testimoni di Geova che si rifiutano di prestare servizio militare, rosa per gli omosessuali, nero per gli asociali, verde per i comuni, blu per i vagabondi.

Il primo comandante del lager di Dachau è il colonnello delle SS Theodor Eicke, che nel 1934 ricopre un ruolo di primo piano nella Notte dei lunghi coltelli, ricevendone in cambio la promozione a ispettore di tutti i campi tedeschi nonché di capo della sezione delle SS specificamente destinata alla sorveglianza dei campi: le *SS Wachverbände* ("unità di guardia") che dopo il 1936 prendono il nome più sinistro di *Totenkopfverbände* ("unità testa di morto").[34] Non si possiedono dati certi sulla mortalità dei lager nazisti prebellici: a Norimberga vengono documentati quattro casi di torture e assassini a sangue freddo di detenuti,[35] ma è certo che non vi fosse stata ancora allestita una macchina per lo sterminio di massa. Le durissime condizioni di vita rispondono a una logica di rieducazione destinata a cittadini tedeschi che devono rinnegare le proprie convinzioni. Al plebiscito del novembre 1933 per l'uscita della Germania dalla Società delle Nazioni, i detenuti di Dachau hanno diritto di voto (2154 sì su 2242 voti);[36] nel Natale 1933 viene annunziata un'amnistia per 5000 internati e il numero totale dei detenuti rimane fino al 1937 di circa 10 000. Anche se introdotto con le leggi di emergenza del 1933, l'universo concentrazionario con la sua violazione di uno dei diritti umani fondamentali (l'*habeas corpus*) assume subito una funzione permanente nello stato nazista. Il lager come strumento persecutorio interamente sottratto all'autorità della legge, precondizione decisiva per lo sterminio, non appartiene al tempo di guerra: contraddistingue il regime nazista fino dalla sua ascesa al governo. In tutta la Germania vengono creati luoghi di sperimentazione di un potere assoluto che, attraverso una organizzazione terroristica del tempo e dello spazio, cerca di cancellare l'umanità e la vitalità degli internati. Come Himmler sottolinea esplicitamente con il riferimento al giugno 1934, l'idea che il fine giustifichi il crimine contro la persona umana lega come un filo rosso l'intera storia della dittatura hitleriana.

---

[34] Le ricerche sulla effettiva estensione dell'universo concentrazionario nazista sono tuttora in corso con risultati spesso sorprendenti. Secondo i dati (non aggiornati) di W. Sofsky, *L'ordine del terrore. Il campo di concentramento*, Laterza, Roma-Bari 1995, pp. 19-20, sono stati individuati 59 campi di concentramento tedeschi attivi nel periodo prebellico; dopo il 1939 funzionano 23 campi principali e circa 1200 campi secondari di diversa grandezza e funzione.

[35] Cfr. le autopsie eseguite dalle autorità tedesche tra il maggio e il giugno 1933 (documenti PS 641, 642, 643, 644, 645), in *Trial of the Major War Criminals*..., cit., 26, p. 171 ss.; E. Kogon, *Der SS-Staat. Der System des deutschen Konzentrationslager*, Heyne Verlag, München 1974, p. 177, formula l'ipotesi di un tasso di mortalità pari al 10% negli anni prebellici.

[36] Cfr. O. Wormser Migot, *Le système concentrationnaire nazi (1933-1945)*, Puf, Paris 1968, p. 95.

A differenza della Germania, la Russia conosce una tradizione di provvedimenti amministrativi (non ratificati da sentenze giudiziarie) di condanna alla deportazione e al lavoro forzato nelle terre desolate della Siberia, che risale al tempo degli zar: molti dei leader bolscevichi, da Lenin a Stalin, ne hanno fatto personale esperienza. Ma la violenza non assume nel movimento comunista russo la stessa centralità che ha in quello nazista. I bolscevichi rompono radicalmente con le consuetudini terroristiche di molti gruppi antizaristi e nell'ambito della sinistra rivoluzionaria russa non sono gli unici a organizzare "guardie rosse" armate a difesa del movimento, la cui struttura militare appare peraltro assai meno evidente e curata di quanto non accada nel partito nazista. Il ricorso alla violenza contro gli oppositori si configura come una scelta sistematica solo dopo lo scioglimento d'autorità dell'Assemblea costituente nel gennaio 1918 e si accompagna alla crescente consapevolezza di combattere una battaglia di minoranza contro i poteri forti dell'economia e della società: circostanza, quest'ultima, che differenzia in modo decisivo l'esperienza sovietica da quella nazista.[37] Da un lato, perciò, la violenza antidemocratica viene fatta valere come dura necessità dettata dalle circostanze; dall'altro, appare la necessaria conseguenza della dottrina marxista della "dittatura del proletariato": fase transitoria di consolidamento del potere rivoluzionario contro le resistenze del mondo borghese. Di questa logica da "comunismo di guerra" è possibile trovare una formulazione esemplare nel rapporto svolto da Lenin a nome del Comitato centrale all'XI congresso del partito nel marzo 1922:

> L'idea di costruire la società comunista con le mani dei comunisti è puerile [...] I comunisti sono una goccia d'acqua nel mare, una goccia d'acqua nel mare del popolo [...] Potremo dirigere l'economia soltanto se i comunisti sapranno costruire questa economia con le mani altrui e nello stesso tempo impareranno dalla borghesia e le faranno seguire il cammino da loro voluto [...] Rendere innocuo lo sfruttatore, dargli un colpo sulle mani, ridurlo al lumicino è l'aspetto meno importante del lavoro. Però bisogna farlo. E la nostra GPU e i nostri tribunali debbono farlo, e non nel modo fiacco come è stato fatto finora; essi devono ricordare di essere dei tribunali proletari, attorniati da nemici in tutto il mondo. Questo non è difficile e in generale l'abbiamo imparato. In questo campo bisogna esercitare una certa pressione e non è cosa difficile farlo. L'altro aspetto della vittoria – costruire il comunismo con mani non comuniste, saper fare praticamente ciò che è necessario nel campo economico – consiste nel trovare un legame con l'economia contadina, soddisfare i bisogni dei contadini in

[37] Cfr. P. Burrin, *Carisma e radicalismo nel regime nazista*, in H. Rousso (a c. di), *Stalinismo e nazismo. Storia e memoria comparate*, Bollati Boringhieri, Torino 2001, in particolare alle pp. 75-76.

> modo che il contadino dica: «Per quanto difficile, penosa e straziante sia la fame, vedo tuttavia che questo potere, sebbene non sia quello solito, dà vantaggi pratici che si possono realmente toccare con mano».[38]

In ossequio a tale logica già nel dicembre 1917 è stata creata la CEKA (una polizia politica straordinaria alle dipendenze del Comitato militare rivoluzionario di Pietrogrado) che nel febbraio 1922 viene sciolta e sostituita da un apposito dipartimento di lavoro del Commissariato del popolo per gli affari interni (NKVD, sigla di *Narodnyi Komissariat Vnutrennykh Del*): la GPU.[39] La prima menzione di "campi di concentramento" risale all'estate 1918 – in concomitanza dell'attentato a Lenin e del pieno avvio della guerra civile – quando il commissario del popolo alla guerra, Trockij, ne propone l'istituzione come misura deterrente nei confronti dei renitenti alla leva militare nelle file dell'Armata Rossa. Nel settembre successivo il decreto governativo sul "Terrore rosso" li ufficializza come strumento per «proteggere la repubblica sovietica contro i nemici di classe» accordando alla CEKA la facoltà di fucilazioni sommarie nei confronti di ogni «individuo implicato nelle organizzazioni delle Guardie bianche, nei complotti, in insurrezioni o sommosse». Uno specifico regolamento dell'aprile 1919 distingue tra "campi di concentramento" riservati ai detenuti in base a semplici provvedimenti amministrativi e "campi di lavoro forzato" riservati all'esecuzione di condanne comminate dai tribunali. Tra il 1919 e il 1922 il NKVD ne apre più di sessanta, per una cifra totale di internati che supera i 70 000: stando alle circolari ufficiali vi trovano posto sia funzionari compromessi con il regime zarista, sia prigionieri della guerra civile, sia delinquenti comuni. Nel corso del 1923 i campi istituiti nelle vicinanze delle città maggiori vengono chiusi. Ne rimangono aperti 23, tra cui i "campi speciali delle

---

[38] V.I. Lenin, *Fine della ritirata* (rapporto all'XI congresso del Partito comunista bolscevico russo, 27 marzo 1922), in *Opere scelte*, Editori Riuniti, Roma 1965, pp. 1726-1727. Cfr. anche il telegramma di V.I. Lenin al comitato esecutivo del soviet di Penza, 10 agosto 1918, in "Centro russo di conservazione e studio dei documenti per la storia contemporanea" (RTSKHIDNI), f. 2, op. 1, d. 6, l. 898, citato in N. Werth, *Uno stato contro il suo popolo*, in S. Courtois (a c. di), *Il libro nero del comunismo. Crimini, terrore, repressione*, A. Mondadori, Milano 1998, p. 68: «L'insurrezione dei kulak nei vostri 5 distretti dev'essere soffocata senza pietà [...] Bisogna dare un esempio. 1. Impiccare (e dico impiccare *in modo che tutti vedano*) non meno di 100 kulak, ricconi, notori succhiasangue. 2. Pubblicare i loro nomi. 3. Appropriarsi di tutto il loro grano. 4. Individuare gli ostaggi [...] Fate così in modo che tutti lo vedano, per centinaia di leghe tutto intorno, e tremino e pensino: questi ammazzano e continueranno ad ammazzare i kulak assetati di sangue».

[39] CEKA è l'abbreviazione dell'acronimo VECEKA (*Vserrossijskaja crezvykajnaia komissija pobor'be s kontrrevoljuciej spekuljacieij i sabotazem*, "Commissione straordinaria panrussa di lotta contro controrivoluzione, speculazione e sabotaggio"), GPU è la sigla di *Gosudarstvennoe politiceskoe upravlenie* ("Amministrazione politica statale").

Soloveckie", isole del Mar Bianco al largo di Arcangelo, dove il numero degli internati cresce dai 4000 del 1923 ai quasi 38 000 del 1928: ma nei due anni successivi un'epidemia miete 6000 vittime.[40]

Mentre il lager nazista individua con precisione i propri detenuti sulla base di discriminanti prima politiche e poi razziali, il campo sovietico accoglie una tipologia multiforme di "nemici del popolo", diretta conseguenza della sindrome di accerchiamento del nuovo regime rivoluzionario. La dittatura hitleriana infatti non si scontra né con una particolare opposizione da parte dei tradizionali centri di potere dell'economia e della società tedesca, né con un'ostilità delle altre nazioni. Attraverso la gestione del sistema *Schutzhaft-Lager* la milizia di partito incarnata dalle SS conduce il "lavoro sporco" di normalizzazione degli avversari dell'ordine costituito e, al tempo stesso, penetra nella macchina statale sotto il segno distintivo di un'alterazione profonda delle regole della convivenza civile, che evita tuttavia di coinvolgere la vita quotidiana della maggioranza dei tedeschi. Una legislazione di emergenza divenuta permanente configura la Germania nazista come un "doppio stato" dove, accanto allo stato normativo che formalmente conserva alcune parvenze dello stato di diritto, si impone uno stato discrezionale, diretto e realizzato da militanti liberi da vincoli legali e fedeli unicamente al credo ideologico della cieca obbedienza ai loro capi.[41] Dal giugno 1936 Himmler unifica le cariche di capo delle SS e di capo della polizia tedesca, sviluppando alle proprie dirette dipendenze un apparato armato di spionaggio e repressione (che nel 1939 arriva a contare 240 000 unità) parallelo e teoricamente subordinato al ministro dell'interno, Wilhelm Frick, ma in realtà del tutto autonomo. Nel settembre 1939 Himmler crea un Ufficio centrale per la sicurezza del Reich, che riunifica tutti gli organismi di polizia: la sezione IV dell'Ufficio incorpora la GESTAPO (la polizia segreta di stato creata nel 1933) e riserva un apposito reparto (nella sottosezione dedicata ai territori occupati) al problema dell'emigrazione, la cui direzione viene assegnata ad Adolf Eichmann, il maggiore delle SS destinato a diventare il responsabile dell'Ufficio per la questione ebraica.

Viceversa, il consolidamento del governo sovietico avviene sotto la minaccia della guerra civile e sconta una condizione di isolamento che spin-

---

[40] Cfr. A.J. Kaminski, *op. cit.*, pp. 77-78; E. Bacon, *The Gulag at War. Stalin's Forced Labour System in the Light of the Archives*, New York University Press, New York 1994, pp. 42-43; N. Werth, *Uno stato contro il suo popolo*, cit., pp. 75 e 126-127; R. Conquest, *The Great Terror: a Reassessment*, Pimlico, London 1990, p. 310.

[41] Cfr. E. Fraenkel, *Il doppio stato. Contributo alla teoria della dittatura*, Einaudi, Torino 1983. Ma su questo punto cfr. anche K.D. Bracher, *La dittatura tedesca. Origini, strutture, conseguenze del nazionalsocialismo*, il Mulino, Bologna 1973, p. 285 ss.

ge verso la creazione di un sistema repressivo più generalizzato e indistinto, incaricato di coprire tutti i settori della società. Nasce di qui una delle maggiori peculiarità storiche dell'universo concentrazionario sovietico: l'essersi progressivamente rivolto, a differenza del lager nazista, verso un'opera di epurazione interna della propria popolazione. Le modalità di costruzione del doppio stato appaiono simili a quelle naziste (legislazione di emergenza, polizia politica straordinaria) ma si accompagnano a un più radicale processo di rifondazione costituzionale che sconta un'ostilità ambientale assai maggiore. Non per caso un altro aspetto che fin dagli esordi distingue i campi sovietici è la centralità del lavoro produttivo, cui l'ideologia assegna un ruolo cruciale di rifondazione del patto sociale e di rieducazione dei soggetti controrivoluzionari. Un decreto del gennaio 1918 orienta in tal senso l'intera gestione delle carceri e l'amministrazione dei campi delle Soloveckie utilizza, a partire dal 1926, il lavoro forzato dei detenuti per soddisfare contratti di produzione per altri organismi statali: il campo di concentramento acquista così una propria collocazione organica (e non residuale) nel progetto complessivo di rifondazione in senso sovietico della società russa.

Nella ricerca storiografica sul sistema sovietico, paradigma intenzionalista e paradigma totalitario hanno definito interpretazioni opposte (ma speculari) del problema dei rapporti tra Lenin e Stalin. La prima si appoggia al cosiddetto "testamento" di Lenin, che consiglia al partito di rimuovere Stalin dall'incarico di segretario generale, per circoscrivere al culto della personalità introdotto da quest'ultimo una degenerazione autoritaria che stravolge i contenuti originari della rivoluzione. La seconda istituisce un nesso deterministico di continuità assoluta e obbligata tra i due. In realtà, seppure costituisca un aspetto originario e strutturale del regime nazista come di quello sovietico, l'universo concentrazionario non rimane sempre uguale a se stesso né in Germania né in Urss: conosce invece un'evoluzione che riflette da vicino le scelte *razionali* messe in atto dai gruppi dirigenti dei due regimi per reagire alle congiunture della politica nazionale e internazionale. Su questa evoluzione esercitano un peso costante le diverse condizioni in cui quei gruppi dirigenti hanno conquistato e mantenuto il governo. Gulag e lager non appartengono al regno irrazionale della crudeltà umana; costituiscono strumenti di gestione del potere. Con lucidità Lenin individua nel problema contadino («costruire il comunismo con mani non comuniste») la questione decisiva per la sopravvivenza su basi democratiche del governo rivoluzionario; ma la scelta del "Terrore rosso" come soluzione di emergenza per risolverla gli appartiene interamente. Il famoso articolo 58 del codice penale entrato in vigore nel 1926, che costituirà la base giuridica del gulag allargando la definizione di reato controrivoluzionario a ogni attentato compiuto «in modo manifesto al delinquente» contro le conquiste della rivoluzione, viene sollecitato esplicitamente dallo stesso Lenin.

> Bisogna affermare apertamente, intendo in senso politico, e non in termini strettamente giuridici, il principio che motiva l'essenza e la giustezza del terrore, la sua necessità, i suoi limiti. Il tribunale non deve sopprimere il terrore, dirlo equivarrebbe a mentirsi o a mentire, ma dargli un fondamento, legalizzarlo in base a dei principi, con chiarezza, senza barare o nascondere la verità. La formulazione deve essere il più aperta possibile, perché solo la coscienza legale rivoluzionaria e la coscienza rivoluzionaria creano le condizioni per applicarlo nei fatti.[42]

La distanza tra "coscienza legale" e "coscienza rivoluzionaria" equivale allo spazio coperto da un'ideologia assoluta, protesa verso l'edificazione di un uomo e di una società nuovi: è questo il "senso politico" che Lenin attribuisce al "principio" del terrore come necessità. I politologi che hanno elaborato la categoria di totalitarismo insistono sulla somiglianza dei mezzi impiegati dalle dittature del Novecento: partito unico di massa, ideologia ufficiale, regime di polizia, censura, centralizzazione statale dell'economia.[43] L'accento sui sistemi di governo permette di costruire una griglia interpretativa elastica e modulare, capace di comprendere (in tutto o in parte) le più diverse esperienze nazionali. Tuttavia a questa originaria precisione del modello politologico totalitario gli storici hanno via via sovrapposto altre immagini più impressionistiche e non casualmente mutuate dal mondo letterario, come apertamente riconosce Eric J. Hobsbawm.

> Esso [il termine totalitarismo] stava a significare un sistema centralizzato, esteso a ogni aspetto della vita sociale, che non soltanto imponeva un controllo fisico totale sulla popolazione ma che, per mezzo del monopolio della propaganda e dell'istruzione, riusciva effettivamente a far sì che il popolo interiorizzasse i valori proposti dal regime. *1984* di George Orwell (scritto nel 1948) espresse nella for-

---

[42] Lettera di V.I. Lenin al commissario del popolo per la giustizia D.I. Kurskij, 17 maggio 1922, in Id., *Polnoe sobranie socinenij*, v. 54, Institut Marksa-Engel'sa-Lenina, Moskva 1958-1966, p. 198 (la lettera non è compresa nella traduzione italiana delle *Opere complete*). Per una precoce visione "dall'interno" dei nessi tra Lenin e Stalin cfr. A. Balabanoff, *La mia vita di rivoluzionaria*, Feltrinelli, Milano 1979, pp. 149 e 151: «Ancora prima di lasciare la Russia ero giunta alla conclusione che i suoi capi si erano abituati troppo presto a seguire la via della minima resistenza: quella dello sterminio dell'opposizione in qualsiasi forma [...] i processi e le esecuzioni degli ultimi due anni, che hanno disonorato non solo la Russia ma l'intero movimento rivoluzionario, possono cancellare nella memoria dell'umanità le gigantesche realizzazioni sociali e tecniche della Rivoluzione. Questi crimini non iniziarono con Stalin. Sono anelli di una catena che era stata forgiata nel 1920».

[43] Cfr. C. Friedrich, Z. Brzezinski, *Totalitarian Dictatorship and Autocracy*, Harvard University Press, Cambridge (Mass.) 1956.

ma più incisiva questa immagine occidentale della società totalitaria: una società di masse sottoposte al lavaggio del cervello sotto l'occhio vigile del "Grande Fratello", dal quale dissentiva sporadicamente solo qualche individuo isolato.[44]

Questa immagine letteraria delle dittature novecentesche reca con sé due difetti importanti. Da un lato, tende a sminuire il loro aspetto policratico, vale a dire le articolazioni interne di una macchina statale accresciuta di ruolo e dimensioni per le esigenze di regimi che aspirano a essere compiutamente di massa. Dall'altro, omogeneizza i comportamenti dei cittadini comuni sotto la cappa comune (e scagionante) di una rassegnazione consensuale che sottace le differenze individuali di coscienza e di azione. Entrambi questi difetti sono stati sottolineati non solo dalla letteratura storiografica che ha analizzato le dinamiche e i conflitti di potere sviluppatisi nella Germania hitleriana e nell'Unione Sovietica staliniana, ma anche dalla memorialistica dei reduci da lager e gulag che hanno testimoniato la sopravvivenza di quelle differenze individuali (in particolari gesti di altruismo, per esempio) anche nel luogo di sperimentazione estrema della coercizione assoluta.[45]

Eppure quella immagine letteraria corrisponde almeno in parte a una delle rotture che le dittature di questo secolo introducono nella storia della civiltà umana e che nazismo e comunismo sovietico condividono fino in fondo: una concentrazione senza precedenti di potere industriale, tecnologico e mediatico nelle mani di uno stato centralizzato, interamente asservito al sogno dell'accelerata costruzione di un sistema sociale radicalmente alternativo alle democrazie parlamentari. «A venticinque anni» ha scritto Arthur Koestler «consideravo la felicità un problema d'ingegneria sociale. La Russia aveva intrapreso il più grande esperimento d'ingegneria della storia».[46] Il *Generalplan Ost* ("Piano generale per l'Est") elaborato dagli uffici del Commissariato per il rafforzamento della nazionalità tedesca diretto da Himmler rappresenta l'esempio forse più significativo di una cultura politica apocalittica che assume i contorni epocali di una missione di trasformazione del mondo. Nella sua formulazione definitiva della prima-

---

[44] E.J. Hobsbawm, *Il secolo breve*, Rizzoli, Milano 1995, p. 460. Ma cfr. anche F. Furet, *op. cit.*, p. 165: «L'aggettivo [totalitario] in effetti segnala qualcosa di nuovo nella politica moderna, che va ben oltre il monolitismo di un partito o di un gruppo. Indica innanzitutto la pretesa di un partito di essere in se stesso il proprio fine, in modo che gli uomini che ne fanno parte non abbiano altro scopo nell'esistenza che servirlo *perinde ac cadaver*».

[45] Per un esempio del primo tipo di letteratura cfr. F. Neumann, *Behemoth. Struttura e pratica del nazionalsocialismo*, Feltrinelli, Milano 1977; M. Fainsod, *How Russia is Ruled*, Cambridge University Press, Cambridge 1963. Per una rassegna del secondo tipo di memorialistica cfr. T. Todorov, *Di fronte all'estremo*, Garzanti, Milano 1992.

[46] A. Koestler, *Freccia nell'azzurro. Autobiografia 1905-1931*, il Mulino, Bologna 1990, p. 289. Su questo punto cfr. le osservazioni di M. Flores, *In terra non c'è il paradiso. Il racconto del comunismo*, Baldini & Castoldi, Milano 1998, p. 301 ss.

vera 1942, il piano estende gli obiettivi di ingegneria razziale alle regioni sovietiche via via conquistate nel corso della guerra e prevede un tempo di attuazione di venticinque anni a partire dalla fine della guerra, per un costo valutato in quasi quarantasei miliardi di marchi. Su una popolazione totale di quarantacinque milioni di individui, trentuno milioni sono classificati come "razzialmente indesiderabili" e devono essere trasportati in Siberia; gli altri, "germanizzati" attraverso opportuni incroci con i nuovi coloni tedeschi, devono presiedere allo sfruttamento agricolo dell'intera regione. Nel piano confluiscono sia l'ideologia della razza, come criterio guida per una rifondazione del patto sociale tra cittadini e stato, sia l'applicazione di nuove teorie scientiste, come la *Bevölkerungsökonomie* ("economia della popolazione") che fissa in un determinato tasso di densità di abitanti per chilometro quadrato la misura ottimale di ogni sviluppo economico.[47] Gli storici tendono oggi a non considerare questi progetti un'espressione senza seguito del "delirio d'onnipotenza" del regime. Vi si scorge invece la dimensione titanica della missione che si prefigge: la creazione di un uomo e di un ambiente radicalmente nuovi. Una missione talmente grande che *può* giustificare qualsiasi mezzo.

> Nessuna meraviglia che in un'epoca di ordine nuovo, realizzato dall'uomo, il potere ricoprisse il ruolo un tempo assegnato alla bacchetta magica o alla pia prece. La felicità perfetta doveva realizzarsi attraverso l'ordine perfetto, e l'ordine perfetto doveva essere il risultato del potere. Il livello di potere necessario si misurava con la misura dell'obiettivo. Felicità totale richiedeva l'ordine totale e l'ordine totale aveva bisogno di potere totale.[48]

La fiducia nella forza dello stato come strumento di rifondazione sistemica si alimenta anche del buio che la catastrofe della prima guerra mondiale – le cui vittime uguagliano nel giro di quattro anni quelle di tutte le guerre dei due secoli precedenti – ha gettato sulla civiltà occidentale: *Il tramonto dell'Occidente* di Spengler esce nel 1918 e condensa una sensazione pubblica tanto confusa quanto generalizzata.[49] In modi diversi la giovane generazione che in Germania e in Russia deter-

[47] Cfr. G. Aly, S. Heim, *Vordenker der Vernichtung. Auschwitz und die deutschen Pläne für eine neue europäische Ordnung*, Fischer, Frankfurt 1993; D. Eichholtz, *Geschichte der deutschen Kriegswirtschaft 1939-1945*, Akademie-Verlag, Berlin 1985, 2 voll., p. 430 ss.; E. Collotti, *Grande Germania e gerarchie di popoli nel progetto nazista di Nuovo Ordine Europeo: incidenze politiche, nazionali e sociali*, in R. Falcioni (a c. di), *Spostamenti di popolazione e deportazioni in Europa 1939-1945*, Cappelli, Bologna 1987, pp. 7-42.

[48] Z. Bauman, *I campi: Oriente, Occidente, Modernità*, in M. Flores (a c. di), *Nazismo, fascismo, comunismo...*, cit., p. 17.

[49] Cfr. ora la messa a punto di A. Graziosi, *Guerra e rivoluzione in Europa 1905-1956*, il Mulino, Bologna 2001.

mina la rottura dei vecchi assetti istituzionali proviene dall'esperienza della guerra e ne interiorizza i due significati fondamentali: il coinvolgimento diretto delle masse e il ricorso alla violenza come strumento di soluzione dei problemi. Ma la guerra incarna anche l'atmosfera e l'orizzonte psicologico entro cui nazismo e stalinismo continuano a muoversi: come strumento e obiettivo di riscossa per il primo, come logica permanente di difesa spietata della rivoluzione per il secondo.[50]

La connessione tra dimensione assoluta della politica e dispiegamento dei poteri istituzionali conduce all'idea di un "primato dello stato sul terreno della vita". Questa idea è prettamente novecentesca e non appannaggio esclusivo di regimi dittatoriali: vi convergono infatti anche i processi che danno origine al moderno welfare state così come le teorie eugenetiche che si diffondono in Europa e negli Stati Uniti all'inizio del secolo.[51] Gulag e lager non rappresentano in alcun modo il ritorno della barbarie: al contrario occupano un posto preciso nella modernità. La loro funzione non si esaurisce nella neutralizzazione *diretta* degli ostacoli che il progetto di ingegneria sociale portato avanti dai due regimi è destinato a incontrare; bensì ricopre un ruolo deterrente più vasto e *indiretto* di intimidazione e di introduzione del terrore nella vita quotidiana delle maggioranze di cittadini che pure rimarranno estranee all'esperienza dell'universo concentrazionario. Due testimonianze parallele possono chiarire questo secondo aspetto, che rimane di gran lunga il più importante (in un senso meramente quantitativo di effetto-ricaduta di massa) tra quelli esercitati da gulag e lager.

> Una volta, mentre pranzava nel vicino ristorante della stazione [...] un attraente uomo delle SS si sedette al suo tavolo. Lei non poté fare a meno di chiedergli, «come fosse possibile che degli uomini potessero essere tenuti in prigione o in un campo di concentramento senza un giusto processo. Egli non mi diede alcuna risposta ma cambiò discorso». Tuttavia le sue parole lo avevano colpito poiché quando lei «riprese la strada dopo pranzo» il giovane la seguì. «Non si allarmi se la sto seguendo. Vorrei dirle che dovrebbe essere più cauta nelle sue dichiarazioni sullo stato della legge e così via. Tali affermazioni potrebbero portarla in un luogo da cui, forse, non c'è ritorno. Io intendo farle del bene».[52]

[50] Sul primo punto cfr. le ricerche locali di W.S. Allen, *Come si diventa nazisti. Storia di una piccola città 1930-1945*, Einaudi, Torino 1968; J.N. Oakes, *The Nazi Party in Lower Saxony 1921-1933*, Oxford University Press, Oxford 1971; G. Pridham, *Hitler's Rise to Power: The Nazi Movement in Bavaria 1923-1933*, Hart-Davis MacGibbon, London 1973. Sul secondo cfr. S. Pons, *Stalin e la guerra inevitabile 1936-1941*, Einaudi, Torino 1995.

[51] Su questo tema cfr. L. Paggi, *Un secolo spezzato. La politica e le guerre*, in C. Pavone (a c. di), *'900. I tempi della storia*, Donzelli, Roma 1997, pp. 102-103; H. Friedländer, *Le origini del genocidio nazista*, Editori Riuniti, Roma 1997, p. 3 ss.

[52] Dal diario di A. Strasser citato in G.J. Horwitz, *All'ombra della morte. La vita quotidiana attorno al campo di Mauthausen*, Marsilio, Venezia 1994, pp. 69-70.

> Mi alzo al mattino e automaticamente penso: grazie a Dio non sono stata arrestata stanotte: durante il giorno non fanno arresti ma nessuno sa cosa succederà la prossima notte. È come l'agnello di La Fontaine – ognuno ha abbastanza contro di lui da giustificare l'arresto e l'esilio in luoghi sconosciuti. Sono fortunata, sono completamente calma. Non m'importa. Ma la maggioranza della gente vive in un terrore assoluto.[53]

Alla luce di questa importanza diretta e indiretta dell'universo concentrazionario, non appare convincente l'argomentazione così largamente diffusa, secondo cui la differenza fondamentale tra comunismo e nazismo risiede nelle intenzioni: laddove il primo avrebbe tentato di realizzare con mezzi "cattivi" un fine "buono" (l'uguaglianza), il secondo, invece, avrebbe tentato di realizzare un fine intrinsecamente "cattivo" (lo stato razziale). È stata questa, per molto tempo, l'argomentazione degli storici più contrari all'uso della categoria di totalitarismo e alla possibilità di una comparazione tra nazismo e stalinismo.[54]

A me pare invece che la predisposizione, condivisa da numerosi esecutori e non solo da pochi mandanti, a utilizzare mezzi "cattivi" sia in relazione proprio alla grandezza (quale essa sia) del fine proposto. Da un lato, quella predisposizione corrisponde quindi all'asservimento dei meccanismi istituzionali e dei codici giuridici a una ideologia assoluta, secondo la quale i cittadini non possono più essere considerati tutti uguali di fronte alla legge ma vanno distinti tra "amici" e "nemici" della rivoluzione; dall'altro, rappresenta la manifestazione paradossale di una razionalità burocratica moderna, abituata a identificarsi totalmente con "l'azienda" cui si appartiene e a posporre la morale rispetto al successo tecnico: la razionalità di un mondo nel quale la deresponsabilizzazione dei soggetti procede parallela alla divisione e separazione delle loro mansioni.[55]

Al tempo stesso, proprio l'episodio del *Generalplan Ost* mette in evidenza una differenza sostanziale: il sogno di grandezza nazista si nutre di

---

[53] Dal diario di Lyubov Vasilievna Saporina (22 novembre 1937), in V. Garros, N. Korenevskaya, T. Lahusen (a c. di), *Intimacy and Terror. Soviet Diaries of the 1930s*, The New Press, New York 1995, p. 353.

[54] Cfr. per esempio H. Mommsen, *The Concept of Totalitarian Dictatorship Versus the Comparative Theory of Fascism. The case of National Socialism*, in E. Menze (a c. di), *Totalitarianism Reconsidered*, Kennikat Press, New York 1981, in particolare p. 164.

[55] Di prevalenza dell'*homo faber* sull'*homo sapiens* e di "nuovo spirito tecnico-utilitario" aveva già a suo tempo parlato F. Meinecke, *La catastrofe della Germania. Considerazioni e ricordi*, La Nuova Italia, Firenze 1948. Il libro che ha ripreso e sviluppato questa impostazione è quello di Z. Bauman, *Modernità e Olocausto*, il Mulino, Bologna 1992. A esso possono essere accostate le riflessioni di A. Solženicyn, *Arcipelago Gulag 1918-1956. Saggio di inchiesta narrativa*, A. Mondadori, Milano 1974, p. 157 ss.; V. Grossman, *Tutto scorre*, A. Mondadori, Milano 1971, p. 74 ss. e 194 ss.

propositi espansionistici su scala europea, volti ad affermare una supremazia tedesca di tipo razziale nei confronti delle popolazioni dell'Est europeo. Nel novembre 1938 il pogrom della Notte dei cristalli avvia un mutamento irreversibile di funzioni e dimensione dei lager nazisti in Germania e in Austria: il numero totale di detenuti sale bruscamente da 10 000 a 60 000, per la prima volta sulla base di un esplicito e univoco criterio razziale, che colpisce principalmente gli ebrei. Alla fine della guerra gli internati tedeschi nei lager saranno meno del 5%.

Finora si era pensato che questa dimensione razziale, nazionalistica, espansionistica e coloniale rimanesse sostanzialmente estranea all'impianto del gulag staliniano e al Grande Terrore degli anni trenta, riconducibili a una logica tutta interna di epurazione in difesa della rivoluzione. In realtà i nuovi dati che emergono dall'aggiornamento costante della ricerca storiografica sul regime sovietico sottolineano con forza due elementi. Il primo è il ruolo diretto e personale esercitato da Stalin nella formulazione dei criteri repressivi e nella verifica della loro applicazione.[56] Questa potente centralizzazione dell'apparato concentrazionario sembra smentire l'idea, avanzata da alcuni storici "revisionisti", di un "terrore dal basso" esercitato in forma caotica e incontrollata: qualcosa di simile all'ipotesi interpretativa della «radicalizzazione cumulativa» che è stata proposta come possibile spiegazione dello sterminio nazista.[57]

Il secondo elemento è quello del meccanismo delle "quote". A partire in modo particolare dalla collettivizzazione forzata dei primi anni trenta, il centro del regime sovietico impartisce alle amministrazioni periferiche obiettivi da raggiungere in termini di detenuti e giustiziati per ciascuna delle categorie da colpire: controrivoluzionari, kulaki, ma anche dal 1937 "nazionalità della diaspora", cioè minoranze nazionali legate a stati stranieri.[58] In base a queste direttive centinaia di migliaia di famiglie vengono deportate e recluse (per i bambini è previsto l'internamento in appositi orfanotrofi da approntare per l'occasione), il capofamiglia condannato alla pena capitale. Il nemico della rivoluzione viene quindi individuato secon-

---

[56] Cfr. N. Werth, *Stalin all'interno del suo sistema negli anni trenta*, in H. Rousso (a c. di), *op. cit.*, pp. 43-71; O. Chlevniuk, *I nuovi dati*, in "Storica", 6, 2000, n.18, in particolare p. 16.

[57] La tesi del caos e di un esteso volontarismo della periferia nella gestione delle purghe staliniane è stata sostenuta soprattutto da J.A. Getty, *Origins of the Great Purges: the Soviet Communist Party Reconsidered 1933-1938*, Cambridge University Press, New York 1985. Quella di un Hitler dittatore "debole" e di un'origine periferica per "kumulative radikalisierung" dello sterminio degli ebrei da M. Broszat, *Hitler und die genesis der "Endlösung". Aus Anlass der Thesen von David Irving*, in "Vierteljahrshefte für zeitgeschichte", 25, 1977, pp. 139-775; H. Mommsen, *Die Realisierung des Utopischen: Die «Endlösung der Judenfrage» im Dritten Reich*, in "Geschichte und gesellschaft", 9, 1983, pp. 381-420.

[58] Cfr. in particolare T. Martin, *The Origins of Soviet Ethnic Cleansing*, «Journal of Modern History», 70, 1998, pp. 813-861.

do meri criteri di appartenenza etnica (con un'estensione automatica delle sue colpe ai familiari) e il terrorismo repressivo è utilizzato esplicitamente come test di efficienza della macchina statale, all'interno di un quadro di pianificazione e di colossale ingegneria sociale. In qualche modo un precedente significativo di questa "categorizzazione" e scomposizione sistematica della popolazione può essere considerato la cosiddetta "decosacchizzazione": quando, nel contesto della guerra civile tra il 1919 e il 1920, viene deportata e in parte uccisa sul posto una minoranza consistente della popolazione cosacca nella regione del Don (da 300 000 a 500 000 persone su un totale di tre milioni). La qualifica di cosacco si sovrappone allora a quella di alleato delle armate bianche e di ricco proprietario terriero, dando luogo a una persecuzione di «nemici della rivoluzione» che talvolta si estende alla devastazione di interi villaggi e alla espulsione in massa della popolazione (compresi vecchi, donne e bambini).

Questa sovrapposizione torna a manifestarsi più tardi, quando il rapporto tenuto da Stalin al comitato centrale del PCUS il 3 marzo 1937 collega la teoria dell'inasprimento della lotta di classe nella società socialista, che rappresenta il fondamento dottrinario del Grande Terrore, a un forte rilancio dell'idea di una patria accerchiata da potenze ostili: ne deriva una psicosi della "quinta colonna" che verrà tradotta in pratica nel teatro della guerra civile spagnola. Eppure i dati che possediamo sulla composizione etnica degli internati nei gulag tra il 1937 e il 1940 (in raffronto alle percentuali che formano il mosaico delle nazionalità sovietiche) mostrano una particolare presenza di russi rispetto ad altri gruppi (ebrei, ucraini, bielorussi, polacchi, tedeschi, armeni, lettoni) e tendono quindi a escludere una pratica sistematica di persecuzione nei confronti delle minoranze non russe.[59] Tuttavia, in conseguenza dell'attacco nazista il Cremlino ordina alla fine del giugno 1941 la condanna al lavoro forzato di interi gruppi nazionali (tedeschi, finlandesi e romeni) che nell'estate 1944 vanno a comporre un totale di circa 400 000 internati, considerati nemici alla stregua dei loro connazionali residenti fuori dei confini dell'Urss. Gli stessi dipendenti del NKVD preposti alla gestione dei gulag che appartengono a queste nazionalità vengono epurati e imprigionati nei campi.[60] Nel quadro della drammatica ritirata sovietica poco meno di mezzo milione di tedeschi del Volga sono deportati in zone della Siberia che gli stessi rapporti del NKVD definiscono imprepa-

---

[59] Cfr J.A. Getty, G.T. Rittersporn, V.N. Zemskov, *Victims of the Soviet Penal System in the Prewar Years: A First Approach on the Basis of Archival Evidence*, in "American Historical Review", 98, 1993, n. 4, tav. 4, p. 1028. Un'interpretazione delle deportazioni in Siberia, come frutto di persecuzioni etniche, è invece fornita da U. Herbert, *Nazismo e stalinismo: possibilità e limiti di un confronto*, in M. Flores (a c. di), *Nazismo, fascismo, comunismo...*, cit., p. 62.

[60] Cfr. E. Bacon, *op. cit.*, p. 107; N. Petrov, *Il cechista e il secondino: due diversi destini*, in M. Flores (a c. di), *Nazismo, fascismo, comunismo...*, cit., pp. 159-163.

rate ad accogliere la massa di prigionieri. Ma ancora nell'inverno 1943-1944, quando le sorti della guerra sembrano ormai volgere al meglio, altri gruppi etnici subiscono la stessa sorte in via di rappresaglia: ceceni, ingusci, tatari, calmucchi, bulgari, greci e armeni (per un totale stimato di oltre 900 000 persone) vengono accusati di collaborazionismo col nemico nazista e deportati in Siberia, in Kazakistan e in altre regioni dell'Urss.

Nella strategia repressiva staliniana, quindi, la sovrapposizione di criteri etnici e criteri politici non appare soltanto come la risposta sommaria a una situazione di emergenza determinata dalla guerra; è anche il frutto di un disegno organico derivante dall'ideologia ufficiale. La persecuzione fisica, quantificata in quote, entra a far parte della routine burocratica e di un modo d'essere e di operare della macchina statale: a differenza di quanto accade in Germania, l'universo concentrazionario sovietico sopravviverà alla morte del dittatore. Talvolta, per conseguire i propri scopi, l'azione terroristica di stato non rinuncia a incoraggiare e sfruttare deliberatamente l'odio razziale: come risulta evidente nel caso del "complotto dei medici ebrei" che la stampa di partito propaganda con ampiezza negli ultimi mesi di vita di Stalin.

Rimane tuttavia il fatto che, a differenza del lager, il gulag è essenzialmente finalizzato a un'opera di repressione interna (spesso indirizzata contro i vertici dello stato e del partito): una differenza che rinvia a caratteri costitutivi dei due regimi. Mentre Hitler è il fondatore e l'indiscusso interprete del nazismo, Stalin conquista il potere assoluto dopo una dura battaglia combattuta nel gruppo dirigente sovietico, nel corso della quale l'aspro dibattito sulla linea politica si mescola alle accuse personali. Nel decennio compreso tra la Notte dei lunghi coltelli e il fallito attentato al Führer del luglio 1944 il gruppo dirigente nazista osserva invece una sostanziale tregua interna. L'autorità carismatica di Hitler incoraggia la competizione tra i suoi sottoposti ma la fedeltà al capo rappresenta uno dei capisaldi dell'ideologia di regime e garantisce la continuità organica di una catena di comando, che si nutre anche della "radicalizzazione cumulativa" frutto dello zelante spirito di emulazione dei militanti.[61] Nel gennaio 1941 il capo della Polizia di sicurezza Reinhardt Heydrich formalizza le gerarchie dell'universo concentrazionario nazista. Dachau e Auschwitz I (aperto dal maggio 1940) sono considerati campi di concentramento di primo livello, con scopi di rieducazione. Buchenwald, Flossenbürg e Auschwitz II (iniziato a costruire nell'ottobre 1941 a Birkenau) costituiscono lager di secondo livello destinati a casi più "gravi". Al terzo livello, più duro e destinato agli "irrecuperabili", appartengono invece altri lager come quello

---

[61] Cfr. I. Kershaw, "*Working Towards the Führer*"*: Reflections on the Nature of the Hitler Dictatorship*, in I. Kershaw, M. Lewin (a c. di), *Stalinism and Nazism. Dictatorships in Comparison*, Cambridge University Press, Cambridge 1997, pp. 88-106.

di Mauthausen, che con il decreto "Notte e Nebbia" del dicembre 1941 si aprono a tutte le persone «pericolose per la sicurezza dei tedeschi» nei paesi occupati dal Reich.[62]

Ma la guerra contro l'Unione Sovietica sollecita energie nuove nel campo della "pulizia" delle retrovie del fronte orientale da ebrei, oppositori e prigionieri di guerra particolarmente pericolosi (come i commissari politici dell'Armata Rossa): in periferia si avviano iniziative che sconvolgono il quadro disegnato a tavolino da Heydrich. La famosa conferenza di Wannsee, che si tiene nel gennaio 1942, si limita a coordinare le diverse iniziative locali maturate in tale contesto: dalle fucilazioni di massa delle *Einsatzgruppen* (i reparti delle SS al seguito dell'avanzata in territorio russo) ai *gaswagen* (i camion a tenuta stagna che utilizzano i gas di scarico del motore) impiegati dal dicembre 1941 a Chełmno, alle camere a gas sperimentate nello stesso periodo da Höss ad Auschwitz II. Utilizzando personale e competenze formatisi nell'esecuzione dell'Operazione Eutanasia riservata ai cittadini tedeschi "incurabili", alcuni lager posti in territorio polacco (oltre a Chełmno e Auschwitz II, Treblinka, Bełżec, Sobibór, Majdanek) attivano strutture permanenti per la morte di massa attraverso gas asfissianti.[63] L'uso di una tecnologia complessa finalizzata allo sterminio e allo smaltimento dei cadaveri (camere a gas e forni crematori) costituisce così una peculiarità dell'universo concentrazionario nazista e della sua efficienza ordinata, moderna e burocratica, che non trova riscontri nei gulag sovietici, dove le procedure per la morte di massa sono più rozze e tradizionali (torture, esecuzioni capitali, privazioni e logoramento attraverso il lavoro).

Assieme ai settori di stato e di partito che ne curano l'efficienza, l'universo concentrazionario acquista una propria autonomia nel complesso dei regimi di cui è parte. A sua volta, questa autonomia non tarda a scontrarsi con le necessità e i progetti di altri settori dell'amministrazione statale. Nel caso tedesco è l'entrata in guerra a condurre in primo piano le necessità produttive legate allo sforzo bellico. Fin dal febbraio 1940 si apre un contenzioso tra Himmler (intenzionato a impiegare i territori occupati per fini razziali attraverso deportazioni e trasferimenti di coloni tedeschi) e Göring, dal 1936 posto a capo della pianificazione economica e preoccupato dei turbamenti che possono provenirne per l'economia di guerra del Reich.[64] Nell'immediato la trattativa si conclude con la resa

---

[62] Cfr. la lettera di R. Heydrich all'Ufficio centrale per la sicurezza del Reich, 2 gennaio 1941, (documento PS 1063), in *Trial of the Major War Criminals*..., cit., vol. XXVI, pp. 695-697.

[63] Cfr. J.C. Pressac, *Le macchine dello sterminio. Auschwitz 1941-1945*, Feltrinelli, Milano 1994.

[64] Cfr. il verbale della conferenza presieduta da H. Göring, 12 febbraio 1940, (documento EC 305), in *Trial of the Major War Criminals*..., cit., vol. XXXVI, pp. 300-306; W. Präg, W. Jacobmeyer (a c. di), *Das Diensttagebuch des deutschen Generalgouverneurs in Polen 1939 bis*

momentanea di Himmler e il blocco temporaneo dei progetti di colonizzazione dell'Est europeo: la stessa installazione dei ghetti polacchi ne risulta a lungo rallentata e contraddittoriamente sospesa tra logiche produttive e logiche di sterminio.[65] Nel marzo 1942 l'amministrazione dei lager viene incorporata nei ministeri economici: la burocrazia nazista produce numerose circolari aventi per oggetto la «trasformazione progressiva dei campi di concentramento dalla loro forma originaria derivata dalla loro funzione politica in una struttura corrispondente alle funzioni economiche che ora devono svolgere», che contraddicono la natura esclusivamente vessatoria e priva di utilità dei lavori svolti nei campi, testimoniata da molti internati.[66] Di fatto, il contributo del lavoro forzato all'economia nazista rimane irrisorio prima e durante la guerra: nell'universo concentrazionario nazista la logica del lavoro produttivo mantiene un carattere secondario e contingente, dettato da necessità esterne. Gli ebrei dei ghetti che affidano a questa razionalità economica la propria sopravvivenza – «finché saremo utili lavorando, non ci uccideranno» – vengono tragicamente disillusi: la logica razziale dello sterminio non è la maschera di interessi economici, è il fulcro dell'intero sistema.[67] Il verbale della conferenza di Wannsee è molto chiaro nel delineare questo carattere accessorio e residuale del lavoro nei lager:

> Sotto guida opportuna nel quadro della soluzione finale gli ebrei devono d'ora in poi andare nell'Est per attività lavorative a loro adatte. In grandi squadre di lavoro divise per sesso, gli ebrei abili al lavoro saranno condotti in questi territori a costruire strade, per cui senza dubbio una gran parte cadrà per riduzione naturale. Alla fine gli eventuali resti rimanenti, giacché in questo caso si tratta della parte più resistente, devono essere trattati di conseguenza, perché rappresentano il prodotto di una selezione naturale e in caso di liberazione devono essere considerati il seme di una nuova rinascita ebraica (come la storia insegna).

1945, Deutsche Verlags-Anstalt, Stuttgart 1975, p. 147. Sull'insieme del processo negoziale cfr. P. Burrin, *Hitler e gli ebrei. Genesi di un genocidio*, Marietti, Genova 1994, p. 66 ss.

[65] Cfr. Ch. Browning, *op cit.*, p. 28 ss.; A. Czerniaków, *Diario 1939-1942. Il dramma del ghetto di Varsavia*, Città nuova, Roma 1989, p. 208 ss.

[66] La citazione è tratta dal rapporto del capo dell'Ufficio centrale per l'amministrazione e l'economia, O. Pohl, al Reichsführer delle SS, H. Himmler, 30 aprile 1942 (documento R129), in *Trial of the Major War Criminals...*, cit., vol. XXXVIII, pp. 364-365. Fra le tante testimonianze cfr. B. Bettelheim, *Il cuore vigile. Autonomia individuale e società di massa*, Adelphi, Milano 1988, p. 239; B. Piazza, *Perché gli altri dimenticano. Un italiano ad Auschwitz*, Feltrinelli, Milano 1956, pp. 112-113. Sulla questione cfr. U. Herbert, *Labour and Extermination: Economic Interest and the Primacy of* Weltanschauung *in National Socialism*, in "Past and Present", 1993, n. 138, pp. 144-195.

[67] Cfr. D. Diner, *Historical Understanding and Counterrationality: The Judenrat as Epistemological Vantage*, in S. Friedländer (a c. di), *Probing the Limits of Representation. Nazism and the "Final Solution"*, Harvard University Press, Cambridge (Mass.) 1992, pp. 128-142.

> Nel quadro della realizzazione pratica della soluzione finale l'Europa sarà passata al setaccio da Ovest verso Est.[68]

Viceversa, nell'universo concentrazionario sovietico l'ideologia del lavoro svolge un ruolo originario e determinante. Dal 1929 tutte le pene detentive superiori a tre anni devono essere scontate nei campi di lavoro forzato: nelle regioni del Nord viene allestita una rete di nuovi campi speciali, che alla fine del 1930 contengono più di 40 000 prigionieri. Si tratta di una misura che intende risolvere il problema del sovraffollamento e delle spese crescenti delle carceri ordinarie, ma che corrisponde anche a un intendimento più generale del regime: in un discorso del febbraio 1931 Stalin lancia una sorta di ultimatum al paese, fissando in dieci anni l'arco di tempo entro il quale la nuova Urss può vincere la sfida economica con l'Occidente oppure soccombere. Nell'agosto 1932 la Legge sulla difesa delle proprietà di stato condanna a morte o a dieci anni di lavori forzati chiunque danneggi la produzione di fabbrica e il raccolto dei campi: in base a essa nel giro di quattro anni più di 120 000 persone vengono condannate al lavoro forzato. La nuova costituzione del 1936 formalizza il principio secondo cui ogni cittadino è tenuto a svolgere un lavoro socialmente utile: l'universo concentrazionario parallelo alle carceri ne risulta integrato a pieno titolo nell'architettura dello stato sovietico, perdendo quel carattere di emergenza e di duplicità parallela che invece continua ad avere sotto il regime nazista.

Dal 1930 la sezione del NKVD che se ne occupa assume la denominazione di *Glavnoe Upravlenie Lagerei* ("Amministrazione centrale dei campi"), il cui acronimo gulag diverrà universalmente noto. A metà degli anni trenta l'universo concentrazionario sovietico assume la complessa fisionomia che rimarrà sostanzialmente inalterata nel ventennio successivo. Le carceri ordinarie rappresentano il luogo di detenzione dei condannati minori (a pene inferiori a tre anni) e di interrogatorio e transito verso i gulag: alla fine del 1940 la loro popolazione viene stimata attorno al mezzo milione di unità. Alla stessa data, secondo i documenti conservati nell'Archivio di stato della federazione russa, risultano presenti in territorio sovietico 53 campi di lavoro forzato con circa 1 300 000 detenuti. Sono questi i gulag veri e propri, dedicati alla costruzione di grandi opere (come i canali tra il Baltico e il mar Bianco, tra la Moscova e il Volga), all'estrazione mineraria (come il famigerato gulag di Kolyma), al taglio del legname. Vi sono poi 425 "colonie di lavoro correttivo" con le stesse finalità produttive dei gulag, che nel 1940 contengono più di 300 000 internati, e infine insediamenti speciali dove sono confinate le famiglie contadine oggetto delle deporta-

[68] Copia n. 16 del verbale della conferenza di Wannsee, 20 gennaio 1942 (documento NG 2586), in L. Picciotto, *Per ignota destinazione. Gli ebrei sotto il nazismo*, A. Mondadori, Milano 1994, p. 217.

zioni dei primi anni trenta: il numero di questi esiliati oscilla appena sotto il milione.[69] A differenza di quanto accade in Germania, il contributo di questo insieme di lavoratori forzati all'economia sovietica appare del tutto rilevante e si accentua negli anni di guerra, quando l'avanzata nazista contrae bruscamente di un terzo la popolazione attiva. Tra il 1941 e il 1944 esce dall'universo concentrazionario sovietico più di un decimo del nickel e delle granate di mortaio prodotti in Urss; le statistiche del NKVD stimano in meno di un terzo del totale la quota di internati inabili al lavoro.[70] Nelle intenzioni e nei risultati il gulag assolve un ruolo produttivo che il lager non ha: anche l'amnistia concessa all'indomani della morte di Stalin a più di un milione di reclusi trae origine dalla crisi economica di un complesso concentrazionario sovrappopolato e sempre meno remunerativo, nonostante il salario simbolico concesso dal 1949 ai detenuti in grado di lavorare. Nel gulag lo sterminio appare perciò un effetto del ricorso a una forza-lavoro schiavistica impiegata senza scrupoli in condizioni proibitive con il deliberato proposito di "consumarla", piuttosto che l'esito di un'ideologia e di una volontà immediatamente ed esclusivamente "eliminazionista" per principio, come quella che si viene stabilendo nei campi della morte nazisti situati in territorio polacco. Di qui deriva l'assenza nei gulag di una tecnologia specificamente dedicata alla morte di massa.

E tuttavia, almeno allo stato attuale delle nostre conoscenze, non è documentabile all'interno dello stato sovietico un conflitto paragonabile a quello che oppone Himmler a Göring. Nella policrazia nazista il ruolo di Hitler è spesso quello di un pendolo tra le diverse parti dello stato, al fine di favorirne la divisione, la competizione e il controllo reciproco. Al contrario, il potere di Stalin si fonda sulla capacità di terrore e ricatto anche personale esercitato all'interno del suo stesso entourage più stretto: il rapporto diretto istituito con la polizia politica è per lui strumento indispensabile di sopravvivenza politica (e fisica), assai più di quanto non lo sia per Hitler.

Un problema in qualche modo parallelo e autonomo rispetto a quello dell'universo concentrazionario è rappresentato dalla "riforma agraria attraverso lo sterminio" realizzata in Urss all'inizio degli anni trenta.[71] Il 2 marzo 1930 tutti i giornali sovietici pubblicano un articolo intitolato *Vertigine di successo* con cui Stalin critica i dirigenti pubblici locali re-

---

[69] Cfr. J.A. Getty, T. Rittersporn, V.N. Zemskov, *op. cit.*, p. 1019; N. Werth, *Stalin all'interno del suo sistema negli anni trenta*, cit., p. 190; E. Bacon, *op. cit.*, p. 58 ss. La stima totale di 2 600 000 reclusi ridimensiona sensibilmente la cifra di 7 000 000 avanzata da R. Conquest, *The Great Terror…*, cit., pp. 485-486. Per un'ampia discussione delle diverse stime cfr. V. Zaslavsky, *Storia del sistema sovietico. L'ascesa, la stabilità, il crollo*, La Nuova Italia Scientifica, Roma 1995, pp. 123-124; E. Bacon, *op. cit.*, p. 10 ss., che ipotizza un totale di 18 000 000 di persone passate per campi e colonie di lavoro forzato nel periodo 1934-1952.

[70] Cfr. E. Bacon, *op. cit.*, p. 125 ss.

[71] La definizione appartiene a U. Herbert, *Nazismo e stalinismo…*, cit., p. 51.

sponsabili di eccessi nella politica di collettivizzazione delle terre. Stalin segna così un salto di qualità nella sua strategia di gestione e conservazione del potere: per la prima volta traccia un filo diretto con la popolazione, che ne anticipa il malcontento deviandolo verso la burocrazia di partito, assunta come obiettivo negativo e unico capro espiatorio: uno schema di ragionamento semplice ed efficace che verrà riproposto in occasione delle grandi purghe degli anni successivi. Ma l'articolo viene anche interpretato come un dietro-front ufficiale, in seguito al quale diversi milioni di contadini abbandonano i *kolchoz*. La fuga dalle fattorie collettive determina una brusca recrudescenza dell'iniziativa statale nelle zone dell'Ucraina, del Volga, del Caucaso settentrionale: secondo le stime sovietiche tra il 1930 e il 1933 vengono "dekulakizzate" 600 000 proprietà e deportate più di 200 000 famiglie.[72] A partire dal 1932 quelle stesse regioni sono colpite da una carestia determinata dai cattivi raccolti degli anni precedenti e da una contrazione pari a un quinto del totale della produzione agricola dell'Urss.[73] Nondimeno i fondi dell'Archivio statale russo per l'economia documentano che tra il 1932 e il 1934 la dirigenza staliniana continua a esportare grano dalle regioni più flagellate dalla carestia e ad aumentare le riserve di grano ammassate nei depositi statali.[74] Le stime più recenti e accurate condotte sulle fonti demografiche ufficiali valutano tra i quattro e i sei milioni di morti il frutto di questo uso della carestia come strumento di normalizzazione della struttura di classe delle campagne:[75] un disegno consapevole e deliberato di "ingegneria sociale" attraverso uno sterminio di massa realizzato sia direttamente mediante espropri forzati e deportazioni, sia – in misura di gran lunga maggiore – indirettamente mediante privazioni e omissioni di soccorso.

Questo "uso politico" della carestia non è un'esclusiva di Stalin. Amartya Sen ha documentato l'esistenza di flussi di esportazione di grano in molte delle zone colpite da carestie nel corso di questo secolo (dall'Hu-

---

[72] Su queste stime numeriche cfr. L. Viola, *The Second Coming: Class Enemies in the Soviet Countryside 1927-1935*, in J.A. Getty, R. T. Manning (a c. di), *op. cit.*, pp. 68-69.

[73] Per un confronto delle diverse fonti statistiche Cfr. R.T. Manning, *The Soviet Economic Crisis of 1936-1940 and the Great Purges*, ivi, tav. 5.2., p. 120.

[74] Cfr. L. Marcucci, *Quando gli archivi iniziano a "parlare". Società e repressione nell'Urss staliniana*, in "Passato e Presente", 12, 1994, n. 31, pp. 118-119.

[75] Cfr. S.G. Wheatcroft, *More Light on the Scale of Repression and Excess Mortality in the Soviet Union in the 1930s*, in J.A. Getty, R. T. Manning (a c. di), *op. cit.*, p. 280; N. Werth, *Stalin all'interno del suo sistema negli anni trenta*, cit., p. 153, che ridimensionano sensibilmente i quasi venti milioni di morti stimati da R. Conquest, *The Harvest of Sorrow: Soviet Collectivisation and the Terror Famine*, Hutchinson, London 1986, p. 306. Una documentazione importante è quella raccolta da A. Graziosi (a c. di), *Lettere da Kharkov. La carestia in Ucraina e nel Caucaso del Nord nei rapporti dei diplomatici italiani 1932-1933*, Einaudi, Torino 1991.

nan nel 1906, all'Etiopia nel 1973, al Bangla Desh nel 1974), insistendo quindi sul loro carattere almeno in parte non naturale, in quanto prodotto della esclusione di alcuni gruppi di popolazione dall'accesso alle risorse piuttosto che di un calo oggettivo delle disponibilità.[76] Stalin vi aggiunge il *plus* di una mobilitazione ideologica contro il nemico di classe, che convoglia antichi risentimenti popolari e al tempo stesso funziona per i quadri incaricati delle operazioni sia da giustificazione morale sia da costante ricatto: l'accusa di deviazionismo di destra pende sul loro capo a ogni sospetto di comportamento eccessivamente tenero. Il ricorso ossessivo allo stereotipo ideologico della "quinta colonna", del sabotatore e della spia serve a non mettere in discussione la linea politica: serve cioè a fondare il postulato secondo cui la responsabilità di ogni insuccesso verificato sul campo non appartiene mai alla direzione centrale bensì alla colpevole cattiva esecuzione dei quadri intermedi.

È questo un aspetto strutturale del potere staliniano fin dalla "rivoluzione culturale" che dalla fine degli anni venti accompagna la sfida lanciata da Stalin al mondo occidentale. L'industrializzazione dall'alto e la collettivizzazione forzata delle campagne si accompagnano a una propaganda antiintellettuale che si rivolge alla base contro i quadri intermedi dell'amministrazione pubblica e di partito.[77] Gli stessi dati che smentiscono una particolare configurazione etnica o nazionale degli internati nei gulag ne sottolineano invece una tipologia largamente prevalente: quella del giovane maschio alfabetizzato, di età compresa tra i venti e i quaranta anni.[78] Nel 1956, con il suo rapporto segreto ai delegati del XX congresso del PCUS, Chruščev interpreta questo carattere *interno* del terrore scatenato da Stalin come una prosecuzione della sua battaglia personale contro il vecchio gruppo dirigente bolscevico, appoggiandosi a dati di fatto incontrovertibili: 98 membri del comitato centrale scomparsi su 139, 1108 delegati al congresso di partito del 1934 su 1966.

Ma questa delimitazione del terrore staliniano all'élite dirigente ha anche lo scopo di sottolineare il concetto di "culto della personalità" e di restringere alla paranoia del dittatore la degenerazione del sistema. Sono invece molti gli studiosi che da tempo sottolineano le discontinuità della repressione staliniana in termini di obiettivi, categorie colpite, sovrapposi-

---

[76] Cfr. A.K. Sen, *Poverty and Famines. An Essay on Entitlement and Deprivation*, Clarendon, Oxford 1981.

[77] Cfr. S. Fitzpatrick (a c. di), *Cultural Revolution in Russia 1928-1931*, Indiana University Press, Bloomington 1978.

[78] Cfr. J.A. Getty, T. Rittersporn, V.N. Zemskov, *op. cit.*, tavv. 2 e 5, pp. 1025-1030. Confermano questa tipologia le ricerche locali sugli espulsi dal partito nelle fabbriche di Mosca e in un distretto rurale della regione di Smolensk: cfr. D.L. Hoffmann, *The Great Terror on the Local Level: Purges in Moscow Factories 1936-1938*, in J.A. Getty, R.T. Manning (a c. di), *op. cit.*, p. 165; R.T. Manning, *The Great Purges in a Rural District: Belyi Raion Revisited*, ivi, p. 181.

zioni organizzative.[79] Nel dicembre 1934, l'assassinio di Kirov, segretario di partito a Leningrado, segna un salto di qualità nel regime poliziesco sovietico: da allora in poi istruttorie condotte in assenza dell'imputato ed esaurite in pochi minuti diventano la norma del sistema giudiziario.[80] Il successivo processo a Zinov'ev e Kamenev nell'agosto 1936 apre la strada all'avvento di Nikolaj Ežov alla testa del NKVD e al cosiddetto Grande Terrore del biennio 1937-1938, che culmina con i due grandi processi di Mosca contro Radek e Pjatakov nel gennaio 1937 e contro Bucharin e Jagoda (l'ex commissario del NKVD) nel marzo 1938. Secondo una pratica già sperimentata ai tempi della dekulakizzazione, nel luglio 1937 una risoluzione dell'Ufficio politico del PCUS attribuisce alle amministrazioni periferiche obiettivi numerici precisi di arresti ed esecuzioni capitali da raggiungere comunque.[81] Campi e colonie di lavoro forzato accolgono una massa crescente di persone (da 510 000 del 1934 si passa a 1 880 000 del 1938) di cui solo una minima parte (meno di un decimo) è accusata di reati politici a norma dell'articolo 58 del codice penale. La grande maggioranza è infatti incolpata di reati comuni (furto, corruzione, abuso di potere), secondo una strategia che punta ancora a screditare i quadri intermedi (mischiando a loro anche semplici cittadini) e a indirizzare nei loro confronti il malcontento popolare, attribuendo al loro malgoverno la responsabilità del peggioramento delle condizioni di vita.[82] Come si è detto, le purghe staliniane non sembrano quindi soggette al processo di "radicalizzazione cumulativa" e implementazione periferica che le direttive antiebraiche naziste subiscono nelle retrovie del fronte russo. In esse appare determinante la mano di Stalin e la razionalità di un potere centrale che obbedisce, come a una legge naturale di sviluppo, alla necessità di rendere precaria l'esistenza di ogni altra autorità potenzialmente antagonista. Torna a farsi sentire in questa furia distruttiva la differenza che separa Stalin da Hitler nei modi di conquista del governo attraverso una lotta furibonda contro i compagni di partito.

Caratteri strumentali non molto diversi ha la campagna stakhanovista che si sviluppa a partire dall'autunno 1935. L'appello volontarista all'incremento dei ritmi di lavoro risponde alla necessità di coprire i ritardi tec-

[79] Cfr. Z. Brzezinski, *The Permanent Purge: Politics in Soviet Totalitarism*, Harvard University Press, Cambridge (Mass.) 1958; J.A. Getty, *The Origins of the Great Purges*, cit.; G.T. Rittersporn, *Stalinist Simplifications and Soviet Complications: Social Tensions and Political Conflicts in the Ussr 1933-1953*, Harwood, New York 1991.

[80] Cfr. i dati relativi alla procura di Leningrado citati in E. Bacon, *op. cit.*, p. 3. Sulla questione cfr. A.W. Knight, *The KGB: Police and Politics in the Soviet Union*, Allen & Unwin, London 1990, p. 27.

[81] Cfr. R.T. Manning, *op. cit.*, pp. 191-192.

[82] Cfr. J.A. Getty, T. Rittersporn, V.N. Zemskov, *op. cit.*, tav. 7, p. 1031. Dati concordanti in R.T. Manning, *op. cit.*, p.189.

nologici dell'industria sovietica. Ma funziona anche nel senso di aprire una linea di comunicazione diretta con la base operaia, mostrando la capacità di ascolto e ricezione del potere centrale in contrapposizione alla sordità e al burocratismo dei dirigenti locali, contro i quali viene incanalato il risentimento delle maestranze. I quadri amministrativi del complesso industriale sovietico vengono così presi tra due fuochi e finiscono per assumere il ruolo del capro espiatorio: la loro epurazione si accompagna alla promozione di nuove leve inesperte ma strettamente legate a Stalin da un rapporto di dipendenza personale prima ancora che politico-istituzionale.[83] Un andamento parallelo si registra nelle forze armate, dove fra il 1937 e il 1940 più di 30 000 quadri dirigenti (su 178 000) vengono destituiti, espulsi dal partito e spesso arrestati: fra di loro figura anche il viceministro della difesa Tuchacevskij che un processo a porte chiuse tenuto nella primavera 1937 condanna a morte insieme ad altri sette generali d'armata. Agli occhi di Stalin lo scompaginamento del potere militare (che verrà pagato caro al momento dell'attacco nazista) serve a eliminare un potenziale e temibile avversario, mantenendolo in uno stato di perenne soggezione e incertezza. Non contraddice questa logica il fatto che, sotto la spinta della guerra, circa un terzo degli ufficiali destituiti venga successivamente reintegrato nel proprio grado di comando; qualcuno, come Rokossovskij, addirittura promosso generale dopo un soggiorno di quasi quattro anni nel gulag di Vorkuta. La loro riabilitazione infatti rappresenta pur sempre un legame di personale fedeltà a Stalin.[84]

Quest'ultima circostanza introduce un'ulteriore significativa differenza tra lager e gulag. Fino allo scoppio della guerra anche dai campi di concentramento nazisti è possibile uscire in seguito ad amnistie decretate dal regime, per effetto delle quali, come abbiamo visto, il numero degli internati conosce notevoli fluttuazioni. Ma dopo il 1939 un caso Rokossovskij all'interno dell'universo concentrazionario tedesco appare impensabile: non solo perché il lager non serve a un'opera di epurazione interna e quindi non accoglie alte cariche dello stato o membri del gruppo dirigente nazista, ma anche perché le porte dei campi si chiudono definitivamente per chiunque vi entri. Viceversa l'universo concentrazionario sovietico è contraddistinto da un elevato *turn over* (che rende particolarmente difficile ogni stima quantitativa): nel biennio 1937-1938 poco più di un terzo dei detenuti nei campi di lavoro correttivo viene liberato e un altro 5% viene rubricato nei registri ufficiali come "fuggito". Due decreti del luglio e del novembre 1941 autorizzano il rilascio e l'arruolamento immediato nell'e-

[83] Cfr. R. Thurston, *The Stakhanovite Movement: Background to the Great Terror in the Factories 1935-1938*, in J.A. Getty, R.T. Manning (a c. di), *op. cit.*, pp. 142-160.

[84] Cfr. A. Cristiani, V. Misaleva (a c. di), *Le repressioni degli anni trenta nell'Armata Rossa*, Istituto universitario orientale, Napoli 1996.

sercito di 420 000 internati: alla fine della guerra, il totale degli ex detenuti al fronte arriva a sfiorare il milione. Ma le partenze dei richiamati sotto le armi sono compensate dalle deportazioni dei gruppi nazionali equiparati a nemici: nel 1950 la popolazione dell'universo concentrazionario supera di nuovo i due milioni e mezzo, equamente ripartiti in campi e colonie.[85]

Solo in parte questa natura relativamente aperta del gulag può essere spiegata con l'alta percentuale di detenuti (all'inizio del 1940 pari al 57%) condannata a pene inferiori a cinque anni:[86] una delle pratiche abituali della giustizia sovietica di quei tempi è infatti la reiterazione delle condanne per via amministrativa. Mi pare invece più plausibile un'altra ipotesi. Il lager non è strettamente indispensabile per la sopravvivenza del regime nazista: non nasce per difenderlo da un ambiente ostile (lo dimostra il numero contenuto dei detenuti negli anni prebellici) e durante la guerra serve alla realizzazione della "soluzione finale" che figura tra i programmi della dittatura. Il lager nazista è quindi un luogo-simbolo sia della violenza che distingue la "durezza" del movimento fin dalle origini, sia della sua missione epocale di pulizia etnica. Nei confronti dell'universo concentrazionario il potere sovietico mantiene invece una costante attenzione strumentale, che di volta in volta si concentra sul suo carattere deterrente rispetto al resto della società e sulle sue funzioni produttive. Nella massa dei detenuti una quota rilevante è costituita da cittadini normali, vittime di una repressione generalizzata che non ha obiettivi precisi (politici o razziali) ma che viene adoperata come strumento altrettanto normale (e perciò terrorizzante) da parte di un governo privo in misura crescente del consenso popolare. A differenza del lager, il gulag è una struttura necessaria per la conservazione del potere di una rivoluzione minoritaria: obbedisce all'ideologia del lavoro socialmente utile, si adatta a diverse "ondate" (secondo il termine coniato da Solženicyn) di categorie di reclusi, è pronto a riconoscere altre priorità (come il richiamo al fronte militare), ha un regime di sorveglianza più elastico e allentato. Un episodio come la rivolta del campo di Vorkuta, che nel gennaio 1942 vede le guardie carcerarie prendere possesso del campo e marciare verso la città più vicina fino a scontrarsi con l'esercito, sottolinea ulteriormente queste differenze di natura; soprattutto se paragonato alle "marce della morte" con cui le SS cercarono fino alla fine di portare in fondo l'ordine di sterminio che era stato loro impartito.

Da tali differenze deriva la minore "efficienza" mortuaria del gulag, che è data non solo dall'assenza di strutture (e di campi) appositamente dedi-

---

[85] Cfr. J.A. Getty, T. Rittersporn, V.N. Emskov, *op. cit.*, Appendice, p. 1048; E. Bacon, *op. cit.*, p. 105; A. Nove, *Victims of Stalinism: How many?*, in J.A. Getty, R. T. Manning (a c. di), *op. cit.*, p. 272.

[86] È questa la tesi di N. Werth, *Stalin all'interno del suo sistema negli anni trenta*, cit., p. 192.

cate alla morte di massa, ma anche dalla maggiore attenzione attribuita alle funzioni produttive. Secondo i dati per ora in nostro possesso, negli anni prebellici la mortalità "naturale" nei campi di lavoro forzato raggiunge tassi annui del 10%, con punte del 15% in concomitanza della carestia nel 1933 (vicini a quelli coevi dei lager nazisti) mentre negli anni di guerra tocca un picco del 17% nel biennio 1942-1943, per poi ridiscendere sotto il 5% dopo il 1945. Solo nei gulag peggiori, quelli minerari di Kolyma e Vorkuta, i tassi di mortalità arrivano ai livelli del 30% paragonabili a quelli dei "più miti" lager nazisti. Al netto di quelli provocati dalla "riforma agraria attraverso lo sterminio" attuata nei primi anni trenta, il totale di decessi "naturali" avvenuti prima della guerra all'interno dell'universo concentrazionario sovietico viene oggi stimato in circa un milione, mentre la perdurante carenza di documentazione sugli anni postbellici impedisce ancora un computo complessivo delle vittime del sistema sovietico.[87] Le esecuzioni capitali documentate dalle fonti ammontano a quasi 800 000 nell'intero periodo 1921-1953, ma si concentrano fortemente (più di 680 000) nel biennio del Grande Terrore.

Su un piano strettamente quantitativo questa macabra contabilità rimane quindi lontana non solo dagli oltre sei milioni di cadaveri smaltiti dai lager nazisti, ma anche dai livelli raggiunti dalle fucilazioni a cielo aperto realizzate dalle *Einsatzgruppen* naziste sul fronte russo (1 300 000, secondo le stime di Hilberg).[88] Ma un ritmo "industriale" di quasi mille fucilazioni al giorno, per quanto distribuito in centinaia di campi e colonie, testimonia di un'attività omicida svolta con regolarità in tempo di pace nella routine quotidiana del gulag: un aspetto costitutivo, in altre parole, della sua "normalità". L'eliminazione dei detenuti non rappresenta lo sfogo casuale della "crudeltà" dei carnefici, bensì una prova (spesso fissata preventivamente in quota numerica da raggiungere) dell'efficienza del sistema nella repressione dei propri nemici e, nello stesso tempo, uno strumento terroristico dal formidabile potere deterrente funzionale al governo della popolazione, dentro e fuori il gulag. Per il nazismo, invece, la morte di massa corrisponde non già a un metodo di governo, bensì all'esecuzione di un progetto di pulizia etnica su scala continentale ed epocale: se ne spiegano così i maggiori volumi quantitativi e la maggiore precisione razziale.

---

[87] Cfr. J.A. Getty, T. Rittersporn, V.N. Zemskov, *op. cit.*, pp. 1022 e 1037; N. Werth, *Stalin all'interno del suo sistema negli anni trenta*, cit., p. 192.

[88] Cfr. R. Hilberg, *La distruzione degli ebrei d'Europa*, Einaudi, Torino 1995, p. 1318. Una stima diversa (6.281.081) del numero totale di vittime del nazismo rispetto a quella di Hilberg (5 100 000) è fornita, grazie a nuove documentazioni per le zone di occupazione in Urss e Bulgaria, da W. Benz, *Die Dimensions des Völkermords. Einleitung*, in Id. (a c. di), *Dimensions des Völkermords. Die Zahl der jüdischen Opfer des Nationalsozialismus*, Oldenbourg, München 1991, pp. 15-16.

Una volta calato nel dettaglio dei processi storici, il raffronto tra lager e gulag mostra importanti capacità euristiche. L'universo concentrazionario può funzionare da osservatorio particolare della natura e dell'evoluzione dei regimi di cui costituisce fin dall'inizio parte integrante, per sottolinearne le profonde diversità strutturali. Non è lo specchio deformato delle società "libere" che continuano a vivere all'esterno delle sue recinzioni – immagine letteraria e impressionistica, che non corrisponde all'esperienza storica plurale della grande maggioranza dei cittadini sotto Hitler e Stalin – ma più semplicemente uno strumento di governo, esterno alla costituzione formale dello stato e perciò escluso da ogni controllo, che pratica sistematicamente la violenza fisica nei confronti degli oppositori (veri o presunti).

Nel caso tedesco il lager vive un processo di trasformazione che lo reca alle dipendenze della milizia di partito più legata al progetto razziale e assolve a compiti (non esclusivi ma largamente dominanti) di eliminazione di massa degli ebrei europei in quanto "contaminatori" della purezza e della forza della razza ariana. Nel caso sovietico il gulag conserva una maggiore stabilità e centralità istituzionale (anche produttiva) come luogo terminale di una repressione di massa che cresce di volume insieme alle difficoltà del regime, viene utilizzata come banco di prova dell'efficienza statale ed è finalizzata alla concentrazione del potere nelle mani di una parte del vertice di partito contro il resto del gruppo dirigente e gli altri poteri forti (esercito, amministrazione pubblica, sindacati) potenzialmente antagonisti. In entrambi i casi due ideologie assolute, feroci avversarie reciproche, forniscono a mandanti ed esecutori giustificazioni morali potenti perché legate alla grandezza di un piano di ingegneria sociale (di classe o di razza) radicalmente alternativo ai sistemi politici fino ad allora sperimentati dalla civiltà umana.

12. Aspetti e peculiarità del sistema concentrazionario fascista. Una ricognizione tra storia e memoria

di Spartaco Capogreco[*]

Non appena l'Italia entrò nella seconda guerra mondiale, alcuni funzionari tecnici della Direzione generale di pubblica sicurezza del Ministero dell'interno si rivolsero ai tedeschi per conoscere l'organizzazione dei loro campi di concentramento. In risposta, lo stesso Reinhardt Heydrich, capo dell'Ufficio centrale per la sicurezza del Reich (RSHA), si affrettò a scrivere al capo della polizia italiana, Arturo Bocchini, inviandogli il "regolamento" dei campi germanici ed esprimendo la sua piena disponibilità a ricevere eventualmente una "delegazione di studio" composta da funzionari italiani. Già nell'aprile del 1936, d'altra parte, il commissario capo di pubblica sicurezza Tommaso Petrillo aveva visitato il campo di concentramento di Dachau; e, nel dicembre 1938, il direttore e il vicedirettore dell'Ufficio studi sulla razza del Ministero della cultura popolare, Guido Landra e Lino Businco, erano stati in quello di Sachsenhausen, dove avevano incontrato esponenti nazisti di primo piano. Ma tali contatti "tecnici" rimasero fatti episodici non suffragati poi da volontà e atti politici concreti. Bocchini, in particolare, lasciò cadere l'invito di Heydrich, adducendo difficoltà dovute allo stato di guerra e alla carenza di personale.

I campi di concentramento italiani della seconda guerra mondiale, a parte il nome, ebbero poco o nulla in comune con i *Konzentrationslager*. La "filosofia ispiratrice" dell'internamento civile fascista non mirava, in linea di principio, allo sfinimento degli individui e/o allo sfruttamento del lavoro schiavistico. L'obiettivo perseguito era la messa al bando degli elementi "indesiderabili" e "pericolosi", a partire dagli oppositori politici interni. I modelli di riferimento dei campi fascisti della seconda guerra mondiale non sono pertanto da ricercare – come, purtroppo, talvolta avviene – nei lager tedeschi, e neppure in quelli di altri regimi totalitari, ma piuttosto nella stessa prassi concentrazionaria italiana che, negli anni quaranta, aveva alle spalle una sua esperienza ben consolidata.

---

[*] Carlo Spartaco Capogreco, professore presso l'Università della Calabria, è presidente della Fondazione internazionale Ferramonti di Tarsia. Ha pubblicato *Renicci. Un campo di concentramento in riva al Tevere (1942-1943)*, Cosenza 1998; attualmente sta lavorando a una storia dell'internamento civile italiano dal 1940 al 1943.

Le deportazioni e l'internamento dei civili erano pratiche già note all'Italia monarchico-liberale, che le aveva utilizzate sia nella penisola che nei possedimenti d'oltremare. Si pensi, per esempio, alle tristi condizioni delle migliaia di libici deportati a Ustica e alle isole Tremiti dopo la rivolta di Sciara Sciat del 1911, o al terribile campo di prigionia di Nocra, istituito nel 1895 su una delle isolette che fronteggiano Massaua.

Tuttavia fu sotto il fascismo, soprattutto durante alcune particolari campagne coloniali, che i campi di concentramento vennero utilizzati dall'Italia in grande stile, e le deportazioni si spinsero ai limiti della "pulizia etnica" e dello sterminio. Nel 1930, il generale Rodolfo Graziani, divenuto governatore della Cirenaica, portava a compimento la "pacificazione" della regione mediante una campagna di deportazione in massa senza precedenti nella storia dell'Africa moderna. Al fine di creare "un distacco territoriale" tra i ribelli e la popolazione sottomessa, quasi centomila seminomadi del Gebel (un ottavo dell'intera popolazione libica di allora) vennero rinchiusi in quindici campi di concentramento contrassegnati dal vessillo tricolore, installati nella Sirtica, alcuni dei quali comprendevano fino a ventimila tende. Durante le lunghe e terribili marce di deportazione, i ritardi non erano ammessi: chi indugiava veniva immediatamente passato per le armi. El-Agheila, Marsa el-Brega, Agedabia, Sidi Ahmed el-Magrun, Soluch, Ain Gazala, el Abiar: sono questi i nomi dei campi maggiori. Nel settembre 1931, sul piazzale di uno di essi, gli italiani impiccarono Omar al Mukhtar, il leader della resistenza locale.

Durata circa tre anni, la segregazione dei libici si concluse nel settembre 1933, quando di tutti i civili deportati, ridotti all'inanizione o sottoposti al lavoro coatto, restavano in vita meno di sessantamila. Gli storici di regime definirono quella dei campi della Sirtica «una grande e singolare impresa», ma per la stampa internazionale si trattò, invece, di «una visione da incubo». Ancora oggi, purtroppo, quei nomi sono sconosciuti e distanti dalla coscienza civile degli italiani.

Nel 1935, a poche settimane dall'inizio del conflitto italo-etiopico, un grande campo di concentramento italiano veniva aperto a Danane, in Somalia. Avrebbe dovuto accogliere militari nemici; ma durante la guerra d'Etiopia, che fu un conflitto prettamente di annientamento, di prigionieri se ne fecero ben pochi. Il campo si riempì invece di civili, soprattutto a guerra finita: notabili, funzionari, monaci copti, indovini, cantastorie ecc. Vi trovarono posto anche i resti dell'esercito imperiale etiopico e delle formazioni ribelli. Dall'ottobre 1935 al marzo 1941, si avvicendarono a Danane circa 6500 internati tra etiopi e somali; poco meno della metà dei reclusi persero la vita per la sottoalimentazione e le disastrose condizioni igienico-sanitarie.

In Italia, la possibilità di deportare gli avversari mediante il loro confinamento su piccole isole o in località sperdute e disagiate, introdotta per legge nel novembre del 1926, costituì uno degli elementi chiave del sistema repressivo e coercitivo fascista. La forzatura operata dal legislatore all'istituto del "domicilio coatto" di epoca liberale, dal quale il "confino di polizia" traeva derivazione, consistette soprattutto – come ha sottolineato Leonardo Musci – «nell'applicare in massa agli oppositori politici una misura che era stata prevalentemente destinata a un'area di emarginazione sociale oscillante fra la delinquenza comune e il ribellismo generico». Ma la novità più importante rispetto alla legislazione prefascista fu rappresentata dal carattere autonomo acquisito dal "confino" rispetto alla "diffida" e all'"ammonizione", che costituivano due misure di prevenzione più lievi. Da provvedimento cui ricorrere in second'ordine nel caso in cui fossero rimaste senza effetto le prime due (questa era stata la funzione del "domicilio coatto"), il confino divenne infatti una misura autonoma e "di prima battuta".

Tuttavia, nell'Italia fascista non vi furono campagne di deportazioni di massa degli avversari come si ebbero nella Germania degli anni 1933-1934: alla fine del 1926 erano stati confinati "soltanto" 900 dissidenti; e dal 1926 al 1943, nell'arco dei diciassette anni di applicazione del provvedimento, il numero dei confinati si aggirò sulle 17 000 unità. Sia le cifre complessive che quelle relative ai primi mesi di assegnazione al confino, pongono il nostro paese ben lontano dall'ordine di grandezza della deportazione politica interna avutasi in Germania. Ma, per un computo esatto della situazione italiana, alle cifre del confino politico bisogna aggiungere quelle relative all'internamento civile che, come si dirà più avanti, nella seconda guerra mondiale venne largamente utilizzato dal regime fascista con finalità di repressione politica e sociale (sono circa 7000 i fascicoli personali degli italiani internati perché "pericolosi in linea politica").

Il fascismo, sia per ragioni legate al modo in cui aveva raggiunto il potere, sia per la diversità delle forze che lo avevano appoggiato e per le mediazioni che aveva dovuto realizzare, nel comminare il confino scelse la via di una repressione "costante ma non eclatante", tendente a isolare le avanguardie e a contenere il numero dei deportati, per non accreditare, specialmente all'estero, l'immagine di un antifascismo ancora vitale e numeroso. D'altra parte Mussolini non aveva bisogno di ricorrere a deportazioni in massa perché, di fatto, nel 1926 non esisteva in Italia alcuna minaccia insurrezionale da parte dell'antifascismo. Perciò, si limitò a "reprimere selettivamente", isolando, tramite il confino, gli antifascisti militanti dal resto della popolazione italiana, mentre i dirigenti e i quadri principali dell'opposizione venivano possibilmente affidati alle cure del Tribunale speciale per la difesa dello stato.

Nel famoso "discorso dell'Ascensione", pronunciato alla Camera il 26 maggio 1927, riferendosi alle recenti misure di polizia, Mussolini sostenne di aver previsto la deportazione di tutti i cittadini che fossero "sospetti di antifascismo" o dediti "a una qualsiasi attività controrivoluzionaria". In realtà, il duce non perse occasione per raccomandare a polizia e prefetti di "non creare falsi martiri" attraverso l'uso eccessivo delle assegnazioni al confino. Minimizzare la consistenza delle opposizioni era, del resto, il modo attraverso cui il fascismo preferiva rispondere alla propaganda antifascista svolta all'estero dagli esuli italiani. Analoga funzione aveva la pubblicazione in "giornali amici", italiani e stranieri, di tranquillizzanti articoli sulla vita di confino (presentata pressappoco alla stregua di una villeggiatura) miranti ad accreditare l'idea che scopo della deportazione politica fosse quello di eliminare dalla circolazione i "disturbatori" che ostacolavano il cammino dell'Italia fascista "verso un futuro radioso".

In realtà, sia per le preoccupazioni legate alla sopravvivenza materiale, sia per tanti altri fattori (come, per esempio, l'infiltrazione tra le loro fila di provocatori al servizio del regime), la condizione degli oppositori confinati sulle isole era tutt'altro che rassicurante. Inizialmente, disponendo di una *mazzetta* giornaliera di dieci lire, amministrando in proprio le mense e gli spacci alimentari e organizzando "scuole" e biblioteche, essi riuscirono a salvaguardarsi dall'abbrutimento. Poi, con il dimezzamento del sussidio governativo avutosi dalla fine del 1930 e con la revoca di vari "privilegi", le condizioni di vita dei confinati peggiorarono a dismisura.

Ma, al di là dei problemi legati alla soddisfazione dei bisogni primari e alle tristi condizioni igienico-sanitarie (a una confinata di Ustica venne amputata una gamba per la mancanza delle appropriate cure mediche), pesarono sempre molto sui deportati il clima di continua incertezza e la consapevolezza di trovarsi alla mercé dell'umore delle forze di polizia, soprattutto della *milizia* che – in base alla sua funzione politico-repressiva – si sentiva in dovere di far rispettare non tanto l'ordine in senso lato, ma piuttosto l'ordine fascista. «Meglio forse la prigione» affermava Carlo Rosselli nel 1929, dopo sei mesi di permanenza al confino di Lipari. «In una cella l'impossibilità di fuggire è evidente e il sacrificio più netto. Il confino è una cella senza muri, tutta cielo e mare: funzionano da muri le pattuglie dei militi. Muri di carne e ossa, non di calce e di pietra. La voglia di scavalcarli diventa ossessionante».

Più tardi, in concomitanza col suo ingresso nella seconda guerra mondiale, l'Italia fascista adottò una nuova misura di deportazione, l'"internamento", sia nei confronti dei civili nemici presenti nel Regno, sia di quanti altri, italiani o stranieri, fossero ritenuti pericolosi o indesiderabili durante lo stato di guerra. Con l'internamento degli stranieri, il governo fascista perseguì principalmente quattro obiettivi: tutelare la sicurezza militare; evitare lo spionaggio; impedire l'*intelligenza* con gli oppositori politici interni; bloccare il rientro in patria dei cittadini nemici "atti a portare le armi", prevenendone in tal modo l'arruolamento.[1] L'internamento degli italiani, che ufficialmente perseguiva finalità di sicurezza pubblica, venne in realtà utilizzato (parallelamente all'istituto del confino) come "misura preventiva" per tenere a bada e reprimere il dissenso politico vero o presunto.[2]

Esisteva perciò, per i civili internati dall'Italia fascista, una netta ripartizione di status tra quanti erano stati fermati in base alla legislazione di guerra e quanti lo erano stati in riferimento alle norme di pubblica sicurezza. Anche la modalità pratica dell'internamento – per entrambe le categorie degli internati – si esplicava attraverso due opzioni.

1. L'"internamento libero", che obbligava a risiedere in particolari località (generalmente centri piccoli e disagiati, dove il controllo risultava perciò facilitato) nelle quali l'internato aveva come principali obblighi quelli di non oltrepassare il previsto "limite di confino", di presentarsi alle autorità per i controlli giornalieri e di non intrattenere rapporti con la popolazione locale.

2. L'"internamento nei campi", la forma più rigida, che costringeva in un ambito ben circoscritto (un apposito edificio o, più di rado, un vero campo con baracche), vietato al resto della popolazione, dove l'internato viveva tra una comunità di persone che si trovavano nella sua stessa condizione.

L'internamento dei civili e il funzionamento dei campi loro riservati erano di competenza del Ministero dell'interno, così come lo fu il confino di polizia, in vigore anche durante la guerra. Del resto, l'internamento ricalcava dal confino buona parte dell'impianto normativo e organizzativo; l'unica vera novità da esso introdotta fu l'utilizzazione, al

---

[1] L'internamento dei cittadini di paesi in guerra con l'Italia fu regolato dal "Testo Unico delle Leggi di guerra e di neutralità" (RDL 8 luglio 1938, n. 1415), che conferiva al Ministero dell'interno e, per estensione, ai prefetti, la facoltà di "disporre l'internamento dei sudditi nemici atti a portare le armi o che comunque potessero svolgere attività dannosa per lo stato", e demandava a un apposito decreto del duce le modalità di trattamento degli internati. Tali prerogative furono rese effettivamente operanti dal decreto sull'"Applicazione della Legge di guerra nei territori dello stato" (RDL 10 giugno 1940, n. 566).

[2] L'internamento per ragioni di pubblica sicurezza divenne possibile equiparando gli individui "pericolosi per la sicurezza pubblica" (le persone, cioè, contemplate dall'art. 181 del RDL 18 giugno 1931 n. 773, già passibili del provvedimento di confino) ai sudditi delle nazioni in guerra con l'Italia. Questa modalità di internamento fu stabilita, per legge, dalle "*Modificazioni e aggiunte al Testo Unico delle Leggi di P.S. per il periodo dell'attuale stato di guerra*" (RDL 17 settembre 1940, n. 1374); ma, di fatto, essa veniva utilizzata in via amministrativa già dal mese di giugno, grazie a due circolari (n. 442/38954, del 1° giugno 1940, e n. 442/12267 dell'8 giugno 1940) indirizzate dal Ministero dell'interno ai prefetti del Regno e al questore di Roma alla vigilia dell'entrata in guerra della nazione.

posto delle "colonie", di quarantadue "campi di concentramento" non insulari. Ma anche sei delle vecchie colonie poste sulle isole (alcune dismesse da tempo, altre ancora in attività) vennero riclassificate, del tutto o in parte, quali "campi di concentramento".

Le leggi razziste e antisemite degli anni 1938 e seguenti non ebbero formalmente alcun riferimento alla pratica dell'internamento civile, intrapresa, del resto, solo nel giugno 1940. Tuttavia, per gli "ebrei stranieri" (espressione con la quale, allora, la burocrazia italiana definiva gli israeliti provenienti dagli stati ufficialmente antisemiti), i provvedimenti del periodo bellico relativi all'internamento finirono per interagire con quelli della precedente legislazione razzista (in particolare con i decreti-legge del 7 settembre 1938 n. 1381 e del 17 novembre 1938 n. 1728), vietando loro l'ingresso e la permanenza in Italia. Il 20 maggio 1940 infatti – come ha chiarito Klaus Voigt – il Ministero dell'interno ordinava ai prefetti che anche gli ebrei non italiani venissero inclusi tra i sudditi nemici da internare, mentre il 15 giugno 1940 il capo della polizia emanava l'ordine di procedere al rastrellamento degli «ebrei stranieri appartenenti a stati che fanno politica razziale», nonché degli apolidi «compresi tra i diciotto e i sessant'anni» (circolare n. 443/45626). Una successiva disposizione del 27 giugno prevedeva che gli uomini fossero internati in «appositi campi di concentramento già in allestimento», e che donne e bambini ebrei, entro un certo limite di tempo, si recassero presso le previste prefetture per essere avviati all'"internamento libero". L'internamento nei campi, per loro, sarebbe avvenuto in un secondo tempo.

A fianco dell'internamento ufficiale e "regolare" gestito dal Ministero dell'interno (quello sin qui descritto), l'Italia fascista ne espresse uno "selvaggio", messo in atto dalle proprie forze armate. Tale strumento si realizzò, per la sua gran parte, nei territori del regno di Jugoslavia occupati o annessi in seguito all'invasione nazifascista del 6 aprile 1941. In quelle zone – si vedano, in particolare, gli studi di Enzo Collotti, Tone Ferenc, Teodoro Sala e Giacomo Scotti –, nel quadro di un'occupazione violenta e dalle connotazioni esplicitamente razziste, l'esercito italiano e, in misura minore, le autorità civili di occupazione, fecero frequente ricorso a metodi tipicamente nazisti, quali l'incendio di villaggi, la fucilazione di ostaggi civili e la deportazione in massa della popolazione in speciali campi di concentramento.

Nei territori jugoslavi, oltre all'obiettivo di allontanare dalle principali località nuclei consistenti di civili suscettibili di aiutare i partigiani o di prendere le armi contro gli italiani, il provvedimento d'internamento perseguiva quello – certamente non secondario – della "sbalcanizzazione" dei territori. Questo vecchio proposito fascista (che oggi diremmo di pulizia etnica), nella Slovenia occupata e annessa all'Italia come "provincia", si pensò di realizzarlo attraverso la sostituzione delle popolazioni autoctone con coloni italiani, provenienti da lontane regioni del Regno.

Nel Montenegro le deportazioni dei civili vennero avviate sin dal luglio 1941, nel quadro di quella "carta bianca" concessa, di fatto, dai comandi militari superiori ai vari reparti per ottenere maggiore durezza repressiva nei confronti dell'insurrezione popolare. Nelle altre regioni della Jugoslavia ciò avvenne in misura consistente a partire dal gennaio 1942, momento in cui il potere dell'esercito divenne pressoché assoluto, e i suoi vertici indicarono, tra le prime misure da adottare, l'"internamento totalitario" delle popolazioni locali.

Nella famigerata "Circolare 3 C", emanata il 1° marzo 1942, il generale Mario Roatta, comandante della II armata, delineò la summa tattico-operativa del comportamento delle truppe e dell'atteggiamento da tenere verso le popolazioni sottomesse. La circolare – che in parte ricalcava misure già in vigore nel Montenegro sin dal luglio 1941, e in parte anticipava quelle adottate dal Feldmaresciallo Albert Kesselring nel 1944 per stroncare la Resistenza italiana – sarebbe divenuta la principale pezza d'appoggio in base alla quale, nel dopoguerra, la Jugoslavia avrebbe chiesto all'Italia l'estradizione per crimini di guerra dello stesso generale Roatta. È in quel testo che si rinvengono le prime disposizioni scritte sull'internamento *manu militari*, configurato come provvedimento di primaria importanza nel quadro della lotta volta a stroncare la rivolta popolare jugoslava. Le direttive di Roatta prevedevano, nelle zone di operazione, la deportazione di interi gruppi sociali e professionali "pericolosi", comprese quelle famiglie dalle quali, "senza chiaro motivo", risultassero assenti componenti di sesso maschile di età compresa tra i sedici e i sessant'anni. In primo luogo l'internamento era previsto per operai, disoccupati, profughi, senzatetto, ex militari, frequentatori di dormitori pubblici, studenti disoccupati, persone senza famiglia, studenti universitari, maestri, impiegati, professionisti, operai, ex militari italiani trasferitisi in Jugoslavia dalla Venezia Giulia dopo l'avvento del fascismo e, infine, per i "simpatizzanti del movimento partigiano". La stessa sorte (con in più la confisca del bestiame e la distruzione delle abitazioni) sarebbe toccata agli abitanti delle case prossime ai luoghi in cui venivano attuati dei sabotaggi, a meno che, entro quarantotto ore dall'attentato, non fossero stati identificati i responsabili. Quanto alle persone da internare, una prima codificazione comprendeva gli uomini dai sedici ai sessant'anni, ma questo limite venne presto superato, e il provvedimento fu esteso anche alle donne e ai bambini. Al contempo, la prevista demarcazione tra internamento "protettivo", "precauzionale" e "repressivo" diveniva sempre più labile e, di fatto, difficilmente individuabile.

Durante la seconda guerra mondiale, campi per l'internamento dei civili vennero realizzati dall'Italia sia nei vecchi confini del Regno che nei territori occupati o annessi. Nella penisola funzionarono campi di due tipi: quelli sottoposti al Ministero dell'interno, destinati ai vari gruppi di "internati civili di guerra"; e quelli di pertinenza del Regio esercito, che accoglievano deportati civili jugoslavi. Entrambi furono accomunati dalla denominazione ufficiale di "campi di concentramento", qualifica che ritengo attribuibile alle sole strutture ad amministrazione militare e non a quelle controllate dal Ministero dell'interno, da denominare, più appropriatamente, "campi di internamento", quali effettivamente essi furono.

Generalmente attrezzati in edifici preesistenti (ville, castelli, opifici, conventi, scuole, normali abitazioni ecc.), i campi del Ministero dell'interno, nella maggior parte dei casi, ebbero una capienza media di centocinquanta posti e una dislocazione geografica che ha interessato quasi esclusivamente il Centro-Sud della penisola. In Toscana i campi d'internamento furono tre: Bagno a Ripoli, Montalbano di Rovezzano e Oliveto di Civitella della Chiana. Nelle Marche sei: Sassoferrato, Fabriano, Urbisaglia, Treia, Petriolo e Pollenza. In Umbria un campo del Ministero dell'interno operò a Colfiorito di Foligno, mentre nel Lazio vennero utilizzati l'ex colonia di Ponza, quella ancora attiva di Ventotene e, in scarsa misura, il "centro di lavoro" per confinati di Castel di Guido; campi con baraccamenti, di notevoli dimensioni, sorsero invece alle Fraschette di Alatri e a Castelnuovo di Farfa. In Abruzzo-Molise i campi furono diciannove: Civitella del Tronto, Corropoli, Isola del Gran Sasso, Nereto, Tortoreto, Tossicia, Notaresco, Città Sant'Angelo, Chieti, Casoli, Marina di Istorio, Lama dei Peligni, Lanciano, Tollo, Agnone, Boiano, Casacalenda, Isernia e Vinchiaturo. Quattro in Campania: Ariano Irpino, Monteforte Irpino, Solfora e Campagna. Anche i campi pugliesi furono quattro ed ebbero sede a Manfredonia, Alberobello, Gioia del Colle e nella colonia confinaria delle Tremiti. In Lucania svolse anche funzione di campo di concentramento la colonia di Pisticci, mentre in Calabria venne costruito un campo *ad hoc* a Ferramonti, non lontano da Cosenza. In Sicilia, infine, furono appositamente riconvertiti i locali delle ex colonie di Ustica e di Lipari, mentre nell'Emilia-Romagna funzionarono gli unici due campi d'internamento dell'Italia settentrionale: Montechiarugolo e Scipione di Salsomaggiore.

I campi di pertinenza dell'autorità militare vennero attrezzati in baraccamenti, tendopoli o caserme, ed ebbero in genere come modello di riferimento le strutture di concentramento per prigionieri di guerra utilizzate dall'esercito. Per il movimento degli internati, i campi situati in Italia dipendevano dalle armate dislocate nei territori di occupazione (in particolare dalla Seconda, con sede a Sušak), per i restanti aspetti essi erano subordinati ai comandi delle regioni militari territoriali nelle quali avevano sede. Nell'aprile 1943, in verità, Mussolini aveva sancito che i campi a gestione militare ubicati nei vecchi confini del Regno – con l'esclusione di quello di Visco – dovevano essere trasferiti sotto le competenze del Ministero dell'interno. Di fatto, però, tale cambio di consegne non è mai avvenuto.

I campi ad amministrazione militare dislocati in Italia, al contrario di quelli del Ministero dell'interno, avevano una localizzazione centro-settentrionale, con netta prevalenza nelle regioni del Nord-Est. Ciò fu determinato dalla particolare vicinanza di quelle aree al confine con la Jugoslavia e dal fatto che, all'epoca della loro istituzione, le regioni meridionali del paese non erano più considerate "distanti" dal fronte come lo erano state due anni prima. Tra i campi di questo tipo, quello dalle maggiori dimensioni ospitava mediamente 5000 civili sloveni e croati, e operò, dal marzo 1942, a Gonars (in provincia di Udine), dove, in un anno e mezzo di attività, persero la vita più di 400 deportati. Nel luglio 1942, due campi di circa 3000 e 4000 posti furono attrezzati in altrettante caserme dell'esercito a Monigo di Treviso e a Chiesanuova di Padova. Tra il 1942 e il 1943, altri due enormi campi di concentramento vennero istituiti a Renicci di Anghiari, in provincia di Arezzo (dal settembre 1942), e a Visco, allora in provincia di Trieste (dal gennaio 1943). Dal gennaio 1943, dopo essere stato ingrandito e risistemato, venne utilizzato per i deportati montenegrini il campo di Colfiorito, in Umbria, che sino alla fine del 1940 aveva operato come luogo d'internamento alle dipendenze del Ministero dell'interno. Nello stesso periodo veniva destinato agli "allogeni" della Venezia Giulia (come venivano indicati, con disprezzo, gli appartenenti alle minoranze slovena e croata che il fascismo, per anni, cercò rozzamente di "italianizzare") l'ex campo per prigionieri di guerra n. 93, sito a Cairo Montenotte (Savona). Due campi di transito per "allogeni", capaci di circa 250 posti ciascuno, furono attivi dall'ottobre 1942 a Gorizia e nella vicina Poggio Terza Armata. Ubicate in un vecchio convento e in un ex stabilimento tessile, le due strutture erano a disposizione delle questure di Gorizia e di Trieste, che le utilizzavano come prigioni sussidiarie. A Tavernelle (Perugia), Fossalon di Grado (Gorizia) e Fertilia (Sassari) funzionarono, per alcuni periodi, dei campi di lavoro per internati civili sloveni e croati.

In territorio jugoslavo, sull'isola di Arbe (Rab), da poco tempo annessa all'Italia, nel luglio 1942 venne avviato l'allestimento di un campo di concentramento che – con i 16 000 posti preventivati – avrebbe dovuto contribuire in modo sostanziale al previsto "sgombero totalitario" delle popolazioni slave della provincia di Lubiana, del Fiumano e del distretto di Abar. Nel campo di Arbe, per le pessime condizioni igienico-sanitarie, la carenza di cibo e la mancanza di tutela o assistenza internazionale, sino al settembre 1943, persero la vita non meno di 1400 deportati, in maggioranza sloveni. Tra il 20 maggio e il 10 luglio 1943, in un settore del campo vennero internati protettivamente 2700 ebrei jugoslavi e di altre nazionalità, che precedentemente risiedevano o si erano rifugiati nelle zone della Jugoslavia controllate dall'esercito italiano.

Nella regione di Fiume (Rijeka), i principali campi italiani funzionarono a Buccari (Bakar), a Portorè (Kraljevica) e nella stessa città di Fiume. Il grande lager della Dalmazia, che arrivò a contenere 3500 persone, venne allestito dal Governatorato nel giugno 1942 sull'isola di Melada (Molat): in un anno di attività, per la fame, gli stenti e le esecuzioni per rappresaglia degli ostaggi di sesso maschile, vi persero la vita centinaia di internati. Campi di minori dimensioni erano stati istituiti precedentemente dalle prefetture dalmate a Vodice, Ošljak, Zlarin, Divulje, Uljan e in altre località.

In Montenegro i principali campi italiani furono allestiti a Bar, Prevlaka e Mamula. Ma molti montenegrini venivano deportati in Italia o nei campi albanesi di Kukës, Klos, German, Kavajë. Dalla Macedonia occidentale, ormai parte integrante della "Grande Albania", i civili venivano deportati nel campo di Porto Romano, allestito dagli italiani nei pressi di Durazzo. Nelle vicinanze di questa città funzionò anche il campo di Shijak. In Albania, altri campi italiani operarono a Lushnjë, Pristina, Prizren, Puke, Scutari e Berat.

Anche in Grecia, in sostanza, gli occupanti italiani consideravano gli abitanti quali appartenenti a una razza inferiore; tuttavia – come confermano gli studi di Davide Rodogno – inizialmente le truppe in grigioverde venivano richiamate all'ideale della "giustizia romana" e al rispetto degli autoctoni. Ma, non appena la Resistenza locale cominciò a dimostrare la sua determinazione, la "giustizia" e l'"umanità" delle truppe di Mussolini lasciarono il posto alla brutalità della repressione.

Il campo di concentramento italiano più temuto fu quello di Larissa, in Tessaglia. Tra gli internati civili (la struttura ospitava anche prigionieri di guerra) la mortalità per malnutrizione, malaria e tubercolosi fu altissima. Dei 1100 reclusi, per la gran parte cretesi, arrestati durante la grande manifestazione di protesta svoltasi ad Atene il 16 luglio 1941, circa la metà vi perse la vita. Molti erano i civili trattenuti nel campo come ostaggi: il 6 giugno 1943, gli italiani eliminarono per rappresaglia 106 di loro. Triste ricordo conservano anche i campi italiani di Vanitsa, Corfù, Tríkala, Fanos e Nauplia, strutture "miste" che accolsero sia prigionieri di guerra che internati civili. In alcune zone della Grecia, gli italiani "internavano" i civili soprattutto nelle carceri comuni (tipico fu il caso delle prigioni di Volo), mentre nelle aree sottoposte dalle forze armate a speciali cicli operativi, spesso venivano impiantati campi temporanei. Una struttura del genere, capace di ben 1700 persone, operò nell'ottobre 1942 a Tebe, in Attica; un'altra, di dimensioni minori, operò a Kalávryta, nel Peloponneso.

Nelle isole Jonie funzionò il campo di concentramento di Paxos, affiancato da "sottocampi" dislocati a Othoni e Lazarati. Le tre strutture ospitarono circa 3500 "internati politici" greci, nonché, per alcuni periodi, alcune centinaia di "sudditi nemici" inglesi e russi. Secondo varie testimonianze, in quei campi gli italiani praticarono sugli internati diverse forme di tortura fisica: dall'olio bollente versato sulle ferite, agli spilli conficcati sotto le unghie, al gonfiaggio degli intestini con pompe pneumatiche.

Sino all'8 settembre 1943, nelle zone di occupazione italiana in Grecia, non si ebbero internamenti di ebrei residenti o ivi rifugiatisi, come era stato precedentemente ipotizzato. In un periodo in cui l'attività dei partigiani diveniva sempre più intensa e pericolosa, i comandi militari italiani non ritennero di dover sprecare uomini e mezzi per internare civili che, oggettivamente, non costituivano alcun problema per l'ordine pubblico.

Nelle zone della Francia occupate dalle truppe italiane, le repressioni in stile balcanico furono piuttosto eccezionali; tuttavia non mancarono le deportazioni e gli internamenti della popolazione civile. I principali campi di concentramento italiani, gestiti dalla IV armata, ebbero sede a Sospello (Sospell), Embrun, Modane e Cais. In Corsica importanti centri d'internamento vennero attivati a Prunelli di Fiumorbo, a Pontenuovo e a Corte.

Il campo di Sospello (città del dipartimento delle Alpi Marittime), capace di circa 1000 posti, fu attrezzato in una caserma e accolse prigionieri politici e resistenti francesi, ma soprattutto civili stranieri. Nel maggio 1943 vi transitarono 400 ebrei stranieri in attesa di essere avviati al cosiddetto "internamento libero". Il campo di Modane (nel dipartimento della Savoia), che operò tra il maggio e il settembre del 1943, fu insediato nel vecchio forte Vittorio Emanuele e accolse resistenti francesi arrestati nel Nizzardo e nei dipartimenti limitrofi in seguito agli eccezionali rastrellamenti effettuati dai soldati italiani tra il 6 e il 10 maggio di quell'anno. Nel campo il personale di custodia era composto da carabinieri, alpini e bersaglieri. I prigionieri considerati particolarmente pericolosi, dopo poco tempo, venivano trasferiti nel campo di Embrun (nelle Alte Alpi). Situato anch'esso in una caserma, questo campo funzionò dal maggio 1943 e, dopo l'8 settembre, la maggior parte dei suoi internati venne catturata dai tedeschi.

In seguito al colpo di stato che defenestrò Mussolini, il 29 luglio 1943 il governo di Pietro Badoglio dispose la liberazione degli internati di nazionalità italiana, con l'esclusione di alcune categorie di "politici" e degli "allogeni" della Venezia Giulia. Per non irritare gli alleati tedeschi, tuttavia, il nuovo governo non revocò l'internamento degli stranieri né la legislazione razziale. Soltanto dopo l'8 settembre 1943, costretto dalle condizioni d'armistizio stipulate tra le potenze alleate e il Regno d'Italia (l'articolo 3 prevedeva l'immediata liberazione di tutti gli internati), il capo della polizia Carmine Senise dispose anche il rilascio degli stranieri. Ma l'atto, avvenuto il 10 settembre, giunse a destinazione quando ormai molti campi fascisti (sia in Italia che all'estero) si erano svuotati da sé, per fuga o rivolta degli internati, oppure erano caduti nelle mani dei tedeschi. Tra gli internati che erano riusciti a guadagnarsi la libertà, molti si unirono ai partigiani, scrivendo alcune pagine eroiche della Resistenza al nazifascismo.

L'internamento a Ferramonti, a Campagna e in altri campi dell'Italia meridionale, oggettivamente, salvò la vita a molti ebrei stranieri, sottraendoli, dopo il settembre 1943, alle razzie dei tedeschi e dei "repubblichini". Per questo, dai rapporti testimoniali di questa categoria di ex internati, molto spesso, emerge un ricordo particolarmente positivo dell'internamento in Italia.

Nell'Italia centro-settentrionale, sottoposta al controllo militare tedesco, la Repubblica Sociale Italiana con sede a Salò abolì l'istituto del confino, mentre ripristinò l'internamento civile, accentuandone la componente punitiva, rivolta soprattutto verso i sospetti "in linea politica" e i renitenti alla leva. Inizialmente il governo di Salò si servì di alcuni vecchi campi del Ministero dell'interno; alla fine di novembre, ne funzionavano ancora dodici: Fraschette, Scipione, Bagno a Ripoli, Montalbano, Civitella della Chiana, Fabriano, Civitella del Tronto, Corropoli, Isola del Gran Sasso, Nereto, Notaresco e Tossicia, per una capienza complessiva di circa 1700 posti. Nel corso del 1944, nuovi campi furono aperti a Pian di Coreglia (Genova), Vallecrosia (Imperia), Celle Ligure (Savona) e Cortemaggiore (Piacenza), portando la capienza delle strutture d'internamento della RSI a oltre 8000 posti.

Con l'approvazione della Carta di Verona, avvenuta il 14 novembre 1943, che al suo settimo punto legittimava, di fatto, lo sterminio degli ebrei, nella RSI l'internamento ebraico venne finalizzato alla deportazione nei lager nazisti. Difatti, il 1° dicembre 1943, l'ordinanza n. 5 del ministro dell'interno di Salò disponeva l'arresto e l'avvio in appositi "campi provinciali" di tutti gli ebrei, italiani o stranieri, comunque residenti sul territorio della RSI. I campi provinciali erano centri di transito di breve durata, posti alle dipendenze delle varie questure. Alcuni di essi si insediarono in strutture d'internamento già esistenti, come nel caso di Bagno a Ripoli e Scipione. Di nuovi ne vennero allestiti ad Aosta, Asti, Bagni di Lucca, Borgo San Dalmazzo (Cuneo), Calvari di Chiavari (Genova), Ferrara, Forlì, Mantova, Monticelli Terme (Parma), Perugia, Reggio Emilia, Roccatederighi (Grosseto), Sondrio, Teramo, Piani di Tonezza (Vicenza), Vercelli, Verona, Vò Vecchio (Padova). In provincia di Ascoli Piceno, per ordine del locale comando tedesco, gli ebrei erano stati arrestati dal questore già dall'ottobre 1943, e vennero internati nell'ex campo per prigionieri di guerra n. 59, ubicato a Servigliano Marche.

Il "campo nazionale" della RSI, al quale venivano fatti affluire gli internati ebrei provenienti dai vari campi provinciali, iniziò la sua attività nel dicembre 1943 a Fossoli di Carpi, in provincia di Modena, nell'ambito del campo per prigionieri di guerra n. 73, costruito dall'esercito italiano nel 1942 e capace di circa 5000 posti. L'ubicazione di Fossoli, al centro della pianura Padana e sulla linea ferroviaria per il Brennero, era particolarmente favorevole per la raccolta di prigionieri e per la loro deportazione nei lager del Terzo Reich. Il vecchio campo, svuotato dei prigionieri di guerra trasferiti in Germania, rimase sotto gestione italiana e fu utilizzato per internati civili "ariani" non destinati alla deportazione. La struttura venne quindi allargata con l'aggiunta di un "campo nuovo" che, dal 15 marzo 1944, fu direttamente sottoposto a comando tedesco. Con la sua istituzione, anche l'Italia, come tanti altri paesi europei, veniva provvista di un campo unico di transito per gli ebrei destinati alla "soluzione finale"; ma, in settori separati, la struttura detentiva carpigiana accolse anche internati politici diretti nei *Konzentrationslager*. Sino alla sua evacuazione, avvenuta alla fine del luglio 1944, dal campo di Fossoli passarono complessivamente circa 5000 internati. Sul territorio della RSI operarono inoltre in quegli anni innumerevoli campi di smistamento per civili destinati al lavoro coatto, nonché *Stalag* di transito per i soldati italiani deportati in Germania come "internati militari".

Quantunque, nella seconda guerra mondiale, l'Italia fascista definisse "campi di concentramento" tutti quanti i suoi stabilimenti destinati all'internamento di civili, tra un campo e l'altro le differenze furono assai marcate. Non soltanto per la diversità degli edifici, ma per vari e sostanziali aspetti relativi alle condizioni di vita e allo *status* degli internati. Una fondamentale linea di demarcazione tra le diverse strutture, come già detto, era costituita dalla diversa appartenenza amministrativa dei campi italiani. Ma anche all'interno di questa differenziazione di fondo vi furono altre diversità.

Tra i vari campi del Ministero dell'interno le differenze erano marcate e variavano nel tempo. In generale, la vita nei campi d'internamento minori (ubicati in strutture concepite per altri usi e, quindi, prive di particolari infrastrutture di tipo detentivo) non era tanto dissimile da quella del cosiddetto internamento libero. Diversamente stavano le cose nei campi d'internamento maggiori, nei quali la condizione di vita degli internati era abbastanza vicina a uno stato di carcerazione.

Fossero concentrati nei campi, o costretti al domicilio obbligato, i civili internati dal Ministero dell'interno non furono vittime di violenze premeditate. Peraltro, alcuni episodi di schiaffeggiamenti da parte del personale di custodia furono sempre disapprovati dalle autorità superiori. I carabinieri e gli agenti di pubblica sicurezza erano, in genere, più corretti verso gli internati; diverso atteggiamento avevano i membri della Milizia volontaria per la sicurezza nazionale, che tendevano a inveire contro gli antifascisti, gli "slavi" e gli ebrei. Fino all'8 settembre 1943, neppure gli "ebrei stranieri", quantunque bollati come "elementi indesiderabili imbevuti di odio contro i regimi totalitari", furono sottoposti a misure persecutorie particolari, tant'è che le stesse organizzazioni ebraiche italiane, dopo le prime reazioni piuttosto allarmate, finirono presto per tranquillizzarsi in merito alla condizione d'internamento. Per esempio, nel campo di Ferramonti (principale luogo d'internamento per ebrei stranieri e apolidi) il tasso medio di mortalità non si discostò da quello dei paesi del circondario, e il comportamento delle autorità fu piuttosto tollerante. Tuttavia, per i diretti interessati, quella condizione fu sicuramente difficile, sia per l'incertezza del futuro che per il timore, mai sopito, di vedersi riconsegnare ai tedeschi.

Inizialmente, il sussidio di lire 6,50 fornito dal Ministero dell'interno agli internati indigenti consentiva loro di procurarsi un vitto accettabile, poiché, sul *cliché* di quanto sperimentato nelle colonie di confino, anche nei campi maggiori erano state realizzate delle mense cooperative che permettevano notevoli risparmi e controllo nell'acquisto delle derrate alimentari. Tuttavia il soggiorno nei campi, come scrisse uno dei primi internati, "se materialmente non era terribile, spiritualmente rappresentava una sofferenza per i disagi morali e le preoccupazioni per l'avvenire". Ma dalla fine del 1941 la penuria alimentare cominciò a incalzare, soprattutto per quanti erano internati nei campi più grandi e avevano perciò minori occasioni di scambio con la gente del luogo e di approccio col mercato nero. Nell'inverno 1942-1943, infine, fame e malnutrizione interessavano la quasi totalità degli internati. Poteva succedere, quindi, come si legge nel rapporto di un ispettore ministeriale del 17 febbraio 1943, che alcuni internati commettessero intenzionalmente infrazioni per essere rinchiusi in carcere, dove almeno avrebbero trovato una sicura razione di pane, oppure che essi si cibassero delle carni di cani randagi per difendersi dai morsi della fame.

D'altra parte, i campi gestiti dalle autorità militari presentavano quasi tutti dimensioni considerevoli e, salvo poche eccezioni, costringevano i deportati (che non disponevano di alcun sussidio) a un sistema di detenzione rigoroso e a dure condizioni di vita. Nel campo di concentramento di Renicci (una delle principali strutture di questo tipo tra quelle ubicate in Italia) la lotta per la sopravvivenza fu quasi costantemente all'ordine del giorno: nel breve volgere di un anno vi persero la vita, per fame e per stenti, oltre 150 deportati jugoslavi. Nel campo italiano posto sull'isola di Arbe (anch'esso amministrato dall'esercito), negli ultimi mesi del 1942, la mancanza di cibo era così grave e diffusa che anche gli internati più giovani e in pieno vigore fisico subivano in poco tempo il dimezzamento del peso corporeo. Era scena consueta, in quel luogo, l'immagine di centinaia di figure scheletriche che, sfinite dalla fame, si trascinavano nell'improbabile ricerca di qualcosa da mangiare. Il campo di concentramento di Melada, dipendente dal Governatorato della Dalmazia, venne definito "un sepolcro di viventi" dal vescovo cattolico di Sebenico; affermazione tutt'altro che metaforica, se si considera che – stando a un rapporto dello stesso direttore del campo – nel solo periodo che va dal 30 giugno al 25 novembre 1942 vi persero la vita 442 internati.

Arthur Koestler, per dare un'idea delle condizioni di vita nei campi di concentramento non nazisti, ha immaginato un'unità di riferimento della quale il campo francese di Le Vernet d'Ariège (dov'egli fu recluso nel 1939) costituiva "lo zero dell'ignominia". Prendendo a misura l'ipotetica scala di Koestler, si può dire che i campi italiani gestiti dal Ministero dell'interno non sconfinarono mai nel "sottozero"; mentre sconfinarono abbondantemente i campi allestiti dall'esercito italiano in Jugoslavia, in Albania e in Grecia, e anche qualcuno di quelli ubicati nei vecchi confini del Regno d'Italia, dove, in alcuni periodi, lo scenario quotidiano era dominato dalla lotta per la sopravvivenza e dalla morte dei deportati per la fame e le terribili condizioni igienico-sanitarie.

Dell'intero capitolo relativo all'internamento fascista durante la seconda guerra mondiale, la parte a gestione militare fu quella numericamente più significativa (furono circa 100 000 i civili jugoslavi deportati) e, sul piano del diritto, la meno giustificabile. Per via delle dure condizioni di vita degli internati, a essa furono addebitate reiterate violazioni del diritto internazionale bellico e dello stesso codice penale militare di guerra italiano. Non a caso, alla fine del conflitto, i principali responsabili e organizzatori dei campi di concentramento e del sistema di deportazione impiantato dall'esercito italiano (tra i primi, il generale Mario Roatta, solitamente ricordato come "protettore di ebrei"), vennero additati come criminali di guerra. E, quantunque la mancanza di una "Norimberga italiana" abbia fatto sì che le accuse di "internamento in condizioni disumane", come quelle relative ad altri crimini, inoltrate alle apposite commissioni internazionali dal governo jugoslavo e da quello di altre nazioni aggredite dall'Italia, siano cadute praticamente nel vuoto, è innegabile che buona parte di quegli internamenti di massa siano più assimilabili alle deportazioni arbitrarie e ai crimini di guerra che non alle tradizionali misure discrezionali adottabili, nel corso di un conflitto, nei confronti della popolazione civile.

Si può affermare quindi che l'assunto del decreto del duce del 4 settembre 1940 sul trattamento degli internati – che, riecheggiando la convenzione di Ginevra, li voleva «trattati con umanità e protetti contro ogni offesa» – venne sostanzialmente rispettato nei campi del Ministero dell'interno, ma quasi mai in quelli di competenza del Regio esercito.

La collocazione *extra legem* di queste ultime strutture appare del tutto evidente, se si considera inoltre che ai civili jugoslavi internati, definiti "italiani per diritto di annessione", l'Italia negò anche lo status di "sudditi nemici". Così come, in buona parte, negò quello di prigionieri di guerra ai componenti del disciolto esercito jugoslavo, rastrellati e internati dopo la conclusione delle operazioni belliche vere e proprie. In tal modo i civili jugoslavi vennero privati, sin oltre la caduta del regime fascista, persino del supporto delle organizzazioni umanitarie. Soltanto il 19 agosto 1943 il Ministero degli esteri concesse al comitato internazionale della Croce rossa la possibilità di assistere i civili ex jugoslavi internati in Italia, a condizione che tale atto non avesse «carattere ufficiale *de jure*, ma soltanto di pratica e umanitaria azione di soccorso».

Parlando dei campi fascisti, una questione appare ineludibile: quella del "vuoto di memoria" che ha accompagnato quei fatti per così lungo tempo nel dopoguerra; gli italiani "brava gente" si sono adagiati per anni nella presunzione che i campi di concentramento li riguardassero solo in quanto vittime, e non anche nel ruolo attivo di deportatori e costruttori di lager, cosicché quella realtà è rimasta sostanzialmente estranea alla memoria pubblica nazionale del dopoguerra.

Diversamente che in Germania, dove la riflessione e l'elaborazione sulle responsabilità del nazismo hanno interessato profondamente larghi settori della società, in Italia i conti col passato sono stati fatti in misura molto trascurabile. Peraltro, l'eccessiva insistenza sul radicamento sociale della Resistenza – come sottolinea Anna Bravo – «ha finito per avvalorare l'idea di un popolo unanimemente antinazista e perciò riabilitato in massa. Un popolo nella sostanza incolpevole, quando non vittima».

Come ho avuto modo di scrivere in altre occasioni, le cause di una rimozione tanto forte e generalizzata sono molteplici: alcune specifiche dell'internamento, altre di tipo più generale che si sovrappongono e si confondono con la questione ben più ampia della mancata elaborazione del passato fascista e coloniale italiano. Tra le prime cause c'è sicuramente la "relativizzazione" dell'internamento civile determinatasi (non soltanto in Italia) al cospetto dell'universo concentrazionario nazista. La particolare efferatezza dei crimini commessi dai tedeschi, la drammatica forza emotiva di Auschwitz fornivano un alibi assai comodo per relativizzare e sminuire le responsabilità dell'Italia fascista di fronte all'alleato tedesco.

Va poi considerato l'oggettivo interesse degli Alleati a "non colpevolizzare", alla fine della guerra, un'Italia ormai entrata a far parte della loro orbita politico-strategica. Interesse che ha determinato, di fatto, la mancata condanna dei criminali di guerra italiani e ha ridotto a un'operazione di facciata l'epurazione del personale civile e militare coinvolto col vecchio regime. Si favorivano così l'affermarsi nel nostro paese di un senso comune largamente autoassolutorio e di una rappresentazione oltremodo "rassicurante" della storia italiana del Novecento.

Tutto ciò è potuto accadere, d'altro canto, anche perché la storiografia dominante è rimasta lungamente appiattita su una visione della seconda guerra mondiale nella quale la centralità dell'evento politico-militare della Resistenza lasciava poco spazio a esperienze diverse quali le deportazioni, l'internamento, la *Shoah* e altro. E anche perché – come giustamente rammenta Alberto Cavaglion – venti-trent'anni fa non si era ancora capito quali e quanti baratri si sarebbero potuti aprire a causa degli eccessi della "memoria ideologica".

Certo, la costruzione di un'identità nazionale realmente aperta e consapevole è compito che non spetta solamente agli storici, ma è innegabile che essi, per dirla con Claudio Pavone, possono contribuire notevolmente allo scopo «portando materiali freschi alle nuove sintesi, che la coscienza collettiva va lentamente elaborando».

Sulle probabili cause dei "vuoti di memoria" relativi alle deportazioni civili fasciste, vorrei aggiungere qualche ulteriore riferimento.

Il primo riguarda la tipologia delle strutture fisiche dei campi d'internamento italiani. Se molte di esse sono state distrutte o, comunque, non sono state socialmente riconosciute per il particolare ruolo storico che hanno svolto, ciò si deve anche, e non in piccola misura, al fatto che erano costituite da edifici realizzati per altro scopo e quindi, passata la guerra, sono rapidamente tornati alla loro funzione originaria. Durante un'indagine a tappeto che ho compiuto negli anni ottanta, dopo aver completato la mappatura dei campi italiani, ho potuto verificare come, non di rado, gli stessi proprietari o inquilini degli stabili fossero all'oscuro del ruolo particolare avuto durante la guerra dagli edifici da loro successivamente abitati o gestiti.

Una seconda considerazione riguarda invece il cambio di destinazione che le strutture hanno spesso subito nel tempo, pur mantenendo la funzione di luoghi di segregazione. Il caso più tipico e frequente è costituito dal "cambio d'uso" tra prigionia di guerra e internamento civile subito dai campi gestiti in Italia dal Regio esercito, che non ha favorito certamente l'acquisizione di un'appropriata consapevolezza sulla realtà dell'internamento civile fascista. È questo il caso dei campi di Gonars, Cairo Montenotte, Renicci ecc., ma anche, successivamente all'8 settembre 1943, dei campi di Fossoli, Servigliano Marche, Sforzacosta ecc. D'altra parte, la "funzione di disturbo" che il cambio di destinazione ha esercitato sulla memoria e, non di rado, anche sulla storiografia dei campi, è un fenomeno che non si limita certo all'internamento civile e alla prigionia di guerra.

L'ho potuto constatare di persona, presso i vari siti, nel corso di tanti viaggi finalizzati a fotografare lo stato di conservazione dei vecchi stabilimenti concentrazionari e a verificare la "consistenza" della memoria a essi riferita. Tra gli abitanti di Alatri, per esempio, la memoria del campo di accoglienza per profughi istriani e dalmati, che ha operato nel dopoguerra nella frazione Fraschette, aveva quasi completamente cancellato quella relativa al precedente campo fascista per internati civili che aveva utilizzato le stesse strutture fisiche. Memorie sovrapposte (e anche confuse) ho riscontrato anche a Civitella della Chiana (Arezzo), dove l'edificio che negli anni trenta aveva ospitato squadre paramilitari ustascia, nel 1940 diventò campo per internati civili di guerra; così come a Lipari, dove, nei cameroni del "castello", sede della vecchia colonia borbonica per coatti, passarono profughi serbi, confinati antifascisti, ustascia croati e internati civili jugoslavi. E molto si potrebbe dire, in tal senso, anche sul campo di Colfiorito, in precedenza sede di confino per deportati albanesi.

Ma la confusione tra i due tipi di campi e di funzioni che ha condizionato notevolmente la memoria (e l'oblio) dell'internamento civile fascista, trae origine anche dalla frequente vicinanza geografica dei campi per internati civili (sia quelli sottoposti al Ministero dell'interno che quelli sottoposti all'amministrazione militare) con i campi per prigionieri di guerra. Il caso più ricorrente è, in questo senso, quello del campo per prigionieri di guerra n. 53, situato a Sforzacosta (nei pressi di Macerata), che non sempre viene distinto dal campo d'internamento di Abbadia di Fiastra, attrezzato dal Ministero dell'interno al confine tra i comuni di Urbisaglia e Tolentino. Una confusione del genere si registra, talvolta, anche tra il campo per prigionieri di guerra n. 54 (sito a Passo Corese) e quello di internamento situato a Castelnuovo di Farfa (Rieti).

Assai diffusa è anche una confusione che definirei di tipo "cronologico". L'errore viene commesso, in tal caso, quando non si fanno le dovute distinzioni tra campi istituiti dal fascismo monarchico nel periodo 1940-1943 (per esempio Ferramonti) e campi attivi durante la Repubblica Sociale Italiana, cioè nel periodo 1943-1945 (per esempio Fossoli). Errore, questo, favorito dal fatto che alcuni campi del fascismo monarchico, quasi senza soluzione di continuità, sono stati acquisiti e mantenuti in attività dalla RSI. Ma analoga confusione si registra anche in riferimento alle zone occupate dagli Alleati, dove i vecchi campi fascisti per "internati civili di guerra" e quelli realizzati dagli Alleati per *displaced persons* (è il caso di Ferramonti, di Pisticci, e di alcuni campi pugliesi), si sono succeduti gli uni agli altri, negli stessi edifici, quasi senza soluzione di continuità. Molti testimoni, per esempio, raccontano fatti vissuti nel "campo di Ferramonti", ma chi li ascolta non sempre ha ben chiaro che a Ferramonti, inteso come luogo fisico, tra il 1940 e il 1945, si sono succeduti due tipi di "campi" e che, alla metà di settembre 1943, il campo fascista era stato sciolto.

La stratificazione delle funzioni (e delle memorie) subita negli anni dalle strutture d'internamento, del resto, è fenomeno interessante e complesso che non riguarda solo l'Italia: basti pensare, per esempio, ai campi di Mauthausen e Theresienstadt, luoghi di prigionia di guerra del prima guerra mondiale, divenuti importanti stazioni dell'universo concentrazionario hitleriano. Oppure a Buchenwald, che da lager nazista (1937-1945) è stato trasformato in quel "campo speciale" sovietico (1945-1950) che la Repubblica democratica tedesca aveva deciso di cancellare dalla memoria.

Un'ultima annotazione, per concludere, relativa agli effetti che può produrre l'uso improprio o mistificatorio della terminologia. Sappiamo – come dimostra anche, per la *Shoah*, un recente studio di Anna-Vera Sullam – che i nomi non si limitano solo a definire i fenomeni, ma in qualche modo interagiscono con essi e talvolta li prevaricano. Così com'è stato per altre vicende storiche, anche per l'internamento civile fascista l'analisi dell'uso improprio della terminologia può aiutare a comprendere più compiutamente i meccanismi che hanno portato alla rimozione. Questo convincimento è avvalorato anche dalla mia esperienza personale.

Ricordo che, negli anni ottanta, nel corso delle ricerche relative al campo di Renicci, mi colpiva il fatto che gli anziani del luogo che ricordavano quella struttura e sapevano facilmente indicarne il sito, nel riferirsi agli "internati civili" di quel campo usavano il termine "prigionieri". È ovvio che, definendo "prigionieri" (abbreviazione di "prigionieri di guerra") i civili stranieri deportati da uno stato dittatoriale aggressore (quali erano, effettivamente, gli jugoslavi internati a Renicci), si finiva con l'inscrivere inconsapevolmente una triste vicenda di deportazione nella "normale" routine dei fatti di guerra.

Vale ricordare ancora che, nel luglio 1930, con riferimento ai campi italiani della Sirtica, Mussolini raccomandava ai suoi generali di evitare accuratamente, nelle comunicazioni e nelle relazioni ufficiali, l'uso del termine "campi di concentramento", e suggeriva di usare, invece, l'espressione "campi di raccolta" o "accampamenti per popolazioni", al fine di non allarmare le popolazioni locali e, soprattutto, la stampa straniera. Infine (ma l'elenco potrebbe continuare), vale segnalare il fatto che la lapide posta nel cosiddetto "cimitero degli arabi", sull'isola di Ustica, indica come "relegati", anziché come "deportati", i 132 infelici lì sepolti, che erano stati scaricati sull'isola, il 29 ottobre 1911, in seguito alla rivolta di Sciara Sciat.[3]

[3] Per i riferimenti bibliografico-archivistici relativi a questo saggio rimando ai miei recenti scritti: *Per una storia dell'internamento civile nell'Italia fascista*, in A.L. Carlotti (a c. di), *Italia 1933-1945. Storia e memoria*, Vita e Pensiero, Milano 1996, pp. 527-579; *L'oblio delle deportazioni fasciste: una "questione nazionale"*, in "Nord e Sud", LXV (1999), n. 6, pp. 92-109; *Una storia rimossa dell'Italia fascista. L'internamento dei civili jugoslavi*, in "Studi Storici", XLII (2001), n. 1, pp. 204-230; e, in particolare, a *I campi del duce. L'internamento civile fascista nella seconda guerra mondiale*, Einaudi, Torino (in corso di pubblicazione).

La trasmissione della memoria

13. La memorialistica

di Adele Maiello[*]

Almeno fino alla fine degli anni cinquanta del Novecento, la deportazione è stata assimilata alle tante tragedie di una guerra che, con il suo "contributo" alla distruzione di vite umane, aveva superato tutto quanto era mai avvenuto nel secolo più cruento della storia umana. Era un evento spaventoso: le immagini riprese dagli Alleati al momento del loro ingresso nei lager stavano lì a dimostrarlo, ma i contorni rimanevano vaghi, imprecisi e si sovrapponevano ad altri eventi simili, come i campi di prigionia militare. Proprio in quegli anni però la memorialistica, che cominciava a essere pubblicata, strappava un primo velo a quell'immagine ancora sfocata, ma già terribile.[1] Alla mancanza o alla singolare esiguità delle fonti testimoniali si aggiungeva, e addirittura ne costituiva la causa, la volontaria incredulità di coloro che non avevano provato la deportazione, destinatari dei racconti dei sopravvissuti.

Così, a un primo momento in cui gli scampati avevano cercato di parlare, scrivere, raccontare, era succeduta una fase di silenzio, dettata sia dalla difficoltà di comunicare efficacemente quello che si era vissuto, sia dalla volontà di dimenticarlo. Ma testimonianze inoppugnabili erano già venute fuori: nelle baracche, perfino nelle anticamere dei crematori, si erano trovati diari, appunti frettolosi scritti dalle vittime. Ma si trattava di pochi documenti, nulla a confronto dell'enorme bagaglio di testimonianze conservato nel ricordo di chi era sopravvissuto. Gli stessi nazisti erano stati i primi a capire il valore di tale documentazione immateriale. Negli anni in cui era stato ancora possibile rimettere in libertà alcuni internati, questi si erano visti richiedere una dichiarazione scritta circa il "buon trattamento" ricevuto; in seguito, invece, gli stessi nazisti avevano eliminato tutti i testimoni scomodi, anche occa-

---

* Adele Maiello, docente presso l'Università di Genova, ha scritto, oltre a vari saggi e volumi sul laburismo britannico, la politica estera inglese, l'emigrazione ligure, *Un sindacato allo specchio*, Franco Angeli, Milano 1989. Su "Storia e Memoria", ha pubblicato *La memoria orale della Resistenza ligure*, VI (1997), n. 1; *La questione morale e l'impegno socialista per le riforme nel carteggio di due socialisti*, VIII (1999), n. 1.

1 Lo stato della bibliografia memorialistica di quegli anni si trova in A. Devoto, *Bibliografia dell'oppressione nazista fino al 1962*, Leo Olschki, Firenze 1964.

sionali, come chi viveva nelle vicinanze dei lager, di ciò che evidentemente essi stessi consideravano un orrendo segreto.[2]

È dunque già nel lager che era nato un rapporto particolare fra memoria e verità, e idea stessa di verità e di giustizia. I testimoni, e protagonisti, con i loro racconti e i loro silenzi riaffermavano il valore della trasmissione della memoria; anche tacendo, appunto, per metterla al riparo dall'inquinamento che produceva l'incredulità degli altri. Così quando questa memoria cominciò a fluire, prima nelle aule di tribunale, poi nei diari pubblicati, poi nelle storie orali, si assistette a quella gigantesca ricostruzione, che fu avviata sistematicamente solo negli anni settanta. E visto che di questa immane vicenda mancavano moltissimi dati materiali, la memoria dei sopravvissuti aiutò a delinearne, anche nei fatti, i connotati.

In tal modo la storia orale perdeva talune delle caratteristiche che la contraddistinguono da altre ricostruzioni storiche. La motivazione per l'assunzione della fonte orale come testimonianza è stata infatti una motivazione di tipo "improprio". Ci si rivolgeva alla fonte orale non per quello che poteva dare in maniera originale e autonoma, ma per ottenere un surrogato di quello che normalmente veniva richiesto a una fonte scritta mancante. L'ipotesi di "fonte surrogante" nasceva in effetti dalla precipua attenzione ai fatti narrati piuttosto che non alla narrazione degli stessi.

Poi la memoria venne trattata con metodi appropriati e il libro di Anna Bravo e Daniele Jalla, *La memoria offesa*, pubblicato nel 1986, che ripercorreva la vicenda concentrazionaria di duecento internati, prevalentemente piemontesi, nei lager nazisti, fu uno dei più importanti contributi in tal senso. Gli obiettivi, anche scientifici, del libro erano la valorizzazione dell'esperienza di dolore, abiezione e tragedia individuale in un contesto di coralità collettiva. Il lavoro di raccolta fra i sopravvissuti, appartenenti ad ambo i sessi e alle più diverse categorie professionali e di età, consentì agli autori di rappresentare una realtà che aveva ferocemente unificato esperienze disparate e individuali. Infatti apparve subito evidente che la categoria o l'esperienza veramente condivisa, espressa attraverso lo strumento dell'oralità, era stata la spersonalizzazione dell'individuo, l'annichilimento che ne vanificava l'individualità, riducendo il singolo totalmente in balia del contesto.

L'oralità in questo caso appariva davvero come lo strumento più efficace per riprodurre quelle tragiche vicende, la cui efficacia veniva sottolineata dalla semplicità del linguaggio, comune a tutti gli intervistati. Era il modo scelto spontaneamente da tutti per essere creduti, una modalità, insomma, che trova compiuta espressione nel titolo del libro di

---

[2] E. Giuntella, *Il nazismo e i lager*, Studium, Roma 1979, pp. 133-186.

Hannah Arendt, *La banalità del male*. A differenza delle normali storie narrate oralmente, che spesso trasferiscono l'ordinario nella categoria dello straordinario, in questi casi tutti avevano scelto di fare la cosa opposta, di parlare di cose straordinarie come se fossero state ordinarie, non solo per essere creduti, ma anche, forse, per aggiungere orrore a orrore, suggerendo che l'orrore era ormai la quotidianità. In questo caso l'uso del palinsesto[3] come modalità di analisi delle testimonianze da parte degli storici è stato il mezzo per comunicarci che si trattava di un'oralità di gruppo che restituiva efficacemente il senso di annullamento dell'individuo avvenuto durante la deportazione. In effetti, l'intervista agli ex deportati ha creato problemi del tutto particolari – di metodo, di sostanza e di finalità dell'intervista stessa – di cui gli storici fautori di tale tale metodo si sono presto resi conto, espandendo e raffinando lo studio non solo della sostanza delle memorie che venivano loro trasmesse, ma anche della loro forma, vale a dire del linguaggio. Nei quindici anni successivi al libro di Anna Bravo e Daniele Jalla, sono comparsi altri contributi, sempre più sistematici, per la conoscenza del tema della memoria concentrazionaria.

Ricorderò qui i convegni internazionali del 1995: il primo, *Il lager. Il ritorno della memoria*, si tenne a Verona e comprendeva anche contributi sul gergo in uso nei campi, i neologismi e la confusione dei linguaggi, che peraltro non impediva l'essenzialità della comunicazione e della reciproca comprensione. Il secondo convegno si tenne ad Aosta, su *Storia e memoria della deportazione* e, mentre offrì un'occasione di confronto-scontro sul concetto stesso di memoria, fornì anche una serie di informazioni su centri di raccolta che si stavano formando a Milano, a Torino e a Lione, nel pregevole museo della Resistenza francese di recente costituzione. Gli archivi della memoria che andavano costituendosi in Liguria come nel resto d'Europa furono poi presentati nel convegno internazionale organizzato dall'Istituto ligure per la storia della Resistenza e dell'età contemporanea nel 1997, i cui atti sono stati pubblicati l'anno successivo:[4] una ricca realtà di iniziative di raccolta di una memoria scritta e orale della Resistenza e della deportazione.

Una elevata quantità di memorie di ebrei, questa volta scritte, stava per essere sfornata negli anni seguenti dall'editoria italiana: si trattava di pubblicazioni stimolate dalla coincidenza del sessantesimo anniversario delle leggi razziali, che ripercorrevano, dunque, eventi precedenti l'Olocausto e successivi a esso. Tali memorie, caratterizzate da quelle sensa-

[3] Ciò vale a dire l'utilizzo di frasi, staccate dal contesto generale delle singole interviste, ma tutte concernenti lo stesso tipo d'esperienza e che riescono, così, a offrire una sorta di "testimonianza collettiva" dell'esperienza stessa.

[4] Cfr. i saggi di A. Maiello e di A. Molinari in "Storia e Memoria", 1, 1997.

zioni e quei sentimenti propri delle memorie orali e scritte sull'argomento,[5] sono contraddistinte in particolare dallo stupore e dall'incredulità per quanto stava avvenendo anche in Italia.

In questi anni di fine secolo si sono finalmente sciolte le remore anche degli internati militari, le cui pubblicazioni, in chiave quasi sempre memorialistica, dichiarata o meno, hanno peraltro riproposto le stesse finalità che si trovano nella memoria orale o scritta degli ebrei: un omaggio a chi non c'è più e l'impegno al ricordo.[6] Ma col tempo anche altri ricordi simili, spesso ignoti, stanno emergendo nella ricerca storica che valorizza la memoria, scritta e orale, come nel caso dei libri di Guy Canonici[7] e di Silvie Graffard e Léo Tristan[8] sulla sorte concentrazionaria dei Testimoni di Geova oppure, da tutt'altra sponda, nelle memorie di Pietro Ciabattini.[9] Quest'ultimo, con le sue memorie, svela la vicenda poco nota di 35 000 italiani e tedeschi (fascisti, nazisti e repubblichini, uomini, donne e bambini) raccolti nel campo toscano di Coltano dagli americani e poi subentrati all'amministrazione italiana dal luglio 1945, e il cui destino fu per lo più la morte per uccisione o per fame. Anche in questo caso la memoria dell'autore è posta umanamente al servizio dei morti.

In genere, gli autori di queste memorie scritte e orali si presentano soprattutto come i testimoni, e talvolta anche i responsabili, della dissoluzione della maggior parte di quei valori di umanità sulla base dei quali, per esempio i resistenti partigiani, avrebbero voluto costruire il mondo nuovo. Infatti, nella memoria di chi era stato deportato in quanto partecipe del movimento resistenziale agivano valori più costruttivi, nonostante la difficoltà incontrata nel dopoguerra per affermare quelli che per essi erano appunto "i valori della Resistenza". Appare invece evidente che, per gli altri, il cammino per la creazione di un mondo nuovo era ancora lungo, anche quando persistevano quelle forme di solidarietà interpersonali che, sole, avevano permesso la sopravvivenza degli internati. Pur nella semplicità formale, quelle memorie sono state sempre dotate di una forte efficacia narrativa e ci hanno trasmesso, infatti, im-

[5] L. Realini ne ha dato conto in *Diari e memorie sulla leggi razziali in Italia pubblicati negli anni 1997-1998*, in "Italia Contemporanea", giugno 2000, pp. 263-280.

[6] Così dopo il libro di C. Sommaruga, *Per non dimenticare. Bibliografia ragionata dell'internamento e deportazione dei militari italiani nel Terzo Reich (1943-45)*, INSMLI, Milano 1997, sono usciti, come numero monografico della rivista "Studi e ricerche di storia contemporanea" del 1999, gli Atti del convegno di Bergamo del 1997 su *Internati, prigionieri, reduci. La deportazione militare italiana durante la seconda guerra mondiale.*

[7] G. Canonici, *Le Témoins de Jéovah face à Hitler*, Albin Michel, Paris 1997.

[8] S. Graffard, L. Tristan, *Les Bilberforsch et le nazisme 1933-45. Les oubliés par l'histoire*, Ed. Tirésias-Michael Reynand, Paris 1994.

[9] P. Ciabattini, *Coltano 1945. Un campo di concentramento dimenticato*, Mursia, Milano 1995.

magini molto simili a quelle che abbiamo ritrovato nei contributi autobiografici di grandi narratori della deportazione, come Primo Levi o Liana Millu. L'aspetto positivo di quelle storie, la speranza – quando c'è – sta nel fluire della vita stessa che ha un senso di per sé, e che riesce a sorprenderci sempre per la sua capacità di ricostruire umanità e valori di civile convivenza. Anche in questo caso dunque, relativamente a vicende tanto orrende, la memoria costituisce un valore di segno positivo per il futuro dell'umanità e non solo un mezzo per ricostruire una verità storica la cui tragicità pur sempre ci respinge.

14. La memoria della *Shoah* e la ricerca storica

di Alberto De Bernardi[*]

«Secondo una certa impostazione tradizionale» ha scritto lo storico canadese Marrus «l'Olocausto sta in qualche modo al di sopra della storia, a causa della sua importanza suprema: dunque si pensa che non vada soggetto a quelle ampie indagini, discussioni e dibattiti che sono normali per altri aspetti del passato recente. Si teme che un'analisi minuziosa condotta da studiosi possa diminuire l'orrore suscitato dal fatto o il rispetto dovuto all'esperienza più traumatica del popolo ebraico presente nella memoria storica».[1]

A questi timori – sempre secondo Marrus – si sono aggiunte tre preoccupazioni principali, che hanno costituito altrettante interdizioni a uno scavo storiografico dello sterminio. Innanzitutto, la convinzione che il lavoro degli storici non potesse sfuggire al rischio dell'incompletezza e che quindi restituisse una ricostruzione falsata degli eventi; in secondo luogo, il dubbio che le inevitabili imprecisioni della ricerca si potessero ripercuotere negativamente sull'immagine pubblica della *Shoah*; infine, la preoccupazione che l'inevitabile sforzo di revisione delle interpretazioni consolidate, proprio dell'attività scientifica, potesse comportare non solo una progressiva sottovalutazione dell'orrore subito dal popolo ebraico, ma soprattutto determinare l'emergere di qualche giustificazione retrospettiva degli aguzzini nazisti.[2]

Questo insieme di preoccupazioni e di timori si riassumeva infine nel sospetto, assai diffuso nell'immaginario delle vittime e di molti intellettuali ebrei impegnati nella costruzione della memoria della *Shoah*, che la ricerca storica costituisse il veicolo di una pericolosa normalizzazione. Questa tragedia, proprio per i suoi caratteri di male assoluto, di violen-

---

[*] Alberto De Bernardi, professore presso l'Università di Bologna e direttore scientifico dell'Istituto nazionale per la storia del movimento di liberazione in Italia, ha pubblicato *Operai e nazione*, Franco Angeli, Milano 1993; con L. Ganapini, *Storia d'Italia*, Bruno Mondadori, Milano 1996; con M. Flores, *Il Sessantotto*, il Mulino, Bologna 1998; con S. Guarracino, *Il fascismo*, Bruno Mondadori, Milano 1998. È autore di fortunati manuali di storia per le scuole superiori.

[1] M. Marrus, *L'Olocausto nella storia*, il Mulino, Bologna 1994, p. 7.

[2] Ivi, pp. 17-18.

za cieca e bestiale senza paragoni, destinata a sfuggire a qualsiasi tentativo di spiegazione e di comprensione scientifica e razionale, sembrava non potesse costituire oggetto del lavoro storiografico. Come ha scritto Giovanni Gozzini, «l'unica possibile spiegazione *oggettiva* [poteva risiedere] nel punto di vista *soggettivo* delle vittime»: la verità sullo sterminio dunque, poteva essere restituita e comunicata esclusivamente dalla memoria delle vittime, mentre la storiografia era costretta ad arrendersi di fronte all'indicibile e all'incomprensibile.[3]

Tra memoria e storia si apriva dunque una frattura nella misura in cui l'ansia di ricordare e di impedire che il tempo stendesse un velo su di una così gigantesca tragedia, sui suoi artefici e sulle sue vittime sembrava non potersi servire dell'apporto del lavoro di scavo della storiografia perché "conoscere" lo sterminio significava inevitabilmente "storicizzarlo" e quindi determinare uno iato tra il giudizio storico e la condanna morale. Se alla storia, per il suo stesso statuto epistemologico, spetta il compito di regolare e definire i rapporti tra "memoria e oblio",[4] in questo caso l'indagine del passato veniva preventivamente imputata della potenziale capacità di distorcere il ricordo e di rendere possibile non tanto l'oblio dell'evento, quanto la rimozione dell'orrore incommensurabile che lo ha caratterizzato.

In fondo anche la stessa parola Olocausto, ancora oggi largamente utilizzata per sintetizzare il "discorso pubblico" sullo sterminio, proprio per i suoi connotati religiosi espressi nel suo significato etimologico di sacrificio alla divinità, lascia trapelare un'intenzione interpretativa volta a sottolineare l'incomprensibilità dell'evento. Non solo Auschwitz stava «su di un altro pianeta» come ha scritto Nora Lewin, ma soprattutto l'intero evento *Shoah*, connotato nella dimensione del "sacrificio", appariva come il destino di un popolo, dotato perciò di un aura di imperscrutabilità e di una dimensione "ontologica", che costituivano una barriera insormontabile alla ricerca storica.[5] Allo storico dell'Olocausto veniva richiesto esclusivamente di dare coerenza e senso alla "storia vista" e "patita" trasformandosi in un "praticante dell'identità" a presidio dell'integrità della memoria,[6] proprio perché la verità storica dello sterminio si era progressivamente trasformata, come ha notato Vidal-Naquet, in una "verità religiosa". In questo discostamento si condensavano le ragioni che impedivano di studiare Ausch-

---

[3] G. Gozzini, *La strada per Auschwitz. Documenti e testimonianze dello sterminio nazista*, Bruno Mondadori, Milano 1996, p. 3.

[4] N. Gallerano, *La verità della storia. Scritti sull'uso pubblico del passato*, Manifestolibri, Roma 1999, p. 47.

[5] G. Eley, *Holocaust History*, in "London Review of Books", 3, 1986, p. 6.

[6] G. Bensoussan, *L'eredità di Auschwitz. Come ricordare?*, Einaudi, Torino 2002, p. 40 ss.

witz e di inserirlo come qualunque altro fatto storico nella trama di quelle operazioni che consentono di conoscere il passato.[7]

Quali percorsi abbia intrapreso la storiografia per liberarsi da questa "schiavitù" della memoria vedremo poco più avanti. Quello che mi preme notare è che non bisogna dimenticare che questo dibattito è successivo a una lunga fase di silenzio della storiografia sulla *Shoah*.

Infatti, fino agli anni sessanta, il disimpegno della storiografia europea ha contribuito non poco a quella strategia del "non riconoscimento" che ha caratterizzato le politiche pubbliche di buona parte dei paesi europei messe in atto a partire dall'immediato dopoguerra.

Non può sfuggire, infatti, che fino all'apparizione del volume di Raul Hilberg – *The Destruction of the European Jews*[8] – e di quello di Hannah Arendt – *Eichmann in Jerusalem*[9] –pubblicati entrambi negli Stati Uniti nei primi anni sessanta, la storiografia non avesse dedicato un grande spazio alla ricostruzione dello sterminio. Se si escludono infatti il lavoro pionieristico di Leon Poliakov – *Bréviaire de la haine. Le IIIe Reich e les Juifs*[10] – del 1951 e quello, successivo, di G. Reitlinger – *The Final Solution: the Attempt to Exterminate the Jews of Europe, 1939-1945*[11] – il tema in questione brilla per la sua assenza, nonostante che la documentazione prodotta dal processo di Norimberga fornisse un patrimonio notevolissimo di informazioni per attivare la ricerca storica. E inoltre non va dimenticato che Hilberg e la Arendt non erano due storici di professione, bensì due intellettuali ebrei, di formazione politologica il primo (era un allievo di Neumann alla Columbia University), filosofica la seconda, le cui opere erano orientate a un fine esplicito di denuncia e di condanna.

Com'è stato da più parti messo in evidenza,[12] bisogna aspettare la fine degli anni sessanta, con l'inaugurazione del Memoriale internazionale di Auschwitz nella Polonia comunista del 1967 e con il gesto altamente simbolico del cancelliere tedesco Willy Brandt che nel 1970 si inginocchiò davanti al ghetto di Varsavia, perché cominci, in Europa, la costruzione di un memoria pubblica che assegni allo sterminio degli ebrei un ruolo centrale per definire il profilo autentico della contemporaneità. E in questo contesto, anche nella ricerca storica, si aprì una

[7] P. Vidal-Naquet, *Réflexions sur le génocide. Les juifs, la mémoire et le présent.*, La Découverte, Paris 1995, vol. III, p. 233.

[8] R. Hilberg, *La distruzione degli Ebrei d'Europa*, Einaudi, Torino 1995, 2 voll.

[9] H. Arendt, *La banalità del male*, Feltrinelli, Milano 1964.

[10] L. Poliakov, *Il nazismo e lo sterminio degli ebrei*, Einaudi, Torino 1954.

[11] G. Reitlinger, *La soluzione finale. Il tentativo di sterminio degli ebrei in Europa 1939-1954*, Il Saggiatore, Milano 1962.

[12] P. Mesnard, *Consciences de la Shoah. Critique des discours et des représentations*, Kimè, Paris 2000, p. 12 ss.

nuova stagione di studi, che al di là del dibattito sul rapporto tra storia e memoria, allargò notevolmente le conoscenze sulla *Shoah*.

Fino alla fine degli anni sessanta, dunque, la memoria ha dovuto lottare innanzitutto contro l'oblio. Un oblio tenace, alla cui costruzione concorreva soprattutto la volontà, prevalente nelle nuove élite politiche della Germania occidentale e nei diversi stati variamente implicati nella politica dello sterminio, di evitare che la condanna dell'ignominia formalmente pronunciata si traducesse nel riconoscimento pieno delle proprie responsabilità: oblio dunque, come conseguenza di una politica programmaticamente rivolta a favorire un'amnesia collettiva sullo sterminio degli ebrei e sulla collaborazione che il progetto nazista trovò in numerosi paesi europei, sia sottoposti, sia formalmente non sottoposti alla dominazione tedesca.

In Germania, ovviamente, la realizzazione di questo progetto fu molto più complessa che altrove; innanzitutto perché lo sforzo di Adenauer e della CDU di "prosciogliere" i tedeschi dal complesso della "colpa collettiva" e di sospingerli a ritrovare una forzata normalità fondata sulla rimozione cozzava con l'impegno di gruppi di intellettuali che si sforzavano di impedire che i loro concittadini dimenticassero. Ma non va poi sottovalutato il ruolo giocato dall'*altra Germania* nella quale Buchenwald era stata elevata a icona simbolica per sostenere l'artificiale identità antifascista che costituiva l'architrave fondamentale della legittimazione della DDR.[13]

All'interno di queste articolate politiche della memoria, funzionali alla disperata ricerca di un'identità condivisa per due stati vinti e divisi, un ruolo non secondario giocarono i nuovi scenari della guerra fredda, che spinsero gli Stati Uniti a ridurre al minimo i programmi di denazificazione della popolazione tedesca per lanciarla nella nuova guerra al comunismo, di cui rappresentava il più pericoloso avamposto.

Proprio per questi motivi, nonostante il grido lanciato nel 1946 sulla "colpa tedesca" da Karl Jaspers nel suo famoso *Die Schuldfrage*,[14] il progetto politico della nuova leadership democristiana nella BDR, tanto crudamente descritto da Pierre-Yves Gaudar, secondo il quale «funzionari, giuristi e medici cercarono di trionfare sulle loro vittime e di liberarsi di loro dichiarandogli una vera e propria guerra», ebbe sostanzialmente successo. Venne così favorita la rapida e irrisolta pacificazione dei tede-

[13] E. Traverso, *L'histoire déchieré. Essai sur Auschwitz e les inctellectuels*, Le Cerf, Paris 1997 p. 26 ss.

[14] K. Jaspers, *La colpa della Germania*, Esi, Napoli 1947. Per una recente riflessione sull'importanza del libro di Jaspers e sul ruolo che ebbe nella riflessione storica sulla *Shoah* cfr. il saggio di P. Vidal-Naquet, *Karl Jaspers el la culpabilité allemand* (1990), in Id., *Réflexions sur le génocide...*, cit., pp. 233-249.

schi con il loro passato sulla base di un rifiuto collettivo a fare i conti con l'adesione di massa al nazismo e al suo furore antisemita.[15]

Ma il processo di rielaborazione della tragedia nella Germania occidentale non raggiunse mai quel grado di rimozione collettiva che si verificò in Austria, dove lo sterminio è stato rubricato nel novero dei lutti e dei dolori che la guerra inferse a tutti gli abitanti dell'Europa e quindi cancellato dalla memoria. E questo sforzo spasmodico di dimenticare, che non si fermò nemmeno di fronte all'abbattimento dei campi di sterminio, ritenuti un ostacolo alla politica della rimozione, risulta inversamente proporzionale alle dimensioni di massa assunte dalla collaborazione della popolazione austriaca alla *Shoah* e agli altri progetti di sterminio programmati dal nazismo, dall'eliminazione degli handicappati, a quella dei prigionieri sovietici.

Come si legge in un documento redatto dalla comunità ebraica austriaca nell'immediato dopoguerra e riportato da Gordon Horwitz nella sua puntuale ricostruzione della "vita quotidiana" dentro e fuori il lager di Mauthausen, «quando un ebreo austriaco torna a casa deve scusarsi, per così dire, e chiedere perdono di essere vivo e ha grandi difficoltà nel farsi restituire ciò che è suo, o almeno una piccola parte».

L'Austria, dunque, non solo volle dimenticare, ma costruì scientemente l'oblio delle proprie colpe sul rifiuto di riconoscere agli ebrei persino la dignità di vittime di una tragedia senza paragoni. Questa scelta è stata alla base di alcuni eventi che hanno gettato un'ombra inquietante sulla democrazia austriaca. Innanzitutto l'elezione a presidente della repubblica nel 1986 di Kurt Waldheim, uno dei tanti aguzzini dei partigiani e della popolazione civile in Jugoslavia. Nonostante la riprovazione dell'opinione pubblica internazionale, che spinse il governo degli Stati Uniti a dichiarare il neopresidente un ospite "indesiderabile" sul suolo nazionale, e l'assoluta certezza delle responsabilità contestategli, Waldheim poté godere di un ampio consenso tra i suoi concittadini che non solo lo elessero senza nemmeno chiedergli un'autocritica formale per i misfatti commessi, ma si riconobbero nella sua autodifesa condotta in nome del "terribile destino" che aveva accomunato tutti coloro che erano stati coinvolti nella seconda guerra mondiale e in virtù del quale si opacizzavano le differenze tra vittime e carnefici.

Questa manipolazione della memoria si configura, quindi, come uno degli elementi costitutivi della nuova identità austriaca: l'elezione di Waldheim poteva essere un'occasione per una presa di coscienza collettiva dei guasti che la falsificazione del passato comporta, ma venne in parte sprecata e in parte deliberatamente respinta. L'esito di questo er-

[15] P.Y. Gaudar, *Le fardeu de la memoire*, Plon, Paris 1998, p. 83.

rore non tardò a riemergere quando l'opinione pubblica austriaca si trovò sostanzialmente disarmata di fronte alle componenti esplicitamente filonaziste del programma e della cultura politica del movimento fondato dal governatore della Carinzia, Haider, diventato, nelle elezioni del 2000, una forza politica essenziale del nuovo governo di centro-destra.

Anche i casi dell'Italia e della Francia costituiscono a loro modo due esperienze esemplari di rimozione programmatica del ruolo giocato dall'ultima stagione del fascismo da un lato, e dall'esperienza collaborazionista di Vichy dall'altro, nelle dinamiche dello sterminio.

Un punto di partenza inequivocabile per analizzare questo processo è costituito dalle difficoltà che, già dalla fine degli anni quaranta, gli ebrei sopravvissuti incontrarono in entrambi i paesi per pubblicare le memorie della deportazione e dell'inferno dei campi di sterminio. Il caso di Primo Levi è troppo noto per essere ricordato, ma le ricerche di Annette Wieviorka sull'impossibilità dei testimoni di pubblicare in Francia i loro ricordi mettono in luce che l'avventura editoriale di *Se questo è un uomo* non costituì un fenomeno né isolato, né casuale.[16] Era l'inequivocabile segnale di una volontà di "non sapere" che attraversava l'Europa democratica, che poi si sarebbe riverberata nell'assenza della *Shoah* nei mezzi di comunicazione di massa, nelle rievocazioni pubbliche sulla seconda guerra mondiale, nei programmi scolastici e nei libri di testo.

In quest'ansia di far "passare il passato", la volontà delle nuove classi dirigenti di occultare pagine inquietanti della storia nazionale, celandole nelle pieghe del mito della "riconciliazione nazionale" – volontà sostenuta in entrambi i paesi da personalità culturalmente molto distanti tra di loro come De Gaulle, Togliatti o De Gasperi – si combinava con le pulsioni dell'opinione pubblica, animata dal desiderio, più o meno consapevole, di allontanare da sé il dramma di colpe e di miserie "collettive".

Una sintesi straordinaria di questo nuovo spirito pubblico che attraversava l'Europa dei vinti e dei vincitori ce l'ha data una dei più grandi drammaturghi italiani del Novecento, Eduardo De Filippo, che faceva dire a Gennaro Jovine, il reduce di *Napoli milionaria*:

> Quann'io turnaie 'a 'll'ata guerra, chi me chiamava 'a 'ccà, chi me chiamava a' llà: Pe' sapé, pe' sèntere 'e fatterielle, gli atti eroici [...] Tant'è vero ca quann'io nun tenevo cchiù che dìcere, me ricordo ca, pe m''e llevà 'a tuorno, dicevo buscie, cuntavo pure cose ca nun erano succiese, o ca erano succiese all'ati surdate [...] Pecché era troppa 'a folla, 'a gente ca vuleva sèntere [...] Ma mo pecché nun ne vonno sèntere parlà?

---

[16] A. Wieviorka, *Déportation et génocide. Entre la memoire et l'oubli*, Plon, Paris 1992. Su questo argomenti si veda anche, G. Bensoussan, *op. cit.*, pp. 17-19.

La risposta più convincente a questo interrogativo mi sembra quella elaborata da Bensoussan: «Sia perché non si voleva più ascoltare, sia per poter riprendere a vivere, il silenzio divenne per alcuni una necessità terapeutica. Per ristabilire la comunicazione con l'ambiente sociale normale bisognava tacere questa storia abnorme».[17]

Il silenzio si configura, dunque, come una costruzione complessa alla cui realizzazione concorsero essenzialmente due processi: uno proveniente, per così dire, dal basso, dalla gente comune che, gravata dal problema complesso della responsabilità, avvertiva che per "tornare a vivere" bisognava dimenticare; l'altro, proveniente dall'alto, dai nuovi centri del potere politico dei diversi stati europei che, stretti tra l'esigenza di consolidare la legittimità e la funzionalità di fragili democrazie, e la necessità di adeguarsi ai nuovi assetti geopolitici, ritennero l'oblio uno strumento efficace di stabilizzazione politica. Poi tutto venne travolto dalle nuove aspettative di benessere che il boom economico mondiale aprì in quasi tutti i paesi dell'Europa occidentale.

Per quasi un ventennio questa costruzione ha tenuto, impedendo che il dramma dello sterminio, nel suo duplice senso di dramma delle vittime e della coscienza europea, riemergesse come questione nodale della memoria contemporanea e dell'identità novecentesca.

Ma la strategia dell'oblio ha trovato un insospettabile alleato nella volontà dei "vincitori" – dai combattenti, agli antifascisti, ai resistenti – di occupare per intero lo spazio della memoria.

«La retorica resistenzialista e gli atteggiamenti vittimistici» ha scritto di recente Philippe Mesnard «sia di destra che di sinistra, attraverso i quali si attualizzano e si drammatizzano i conflitti politici, non lasciano – agli ebrei della diaspora in particolare e alle vittime civili in generale – molta voce in capitolo in questa nuova storia dei vincitori che si scrive a forza di miti eroici».[18]

Gli ebrei, come i deportati, i prigionieri, restavano in sostanza vittime, estranee a quello scontro tra fascismo e antifascismo, tra democrazia e totalitarismo, che venne definendo i confini e i caratteri della memoria pubblica sulle tragedie della seconda guerra mondiale. Un esempio soltanto vale a chiarire questa complessa questione.

Nella sua storia della seconda guerra mondiale, che come è noto raccoglieva articoli apparsi su di un settimanale a grande tiratura e quindi concepiti con un evidente fine divulgativo, Roberto Battaglia non dedicava se non scarsissimi riferimenti allo sterminio degli ebrei, espungendolo di fatto dalla storia del conflitto. Ma l'aspetto più rilevante da sot-

---

[17] Ivi, p. 23.

[18] P. Mesnard, *op. cit.*, p. 14.

tolineare riguarda il fatto che quei pochi accenni, che riguardavano quasi esclusivamente le vicende del ghetto di Varsavia, erano inseriti nel capitolo dedicato alla Resistenza europea: lo sterminio degli ebrei, da un lato era assunto come evento che giustificava la "scelta" dei partigiani, dall'altro gli veniva assegnato valore di fatto storico (assurgeva a evento storico) solo nel caso in cui le vittime fossero state protagoniste di un atto di resistenza e di ribellione al nazismo.[19]

Scrisse Battaglia a commento delle testimonianze degli ebrei raccolte dall'*Oneg Sabat*, il centro di documentazione costruito dagli abitanti del ghetto per tramandare la memoria della loro distruzione: «Dopo la tragedia del ghetto di Varsavia, la Resistenza non è più soltanto la scelta tra il bene e il male, tra la difesa degli oppressi e l'oppressione, ma la scelta fondamentale tra la fede nell'umanità e la negazione della condizione umana».[20]

Oltre all'oblio, questa complessa azione di rimozione ha prodotto un atteggiamento di clemenza nei confronti dei carnefici: su circa cinquemila individui riconosciuti dagli Alleati colpevoli di crimini di guerra, solo qualche centinaio è stato giudicato e condannato; la stragrande maggioranza è riuscita a fuggire o a sfuggire il rigore assai blando e omertoso della macchina giudiziaria ordinaria,[21] mentre molti altri se la sono cavata con brevi condanne rese ancor più celeri da ricorrenti amnistie.[22]

In questo quadro di rimozione generalizzata e programmata, gli orientamenti della storiografia hanno giocato un ruolo non piccolo nella misura in cui hanno favorito, con le loro scelte interpretative, l'allontanamento della coscienza collettiva europea dalla tragedia che si era appena conclusa.

Le teorie di quanti, con Meinecke, Mann e Croce in testa, accreditarono la tesi che fascismo e nazismo erano state due "parentesi" nella storia di questi due paesi e che il totalitarismo di destra era fenomeno europeo e, quindi, non poteva essere espressione di tendenze di fondo della storia tedesca e italiana, contribuirono ad alimentare l'illusione collettiva che quella pagina «demoniaca» – per usare l'espressione dello storico tedesco Ludwig Dehio – potesse essere girata rapidamente e senza alimentare eccessivi sensi di colpa.[23]

---

[19] R. Battaglia, *La seconda guerra mondiale*, Editori Riuniti, Roma 1960.

[20] Ivi, p. 169.

[21] Sul caso italiano per quel che riguarda i processi ai criminali tedeschi colpevoli di stragi contro la popolazione civile cfr. "Storia e Memoria", n. 2, 1998 e M. Franzinelli, *Le stragi nascoste*, A. Mondadori, Milano 2002.

[22] Cfr. G. Bensoussan, *Histoire de la shoah*, Puf, Paris 1997.

[23] Su Croce, per brevità, mi permetto di rimandare al mio *Una dittatura moderna. Il fascismo come problema storico*, Bruno Mondadori, Milano 2001 pp. 6-10; sulla storiografia tedesca cfr. il recente E. Husson, *Comprendre Hitler e la Shoah. Les historiens de la Répu-*

La storiografia tedesca ha cercato di trasformare Hitler nel "capro espiatorio" su cui vennero riversate tutte le responsabilità e tutte le colpe, condannato a una repentina, quanto radicale, *damnatio memoriae*, fino al punto che, in tutta la sua *Deutsche Geschichte*, Golo Mann non scrisse mai per esteso il nome di Hitler, ma solo con la lettera iniziale puntata. Il risultato di questa operazione politico-culturale, prima che storiografica, fu quello di espellere dalla coscienza collettiva, insieme con il nazismo, anche le vittime delle politiche di sterminio messe in atto dal regime.

Cancellare il Führer e il nazismo dalla storia e dalla memoria tedesca comportò anche il "non riconoscimento" di quei sei milioni di ebrei massacrati o gasati per volere dei capi del nazismo: comportò offuscare Auschwitz, fino a farlo scomparire.

Così pure, sebbene in scala minore, l'ipotesi storiografica di "mettere tra parentesi" il fascismo ebbe come conseguenza la possibilità di liberare la coscienza degli italiani non solo dalla necessità di fare i conti con l'esperienza della dittatura nel suo complesso, ma anche con alcuni dei suoi atti più orribili. Tra questi primeggia la persecuzione ebraica messa in atto dal regime nel 1938, accolta dal silenzio connivente della stragrande maggioranza della popolazione ma, soprattutto, dall'adesione esaltata di molti scienziati e intellettuali che rimasero al loro posto anche dopo il 1945.[24]

La storiografia si è fatta consapevolmente complice di un'amnesia collettiva che in Italia è stata rotta solo nel 1962 – e non del tutto cancellata perché fino agli anni novanta il tema è stato di nuovo abbandonato dalla ricerca storica – con la pubblicazione delle ricerche di Renzo De Felice sugli ebrei sotto il fascismo,[25] mentre in Francia si sono dovute attendere le ricerche di storici stranieri come Paxton e Jäckel sull'esperienza di Vichy, perché venisse stracciato il velo di silenzi e di omissioni tessuto con tanta cura dalla storiografica accademica.

Ma il disinteresse della storiografia per lo sterminio seguì anche altri percorsi che erano in parte meno legati a un disegno politico e culturale portato avanti consapevolmente dagli storici di professione, ma che affondavano le loro radici in orientamenti metodologici fortemente consolidati. Numerosi studiosi francesi hanno recentemente messo in evidenza, per esempio, quanto l'orientamento "annalistico" prevalente nella storiografia francese del dopoguerra, fondato sul primato delle strut-

---

blique fédérale d'Alemagne e l'identité allemande depuis 1949, Puf, Paris 2001, pp. 31-47. Su questo tema cfr. anche P. Baldwin (a c. di), *Reworking the Past. Hitler, the Holocaust and the Historian's Debate*, Beacon Press, Boston 1990, p. 13 ss.

[24] Cfr. i saggi di F. Giacanelli, R. Villa e C. Pogliano, in A. Burgio (a c. di), *Nel nome della razza. Il razzismo nella storia d'Italia 1870-1945*, il Mulino, Bologna 1999, pp. 389-442.

[25] R. De Felice, *Storia degli ebrei italiani sotto il fascismo*, Einaudi, Torino 1961.

ture sociali, della "longue durée", della storia materiale, abbia favorito la marginalizzazione della *Shoah* e del ruolo che ha avuto nella dinamica dello sterminio il collaborazionismo di Vichy.

La storiografia ha dunque abbandonato il campo, se si esclude ovviamente il pionieristico lavoro di Poliakov, lasciando che la politica dell'oblio e della rimozione facesse il suo corso, senza trovare nella ricerca storica quell'imprescindibile baluardo della memoria.

Per altri versi, non può sfuggire l'assenza dello sterminio degli ebrei nei due lunghi saggi dedicati alla seconda guerra mondiale che Basil Liddell Hart e Llewelyn Woodward scrissero per l'ultimo volume, pubblicato nel 1960, della *New Cambridge Modern History*, che costituisce indubbiamente il più impegnativo prodotto della storiografia britannica negli anni cinquanta.[26]

Come abbiamo visto, con gli anni settanta si produce una svolta significativa nel rapporto tra la storiografia e lo sterminio. Il progressivo venir meno degli ostacoli elevati dalle politiche pubbliche alla conoscenza dell'orrore da un lato, e l'acquisita consapevolezza dell'autonomia della ricerca storica rispetto ai percorsi della memoria dall'altro, aprono una nuova stagione di studi, nella quale appaiono ben chiare due scuole di pensiero: quella degli intenzionalisti e quella dei funzionalisti; anche se non bisogna dimenticare che nello stesso periodo cominciano a delinearsi i contorni di un terzo orientamento, quello negazionista sostenuto dall'apologeta del nazismo David Irving nella sua opera *Hilter's War*.[27]

L'architettura della proposta interpretativa intenzionalista si basa su due architravi principali: da un lato il ruolo di Hilter come ispiratore e diretto promotore della "soluzione finale" e, dall'altro, il carattere costitutivo della strategia dell'annientamento nell'ideologia politica del nazionalsocialismo. Dal *Mein Kampf* al testamento politico dettato poco prima di togliersi la vita nel bunker di Berlino, si rintraccia con grande nitidezza l'ossessione antisemita del Führer e l'esplicita volontà di distruggere gli ebrei ritenuti il "nemico" principale della Germania.

Secondo gli intenzionalisti, tra cui emergono alcuni storici di grande valore come Christopher Browning, Gerald Fleming e lo stesso Ernst Nolte, questo aberrante mito politico, fatto proprio dall'intero gruppo dei più stretti seguaci di Hitler, divenne un programma politico perseguito con grande determinazione, di cui Auschwitz è stata al tempo stesso l'inevitabile esito e la sintesi simbolica. Secondo uno degli studiosi che maggiormente hanno contribuito alla definizione della tesi inten-

---

[26] B.L. Hart, *La seconda guerra mondiale* e L.Woodward, *Storia diplomatica della seconda guerra mondiale*, in Cambridge University Press, *Storia del mondo moderno*, vol. XII, *I grandi conflitti mondiali*, Garzanti, Milano 1972, pp. 888-965, 964-987.

[27] D. Irving, *Hitler's War*, Viking Press, New York 1977.

zionalista, la storica Luce Dawidowicz, Hitler «aveva piani a lunga scadenza per la realizzazione dei suoi obbiettivi ideologici e al centro di questi ultimi c'era la distruzione degli ebrei».[28]

È evidente che in questa chiave interpretativa non solo era essenziale la ricostruzione della psicologia di Hitler e dei capi del nazismo, perché in buona sostanza era nei meandri di menti dominate da ossessioni paranoiche e da istinti criminali che bisognava cercare molti dei nessi causali che sottendevano la *Shoah*, ma soprattutto era fondamentale rintracciare i passaggi storici attraverso i quali il fanatismo antisemita, da valore ideologico, si era trasformato in un programma concreto, in decisioni perseguite da una macchina operativa messa al servizio dello sterminio.

Da questo impianto concettuale, però, non derivava necessariamente né che lo sterminio degli ebrei fosse imputabile semplicemente all'opera di un pugno di criminali, né che esso fosse il risultato di un "ordine di uccidere" unico e dato una volta per tutte. Gli intenzionalisti infatti non sono stati animati semplicemente dalla volontà di condannare i colpevoli di così orrendi crimini, o di individuare un "capro espiatorio" che mettesse a posto la coscienza dei tedeschi: sono andati piuttosto alla ricerca di spiegazioni plausibili della *Shoah*, puntando soprattutto a rintracciarne le cause nell'impianto ideologico del nazismo e nella struttura del potere politico del *Führerstaat*.

In sintesi, la posizione intenzionalista è ben riassunta nelle parole di Kershaw, il maggiore storico di Hitler, che, pur ammettendo che l'iniziativa dello sterminio fosse partita «da diversi settori» del sistema di potere nazista, ritiene impensabile che «dato il carattere monocratico e assolutistico dello stato hitleriano [...] un'azione di tali dimensioni e gravità potesse essere intrapresa senza il consenso del Führer in persona».[29] In ogni caso, sempre per Kershaw, non è possibile ridurre la "soluzione finale" a «una semplice questione personale tra il dittatore tedesco e gli ebrei». Essa chiama in causa soprattutto l'estrema radicalizzazione della lotta politica imposta da Hitler nella convinzione che la Germania fosse posta di fronte all'ultimo, decisivo, atto di una lunga lotta per la sopravvivenza ingaggiata contro di lei dal "giudaismo internazionale", interprete e promotore di quella modernità, di cui il popolo tedesco era la principale vittima; di fronte a questa estremizzazione dello scontro ideologico, la società tedesca "restò silenziosa", finendo per condividere, con maggiore o minore intensità, la "biopolitica" del nazismo.[30]

---

[28] L. Dawidowicz, *The War Against the Jews 1933-1945*, Penguin Books, New York 1977, p. 111, cit. in M. Marrus, *op. cit.*, p. 60.

[29] I. Kershaw, *Hitler e l'enigma del consenso*, Laterza, Roma-Bari 1997, p. 195.

[30] Ivi, pp. 196-198.

In questo contesto lo sterminio effettivo, tante volte evocato, diventò non solo possibile, ma finalmente comprensibile: era l'esito mostruoso di un'aberrazione ideologica nella quale la distruzione degli ebrei era parte integrante di una guerra senza quartiere lanciata dalla Germania contro l'Europa.

Non è un caso, come hanno sostenuto gli storici tedeschi Andreas Hillgruber ed Eberhard Jäckel, che sia stata la guerra a fare entrare lo sterminio nella sua fase risolutiva, intrecciandosi, all'indomani del varo dell'Operazione Barbarossa, con l'altra "soluzione finale" architettata da Hitler, cioè la schiavizzazione degli slavi e la distruzione del bolscevismo sovietico.

Guerra e *Shoah* dunque appaiono due eventi fortemente interconnessi, quasi che la prima avesse fornito lo scenario e l'occasione di una "resa dei conti" con il nemico più odiato, facendo scegliere a Hitler e all'establishment nazista più furiosamente antisemita la via del genocidio di massa; tanto più la guerra generale volgeva verso la sconfitta, tanto più intensa e furiosa diventava la "guerra contro gli ebrei".

Sul nesso tra guerra e sterminio concordavano, seppur secondo una diversa prospettiva che analizzeremo in seguito, anche gli studiosi che si riconobbero nell'altra "scuola di pensiero": i cosiddetti funzionalisti.

A differenza degli intenzionalisti, questi ultimi erano convinti che l'assenza di documenti che comprovassero la decisione di Hitler di sterminare gli ebrei non fosse semplicemente da ascrivere a una modalità con cui il dittatore tedesco assumeva le decisioni politiche, quanto piuttosto facesse emergere uno scarto tra il piano ideologico e quello delle scelte concrete nella lotta contro gli ebrei. In questo quadro lo sterminio è stato il risultato di contingenze esterne, connesse soprattutto alla guerra e al suo andamento effettivo, piuttosto che il risultato di un piano preordinato.

Hans Mommsen e Martin Broszat, che hanno dato il contributo di maggior rilievo alla definizione di questo orientamento storiografico, hanno messo in luce come fino alla sconfitta dell'esercito tedesco nell'Operazione Barbarossa, il gruppo dirigente nazista avesse coltivato l'intenzione di risolvere la "questione ebraica" attraverso deportazioni di massa su larga scala, elaborando il "piano Madagascar" – cioè il trasferimento forzato degli ebrei in quella lontana isola africana – o nutrendo la convinzione che le nuove conquiste territoriali in Unione Sovietica avrebbero rappresentato lo sbocco naturale di quel progetto. A questi progetti rapidamente accantonati si era sostituito l'intento di risolvere la "questione ebraica" attraverso l'uccisione di tutti gli ebrei maschi all'interno della guerra di conquista dell'Urss, che era stata impostata da Hitler stesso come una vera e propria "guerra di sterminio". Per questo scopo venne costituito un corpo speciale delle SS, le *Einsatz-*

gruppen, al comando di Reinhardt Heydrich, che, tra l'estate del 1941 e l'inverno dell'anno successivo, sterminarono più di un milione e trecentomila ebrei, rintracciati e uccisi attraverso fucilazioni di massa battendo palmo a palmo la Polonia, l'Ucraina, la Bielorussia.

Ma con la conferenza di Wannsee del 20 gennaio 1942 il programma dello sterminio subisce un ulteriore cambiamento in direzione della "soluzione finale" attraverso la deportazione di massa degli ebrei in ghetti e in campi di sterminio costruiti soprattutto nella Polonia orientale: gli assassini di massa sono troppo lenti e costosi, e inoltre, sono eccessivamente visibili e talmente spietati da demoralizzare le truppe. Si cominciò così, a Chełmno, a sperimentare l'utilizzazione dei "camion a gas", vero e proprio incunabolo della camera a gas, assurta dal 1943 a strumento principale e a simbolo della distruzione del popolo ebraico.

È la sconfitta in Urss ad accelerare questo salto di qualità nella persecuzione, quasi imponendo la "soluzione finale" che, dalla fine del 1942, le SS pianificarono organizzando su scala continentale la deportazione di massa e la rete dei lager che avevano come soglia finale le camere a gas e i forni crematori.[31] Con questi il nazismo cercò di raggiungere il duplice obiettivo di potenziare l'efficacia della distruzione e, al contempo, di occultarla agli occhi della popolazione e dell'opinione pubblica internazionale.[32]

Ciò non toglie che questa "macchina della morte " rispondeva a un sistema di decisioni confuso e contradditorio, che rimandava alla natura policratica[33] del potere politico nazista, nel quale, all'ombra della figura del Führer, depositario di un dominio assoluto e discrezionale ma spesso astratto e indefinito, operavano diversi centri di potere, spesso in contrasto e in conflitto tra loro.

L'ipotesi interpretativa funzionalista ha come sua principale conseguenza quella di estendere il numero dei colpevoli e di dilatare il campo dei carnefici a un numero impressionate di soggetti, molto più esteso di quello chiamato in causa dagli intenzionalisti, che lo restringono in sostanza a Hilter e al ristretto novero dei capi del nazismo.

Il "nesso guerra-genocidio", come ha notato il funzionalista Frei, fa entrare in campo solerti funzionari dell'amministrazione civile e in

---

[31] Per una ricostruzione del dibattito storiografico sulla datazione della decisione dello sterminio cfr. D. Vidal, *Les historiens allemands relisent la Shoah*, Complexe, Paris 2002, p. 94 ss.

[32] Per una ricostruzione delle tappe dello sterminio cfr. per brevità N. Frei, *Lo stato nazista*, Laterza, Roma-Bari 1992, pp. 190-196. Cfr. anche E. Collotti, *La germania nazista*, Einaudi, Torino 1962, pp. 165-178.

[33] Su questo aspetto di veda, T. Mason, *La politica sociale del Terzo Reich*, De Donato, Bari 1980.

particolare del Ministero dei trasporti, professionisti, ufficiali della Wehrmacht, persino le popolazioni civili che collaborarono ai massacri e all'annientamento di massa, a dimostrazione di come il veleno antisemita predicato dal nazismo avesse profondamente attecchito in ampi strati della società tedesca e spesso avesse riacceso un odio contro gli ebrei ampiamente presente, ancorché latente, soprattutto nell'Europa orientale.[34]

Come scrisse Hilberg, lo sterminio appare all'indagine storica un «processo amministrativo mandato avanti da burocrati in una rete di uffici disseminati su di un continente»; un processo dotato di suoi automatismi, fondato su un'efficienza tecnica nella quale, con i criteri e i ritmi disumanizzanti dell'organizzazione scientifica del lavoro, si combinava la proverbiale meticolosità della burocrazia tedesca, assuefatta da una identificazione ideologica con il potere a eseguire con una sorta di zelo "amorale" ogni sorta di ordine,[35] e spinta dalla "paura della libertà", secondo la ben nota definizione di Sartre, a riversare sul "nemico-ebreo" le ansie e le frustrazioni di un'esistenza mediocre, sottoposta al dominio incondizionato di un potere dispotico e totale.

Al di là delle differenze di questi due diversi approcci, resta indubbio che a questa nuova stagione di studi si debba complessivamente un ampliamento notevole delle conoscenze a nostra disposizione sullo sterminio degli ebrei, che si è mosso sia in direzione di un più preciso accertamento dei fatti in merito alle dinamiche del fenomeno e agli strumenti organizzativi messi in campo per realizzarlo, sia in direzione del contesto di breve e lunga durata nel quale la *Shoah* si è verificata.

È in questo scenario di studi e di ricerche che irrompe la *Historikerstreit*, la discussione e lo scontro tra gli storici tedeschi sui crimini nazisti e lo sterminio degli ebrei. Nel giugno 1986, sulle pagine della "Frankfurter Allgemeine Zeitung", Ernst Nolte, in un articolo dal titolo illuminante *Il passato che non vuole passare*, si pose alcuni interrogativi che riorientarono completamente il dibattito storiografico e piegarono la ricerca sullo sterminio a un esplicito uso pubblico della storia che aveva per oggetto la ridefinizione dell'identità tedesca.

Il primo di questi interrogativi riguardava il "*prius* logico e fattuale" dello sterminio di classe perpetrato dallo stalinismo attraverso il gulag rispetto allo sterminio razziale messo in atto da Hitler attraverso il lager; il che significava istituire un esplicito nesso causale tra Kolyma e Auschwitz.

---

[34] Su questo problema cfr. non solo l'ormai classico lavoro di R. Hilberg, *Vittime, carnefici, spettatori. La persecuzione degli ebrei 1933-1945*, A. Mondadori, Milano 1994, ma anche il recente J.T. Gross, *I carnefici della porta accanto*, A. Mondadori, Milano 2002.

[35] Su questo tema restano illuminanti le considerazioni di G.L. Mosse, *Il razzismo in Europa. Dalle origini all'Olocausto*, Laterza, Roma-Bari 1980, p. 54 ss.

Rispondere affermativamente come faceva Nolte comportava necessariamente una serie di conseguenze sul piano dell'interpretazione complessiva della *Shoah* e dei crimini del regime hitleriano, conseguenze che, mentre rimettevano in discussione l'unicità e la non comparabilità dello sterminio con gli altri crimini del XX secolo, portavano alle estreme conseguenze l'impianto interpretativo intenzionalista, rimuovendo il nodo complesso delle corresponsabilità delle classi dirigenti e della popolazione tedesca nella politica di distruzione.

Lo sforzo di Nolte di analizzare il nazismo e i suoi crimini al di fuori dello schema concettuale del *male assoluto*, individuando il contesto nel quale quei crimini furono concepiti e attuati – vale a dire lo scontro tra i due grandi totalitarismi del Novecento – lo portava consapevolmente ad addentrasi nel terreno scivoloso della relativizzazione dello sterminio, che sembrava avvalorare le preoccupazioni nei confronti della storia evocate da quanti, tra testimoni e sopravvissuti, rivendicavano il primato della memoria sulla conoscenza storica.

In effetti, il tentativo di relativizzare l'eccezionalità dello sterminio rispondeva all'esplicita necessità di normalizzare il passato tedesco per consentire definitivamente "al passato di passare" e di liberare la Germania dall'ombra opprimente di questa colpa storica che pesava come un macigno sul suo futuro.

«L'attenzione dedicata alla "soluzione finale"» scriveva Nolte «distrae da fatti importanti dell'era nazionalsocialista, come per esempio l'eliminazione delle "vite indegne di essere vissute", o il trattamento dei prigionieri di guerra russi; ma distrae, soprattutto, da questioni cruciali del nostro presente: come quella della realtà esistenziale di un nascituro, o quella di "genocidi" in atto ieri in Vietnam, oggi in Afganistan». E concludeva questa sua requisitoria: «Un confronto più ampio, che dovrebbe consistere in primo luogo sulla storia degli uomini negli ultimi due secoli, porterebbe sì il passato in questione "a passare", come si addice a qualsiasi passato, ma riuscirebbe per questo a riappropriarsene».[36]

Non è qui il caso di ripercorrere tutto il dibattito che impegnò per diverso tempo storici e intellettuali tedeschi, che è già stato puntualmente ricostruito e ampiamente divulgato;[37] quel che qui preme notare riguarda, in ragione dell'ambito problematico di questa breve nota, la valutazione di merito relativa all'apporto, più o meno significativo alla conoscenza dell'evento, prodotto dalla storiografia revisionista.

---

[36] G.E. Rusconi (a c. di), *Germania: un passato che non passa. I crimini nazisti e l'identità tedesca*, Einaudi, Torino 1987, pp. 5 e 10. Per una ricostruzione puntuale delle argomentazioni di Nolte cfr. N. Gallerano, *op. cit.*, pp. 58-70.

[37] Mi riferisco al lavoro di G.E. Rusconi (a c. di), *op. cit.*, e a H.U. Wehler, *Le mani sulla storia. Germania: riscrivere il passato?*, Ponte alle Grazie, Firenze 1989.

In altri termini bisogna chiedersi se l'invito di Nolte, di Andreas Hillgruber o di Michael Sturmer a relativizzare la *Shoah* collocandola in un campo comparatistico che ha il suo centro nel totalitarismo e nella "guerra civile europea", o riducendola a componente interna della catastrofe del "centro europeo" rappresentato dalla Germania, o, infine, inserendola in una "catena di errori" iniziata con la prima guerra mondiale e proseguita con il progetto bolscevico della rivoluzione europea, contribuisce ad allargare gli orizzonti della comprensione di un evento spaventoso della storia contemporanea, oppure se siamo di fronte a una complessa operazione politico-culturale volta a riscoprire l'idea di nazione tedesca e che svia, anziché favorire, la conoscenza del passato.

A ridosso del dibattito tedesco, Nicola Gallerano mise in luce le aporie del comparatismo noltiano[38] mettendo in evidenza non solo l'infondatezza dei labili riscontri fattuali – *post hoc* non significa necessariamente *propter hoc* – ma soprattutto l'inconsistenza metodologica; in questo caso, infatti, il confronto tra due esperienze non è volto a ottenere una più profonda conoscenza di entrambe, quanto piuttosto è utilizzato come condizione teorica che consenta di negare l'unicità di Auschwitz.

Ora l'irriverenza, i tratti iconoclasti e lo spirito laico fino al cinismo proprio di una scienza storica, che è parte integrante del processo di secolarizzazione della modernità, possono trovare la loro giustificazione solo all'interno di un progetto di studio che – come ci ricordava lo stesso Gallerano – miri alla ricerca della verità; perdono invece molte delle loro giustificazioni se il fine si rivela palesemente diverso e risponde piuttosto a un uso pubblico della storia fin troppo esplicito, che ha come scopo quello di ridefinire l'identità tedesca sulla base di un'acritica pacificazione con il passato.

Dentro un'apparente rivendicazione di libertà assoluta del lavoro storiografico che avoca a sé una sorta di diritto iconoclasta a spezzare verità consolidate e a rendere "riconoscibile" il passato e a separare nettamente la storia dalla memoria, si produce esattamente il contrario e il passato diventa un campo di battaglia tra le memorie divise.

---

[38] N. Gallerano, *Storia memoria identità nazionale: tre libri sul passato nazista*, in "Passato e Presente", 20-21, 1989, pp. 219-231.

15. *Shoah* e deportazione nei lager nazisti: una sfida per la didattica

di Paolo Battifora[*]

Ricordare la *Shoah* e l'universo concentrazionario, perché? La domanda, posta in questo convegno e nella sessione conclusiva, espressamente dedicata alla trasmissione della memoria, può apparire sorprendente, inopportuna, persino provocatoria. Eppure è il caso di porla e di non eluderne o edulcorarne la portata, tutt'altro che irrilevante per la nostra società.

Ciò che a noi qui riuniti risulta un dato acquisito e indubitabile, può non esserlo per le giovani generazioni con le quali ogni giorno si trovano a operare e a confrontarsi insegnanti ed educatori. Perché i giovani dovrebbero recepire come valore la memoria della *Shoah* e della deportazione nei lager nazisti e, più in generale ancora, di eventi e processi avvenuti in un tempo percepito come sempre più sfumato e lontano? Perché questa progressiva disaffezione e indifferenza alle tracce mnestiche di un passato relegato con disinvoltura nelle polverose soffitte della storia?

Alla radice del ricordo deve esserci un reale bisogno da soddisfare ed è evidente come la mera riproposizione di riti e celebrazioni commemorative o la moltiplicazione di siti memorialistici non possano di per sé garantire la tenuta della memoria collettiva, impedendone la progressiva mummificazione e una sostanziale estraneità al sentire delle nuove generazioni: la museificazione del ricordo non può infatti costituire l'efficace antidoto all'oblio, né d'altra parte significative iniziative, come quelle varate ogni anno in tutto il paese per il Giorno della memoria, potranno andare immuni dal possibile rischio della formale adesione.

Insofferenti per esuberanza adolescenziale a tutto ciò che sa di istituzione e autorità, i giovani fuggono a gambe levate, benché con maggior aplomb rispetto ai plateali atteggiamenti protestatari dei decenni scorsi, al cospetto di orazioni ufficiali, nastri tricolore, pubbliche rievocazioni, manifestando una ben nota, e in parte comprensibile, refrattarietà a simili strategie comunicative.

---

[*] Paolo Battifora, direttore scientifico dell'Istituto ligure per la storia della Resistenza e dell'età contemporanea, ha pubblicato, con A. Maneschi, *Olocausto e responsabilità morale*, Vallecchi, Firenze 1995; *Ripensando la Shoah. Problemi e interpretazioni del dibattito storiografico*, in "Storia e Memoria", anno 8, n. 1, 1999; *La Liguria dei trattati*, De Ferrari, Genova 2001. Ha collaborato inoltre al *Dizionario della Resistenza*, Einaudi, Torino 2000-2001.

Lasciando da parte pregiudizi e facili stereotipi sulla perdita di valori delle nuove generazioni,[1] proviamo a chiederci quali siano le motivazioni cui debba rispondere un ricordo per potersi attuare e fissare quale elemento costitutivo dell'identità del singolo e della collettività. Ciò che storicamente ha sempre spinto gli esseri umani all'esercizio della memoria, dai miti di fondazione delle società arcaiche alle epopee nazionali, è stata la volontà di sottrarre all'azione corrosiva dell'oblio un patrimonio mnestico la cui salvaguardia e trasmissione alle generazioni future veniva considerata indispensabile elemento dell'identità sociale e potente fattore di legittimazione. Non si ricorda per ricordare, si ricorda per vivere.

L'angusto appiattimento sul presente è un tratto caratterizzante la fascia degli attuali giovani, il cui rapporto con la storia si dipana attraverso un sostanziale distacco ed estraneità. Recenti ricerche sul campo hanno evidenziato la scissione vissuta da parte delle nuove generazioni tra storia e biografia, quasi la propria esistenza venisse percepita sullo sfondo di un asettico vuoto pneumatico.[2] Sfiduciati, disincantati, pragmatici, critici, questi giovani sembrano assistere passivamente al divenire storico con modalità comportamentali non dissimili da quelle dello spettatore televisivo. In questo sentirsi fuori dalla storia,[3] connotata negativamente come teatro di violenza e lotta per il potere, è ravvisabile l'effetto di una destrutturazione temporale inibente la corretta percezione del *continuum* passato-presente-futuro. Prigionieri di un gramo presente, privati delle vitali illusioni dei padri e fratelli maggiori, irretiti in un mondo individualistico che più non conosce i momenti forti di impegno e aggregazione collettiva, i giovani tendono a rinserrarsi nella sicurezza del noto e del quotidiano, il cui ambito non eccede di molto la famiglia e l'amicale socializzazione. Se è vero che l'assenza di memoria rende incapaci di progettare e proiettarsi nel futuro, si comprende assai bene come siano il timore, l'angoscia, la rassegnazione i sentimenti provati in prevalenza dai giovani al cospetto del domani.[4]

---

[1] L'immagine sbrigativa di una gioventù individualista, superficiale e disimpegnata, può celare la presenza di «una forte componente proiettiva» tramite cui «gli adulti mettono fuori di sé, attribuendoli ai giovani, i propri dubbi e debolezze», operazione psicologica oltremodo funzionale all'attenuazione della responsabilità da parte del soggetto giudicante (A. Cavalli, *Per una coscienza dei futuri cittadini*, in E. Traverso (a c. di), *Insegnare Auschwitz. Questioni etiche, storiografiche, educative della deportazione e dello sterminio*, IRSSAE Piemonte, Bollati Boringhieri, Torino 1995, p. 54).

[2] Cfr. N. Baiesi, E. Guerra (a c. di), *Interpreti del loro tempo. Ragazzi e ragazze tra scena quotidiana e rappresentazione della storia*, Clueb, Bologna 1997.

[3] «La mia vita non la vedo collegata con l'esterno, perché la considero come crescita del singolo da solo e non della società», ivi, p. 110.

[4] «Lo vedo in salita il mio futuro [...] Il mio futuro è un'incognita [...] Il mio futuro non lo immagino, cioè aspetto», ivi, pp. 63, 166.

Non è facile parlare di storia a questi giovani, ignari del passato e orfani di un futuro: che si tratti di fatti svoltisi migliaia di anni fa o di basilari eventi della contemporaneità, tutto sembra soggiacere allo stesso processo omologante, sotto il segno di un'uniforme sincronica atemporalità, alla stregua di una navigazione in Internet tra i siti più disparati o di uno zapping automatico e distratto. Tutto si appiattisce, si confonde, si scolora, e i singoli eventi finiscono per perdere il loro rilievo in quell'informe galassia, collocata a siderale distanza dalla nostra realtà, che sarebbe la Storia.

Soggetti a un profluvio di informazioni (e averne troppe può equivalere a non averne alcuna) ma privi al tempo stesso del necessario armamentario critico per poterne discernere l'attendibilità, diffidenti e sospettosi di presunte colonizzazioni ideologiche da parte dell'insegnante a dispetto della caduta dei muri, esigenti fautori di una presunta "obiettività storica" al cui fraintendimento epistemologico hanno non poco contribuito, con recenti e sconcertanti prese di posizione, autorevoli esponenti istituzionali e mediatici del nostro paese, gli attuali adolescenti sembrano affetti da una collettiva sindrome amnesica, quasi il passato potesse non riguardarli e non incidere sulle loro esistenze.

Eccoci quindi ricondotti nuovamente all'interrogativo iniziale: perché ricordare la *Shoah* e la deportazione in tutte le sue forme?

La *Shoah*[5] va ricordata non per ottemperare a un mero adempimento scolastico ma perché occupa un posto centrale e dirimente nella storia del Novecento. Non episodio tra i tanti che affastellano il corso del XX secolo, né tanto meno "dettaglio" del più vasto dramma della seconda guerra mondiale, la *Shoah* è stata l'Evento che ha segnato indelebilmente la nostra storia, l'epocale spartiacque della modernità, la radicale sconfessione di ogni teleologica prospettiva.

Auschwitz, simbolo e metonimia dello sterminio nazista e del terrificante palingenetico progetto razziale, ha sancito l'irruzione di un paradigma *altro*, che ha comportato un ri-orientamento della *Gestalt*, un trascendimento, una cesura con la *Weltanschauung* precedente. La *Shoah* non è un dramma che si possa riferire e circoscrivere a talune categorie umane, siano esse gli ebrei, gli zingari, i deportati politici, gli oppositori a vario titolo del nazismo: la *Shoah*, come afferma il filosofo Vladimir Jankélévitch, si staglia come un abominio metafisico, un crimine perpetrato contro l'essenza stessa dell'uomo, mortalmente reificato e colpito nella sua costitutiva sacralità.[6] Ogni uomo, ogni donna, in quanto membro del genere umano, è chiamato in causa, interpellato, coinvolto: la *Shoah* è una catastrofe che riguarda ciascuno di noi, nessuno escluso.

---

[5] Per una circostanziata analisi terminologica cfr. A.V. Sullam, *I nomi dello sterminio*, Einaudi, Torino 2001.

[6] V. Jankélévitch, *Perdonare?*, La Giuntina, Firenze 1988.

È alla luce di questa consapevolezza che deve iniziare qualunque impostazione didattica concernente la *Shoah*. Un compito decisamente arduo si prospetta all'insegnante, pressato da due differenti istanze e sottoposto al rischio di un duplice tradimento. Parlare della *Shoah* significa da un lato affrontare l'indicibile, l'inconcepibile, l'insondabile e fornire, dall'altro, i basilari elementi della conoscenza storica, come si addice a qualsiasi altro oggetto di studio. Ma come pensare il non pensabile, comprendere l'inconcepibile? E come sottrarsi, specularmente, al rischio della banalizzazione e dell'omologazione? Arrestarsi silenti e sbigottiti al cospetto dell'atroce sofferenza di milioni di vittime, contemplare attoniti gli abissi insondabili di una malvagità umana senza limiti, significherebbe espellere la *Shoah* fuori dalla storia, relegandola in un ambito accessibile solo per via mistica e non razionale. Tale sacralizzazione della *Shoah*, impenetrabile mistero officiato da filosofi e teologi, porterebbe a una religiosa afasia: se l'indicibile – è tautologico – non può venir profferito, né l'inimmaginabile scandagliato, è inevitabile allora recedere dall'impossibile e protervo tentativo di costringere nella camicia di forza della riflessione storiografica ciò che, per definizione, eluderebbe la fatica stessa del concetto. La parola subirebbe il definitivo scacco e, parafrasando Wittgenstein, l'appello a tacere rispettosamente, al cospetto "di ciò di cui non si può parlare", costituirebbe il monito cui la comunità degli studiosi dovrebbe attenersi, pena il sacrilego atto di *hybris* passibile di punizione divina.[7]

Postuma rivincita dei carnefici – «tacendo facciamo esattamente come volevano i nazisti: facciamo come se quella cosa orribile non fosse mai accaduta»[8] – questa definitiva rinuncia al discorso storico appagherebbe un inconfessato bisogno psicologico di rimozione di pressanti e inquietanti interrogativi: come è stato possibile tutto questo? Di chi la colpa? Quali responsabilità collettive? Espellere la *Shoah* fuori dalla storia, attribuirle uno statuto non riconducibile a qualsiasi altro fenomeno sociale, coglierla quale imprevedibile irruzione del demoniaco nel razionale corso della civiltà europea,[9] otterrebbe il rassicurante effetto di sgravare la coscienza

---

[7] «Scrivo per denunciare la scrittura. Parlo dell'impossibilità sulla quale si inciampa quando si cerca di raccontare» (E. Wiesel, cit. in M. Marrus, *L'Olocausto nella storia*, il Mulino, Bologna 1994, p. 17).

[8] B. Bettelheim, *Sopravvivere*, Feltrinelli, Milano 1989, p. 96. Secondo Sarah Berkowitz «il silenzio è il vero crimine contro l'umanità» (cit. in T. Todorov, *Di fronte all'estremo*, Garzanti, Milano 1992, p. 247). Primo Levi ricorda il ricorrente incubo notturno di cui erano vittima i prigionieri dei lager («se anche raccontassimo non saremmo creduti»), il cui ritorno avrebbe coinciso con il rifiuto di ascoltare da parte dei propri cari, increduli e incapaci di sopportare l'enormità di quella sofferenza (*I sommersi e i salvati*, Einaudi, Torino 1986, pp. 3-4).

[9] Cfr. la classica interpretazione di Friedrich Meinecke, *La catastrofe della Germania. Considerazioni e ricordi*, La Nuova Italia, Firenze 1948, omologa alla tesi "parentetica" di Benedetto Croce sull'avvento del fascismo in Italia.

collettiva di qualsiasi responsabilità, esonerandola dall'oneroso compito della riflessione. Ma, come ci hanno rammentato gli stessi sopravvissuti ai lager, Auschwitz non era «l'inferno, bensì un campo di sterminio tedesco»[10] e gli aguzzini nazisti «erano fatti della nostra stessa stoffa, erano esseri umani medi, mediamente intelligenti, mediamente malvagi: salvo eccezioni non erano mostri, avevano il nostro viso».[11] Per chi respinga quindi la tesi del fenomeno metastorico impenetrabile alla coscienza umana, la *Shoah* può e deve essere collocata nel proprio contesto storico e indagata avvalendosi delle metodologie e degli strumenti ermeneutici delle scienze umane, pur nella consapevolezza degli inevitabili limiti insiti in ogni sforzo conoscitivo. Il tema della *Shoah* infatti lo si può affrontare solo nella consapevolezza, come scrive Jean-Michel Chaumont, che «Auschwitz deve in un certo senso restare un enigma, perché ci farebbe inorridire l'idea che una spiegazione qualsiasi possa farci ammettere [...] che, date tali e talaltre circostanze, Auschwitz era normale e prevedibile»: spetta al docente il non facile compito di «trasmettere (anche con l'insegnamento) l'idea che Auschwitz è stato un fenomeno inesplicabile e incomprensibile, pur essendo in grado, nello stesso tempo, di enunciare tutto il complesso delle spiegazioni e delle interpretazioni che sono state proposte».[12] Se è oggetto di polemiche la cosiddetta *Alltagsgeschichte*, impostazione storiografica che si presterebbe a una tendenziale relativizzazione dei crimini nazisti,[13] è incontestabile d'altro canto il rischio insito nella crescente erosione semantica di un termine – genocidio – che, coniato come neologismo nel 1944 dal giurista americano Raphael Lemkin per indicare specificamente lo sterminio nazista degli ebrei e degli zingari, sconta oggi una generica e inappropriata applicazione, e uno slittamento linguistico non privo di fraintendimenti e abusi ideologici.[14] Spetta al docente, sottoposto a questa ineludibile tensione dialettica tra parola e si-

---

[10] H. Langbein, *Uomini ad Auschwitz*, Mursia, Milano 1984, p. 11.

[11] P. Levi, *op. cit.*, pp. 166-167.

[12] J.M. Chaumont, *"Auschwitz oblige?" Cronologie, periodizzazioni, inintelligibilità storica*, in E. Traverso (a c. di), *Insegnare Auschwitz...*, cit., p. 54.

[13] Cfr., a questo proposito, la polemica storiografica intercorsa tra Martin Broszat, fautore di una necessaria storicizzazione del nazismo, e Saul Friedländer, timoroso di una possibile normalizzazione del passato tedesco. Ian Kershaw, nel sottolineare che «l'unicità del nazismo, la sua peculiarità come regime [...] fu l'attuazione di un genocidio sistematico», dichiara a chiare lettere che «non può esistere alcuna maniera soddisfacente, o appropriata, di sostituire Auschwitz [...] come centro focale dell'analisi in qualunque interpretazione generale del Terzo Reich» (*Che cos'è il nazismo?*, Bollati Boringhieri, Torino 1995, p. 294).

[14] Cfr. la prima parte di Y. Ternon, *Lo stato criminale*, Corbaccio, Milano 1997. Dove si grida al genocidio, con una leggerezza pari solo all'ignoranza storica, in occasione, per esempio, del mancato accoglimento da parte del potere centrale di determinate rivendicazioni localiste o di scontri sociali dalla forte intensità, balza agli occhi come risulti inutilizzabile (e offensivo per le vittime dei lager) un termine prosciugato di senso da un simile processo inflattivo.

lenzio, analisi e sbigottimento,[15] il delicato compito di squarciare, per quanto possibile, una simile coltre di tenebra.

La conoscenza della situazione storica del primo Novecento e della temperie culturale dell'inquieto dopoguerra dovrà costituire la preliminare condizione allo studio della *Shoah*: il nazismo non spunta infatti come un fungo né piomba come una meteora da misteriosi spazi siderali. Altrettanto importante è che il docente non indietreggi di fronte alle frequenti richieste da parte degli studenti di istituire un raffronto tra il nazismo e i totalitarismi del Novecento, responsabili di quegli «esercizi di distruzione creativa» e di quelle «salutari operazioni chirurgiche»[16] finalizzate alla futura società perfetta che comportarono massacri di inaudite proporzioni. Perché tutto questo parlar di lager e non di gulag? E Stalin dove lo mettiamo? Chi frequenti d'abitudine le aule di una scuola sa per esperienza come questi quesiti, dal tono decisamente polemico, si levino in occasione di lezioni sulla *Shoah* e i crimini nazisti.[17] È quanto mai importante raccogliere questa sfida e far comprendere anzitutto ai giovani come il lavoro dello storico non proceda a colpi di proclami o di scomuniche bensì attraverso una scrupolosa analisi e interpretazione delle fonti, il cui esito non può aspirare alla "Verità" definitiva e incontrovertibile, caratterizzandosi infatti il sapere storico come un mai concluso confronto e dibattito tra differenti e articolate tesi storiografiche, da vagliarsi attentamente quanto ad attendibilità e perspicacia.[18]

Legittimo allora il confronto tra lager e gulag? Sì, a patto di operare le opportune distinzioni e di situare nei rispettivi contesti storici i fenomeni presi in oggetto.[19] Affermare l'unicità della *Shoah* non deve in al-

---

[15] Lo storico A.J. Mayer, nell'introduzione di *Soluzione finale*, A. Mondadori, Milano 1990, p. XVI, confessa amaramente che «l'ebreicidio rimane oggi per me tanto incomprensibile quanto lo era cinque anni or sono, quando mi accinsi a studiarlo e a ripensarlo».

[16] Z. Bauman, *I campi: Oriente, Occidente, Modernità*, in M. Flores (a c. di), *Nazismo, fascismo, comunismo. Totalitarismi a confronto*, Bruno Mondadori, Milano 1998, p. 22.

[17] Cfr. N. Gallerano (a c. di), *L'uso pubblico della storia*, Franco Angeli, Milano 1995. Un bilancio critico del revisionismo storiografico è contenuto in E. Collotti (a c. di), *Fascismo e antifascismo. Rimozioni, revisioni, negazioni*, Laterza, Roma-Bari 2000.

[18] Su questi temi cfr. G. De Luna, *La passione e la ragione. Fonti e metodi dello storico contemporaneo*, La Nuova Italia, Firenze 2001.

[19] Per una storia dei campi di concentramento cfr. A.J. Kaminski, *I campi di concentramento dal 1896 a oggi: storia, funzioni, tipologia*, Bollati Boringhieri, Torino 1997, lavoro pionieristico ma insoddisfacente, e J. Kotek, P. Rigoulot, *Il secolo dei campi. Detenzione, concentramento e sterminio 1900-2000*, A. Mondadori, Milano 2001. Contributi per un'analisi comparata dei regimi sovietico e nazista sono presenti in M. Flores (a c. di), *op. cit.*; H. Rousso (a c. di), *Stalinismo e nazismo. Storia e memoria comparata*, Bollati Boringhieri, Torino 2001; I. Kershaw, M. Lewin (a c. di), *Stalinism and Nazism. Dictatorships in Comparison*, Cambridge University Press, Cambridge 1997. Una sintesi dell'articolato dibattito storiografico sulla *Shoah* è contenuta in M. Marrus, *op. cit.*

cun modo comportare il disconoscimento o ridimensionamento di altri crimini e massacri: Vasilij Grossman ha giustamente sottolineato che la morte di un bambino *kulak* equivale a quella di un bambino ebreo ed Enzo Traverso è stato esplicito nell'osservare che «un ebreo eliminato ad Auschwitz non possiede nessuna *aura* che renderebbe la sua morte più importante o più degna di essere compianta rispetto a quella di un negro linciato dal Klu Klux Klan nel Sud degli Stati Uniti o, per non lasciare alcuna ambiguità, di un ragazzo palestinese ucciso dalle pallottole israeliane nella Cisgiordania di oggi».[20] La spaventosa unicità qualitativa della *Shoah* – l'eliminazione dalla faccia della terra di un intero popolo per motivi di "biologia razziale" – e di un'ideologia arrogantesi il diritto di sanzionare l'eliminazione delle *lebensunwerten Leben*, le "vite indegne di essere vissute",[21] lungi dall'escludere il raffronto lo implica, senza giungere per questo a inaccettabili relativizzazioni, omologazioni o, peggio ancora, a macabre contabilità con le pile di cadaveri disputate in una raggelante "concorrenza delle vittime".[22]

La dimensione comparativa, se posta correttamente e nell'ambito euristico che le è proprio,[23] non può che illuminare ulteriormente il nostro oggetto di ricerca, giovando altresì a una maggiore comprensione delle tragedie succedutesi nel corso del Novecento: come scrive Milena Santerini a proposito della *Shoah*, «la sua unicità, inoltre, e la sua singolarità anche storica, non vengono tradite dalla sua universalizzazione. Al contrario, il messaggio dal punto di vista educativo è quello che dice di agire perché non ci sia *mai più Auschwitz*».[24]

Evento storico, ma dalla incommensurabile portata rispetto a ogni altro, la *Shoah* non può essere trattata come una delle tante tragedie di cui è costellato il corso della storia o liquidata come un capitolo o, addirit-

---

[20] E. Traverso, *Gli ebrei e la Germania. Auschwitz e "la simbiosi ebraico-tedesca"*, il Mulino, Bologna 1994, p. 178. L'affermazione di Grossman – autore con I. Erenburg di *Il libro nero. Il genocidio nazista nei territori sovietici 1941-1945*, A. Mondadori, Milano 1999, opera a lungo censurata dal potere staliniano – è riportata in T. Todorov, *Un bimbo kulako vale meno di un bimbo ebreo?*, in "Liberal", 2 aprile 1998.

[21] Sul programma T4 di sterminio degli handicappati e dei disabili cfr. H. Friedländer, *Le origini del genocidio nazista*, Editori Riuniti, Roma 1997.

[22] J.M. Chaumont, *La concurrence des victimes*: *génocide, identité, reconnaissance*, Edition de la Découverte, Paris 1997. Cfr. in proposito le condivisibili riflessioni di E. Traverso in *Gli ebrei e la Germania*..., cit., cap. V.

[23] «L'utilità del concetto di totalitarismo è relativa, come del resto quella di qualsiasi concetto [...] L'identificazione dei regimi comunisti e fascisti come "totalitari" non ci fornisce che le caratteristiche generali; ciò non significa che siano superficiali, tutt'altro, quanto piuttosto che esse si rivelano, a lungo andare, insufficienti» (T. Todorov, *Utilità di un concetto*, in M. Flores, *op. cit.*, p. 99).

[24] M. Santerini, *Insegnare Auschwitz: un lavoro educativo intorno alla Shoah*, in "I viaggi di Erodoto", 1996, n. 29, p. 67.

tura, un *dettaglio* del più vasto dramma della seconda guerra mondiale. Nessuno può fingere di ignorare come la deportazione, l'internamento e lo sterminio di milioni di individui in quel microcosmo del regime nazista che fu il lager[25] avvennero nel cuore della civilissima Europa, in un secolo segnato dagli straordinari progressi della scienza e della tecnica, in seno a un popolo cui dobbiamo i natali di Kant, Goethe, Hegel, Beethoven. La *Shoah* è figlia del nostro tempo e della nostra civiltà: è questa la sconvolgente verità che ogni giorno Auschwitz ci rammenta sinistramente. Inquietante volto di Giano, sorta di terrificante Chernobyl della modernità, il Terzo Reich può essere visto «come una catastrofe che non doveva *necessariamente* accadere, ma che è il frutto di una potenzialità presente nel carattere stesso della società moderna»: se l'esistenza di una moderna società tecnologico-industriale non comporta inevitabilmente "la fusione del nucleo", resta il fatto che la deflagrazione si è compiuta e che «il Terzo Reich è *accaduto*, e *può* accadere».[26]

Se di fronte all'efferatezza figlia della devianza, della patologia o dell'ancestrale regressione pulsionale rifuggiamo inorriditi ma al tempo stesso rassicurati dalla percezione dell'abissale scarto antropologico tra noi, "i sani", e loro, "gli anormali", ben altra inquietudine ci assale di fronte a quella "banalità del male" che ha reso possibile lo sterminio sistematico di milioni di persone.[27]

L'inquietante prossimità tra gli zelanti ed eteronomi *Schreibtischtäter*, i grigi burocrati "carnefici da scrivania", gli scrupolosi tecnici in camice bianco, gli esecutori, i collaboratori a vario titolo dello sterminio e gli onesti, rispettati, comuni cittadini della nostra attuale società, deve costituire un tema centrale di riflessione: dopo Auschwitz non possiamo più ignorare che il male alberga in noi.[28] Immedesimarsi nei panni altrui, riscontrando fogge non troppo dissimili dalle nostre, può costituire il primo passo per una riflessione che, espunta ogni facile genericità, sap-

---

[25] Cfr. W. Sofsky, *L'ordine del terrore*, Laterza, Roma-Bari 1995.

[26] I. Kershaw, *op. cit.*, pp. 296-297.

[27] Su questi temi cfr. le ormai classiche opere di H. Arendt, *La banalità del male*, Feltrinelli, Milano 1964; Z. Bauman, *Modernità e Olocausto*, il Mulino, Bologna 1992; T. Todorov, *Di fronte all'estremo*, cit.

[28] È stato osservato che «in base ai criteri clinici convenzionali non oltre il 10% delle SS poteva essere considerato *anormale*» e che «la stragrande maggioranza delle SS, ivi compresi sia i capi che la truppa, avrebbe facilmente superato tutti i test psichiatrici a cui sono di norma sottoposte le reclute dell'esercito americano o i poliziotti di Kansas City» (G. M. Kren, L. Rappoport, *The Holocaust and the Crisis of Human Behaviour*, New York 1980, p. 70, cit. in Z. Bauman, *Modernità e Olocausto*, cit., p. 39). Quanto alle *Einsatzgruppen*, responsabili dei massacri nei territori sovietici durante l'Operazione Barbarossa, la maggioranza di essi «erano veri credenti con tanto di laurea, avvocati, medici, alti funzionari civili, insegnanti» (A.J. Mayer, *op. cit.*, p. 100).

pia interrogare il proprio io alla luce dei possibili, devastanti effetti di un sistema totalitario sulla personalità e sulle scelte dell'individuo.[29]

Le trame di molti romanzi e le scenografie di numerosi film horror e di fantascienza, generi quanto mai amati dalle nuove generazioni, potrebbero offrire l'insolito e suggestivo spunto per una riflessione che faccia luce sulla funzione catartica del mostro e dell'alieno, temibili ma funzionali presenze atte a rassicurare le nostre coscienze, sgravandole da laceranti sensi di colpa e responsabilità. Che si tratti della creatura aliena, del mostro marino, dello straniero, del diverso, il "male" si materializza all'improvviso senza alcuna ragione plausibile, venendo a sconvolgere l'ordinaria esistenza della collettività, sia essa l'equipaggio della navetta spaziale, lo sperduto borgo di pescatori o la tranquilla cittadina del Midwest americano. Minaccioso incubo sgorgato dall'ignoto, è nel Caos e nelle Tenebre che questo elemento perturbatore dell'ordine dovrà infine essere ricacciato, in quell'impenetrabile oscurità da cui paiono prendere corpo tutte le nostre più profonde angosce. Può essere forte una simile tentazione esorcizzante a proposito della *Shoah*, i cui demoni svolgerebbero un'analoga funzione catartica dei mostri creati dalla fantasia dei romanzieri.

L'insegnamento di Auschwitz non può prescindere dalla discesa in quei "gironi della responsabilità"[30] in cui possono essere collocati tutti coloro che, a vario titolo, si macchiarono di correità con il regime nazista, dagli esecutori materiali ai burocrati, dai persecutori convinti ai conformisti, dai testimoni più o meno prossimi a quegli spettatori distaccati, come le Chiese e le potenze alleate, su cui hanno pesato non pochi silenzi e titubanze.[31]

Senza puntare al facile ma effimero bersaglio dell'emotività[32] o indulgere in sterili moralismi, il percorso didattico deve chiarire come le con-

---

[29] Cfr. in proposito H. Arendt, *Le origini del totalitarismo*, Edizioni di Comunità, Milano 1967; T.W. Adorno, E. Frenkel Brunswik, D.J. Levinson, R.N. Sanford, *La personalità autoritaria*, Edizioni di Comunità, Milano 1973, 2 voll.; C.J. Friedrich, Z. Brzezinski, *Totalitarian Dictatorship and Autocracy*, Harvard University Press, Cambridge (Mass.) 1956. Per un sintetico bilancio critico di questo concetto cfr. S. Forti, *Il totalitarismo*, Roma-Bari 2001; E. Traverso, *Il totalitarismo. Storia di un dibattito*, Bruno Mondadori, Milano 2002.

[30] Su questa impostazione didattica è incentrato il volume antologico di P. Battifora, A. Maneschi, *Olocausto e responsabilità morale*, cit.

[31] Per una rassegna biografica e tipologica di alcuni di questi persecutori e collaboratori del regime nazista cfr. R. Hilberg, *Carnefici, vittime, spettatori. La persecuzione degli ebrei 1933-1945*, A. Mondadori, Milano 1994. Dello stesso autore cfr. la fondamentale opera *La distruzione degli ebrei d'Europa*, Einaudi, Torino 1995, 2 voll.

[32] Enzo Collotti, a proposito delle mostre sul tema della *Shoah*, sottolinea l'esigenza di «evitare di organizzare una mostra solo per strappare una risposta emotiva. Scopo di una mostra [...] è di far riflettere anche quando presenta i materiali più crudi. Di qui la necessità di evitare modi di rappresentazione che, scaricando sul visitatore soltanto un forte impatto

dizioni che hanno reso possibile Auschwitz siano sostanzialmente ancora le stesse che permangono e rendono possibile il funzionamento della nostra società: Auschwitz deborda da quel conchiuso passato in cui troppo spesso lo si vorrebbe confinare e irrompe con veemenza nella contemporaneità, venendo a turbare le nostre coscienze. Se è vero che i tempi sono radicalmente mutati, resta il fatto che gli "ingredienti" alla base del micidiale innesco – l'apparato tecnologico-industriale, il trionfo della razionalità strumentale, l'efficienza burocratica, l'ideologia, la manipolazione mediatica del consenso delle masse – sono tutt'altro che scomparsi: nuove congiunture storiche potrebbero riavviare il processo deflagrante. Su di noi, abitatori del ventunesimo secolo, ancora incombe la minacciosa ombra di Auschwitz. Come non trasalire, infatti, nel constatare i perversi effetti della produzione sociale dell'indifferenza morale e di una violenza istituzionalizzata e ridotta a routine?[33] Come non scorgere un potenziale aguzzino celato dentro ognuno di noi alla luce del celebre esperimento di Milgran attestante la progressiva attenuazione degli scrupoli morali in presenza di un'autorevole sanzione, di stampo scientifico per esempio, che autorizzi l'uso della violenza, deresponsabilizzandone gli autori?[34]

È pienamente condivisibile allora l'invito rivoltoci da Chaumont a recepire Auschwitz come monito a "denormalizzare" la nostra quotidianità, a «*debanalizzare* e far risaltare i tanti fenomeni che tolleriamo soltanto perché da secoli siamo abituati e condizionati a farlo»,[35] come una lezione in grado di condurci a un nuovo rapporto con la storia e a un'assunzione di responsabilità nei confronti delle ingiustizie ovunque esse si verifichino.

È una riflessione, questa, di fronte alla quale nessuno può arrogarsi il ruolo dell'esperto, né sottrarsi al confronto: rileggere alla luce del terrificante delirio palingenetico nazista la storia del Novecento costringe insegnanti e studenti, vecchi e giovani, a scandagliare senza infingimenti

---

emotivo e d'orrore, impediscano che egli possa fermare l'attenzione sugli oggetti e porsi domande che esigono risposte meditate e argomentate» (*Le rappresentazioni della memoria: mostre e luoghi monumentali*, in E. Traverso (a c. di), *Insegnare Auschwitz...*, cit., p. 87).

[33] Cfr. Z. Bauman, *Modernità e Olocausto*, cit., pp. 38-42. Su questi temi cfr. anche E. Traverso, *La violenza nazista. Una genealogia*, il Mulino, Bologna 2002, lucida analisi dei nessi tra storia europea e nazismo.

[34] S. Milgran, *Obbedienza all'autorità*, Bompiani, Milano 1975. Zygmunt Bauman osserva che «la novità più terribile rivelata dall'Olocausto e da ciò che si era appreso sui suoi esecutori non era costituita dalla probabilità che qualcosa di simile potesse essere fatto a noi, ma dall'idea che fossimo noi a poterlo fare» (*Modernità e Olocausto*, cit., p. 212).

[35] J.M. Chaumont, *"Auschwitz oblige?"...*, cit., p. 58. Il solo omaggio che si potrebbe rendere alle vittime, osserva l'autore, consisterebbe nella seguente constatazione di uno storico del terzo millennio: «Ci fu Auschwitz, e dopo di allora nulla fu più come prima» (ivi, p. 59).

la propria coscienza. Se è facile, mezzo secolo dopo, solidarizzare con le vittime dei lager, e neanche tutti lo fanno, o scandalizzarsi per le omissioni e l'indifferenza dei nostri predecessori, di minor immediatezza è un'analoga presa di posizione nei confronti di gruppi e soggetti vittime di discriminazione non *ieri* e *altrove* bensì *oggi* e *qui*: nessun virtuoso automatismo, in questo caso, è in grado di attivarsi spontaneamente e spetta al singolo, e a nessun altro, l'onere della scelta. Insegnare Auschwitz comporta allora la necessità di rivedere «il rapporto di esteriorità che instauriamo – in quanto insegnanti – col nostro argomento» e di cui è lampante testimonianza la tradizionale impostazione pedagogica imperniata sulla lezione frontale e su una relazione asimmetrica e non dialogica con gli studenti: affrontare il tema della *Shoah* «esige da parte di chiunque, e soprattutto da parte di chi insegna, una *riflessione autocritica*, una sorta di *ritorno al soggetto su se stesso*».[36]

Un'ultima considerazione, prima di avviarmi alla conclusione. Il ricordo è frutto di una selezione in cui l'inconscio, il tempo, le sollecitazioni sociali possono determinare collettive amnesie e individuali fissazioni. Come ci ricorda Franco Ferrarotti, «intaccare e attentare alla memoria di un popolo significa attentare alle sue radici, mettere a repentaglio la sua vitalità, le basi della sua identità, comunità, capacità di fare storia»: se è vero che «nel momento in cui è pensato – e ricordato – il passato non è più passato. È nuovamente presente, è *ri-presentificato*», resta altrettanto indiscutibile che «la memoria è una facoltà che dimentica [...] Non è una lastra fotografica. Non è passiva, ma selettiva».[37] Questa consapevolezza del fondamentale valore della memoria e, parimenti, della sua fragilità non può andar disgiunta da un'efficace azione pedagogica tesa alla sua salvaguardia contro i premeditati attacchi degli imprenditori politici dell'oblio, veri professionisti del *mnemocidio*. A fronte di una sfida la cui posta in palio è nientemeno che la ridefinizione dei valori della nostra società, è necessario reagire con fermezza alle trame di questi "assassini della memoria",[38] non sottovalutandone i ripetuti attacchi a luoghi e simboli dell'immaginario collettivo nel segno di un annientamento della memoria e di una progressiva riscrittura della storia.[39]

[36] Y. Thanassekos, *L'insegnamento della memoria dei crimini e dei genocidi nazisti. Per una pedagogia dell'autoriflessione*, in E. Traverso (a c. di), *Insegnare Auschwitz...*, cit., p. 29.

[37] F. Ferrarotti, *La tentazione dell'oblio. Razzismo, antisemitismo e neonazismo*, Laterza, Roma-Bari 1996, pp. 6-7.

[38] P. Vidal-Naquet, *Gli assassini della memoria*, Editori Riuniti, Roma 1993. L'autore, in una nota del volume (p. 139), esplicita il suo debito di riconoscenza nei confronti di Yosef Yerushalmi da cui ha tratto il titolo del suo saggio.

[39] Franco Ferrarotti, a proposito di episodi come la profanazione del cimitero ebraico della cittadina francese di Carpentras avvenuta nel 1990, parla di un «razionalissimo at-

La gravità della minaccia non deve peraltro comportare l'adozione di alcun atteggiamento censorio o di pregiudiziale chiusura al confronto dialettico. È opportuno, a questo riguardo, evitare due atteggiamenti ugualmente controproducenti: se, da un lato, la sdegnata stigmatizzazione, in assenza di circostanziate argomentazioni, può conferire un perverso fascino alla tesi esecrata (quale maggior anticonformismo, per esempio, nel tracciare la svastica sotto il banco, quale estrema provocazione nell'irrisione della *Shoah*?), dall'altro, non bisogna commettere l'errore di attribuire dignità storiografica a posizioni prive di qualsivoglia attendibilità e scientificità, accettando una discussione su un piano di parità, in nome di una paradossale *par condicio*;[40] sarebbe utile, casomai, lo "smontaggio" semiotico delle aberranti strategie comunicative di tali testi negazionisti, mero ciarpame al servizio della propaganda neonazista.[41]

Che conclusioni trarre? Insegnare la *Shoah* è un'impresa certamente difficile e cosparsa a ogni passo di ostacoli, contraddizioni, aporie, abissi al cui cospetto forte è la tentazione di fuggire e distogliere lo sguardo. Ma Auschwitz va insegnata e la sua memoria difesa e trasmessa di generazione in generazione come un monito e una bussola per il presente e il futuro. Auschwitz è avvenuta e nulla è stato più come prima. Tutti noi, volenti o nolenti, siamo figli del dopo-Auschwitz. Solo facendo i conti con Auschwitz potremo sapere veramente chi siamo e per quale futuro spendere le nostre vite.

---

tacco alla memoria storica», essendo i cimiteri «i luoghi privilegiati della continuità e dell'identità» (*op. cit.*, p. 6). Nel giugno 1983, in occasione del cinquantenario dei roghi dei libri nella Germania nazista, Leo Löwenthal ha tenuto un intervento alla Libera Università di Berlino (*I roghi dei libri*, il Melangolo, Genova 1991) sulla millenaria storia, dall'antica Cina a Hitler, dei tentativi, a opera del potere, di annientare e riscrivere il passato. Quanto alla letteratura distopica novecentesca, numerosi sono i raggelanti esempi, da essa fornitici, di società totalitarie dedite alla sistematica manipolazione del passato e della verità storica (si pensi al "Ministero della verità" e alla "neolingua" in *1984* di G. Orwell) e alla distruzione fisica dei libri, compito affidato, in *Fahrenheit 451* di R. Bradbury, a uno speciale corpo di "pompieri-piromani". Da sottolineare come queste ridondanti misure censorie risultino oggi in parte obsolete grazie alle stupefacenti possibilità manipolatorie offerteci da una tecnologia informatica sempre più pervasiva e immateriale.

40 In occasione di un'assemblea di istituto sulla *Shoah* alla quale era stato invitato il presidente, di origine ebraica, di un centro culturale intitolato a Primo Levi, mi capitò, come insegnante di storia e organizzatore dell'iniziativa, di ricevere la richiesta, da parte di alcuni studenti, di invitare anche il più "noto" esponente del negazionismo italiano. Il tutto, ovviamente, in nome della completezza del dibattito e della *par condicio*!

41 Cfr. V. Pisanty, *L'irritante questione delle camere a gas*, Bompiani, Milano 1998. Sul negazionismo cfr. anche T. Bastian, *Auschwitz e la "menzogna su Auschwitz"*, Bollati Boringhieri, Torino 1995.

16. La responsabilità dello sguardo

di Aldo Viganò[*]

«Nessuna poesia dopo Auschwitz», scrisse una volta Adorno. «Faccio *Schindler's List* perché ci si ricordi dei campi di sterminio e tutto questo non accada mai più», rilanciò quasi cinquant'anni dopo Steven Spielberg. Tutta la storia del cinema che parla dei lager nazisti è racchiusa dentro alla contraddizione di fondo enunciata da queste due dichiarazioni. Da una parte, l'enunciazione di Adorno (da lui stesso parzialmente rivista in seguito) dell'impossibilità etica, prima ancora che estetica, di rappresentare poeticamente l'Olocausto; e, dall'altra, il diritto-dovere rivendicato da Spielberg di trasmetterne la memoria e di consegnarla alle generazioni future nel modo più autentico, quindi anche con tutto quanto di emotivo e di coinvolgente, di poetico appunto, è inevitabilmente insito nella sua rappresentazione.

Quando le truppe alleate entrarono nei campi di sterminio nazisti, erano accompagnate da uomini con la cinepresa. Tra sorpresa e sgomento furono girati chilometri di pellicola, sia a colori, sia in bianco e nero. Molto di questo materiale filmato fu utilizzato nei tribunali di Norimberga, ma pochissimo arrivò al grande pubblico. Come rappresentare la realtà senza volgarizzarla? Quale distanza assegnare allo sguardo e quale tono privilegiare? I governi inglese e statunitense cercarono di trovare una risposta a questi interrogativi, affidando il compito di montare quelle immagini a grandi registi, quali Alfred Hitchcock e George Stevens, al fine di farle vivere esteticamente, e quindi collocarle in una dimensione al di fuori della problematica morale. Ma poi, forse anche a causa delle urgenze della guerra fredda e della conseguente determinazione del nuovo nemico, qualcosa non funzionò e quei governi preferirono tenere nel cassetto i loro film, pur montati con grande pudore, e ne rimandarono l'uscita a tempi più favorevoli.

Ciò nonostante, è certo che se i lager nazisti sono diventati qualcosa che continua a rimordere la coscienza collettiva, qualcosa che neppure il più becero revisionismo potrà mai cancellare, lo si deve innanzitutto

[*] Aldo Viganò, giornalista e critico cinematografico, ha curato con M. Manciotti *La Resistenza nel cinema italiano 1945-1995*, ILSREC, Genova 1995. Attualmente collabora con il teatro di Genova.

al cinema, alle sue agghiaccianti inquadrature di cadaveri accumulati nelle fosse comuni, di effetti personali scrupolosamente conservati nei magazzini, di volti e corpi segnati da una sofferenza infinita.

Per anni, il cinema mondiale non ha saputo come rappresentare l'Olocausto al di là del documento, commentato con toni ora pietosi, ora indignati. Per anni il cinema di finzione ha preferito lasciare al documento il compito di conservarne la memoria, non sapendo quale altra via scegliere per rappresentarlo.

Unica eccezione, strutturata in modo molto complesso tra passato e presente: *Notte e nebbia* di Alain Resnais, film commissionato al regista dal Comité d'histoire de la seconde guerre mondiale. Presentato al Festival di Cannes nel 1956, il film fu ritirato all'ultimo momento per motivi diplomatici («non sapevo che al festival il governo nazista avesse una sua rappresentanza», commentò ironicamente Resnais). E la cosa la dice lunga anche sulla difficoltà di accettare l'esistenza stessa dell'Olocausto, non solo di rappresentarlo. Il tono che caratterizza lo scandaloso film di Resnais – un documentario narrativo – è quello dell'elegia, del *nòstos* pietoso girato direttamente sui luoghi del dolore. Unendo il documento (in bianco e nero) alle immagini da lui girate (a colori) sul luogo della memoria, Resnais fa scelte estetiche molto precise: i lenti carrelli avvolgenti intorno al filo spinato, alle baracche vuote, ai dormitori che conservano il segno del dolore, alle infermerie e ai forni crematori sono come un processo di avvicinamento a una ferita che si sa di non poter sanare mai, tanto è vero che tutto il film, caratterizzato da un grande ritegno, risulta segnato da un forte e coinvolgente pathos della distanza. Il reale riconoscimento dell'orrore si può suggerire emotivamente, sembra dire Resnais, ma è impossibile da rappresentare compiutamente. Pena la volgarità. Come ben sottolinea il critico e futuro regista Jacques Rivette, recensendo nel 1961 il film *Kapò* di Gillo Pontecorvo: «Ci sono delle cose che devono essere avvicinate con timore e tremore: la morte è una di queste», per cui se un regista, decidendo di raccontare di una donna ebrea che sconvolta dal dolore si suicida gettandosi sul filo spinato ad alta tensione, sceglie «di fare un carrello in avanti per inquadrare il cadavere dal basso all'alto», avendo cura di disporlo nel modo più estetico possibile all'interno dell'inquadratura, ebbene, continua Rivette, «questo regista merita il più profondo disprezzo».

Il problema è posto nella forma più diretta, e coinvolge la responsabilità ineluttabile dell'arte nei confronti della realtà e della storia. Le buone intenzioni non bastano. Dell'integrità etico-culturale dell'uomo Pontecorvo, nessuno dubita; è della sua onestà estetica di regista che si discute. Al cinema, la forma è realtà. E di questa si parla. La volgarità, di fatto, è sempre in agguato. Qualche volta questa volgarità emerge con evidenza (quanti film pornografici ambientati nei campi di concentramento!), altre corre inesorabilmente il rischio di affacciarsi (*La scelta di Sophie*), altre ancora viene esorcizzata attraverso il primato di un volto e della parola (la testimonianza di Montgomery Clift in *Vincitori e vinti*), per arrivare infine a farsi sgomento pur nella spettacolare contraddizione utopica con cui Spielberg racconta il terrore dei corpi nudi avviati allo sterminio, ma "assurdamente" miracolati dallo scorrere dell'acqua dalle docce di Auschwitz, o a cancellarsi nella favola iperbolica di *La vita è bella*.

Guardando al Chaplin del *Grande dittatore*, Benigni contrappone la poesia della favola alla violenza della Storia. Tanto che, proprio come l'umanesimo pacifista declamatoriamente esposto nel finale del film di Chaplin, anche il progetto del protagonista di far crescere il figlio nell'ignoranza dell'evento storico vissuto in prima persona ha, in *La vita è bella*, soprattutto la funzione di struttura portante per l'affabulazione: non ne esprime affatto il più autentico significato. Sarebbe comunque un grave errore voler leggere, come qualcuno ha fatto, il film di Benigni secondo i criteri di un trattato di pedagogia o di un saggio di storia. Nel primo caso, non si può non domandarsi in che modo potrà diventare adulto quel bambino che il padre ha costretto sino alla fine a ignorare, a non conoscere la Storia nel suo farsi. Nel secondo, sarà facile rimproverare al film, come molti hanno fatto, certe reticenze storiche sui forni crematori e sullo sterminio. Ma, per fortuna, il cinema non è solo uno strumento di riproduzione della realtà, ma può essere anche un mezzo artistico per interpretarla, organizzandola secondo le proprie specificità linguistiche.

E poiché, come già ben diceva François Truffaut, il cinema, almeno quello vero, non ha tra i suoi doveri quello di trasmettere messaggi o di farsi carico della realtà tutta, anche il problema della irrapresentabilità dei campi di sterminio, con tutto il suo fardello di dolore umano e di abominio morale, può essere aggirato solo attraverso il giusto e il vero, più che attraverso il bello e l'utile. Solo così la rappresentabilità dei campi di concentramento diventa possibile: senza illudersi che la bella inquadratura (*Kapò*) possa surrogare la verità del dolore storico, o che la finalità pedagogica dell'assunto (il film che Francesco Rosi ha tratto da *La tregua*, per esempio) possa prendere il posto della necessità intrinseca alle scelte espressive. Al cinema, ancor più che nelle altre forme di espressione artistica, la responsabilità compete allo sguardo. È lo sguardo che rende morale o immorale la realtà rappresentata. Anche quella apparentemente irrapresentabile come i campi di sterminio. E, a ben vedere, non è difficile scoprire che il problema della distanza dello sguardo e della sua capacità di ritrovare la più autentica innocenza non riguarda solo la rappresentabilità dei lager nazisti, ma ha a che fare con il cinema tutto, forse anche con la stessa totalità dell'arte.

17. I campi di concentramento come luoghi della memoria. I musei e gli archivi dei lager

di Barbara Distel[*]

«Più il tempo passa, più Auschwitz si avvicina»: così afferma la scrittrice Grete Weil che per cinquant'anni si è occupata del tema della politica di sterminio, perseguita dal nazionalsocialismo. E ancora: «Auschwitz è un simbolo, non è un luogo sulla carta geografica». Ciò è riferito a tutti i grandi campi di concentramento noti in tutto il mondo, come Dachau, Buchenwald o Bergen-Belsen. La conoscenza del sistema di oppressione e di sterminio attuato dai nazionalsocialisti è cresciuta enormemente negli ultimi anni; inoltre questi nomi sono diventati miti, che risulta difficile collegare con i rispettivi luoghi storici e con ciò che vi accadde negli anni 1933-1945.

Quale compito e funzione hanno oggi i luoghi della memoria dei campi di concentramento che, corredati di mostre, archivi e biblioteche, offrono ai visitatori tanti elementi diversi di informazione e un'occasione di comunicazione pedagogica?

La comunità lavorativa del 1997 nei luoghi della memoria di Bergen-Belsen, Buchenwald, Dachau, Dora-Mittelbau, Neuengamme, Ravensbrück e Sachsenhausen, ha così descritto il significato e lo scopo di tali archivi-musei: «I campi di concentramento come luoghi della memoria documentano, sul posto, la storia della Germania nazionalsocialista, dei suoi crimini e delle sue vittime. Descrivono la storia specifica del luogo senza perdere di vista il contesto storico, illustrando il legame con la storia precedente e successiva». Se si pensa che le vittime dei crimini nazionalsocialisti non erano solo di origine tedesca, i campi di concentramento sono monumenti commemorativi europei, anche se situati in Germania. Come testimonianza della cultura democratica, mettono in notevole rilievo il passato nazionalsocialista e il presente antidemocratico, che non rispetta i principi inalienabili della dignità umana, dei diritti fondamentali dell'uomo e della tolleranza. In questi luoghi, "apprendere, provare dolore e ricordare" sono emozioni indissolubilmente legate fra di loro. I campi di concentramento, dunque, oltre ad avere la funzione di musei storici, utili per la ricerca, per la documentazione sto-

[*] Barbara Distel è direttrice del museo del lager di Dachau.

rica, sono diventati istituzioni con fini umanitari e spunto di riflessione per il genere umano; come luoghi della memoria, sono anche cimiteri, silenziose testimonianze, monumenti dell'epoca.

La suddetta funzione dei luoghi della memoria è stata formulata dai discendenti delle vittime, che oggi portano avanti le ricerche in base ai ricordi dei sopravvissuti. Sono trascorsi cinquantasei anni dalla liberazione dei campi di concentramento e il numero degli ex prigionieri ancora in vita, che può dedicarsi all'attività nei luoghi della memoria, si è drasticamente ridotto. Nei paesi dell'Europa occidentale e orientale, negli Usa e in Israele, vivono ancora decine di migliaia di ex prigionieri dei campi di concentramento, che furono deportati in giovane età. Le prime vittime della dittatura, i dissidenti politici tedeschi del nazionalsocialismo, che a partire dal 1933 furono fatti prigionieri e quindi torturati e uccisi nei lager, sono scomparse nel corso degli ultimi vent'anni, senza che l'opinione pubblica vi prestasse grande attenzione.

Ciò vale anche per gli ebrei tedeschi e i sopravvissuti di altre minoranze, come i Sinti e i Rom, i Testimoni di Geova o gli omosessuali, il cui destino di persecuzione ha trovato attenzione presso l'opinione pubblica soltanto dopo diversi decenni dalla fine della guerra. I sopravvissuti tedeschi furono i primi, in seguito alla Liberazione, a occuparsi dei luoghi della memoria situati in Germania. Lo stesso accadde in Austria, dove i sopravvissuti austriaci si adoperarono per conservare i resti del campo di concentramento di Mauthausen, e in Polonia, dove i sopravvissuti polacchi tornarono sul luogo del campo di sterminio di Auschwitz immediatamente dopo la fine della guerra. «Il 1° ottobre 1946 ero nuovamente sul territorio dell'ex campo di concentramento di Auschwitz» raccontò nel 1995 il sopravvissuto Tadeusz Szymanski, in seguito curatore del museo commemorativo; «un amico, che era stato deportato assieme a me, lui aveva il numero 20035 e io il numero 20034, mi pregò di farlo. C'era un gruppo di ex prigionieri, se mi ricordo bene erano diciotto, che desiderava costruire un luogo della memoria dove sorgeva l'ex campo di concentramento. Avevamo salvato tutto ciò che era rimasto dai tempi del lager».[1] Il governo polacco, già nel luglio 1947, emanò una legge che assicurava la conservazione di Auschwitz, Majdanek e Stutthof quali luoghi della memoria.

In Germania, negli anni del dopoguerra, i lager furono in parte utilizzati dalle autorità di occupazione alleate come campi di internamento e per altri scopi. L'idea di ancorare saldamente il ricordo dei crimini perpetrati ai luoghi dell'accaduto cominciò lentamente a prendere forma nel corso degli anni cinquanta.

---

[1] T. Szymanski, *Unglaublich*, in Id., *Aktion Sühnezeichen, Erinnere Dich! Auschwitz zwischen Schweigen und Sprechen*, Göttingen 1994, p. 81.

Se dopo mezzo secolo guardiamo a quel periodo, è oggi evidente in che misura la situazione politica determinò il successivo destino dei resti degli edifici dei lager e l'azione dei sopravvissuti in questi luoghi. La Germania fu divisa in due, e le forme dei ricordi e i tipi di spiegazione dei crimini nazionalsocialisti seguirono strade diverse, in conformità ai sistemi politici.

A Dachau i sopravvissuti tedeschi, con l'aiuto dei loro compagni di sofferenza provenienti dall'estero, soprattutto dalla Francia, evitarono che i resti del campo di prigionia scomparissero per sempre. Nel 1955 il presidente del *Landkreis* di Dachau chiese di procedere all'abbattimento del forno crematorio del campo di concentramento, allo scopo di «porre fine alla discriminazione nei confronti di Dachau»,[2] mettendo ancora più chiaramente in luce il comportamento della maggioranza della società in quegli anni rispetto alle testimonianze dei crimini perpetrati. Nello stesso anno venne ricostituito il *Comitée International de Dachau*, che ricevette il supporto del consiglio di amministrazione per l'istituzione di un luogo della memoria nel campo di concentramento di Dachau, i cui membri erano rappresentanti della vita pubblica della Baviera, in passato perseguitati dai nazisti. Nel 1961 il vescovo di Monaco e l'ex prigioniero di Dachau Johannes Neuhäusler si ritrovarono fianco a fianco, nella manifestazione di apertura del Congresso mondiale eucaristico e nella consacrazione della cappella *Todesangst-Christi-Kapelle* sul suolo del lager, alla quale parteciparono 30 000 persone; questo fu il passo decisivo verso l'apertura del luogo della memoria, inaugurato nel 1965, in occasione del ventesimo anniversario della liberazione del campo di concentramento. Gli ulteriori cinque edifici ecclesiastici, eretti nel tempo sul suolo del campo di concentramento e nella zona circostante, mostrano l'importanza che ebbe, a Dachau, il ricordo religioso, rispetto ad altri campi di concentramento.

Per circa vent'anni i sopravvissuti tedeschi che vivevano nella zona di Dachau-Monaco ebbero un ruolo importante nel luogo della memoria di Dachau, che rappresentava una delle aree più significative per il ricordo della tragedia. Soltanto alla fine degli anni settanta, con il crescere dell'interesse mondiale nei confronti delle atrocità perpetrate dai nazionalsocialisti, crebbe anche l'interesse verso le storie di vita dei sopravvissuti. Insegnanti e pedagoghi, inizialmente isolati, iniziarono a coinvolgere i testimoni della tragedia e molti si resero volentieri disponibili a raccontare la loro esperienza ai giovani. Tra di essi, possiamo citare, per esempio, il comunista di Monaco Adi Maislinger, che dopo otto anni di penitenziario fu internato a Dachau, dove rimase per quattro

[2] "Süddeutsche Zeitung", 11 agosto 1955.

anni. Quando negli anni settanta andò in pensione, come molti altri iniziò la sua "carriera di testimone della tragedia" e per circa dieci anni, per i giovani visitatori del luogo della memoria, rappresentò uno dei relatori più credibili e commoventi sul mondo dei campi di concentramento. Adi Maislinger, all'interno del lager di Dachau, godeva del massimo rispetto presso i suoi compagni di prigionia di tutte le nazionalità e, in qualità di kapò della disinfezione nel lager, con grandissimo coraggio nascose molti prigionieri in pericolo. In seguito, già anziano, riusciva con estrema facilità a instaurare un rapporto immediato con i giovani, e ancora oggi i visitatori raccontano del loro incontro con Adi Maislinger, decine di anni prima, e del segno indelebile che egli lasciava in chi lo aveva conosciuto.

Le "vittime dimenticate" presero la parola a Dachau per la prima volta nel 1980, quando un numero considerevole di ex prigionieri del lager, tra cui alcuni Sinti, iniziò uno sciopero della fame nel luogo della memoria, per protestare contro la discriminazione che nei loro confronti continuava dal 1945. Questa manifestazione ebbe un'eco nell'opinione pubblica internazionale e rappresentò l'inizio della ricerca storica della persecuzione e uccisione degli zingari a opera dei nazionalsocialisti.

La storia della persecuzione degli omosessuali nello stato nazionalsocialista non fu affrontata da chi ne era stato vittima in prima persona, ma dai loro discendenti. Il lavoro teatrale *Bent*, dello scrittore inglese Martin Sherman, ambientato nel campo di concentramento di Dachau, negli anni ottanta attirò l'attenzione internazionale su questa problematica. Dopo decine di anni di silenzio, anche i Testimoni di Geova si prodigarono per studiare e rendere nota la persecuzione della loro minoranza durante gli anni 1933-1945 e per chiedere che la loro storia fosse assimilata a quella degli altri perseguitati.

In seguito ai grandi cambiamenti politici nell'Europa orientale, dopo mezzo secolo i sopravvissuti dell'ex Unione Sovietica si fecero sentire in Occidente. Nel 1945, dopo la liberazione dai campi di concentramento nazisti, questi sopravvissuti erano scomparsi dietro la cortina di ferro e, in Occidente, non si seppe nulla della nuova prigionia di queste vittime e del lavoro forzato a cui furono costrette nei lager sovietici. Oggi, per la maggior parte anziani e poveri, versano in cattive condizioni di salute, e si rivolgono a questi luoghi della memoria nella speranza di un riconoscimento per la persecuzione subita e di un aiuto materiale. I luoghi della memoria non possono in alcun modo soddisfare tale aspettativa, ma ci si adopera concretamente per sensibilizzare la popolazione locale e risvegliarne l'interesse verso questa categoria di vittime.

La ricerca storica e l'opinione pubblica iniziarono solo più tardi a occuparsi dell'esistenza di aree nei dintorni dei lager, sorte in prevalenza durante gli ultimi anni di guerra, dove gli ebrei, in particolare dell'Europa orientale, erano costretti al lavoro forzato per l'industria bellica tedesca. Nel frattempo il significato di tali lager satellite assume un ruolo significativo quali luoghi della memoria nella storia dei sistemi concentrazionari, e numerosi sono i legami che sono nati tra i sopravvissuti dei lager in Israele, negli Usa o in Australia.

Oggi è possibile affermare che soltanto nell'ultima parte della vita i sopravvissuti abbiano preso chiaramente coscienza della loro origine e del loro bagaglio culturale, politico e religioso, della differenza del loro destino di persecuzione, influenzato dall'età, dalla nazionalità e dal motivo della persecuzione stessa. Nei luoghi della memoria viene preservata la loro identità e raccontata la loro storia. Per sapere in che misura le future generazioni si serviranno di tali informazioni per creare una società più umana, si dovrà attendere, poiché, come ha scritto recentemente un giovane teologo, «il destino del ricordo non è deciso dalle dimensioni degli archivi o dalla capacità degli hard-disk, ma esclusivamente dal coraggio e dalla perseveranza dei testimoni raggiunti dal messaggio, nei confronti delle generazioni future».[3]

(traduzione di Simona Basso)

---

[3] N. Reck, *Hoffen auf die Zeugen der Zeugen. Wo lebt die Erinnerung an den Holocaust?*, München 1998 (testo inedito).

18. Il Centro di documentazione ebraica contemporanea

di Luisella Mortara Ottolenghi[*]

Questa importante sessione concerne la trasmissione della memoria, ossia uno dei motivi basilari del Centro di documentazione ebraica contemporanea (CDEC) di Milano, la fondazione che ho l'onore di presiedere. Il nostro statuto infatti dice chiaramente:

> L'attività della fondazione consiste nel promuovere lo studio delle vicende, della cultura e della realtà degli ebrei, con particolare riferimento all'Italia e all'età contemporanea, assicurando la raccolta di ogni relativa documentazione. Tramite la sua attività la fondazione intende contrastare ogni forma di razzismo e antisemitismo. La fondazione conserva nel tempo, tramite le sue strutture e la sua attività, la memoria della persecuzione antiebraica fascista e nazista. Il materiale acquisito dalla fondazione di interesse storico, archivistico, bibliografico è patrimonio inalienabile dell'ebraismo italiano.

Nato quasi cinquant'anni fa per volontà di quelli che Primo Levi chiamava "i salvati", il CDEC intendeva continuare il lavoro iniziato fin dal momento della liberazione di Roma, nell'estate del 1944, dal Comitato ricerche deportati ebrei dell'Unione delle comunità israelitiche italiane. Questo comitato, grazie all'opera appassionata di quell'uomo straordinario che fu Massimo Adolfo Vitale, in circa dieci anni era riuscito a raccogliere una documentazione preziosissima sulla deportazione degli ebrei dall'Italia. Intorno a queste carte strazianti affidate alla Federazione giovanile ebraica d'Italia, su queste storie ricevute in consegna nacque, nel 1955, il CDEC. I ventenni di allora sentirono forte la necessità di impedire l'oblio e, con la stessa urgenza, la necessità di un impegno finalizzato alla ricostruzione del contributo ebraico alla Resistenza, al fine di ribadire un'immagine degli ebrei non soltanto vittime, ma attivi e partecipi alla lotta contro il nazifascismo, per la riconquista della libertà di tutti. Alla fine degli anni sessanta, infatti, il CDEC dimostrò la

---

[*] Luisella Mortara Ottolenghi è ricercatrice presso il Centro di documentazione ebraica contemporanea di Milano. Tra le sue pubblicazioni ricordiamo *"Figure e immagini" dal secolo XIII al secolo XIX*, in *Storia d'Italia*, Annali, 11 (*Gli ebrei in Italia*), t. II, Einaudi, Torino 1997.

piena responsabilità del suo ruolo (sotto la guida di Eloisa Ravenna, allora segretaria generale): chiamato dalle procure della Repubblica federale tedesca, fu in grado di produrre testimonianze a carico delle SS, massacratrici di ebrei sul lago Maggiore, nel settembre del 1943, e di Friedrich Bosshammer, l'uomo di Eichmann in Italia. E il ricordo si fece memoria.

Adesso veniva il passaggio più difficile: quello dalla memoria alla storia. Difficile perché quando le ferite sono ancora aperte, quando coloro che hanno sofferto, o i loro congiunti, vivono ancora tra noi, assumere il necessario distacco dai fatti per potere narrare e interpretare correttamente, è assai faticoso. Ma i nostri ricercatori hanno saputo imporsi questa disciplina, senza tuttavia dimenticare quegli afflati umani di passione e di pietà cui abbiamo accennato all'inizio. Vedono così la luce i lavori di Liliana Picciotto sulla deportazione, primo tra tutti il *Libro della memoria*, non solo muta lista di nomi che occupa settecento dolentissime pagine ma anche un elenco di uomini, donne, bambini a cui si è voluto conservare la dignità di esseri umani. Infine, il libro della Picciotto è storia di eventi, ricerca puntuale delle responsabilità non solo dei tedeschi ma anche, purtroppo, di tanti italiani che spontaneamente e autonomamente collaborarono al genocidio.

Parallelamente, acquisiva notevole importanza l'esigenza di approfondire l'analisi della politica fascista nei confronti degli ebrei, e in particolare lo studio delle leggi antiebraiche, ricostruendone la successione e la portata, anche grazie all'impegno di Michele Sarfatti, con risultati che mettono a disposizione un'effettiva memoria storica anche di quella vicenda.

Ma intanto al CDEC ci si rendeva conto che, nella società italiana, i pregiudizi antiebraici non erano scomparsi con il ritorno della democrazia e con il reinserimento a pieno diritto della minoranza ebraica nella legittimità istituzionale. Nella cultura e tra le forze politiche vi era chi non aveva saputo o voluto riflettere compiutamente sul passato recente. L'amnistia del 1946 e la legislazione del 1948 avevano posto fine alle epurazioni dei collaboratori della Repubblica Sociale Italiana, e anche coloro che in prima persona si erano impegnati nello sterminio ebraico non solo non furono puniti, ma spesso neanche giudicati. Questo clima consentì il perdurare di tanti stereotipi antisemiti, vecchi e nuovi, di cui si fecero portatori soprattutto ambienti di destra o di estrema destra – ma non solo loro – che di quel passato così recente si consideravano eredi.

Accanto a questo, la polemica antiisraeliana e antisionista portata avanti dalle sinistre divenne spesso il grimaldello che rilegittimava l'antisemitismo. Le manifestazioni di antisemitismo si fecero più frequenti e dal 1967, in concomitanza con la guerra dei sei giorni in Israele, il CDEC avviò un'attività di monitoraggio sul fenomeno, prima in maniera molto "artigianale", poi con metodologie e capacità di osservazione sempre più raffinate: questo osservatorio è oggi il nostro "settore pregiudizio ed antisemitismo", uno dei pilastri dell'Istituto.

L'attività di documentazione, ricerca e memoria è svolta anche dalla biblioteca e dalla videoteca del CDEC, a disposizione di centinaia di utenti, studenti, studiosi che vengono da ogni parte del mondo, giornalisti, registi, scuole di ogni ordine e grado. A essi i responsabili dei vari settori offrono consulenze e informazioni relativi a tutti gli aspetti della storia, della cultura e della vita degli ebrei.

Negli ultimi anni la fondazione si è impegnata in progetti assai ambiziosi. Primo tra tutti, il film *Memoria*, a cura di Marcello Pezzetti e Liliana Picciotto, realizzato con testimonianze in video dei sopravvissuti dei campi di sterminio. Era un progetto che ci stava particolarmente a cuore: pur sapendo che il potere della rievocazione e la capacità di suscitare emozioni della parola viva è ben maggiore di quello della parola scritta, sentivamo che il tempo pressava, che era un dovere tramandare alle future generazioni quello che non avrebbero più potuto ascoltare da chi aveva vissuto quelle tragiche esperienze.

Mentre terminavamo la realizzazione del film, i due studiosi si sono impegnati in una minuziosa indagine sul campo di sterminio ove vennero destinati gli ebrei deportati dall'Italia, indagine che è sfociata nel cd-rom *Destinazione Auschwitz*, prodotto da Proedi editore. Il cd-rom illustra per la prima volta, grazie ai documenti dell'epoca e alle ricostruzioni virtuali, ogni aspetto di quel luogo di violenza estrema e atroce sofferenza umana: binari, baracche, percorsi, camere a gas, una realtà che ora è documentata per sempre.

Oggi il CDEC è in un certo senso il luogo della memoria delle migliaia di ebrei d'Italia uccisi nei lager. È come se i nostri documenti, i nostri libri, le nostre collezioni fossero diventati il luogo simbolico che accoglie le ceneri dei deportati disperse ad Auschwitz.

È una responsabilità pesante per tutti noi, sia per il suo significato, sia perché è necessario gestirla con grande attenzione. Da un lato, occorre valorizzare la memoria della *Shoah*, documentarne l'esistenza e le caratteristiche di unicità, svilupparne lo studio, opporsi al negazionismo. Dall'altro lato, occorre far sì che lo studio e la conoscenza della *Shoah* non annullino lo studio e la conoscenza degli altri aspetti della vita ebraica, in Italia e nel mondo. Ma prima di tutto occorre che i documenti di quella vicenda e degli altri momenti della storia ebraica vengano raccolti, conservati, messi a disposizione, studiati. E questa è appunto la funzione principale della fondazione Centro di documentazione ebraica contemporanea.

19. L'Associazione nazionale ex deportati

*di Aldo Pavia**

In cinquant'anni di attività, l'Associazione nazionale ex deportati (ANED) ha dato vita a una vasta serie di iniziative per far conoscere la realtà della deportazione politica e razziale italiana nei campi di sterminio nazisti.

Sono stati proprio gli ex deportati superstiti a impegnarsi per primi allo scopo di far conoscere, a un pubblico scettico o ancora disgustato dalle violenze della guerra, la loro sofferenza e quella dei loro compagni che non hanno più fatto ritorno alle loro case. Si tratta una grande mole di memorialistica, a volte pubblicata, ma molto spesso rimasta inedita, che costituisce ancora oggi la base fondamentale per la conoscenza diretta della tragica vicenda dei deportati italiani nei lager nazisti e che, riteniamo, non deve andare dispersa. Ai racconti dei deportati si sono andate via via aggiungendo le ricerche degli studiosi e degli storici, i quali (anch'essi attraverso il continuo stimolo della nostra associazione) hanno contribuito ad analizzare la reale e complessa natura del fenomeno concentrazionario come elemento saliente della politica criminale attuata dalla Germania nazista.

L'ANED ha costituito, quindi, fin dal suo sorgere e nel corso della sua lunga attività, un centro propulsivo di primo piano per la diffusione della conoscenza di questo aspetto rilevante della persecuzione nazifascista. Nessun mezzo di comunicazione è stato trascurato: dall'editoria al cinema, dalle mostre alle conferenze, e dalle testimonianze nelle scuole all'organizzazione di visite studio nei campi di sterminio e persino alla produzione di magliette (le *T-shirt* di moda tra i giovani), con la scritta «diamo alla Memoria un futuro», che sono state distribuite in migliaia di esemplari.

Bastano pochi significativi esempi: la pubblicazione di una serie di memorie, gli opuscoli guida alla conoscenza dei campi di concentramento (ultimi dei quali quelli di Mauthausen e di Gusen), una ricchissima bibliografia della concentrazione, per non citare le già ricordate ricerche dell'amico Italo Tibaldi, che ha ricostruito, attraverso un minuzioso lavoro di ricerca durato anni, l'elenco nominativo di tutti i deportati politici italiani e la loro destinazione nei campi nazisti.

---

* Aldo Pavia è presidente della sezione romana e membro del consiglio nazionale dell'Associazione nazionale ex deportati.

Si tratta, quindi, di un'importante opera di conoscenza e di approfondimento della realtà concentrazionaria, ma soprattutto di un'opera volta alla trasmissione della memoria e dei valori che porta con sé alle nuove generazioni che, non avendo per fortuna vissuto queste tragiche esperienze, rischiano di ignorarle.

Ed è proprio nell'impegno rivolto alle giovani generazioni che l'ANED si è andata via via caratterizzando. Tra i contributi più importanti dell'ANED nel corso degli anni ci preme ricordare quello per l'allestimento dei musei della deportazione: Fossoli di Carpi, la Risiera di San Sabba, il Memoriale degli italiani in Auschwitz, nel Block 21, nonché i Memoriale di Mauthausen, di Gusen, di Ravensbrück e quello nel parco nord di Sesto San Giovanni, solo per citarne alcuni. Inoltre, l'allestimento costante di mostre sui campi di annientamento e di sterminio, destinate alla cittadinanza e più in particolare alle scuole, organizzate a Milano, Roma, in Sicilia e fatte circolare nella maggior parte delle città italiane. Ci piace ricordare in particolare la mostra *Sterminio in Europa* che, sfruttando la tecnica sempre valida del giornale murale, ci ha dato e ancora ci riserva continue soddisfazioni nell'approccio con i giovani.

Continua e assidua è la promozione e l'organizzazione dei viaggi di studio nei lager nazisti, che hanno portato migliaia di persone, giovani in particolare, spesso accompagnati da superstiti, a conoscere direttamente i luoghi delle sofferenze e dell'assassinio di milioni di bambini, donne e uomini di tutta Europa.

In questa vasta attività si sono impegnate tutte le nostre sezioni provinciali. Ci limitiamo, per tutte, a ricordare il lavoro compiuto dalla sezione di Torino, con l'appoggio materiale e morale del consiglio regionale piemontese. Sono stati creati due archivi che raccolgono le "Storie di vite" e gli "Scritti di memorie" degli ex deportati del Piemonte. Nel corso di questi anni l'ANED di Torino ha organizzato dieci convegni internazionali e tre tavole rotonde, di cui ha pubblicato regolarmente gli atti; ha licenziato sei volumi di ricerche e curato quattro quaderni. In totale ventitré pubblicazioni affidate alla casa editrice Franco Angeli. Documenti particolari, raccolti sempre dall'ANED di Torino, sono gli studi sul pensiero e sull'opera di Primo Levi e, registrate su videocassetta, le interviste a tre deportati di Mauthausen selezionati per la camera a gas e scampati fortunosamente, per motivi diversi, alla morte.

Giorno dopo giorno gli archivi dell'ANED si arricchiscono di nuova e ulteriore documentazione, in particolare per quanto concerne il materiale audiovisivo. Proprio in questi giorni la sezione romana della nostra associazione ha ricevuto venticinque videotestimonianze di superstiti dei KZ (ebrei, politici, militari, lavoratori forzati) ed è in corso di montaggio un film documentario per le scuole, che si connota come un primo ma completo approccio per gli studenti alle tematiche dell'annientamento e dello sterminio.

Nel maggio 2000, all'inizio del nuovo secolo, l'ANED ha voluto organizzare il suo congresso nazionale non, come tradizionalmente avviene, in una città italiana, ma nella Sala delle bandiere del lager di Mauthausen. È stato un evento di grande importanza politica sia per la forte partecipazione, sia per le qualificate presenze (su tutte, quelle di Oscar Luigi Scalfaro e Luciano Violante), sia, soprattutto, per i temi trattati.

Infatti, con questo congresso, l'ANED ha voluto intervenire direttamente, con una serie di qualificate relazioni sui più drammatici problemi del momento, quali la fuga di milioni di persone dai paesi poveri verso la parte più ricca del mondo alla ricerca di una vita più umana, la mondializzazione dei mercati e la globalizzazione dei diritti degli uomini.

L'ANED ha affrontato quest'ultimo tema partendo proprio dall'esperienza della deportazione, che ha visto uniti nella sofferenza e nella lotta per il riscatto milioni di deportati provenienti da ventiquattro paesi, i quali costituiscono nei fatti una testimonianza di quanto possa unire il dialogo fra uomini e donne di diverse nazioni, di diverse identità politiche e di diverse fedi religiose. La consapevolezza di questa esperienza può servire da stimolo per dare fiducia alla lotta contro la povertà, la discriminazione e il razzismo.

Nel corso del 2000, pur con grande ritardo e non poche difficoltà, il parlamento italiano ha sancito con una apposita legge il Giorno della memoria. Questa commemorazione è stata fortemente voluta dall'ANED, dall'Unione delle comunità ebraiche italiane, dall'ANEI (Associazione nazionale ex internati militari) e ha visto la luce grazie anche alla sensibilità es al concreto impegno dell'onorevole Furio Colombo e del senatore Athos De Luca, cui vanno i nostri ringraziamenti.

Sappiamo, tuttavia, che non sarà una legge a dare ai nostri concittadini una memoria salda ed esente dal rischio dell'oblio. L'ANED ritiene quindi suo doveroso impegno proseguire nell'opera di costruzione, di radicamento, di difesa della memoria, oggi come negli scorsi decenni della sua esistenza, consapevole che trasmettere la memoria non significa solo riflettere sul passato, ma affrontare, proprio alla luce del passato, i problemi più tragici della realtà di oggi e svolgere un'azione concreta affinché non si dimentichino i crimini commessi dal nazifascismo e dai suoi responsabili.

È da questo punto di vista che va considerata la costante azione dell'ANED affinché non cadano in prescrizione i crimini nazisti. Non certo per consegnare al carcere dei criminali ormai giunti alla fine dei loro anni, ma piuttosto per fare in modo che i processi si celebrino e che giungano a conclusione, perhé gli atti dei processi e le sentenze dei giudici costituiscono documenti storici che contribuiranno a far conoscere gli spaventosi esiti a cui ha condotto l'ideologia nazifascista. In quest'ottica l'ANED ha stimolato e curato come parte civile il processo che si è tenuto in corte d'assise di Trieste a carico dei responsabili della Risiera di San Sabba, pubblicandone gli atti in due volumi. Più recentemente l'ANED è stata protagonista nei processi contro Michael Seifert, responsabile di sevizie e numerosi omicidi nel campo di Bolzano, di Theo Sevaecke, autore della strage del 10 agosto 1944 in piazzale Loreto a Milano e di Karl Thito, responsabile anche della strage di 67 combattenti della Resistenza in Fossoli nel luglio del 1944. Anche gli atti di questi processi, raccolti a cura dell'ANED, costituiscono una fondamentale documentazione, messa a disposizione delle generazioni future e degli storici per comprendere uno degli eventi più tragici del XX secolo.

Trasmettere la memoria nella società di oggi significa avere a disposizione sempre nuovi mezzi di comunicazione, anche ad altissimo livello. Da più di vent'anni l'ANED pubblica regolarmente la sua rivista "Triangolo Rosso", che da qualche tempo si è arricchita di nuove tematiche e di prestigiosi collaboratori; abbiamo dato vita a un sito internet (*www.deportati.it*) che ogni anno viene visitato da decine di migliaia di persone.

Riteniamo tuttavia che oggi, di fronte a una realtà in cui sempre più presenti sono le minacce di un'involuzione antidemocratica, siano necessari anche strumenti di più alto valore scientifico. Da anni l'ANED lavora per dare una forte e incisiva dimensione culturale alla fondazione "Memoria della deportazione", costituita perché possano avere un futuro le ricerche e le documentazioni storiche riguardanti la deportazione. Gli ostacoli sono stati tanti, ma ora – grazie al contributo decisivo della famiglia di Aldo Ravelli, un deportato di Mauthausen recentemente scomparso – questo progetto sta per essere realizzato nel centro di Milano. Vorrà essere un centro di studi, di rielaborazione, di diffusione di conoscenze per approfondire le problematiche dell'universo concentrazionario, in grado di collegarsi, per via informatica, con il resto del mondo. Contemporaneamente daremo vita a una rivista dal titolo "Quaderni della fondazione Memoria della deportazione".

Ci rendiamo conto che tutto questo non basta. La memoria rischia di vanificarsi se l'insieme della società non si riconosce negli ideali e nei sacrifici di coloro che hanno combattuto il nazifascismo e costruito, con la loro lotta, l'Italia democratica. Sono le istituzioni del nostro paese, in primo luogo la scuola, che debbono far conoscere e valorizzare l'asse fondante dell'unità nazionale, che va, come giustamente afferma il presidente Ciampi, dal Risorgimento alla Resistenza.

In estrema sintesi, questi sono i più qualificanti impegni dell'ANED, che si è sempre proposta di seguire il monito di Primo Levi: «Meditate che questo è stato».

20. L'associazione nazionale ex internati

di Stefano Caccialupi[*]

L'Associazione nazionale ex internati è sorta come ente morale nel 1948, su lodevole e significativa iniziativa di alcuni ex internati desiderosi di far conoscere la storia, le vicende, le sofferenze, il comportamento e i sacrifici dei militari italiani (oltre 50 000 non rientrati dai lager) catturati dai tedeschi a seguito degli eventi dell'8 settembre 1943 e ristretti nei lager nazisti fino alla loro liberazione da parte delle forze anglo-americane e sovietiche. Articolata su tutto il territorio nazionale, l'ANEI cura infatti la ricerca, lo studio, l'analisi di tutto ciò che è avvenuto, a partire dall'8 settembre, ai militari italiani dislocati sul territorio nazionale, in Francia, in Corsica, nei Balcani, in Grecia, nelle isole ioniche ed egee (Rodi, Lero, Coo, Creta ecc.).

Riassumendo e sintetizzando questa ricerca e questi studi, vorrei precisare che non si tratta, semplicisticamente, di ricordare e rievocare gli eventi storici più appariscenti e conosciuti, anche se tuttora offuscati da vaste zone d'ombra non dissipate, ma soprattutto di evidenziare la situazione dell'esercito italiano alla data dell'8 settembre 1943, o, più correttamente, di analizzare sotto vari profili la situazione in cui si sono venuti a trovare all'improvviso comandanti di grandi e medie unità, comandanti di reparto di livelli minori e, indistintamente, militari di ogni categoria, età e grado, di fronte a un fatto assolutamente sconcertante, imprevedibile e inimmaginabile.

È da questa osservazione che parte l'esame, globale e particolare, della vicenda "internamento", che si distingue da tutte le altre situazioni che hanno portato all'insorgere e allo sviluppo della lotta partigiana, alle operazioni militari delle ricostituite unità dell'esercito del Regno del Sud a fianco e sotto comando angloamericano. Differenze sostanziali, non di meriti ovviamente – perché ognuno ha giocato nel migliore dei modi il suo ruolo – ma di valutazioni, di comportamenti, di reazioni, che peraltro troveranno convergenze nell'obiettivo comune da raggiungere: la liberazione dell'Italia dall'occupazione nazista, la riconquista delle libertà democratiche.

---

[*] Stefano Caccialupi è dirigente dell'Associazione nazionale ex internati militari.

A questo punto è opportuno quanto doveroso, per la verità della storia nazionale e soprattutto per poter leggere il grave momento dell'esercito nella sua obiettiva realtà, ricordare che se l'8 settembre segnò, con il crollo dell'ormai decrepito e anacronistico stato, il disfacimento dell'esercito nella sua struttura complessiva di comando, non ci fu disfacimento nello spirito dei reparti, di tanti comandanti e semplici soldati.

Non è questa la sede di trattazione dell'argomento, ma non si può non ricordare, anche se fugacemente, quanto è accaduto a Cefalonia, nei Balcani, in Corsica, nelle isole dell'Egeo (Rodi, Lero, Coo e in tante altre isole minori), dove si sono sviluppati episodi di resistenza, passaggi nelle formazioni partigiane locali, reazioni armate, combattimenti ed eccidi (come purtroppo è avvenuto a Cefalonia); episodi di cui oggi sono venuti tutti a conoscenza, seppure molto tardivamente.

L'esercito, quindi, nella sua vera essenza, nell'animo e nello spirito dei suoi componenti, ha reagito con immediatezza alla violenza, alle imposizioni dei tedeschi e alla complice acquiescenza di molti alti comandi che con le loro perplessità, ambiguità, pavidità, incapacità, inefficienze, hanno contribuito ad aggravare i guasti prodotti dalle decisioni e dai comportamenti politico-militari del governo. Reazioni, tutte, che hanno dato il segno della volontà del recupero della dignità e dell'onore dell'istituzione militare, offesi e vulnerati da chi aveva il dovere di tutelarli.

Preceduta da questi segni e da questa impari e coraggiosa lotta di alcune unità italiane contro i tedeschi, si apre, dopo l'inevitabile cattura pressoché totale dell'esercito italiano da parte della Wehrmacht, la pagina dell'internamento dei nostri soldati. Una pagina particolare perché non è, nella sua essenza e nella sua realtà, una pagina di prigionia, come potrebbe apparire.

Il prigioniero di guerra è il militare di un esercito nemico catturato a seguito di combattimenti. Non era il caso nostro perché i militari italiani facevano parte di un esercito di uno stato che fino all'8 settembre era stato alleato dei tedeschi, ed erano stati catturati in maniera anomala attraverso ordini fatti impartire addirittura da comandi italiani. E di questa situazione si avvalsero appunto i nazisti, bollando i militari italiani catturati e ristretti nei lager già predisposti come internati militari. La motivazione di fondo era quella di poterli impiegare coattivamente al lavoro, senza dover applicare nei loro confronti le norme di tutela, di assistenza e di controllo previste dalla convenzione di Ginevra. Punto rilevante, e da tener presente, a proposito del "risarcimento" previsto dalla legge federale tedesca di cui verrà poi accennato.

I tedeschi hanno tentato di corrompere gli internati militari italiani con la promessa del rientro in Italia, del ripristino della posizione militare e dello stipendio, a condizione che sottoscrivessero una dichiarazione di adesione alla neocostituita Repubblica di Salò, riedizione del fascismo nel ruolo di sudditanza al governo del Terzo Reich, o addirittura che si impegnassero a continuare la guerra arruolandosi nelle formazioni militari delle SS. La grande maggioranza degli internati militari, ripetutamente minacciati e sottoposti a pressioni sempre più traumatizzanti, mantenne un atteggiamento ostile, oppose più volte un no deciso, coraggioso, nobile e altamente significativo.

Ma ciò che merita un'attenzione particolare, perché di rilevanza storica essenziale, è il fatto che si è trattato di una scelta dei singoli. Ognuno si è trovato di fronte alla propria coscienza, solo con le sue forze, senza riferimenti cui far capo, senza direttive, suggerimenti o consigli di altri, quasi all'oscuro della reale situazione determinatasi dopo l'8 settembre, sotto la continua minaccia di rappresaglie per i traditori (quali erano considerati gli italiani) e con il dubbio, insinuato dagli agenti di Salò, di dover mantenere, ai sensi dell'onore militare, la parola data ai tedeschi e di disobbedire al governo Badoglio in quanto decaduto e traditore. In un breve arco di tempo ogni soldato italiano, dotato o privo di cultura, povero o ricco, giovane o vecchio, di qualunque categoria e grado militare, ha dovuto maturare la sua decisione. E tanti, oltre 600 000 di questi soldati, hanno detto no con convinzione, rispondendo alle istanze dei loro sentimenti, della rapida e responsabile maturazione storica e politica, denunciando così la vera identità degli italiani, avversi a ogni forma e modo di oppressione e di violenza, ma ricchi di umanità, di saggezza, permeati del senso della fratellanza e della solidarietà.

L'internamento dei militari italiani ha dato il segno della loro rapida e consapevole maturazione civile e democratica, nonostante la propaganda e il tentativo d'indottrinamento del fascismo. Da notare, nell'ambito di questa considerazione, che proprio i più giovani, la generazione imbevuta dalla retorica roboante del patriottismo nazionalista fascista, sono stati i primi a dire no, resisi conto, con la diretta constatazione del disastro, della beffa e dell'irresponsabilità del regime, che occorreva cambiare strada e ricominciare ex novo la ricostruzione della società italiana.

Questo è l'aspetto storico più rilevante, come sopra accennato, della posizione assunta dagli internati militari italiani. Costoro hanno avuto un comportamento esemplare, dimostrato inconfutabilmente dalla condizione di vita che hanno consapevolmente accettato di sopportare per la dignità nazionale e delle istituzioni militari, per la dignità personale, per l'affermazione della libertà, per il rifiuto della violenza e delle forme autoritarie di governo.

Tutto questo impone una riflessione profonda e il lancio di un messaggio ideale alle future generazioni perché esaminino alla luce delle realtà poste dall'attualità, nell'evoluzione naturale della società e del modo di concepire e sentire la vita, se questi valori, recepiti e tradotti in coerenti azioni concrete dalle generazioni degli ex internati, conservano validità perenne e possono sempre essere di guida ai comportamenti umani nel privato e nel pubblico.

Per completare la definizione dell'internamento, del quale non sto a illustrare le realtà quotidiane di vita, non essendo questa la sede più indicata ed esistendo in proposito una memorialistica molto ricca e attendibile, farò come annunciato un breve cenno alla questione del risarcimento ai lavoratori coatti, previsto dai successori della Germania nazista. Non posso sottacere in questo momento l'infelice decisione adottata recentemente dal governo federale tedesco di considerare gli internati militari italiani prigionieri di guerra, anche se viene riconosciuto che subirono effettivamente un trattamento in violazione delle norme della convenzione di Ginevra.

Non mi sto a dilungare su una tale meschina risoluzione adottata, come tutti sappiamo, per mere ragioni finanziarie ma che stravolge la verità storica e giuridica di quegli eventi. Così gli internati militari italiani, dopo essere stati costretti ad aiutare l'economia di guerra nazista, oggi sono di nuovo costretti a venire incontro alle esigenze del bilancio della Repubblica Federale: tutto questo l'ANEI non può accettarlo, non certo per ragioni economiche, ma per la necessità di ristabilire la verità storica.

Fin dai primi mesi di internamento, si manifestò qua e là nei vari campi il desiderio di costituire un'associazione che riunisse gli internati dopo la liberazione e che continuasse, anche negli anni successivi, il legame di solidarietà formatosi durante la prigionia, per raggiungere un ideale di fratellanza fra gli uomini: finita la guerra, già nel 1945 fu tenuto il primo congresso dell'ANEI a Torino.

Stabilire l'entità delle perdite subite dagli internati militari italiani è stato uno dei compiti immediati dell'ANEI, problema di difficile soluzione. Le ricerche condotte sistematicamente dal commissariato generale per le onoranze ai caduti nei territori della Repubblica Federale Tedesca per addivenire alla creazione dei quattro cimiteri militari italiani di Berlino, Amburgo, Francoforte e Monaco, e le indagini da noi diligentemente condotte in varie province d'Italia, concorrono nel far ritenere fondata la cifra minima di 70 000 uomini deceduti in cattività; per non parlare di quanti morirono in seguito, per malattie e menomazioni contratte e subite nei lager.

Queste dunque le premesse e i problemi che diedero contenuto immediato alla vita dell'ANEI, vita difficilissima nei primi anni, anche in assenza di un qualsiasi tipo di contributo. L'ANEI doveva dunque farsi carico non soltanto delle consuete responsabilità di carattere immediatamente assistenziale, ma soprattutto della conservazione di un patrimonio morale resistenziale di indiscutibile valore storico. A tal fine occorreva sviluppare un'attività che non fosse meramente celebrativa in tono sia pur nobilmente reducistico, ma che da un lato tendesse a illustrare le caratteristiche della resistenza non armata combattuta nei lager contro il nazifascismo, dall'altro valesse a recuperare culturalmente quei venti mesi di cattività "volontaria", mediante la raccolta di testimonianze, diari, memorie, documenti.

L'opera di raccolta dei dati è stata svolta pazientemente su materiale inedito fra il 1945 e il 1950 in modeste tirature, oggi introvabili, a cura di singoli reduci; i contatti con la Croce rossa internazionale, opere di storici stranieri e altre fonti, hanno consentito all'ANEI la stesura e la pubblicazione di opere di carattere divulgativo e scientifico, capaci di rispondere a quasi tutte le domande degli studiosi. In quest'ultimo campo non dimentichiamo la pubblicazione, curata dall'ANEI tra il 1964 e il 1995, dei "Quaderni" del Centro di studi sulla deportazione e l'internamento, da essa creato e finanziato.

L'Associazione ha poi dato vita, a partire dal 1977, a iniziative di più ampia risonanza, con mostre itineranti: una, composta da opere pittoriche eseguite nei lager, l'altra da materiale fotografico di origine clandestina. Entrambe le mostre sono state presentate in numerose città d'Italia, ottenendo un successo di pubblico – soprattutto fra i giovani – assolutamente imprevedibile. Di questo materiale ci siamo avvalsi per la pubblicazione di due grandi album. Con i giovani in particolare è stato instaurato un colloquio frequente, sia mediante la diffusione di pubblicazioni e di interventi illustrativi nelle scuole, sia invitando le scolaresche alle suddette mostre, sia istituendo concorsi promossi dall'ANEI.

Un discorso sull'attività celebrativa dovrebbe prendere le mosse dall'ormai lontano 1946, quando un gruppo di reduci piemontesi issò sulla vetta del Rocciamelone, a oltre 3500 m di altezza, la prima lapide rievocativa. Da allora monumenti e lapidi sono stati collocati un po' ovunque, su iniziativa delle amministrazioni locali o dell'associazione stessa. L'opera di più ampio valore è indubbiamente la realizzazione del Tempio dell'internato ignoto, creato a Terranegra di Padova, che accoglie l'urna con i resti di un internato militare. Attiguo al tempio è il Museo dell'internamento, meta di continui pellegrinaggi di reduci e di scuole.

Per concludere, ricorderemo la generosa offerta al Mezzogiorno promossa dall'ANEI che ha finanziato la creazione di un centro di ritrovo e di svago per bambini e anziani che sorge nel quartiere napoletano di Pianura, centro dedicato alla memoria dei caduti nei lager per la libertà d'Italia.

Così l'associazione intende trasmettere i valori di sacrificio consapevole, mediante un'azione concreta alla cui alacrità nulla toglie il trascorrere degli anni.

21. Gli Istituti della Resistenza. Conservare, costruire, trasmettere la memoria storica

di Laurana Lajolo[*]

L'Istituto nazionale per la storia del movimento di liberazione in Italia nasce nel 1949 a Milano, per volontà di Ferruccio Parri, nel segno della memoria storica. La volontà è quella di strutturare un'istituzione in cui raccogliere e conservare la documentazione della Resistenza e la storia della guerra di liberazione, perché non se ne perda la memoria.

Il 1949 è una data significativa per questa operazione culturale: siamo in piena guerra fredda, le sinistre sono state allontanate dal governo, l'attuazione della costituzione attraversa fasi opache e contraddittorie, la Resistenza è considerata una pagina imbarazzante per la normalizzazione postbellica. La gravità del momento non sfugge certamente a Parri, il quale vuole conservare i documenti e promuovere studi storici sulla Resistenza, con una precisa vocazione alla divulgazione e alla formazione delle nuove generazioni agli ideali della guerra partigiana.

All'origine, quindi, l'istituto intende coniugare strettamente la memoria dei protagonisti, ancora palpitante in quel periodo storico, con la ricerca storica, in difesa del patrimonio di avvenimenti, di idee, di movimenti, che hanno dato origine alla democrazia in Italia, sancita dalla Costituzione repubblicana dichiaratamente antifascista.

La formula dell'istituzione è decisamente originale perché si dà una struttura territoriale federativa e perché programmaticamente propone l'intreccio tra documentazione, ricerca storica e impegno etico civile.

Mentre nel panorama politico-culturale, con la rottura dell'unità politica resistenziale, l'antagonismo tra fascismo e antifascismo è sostituito dalla contrapposizione tra comunismo e anticomunismo, l'Istituto nazionale e gli istituti appena sorti consolidano la loro presenza sulla base dell'ampia alleanza delle rappresentanze partigiane, espressioni del Comitato di liberazione nazionale che, pur con difficoltà interne, garantisce la pluralità di ruoli, di testimonianze, di interpretazioni, e legittima le stesse istituzioni di documentazione e di ricerca storica. Storici importanti, di diverse tendenze, si impegnano

---

[*] Laurana Lajolo è stata presidente dell'Istituto nazionale per la storia del movimento di liberazione in Italia.

nell'interpretazione dei documenti e degli avvenimenti e fanno opera di formazione di giovani studiosi.

Iniziata così la loro storia, gli istituti aumentano di numero, radicandosi nella società regionale e provinciale anche attraverso rapporti con gli enti locali. L'attività degli istituti si articola su due filoni principali. Il primo è quello della ricerca storica sull'antifascismo e sulla Resistenza, sulla base di documenti depositati e implementati nel tempo. In ambito locale vengono prodotti studi fondamentali per ricostruire le vicende partigiane, mentre a livello nazionale, con l'apporto di storici di alto livello, viene affinata una metodologia della ricerca basata sul rigoroso uso delle fonti.

Il secondo livello di intervento riguarda l'impegno culturale e civile per la difesa del patrimonio ideale della Resistenza, delle libertà democratiche e della costituzione, rappresentando in molte realtà territoriali un vivace luogo di aggregazione e di proposta politica plurale, molto utile alla crescita democratica della società. In questa dimensione il lavoro storico di ricerca viene trasfuso in iniziative pubbliche di rilievo (convegni, lezioni, interventi nelle scuole ecc.), che collaborano a promuovere il senso civico e le scelte ideali della comunità, anche attraverso un rapporto dialettico con le forze politiche al governo.

Negli anni sessanta, quando inizia la legittimazione governativa e, in certa misura, la monumentalizzazione della Resistenza, gli ostituti, sollecitati anche dai nuovi movimenti giovanili e da giovani storici che intervengono nelle ricerche, estendono i temi della ricerca storiografica alle classi subalterne e al contributo della popolazione civile al movimento di liberazione. Vengono implementati il reperimento degli archivi partigiani e la raccolta delle testimonianze, soprattutto di quelle orali, che diventa sistematica e integrativa dei documenti ufficiali.

La presidenza del partigiano e storico Guido Quazza coincide con una fase di grande espansione degli istituti, che compongono ormai una fitta rete, presente in tutta Italia. È il momento di un vivace rinnovamento sul piano storiografico, orientato dalla proposta interpretativa dello stesso Quazza di inserire la storia della Resistenza, soprattutto nei suoi aspetti politici e sociali, nello scenario più vasto della storia d'Italia.[1]

Si moltiplicano le ricerche locali, anche con lavori di microstoria, sostenute, a livello nazionale, da un'importante ricerca di storia sociale, *Operai e contadini nella crisi italiana 1943-44*, che diventa a sua volta un punto di partenza per gli storici della nuova generazione, che influenzeranno significativamente la storiografia italiana per un lungo periodo.

Con l'arricchimento degli studi e delle testimonianze dei partigiani, la memoria storica, veicolata dagli istituti, si sostanzia dei temi della sog-

---

[1] G. Quazza, *Resistenza e storia d'Italia*, Feltrinelli, Milano 1976.

gettività, acquistando spessori e spazi di indagine prima trascurati, come l'antropologia del partigiano, i comportamenti della popolazione civile, il ruolo dei contadini, l'affacciarsi sulla scena sociale e politica delle donne, la considerazione della "zona grigia" tra consenso e opposizione, la concezione plurale delle storie.

Iniziano in quel periodo le ricerche sulle memorie della deportazione politica e della *Shoah*, dei prigionieri di guerra, delle piccole comunità investite dalla guerra, delle donne e della vita quotidiana. Esce dall'ombra anche la figura del nemico fascista e il tema della guerra civile, che Claudio Pavone indaga con spirito dichiaratamente antifascista e con la serietà e la documentazione dello storico, acquista una dimensione storiografica, e non più soltanto polemica. Il volume di Pavone, *Una guerra civile. Saggio sulla moralità nella Resistenza*, si avvale della documentazione e degli studi locali degli istituti. L'interpretazione di Pavone, per lungo tempo nel nostro consiglio direttivo, ha svolto, specificamente sui temi della scelta e della violenza partigiana e fascista, un ruolo di sollecitazione per gli istituti che, su quelle basi, avviano lavori di approfondimento sugli aspetti locali della Resistenza, con nuove letture degli avvenimenti e con la presentazione di nuovi soggetti, rendendo così la complessità sociale, politica e militare dei venti mesi di guerra partigiana.

L'influenza di Pavone si riflette anche nella ricerca didattica e, in questo campo, prende importanza e visibilità un'articolata elaborazione degli istituti della Resistenza, che hanno proposto, presso le scuole, la sperimentazione di percorsi e modalità di insegnamento-apprendimento, documentata da una serie di interessanti pubblicazioni in occasione del cinquantesimo anniversario della Liberazione e, poi, della costituzione. L'Istituto nazionale e gli istituti associati lavorano con ottimi risultati nell'aggiornamento e nella formazione dei docenti, nella sperimentazione di nuove strategie didattiche, definendo in modo sistematico la funzione del laboratorio di storia, luogo in cui gli studenti possono concretamente sperimentare le procedure dello storico e l'uso critico delle fonti.

Gli istituti hanno dato voce alle storie di deportazione che, negli anni successivi alla fine della guerra, erano rimaste sepolte e inascoltate. L'importanza di queste testimonianze sta, oltre che nella ricostruzione fattuale di ciò che è accaduto al singolo individuo e ai compagni, anche nella capacità di trasmettere emozioni profonde, di saper costruire un racconto che possa essere ascoltato da altri.

Analogo discorso si può fare per la ricostruzione delle vicende dell'internamento militare, non considerato nella tradizionale storia militare o volutamente dimenticato. Le testimonianze, raccolte dai nostri istituti, hanno documentato che quella parte di esercito, presa prigioniera dai nazisti, in massima parte si è rifiutata di prestare il giuramento alla

Repubblica Sociale Italiana e ha fatto, sul campo, la sua Resistenza con grande dignità, ritrovando un forte senso di patria, al di là della retorica nazionalistica del regime. Gli studi sul tema e la raccolta di documentazione nei nostri archivi hanno dunque messo in evidenza la rilevanza numerica e politica dell'internamento.

A cominciare dagli anni settanta, molti istituti hanno condotto una raccolta sistematica delle memorie dei deportati e degli internati, ricostruendo storie soggettive e delle comunità di appartenenza, anche attraverso un uso sapiente dell'intervista. Con il lavoro di documentazione e di ricerca, gli istituti hanno quindi collaborato a costituire un corpo omogeneo di testimonianze che hanno costruito una salda memoria collettiva all'interno della società, e a dare senso storico alle tragedie individuali e familiari. In tal modo, si è rintracciata la significatività complessiva dei singoli fatti raccontati, utili a comprendere e spiegare il corso degli eventi.

Soprattutto in riferimento all'attività degli studenti, si è anche messa a punto una pedagogia della memoria e della sua trasmissione, con la scelta di testi e fonti, connettendo i frammenti di memoria nel tessuto storico complessivo, con prodotti didattici di forte impatto emotivo e di grande chiarezza conoscitiva della macchina dello sterminio.

Nel dibattito storiografico attuale il nesso memoria-storia diventa sempre più centrale, anche per l'uso politico che ne viene fatto dagli opinionisti e dai media, e, quindi, il compito degli istituti acquista ancora maggiore importanza per la conservazione delle fonti e per la lettura critica della memoria.

Indice dei nomi, luoghi, eventi, organizzazioni

Lager, totalitarismo, modernità : identità e storia dell'universo concentrazionario / Mommsen ... [et al.]. – [Milano] : Bruno Mondadori, [2009].
320 pp. ; 20,6 cm – (Economica).
ISBN 978-88-6159-269-8.
1. Campi di concentramento tedeschi – Storiografia. I. Mommsen, Hans.
940.5317430722

Scheda catalografica a cura di CAeB, Milano

Ristampa

0 1 2 3 4 5

Anno

09 10 11 12 13

Stampato per conto della casa editrice
presso Grafica 2 emme (Milano, Italia)